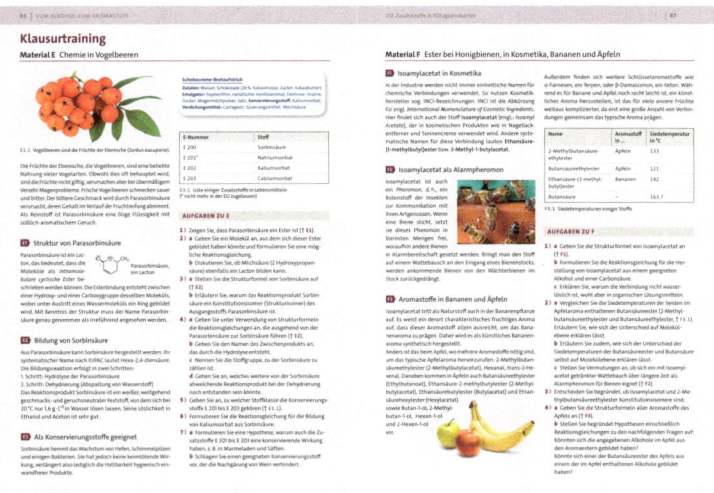

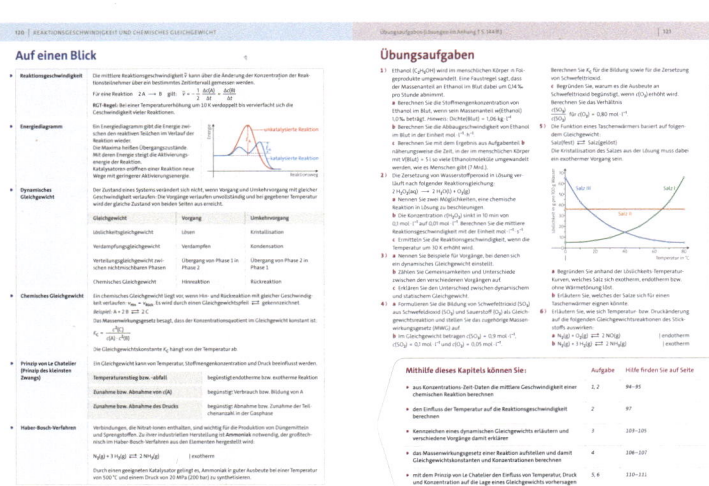

Erarbeitet von

Arno Fischedick

Fokus Chemie

Einführungsphase

Nordrhein-Westfalen

Cornelsen

Fokus Chemie

Einführungsphase | **Nordrhein-Westfalen**

Autor:	Arno Fischedick, Münster
Herausgeber:	Arno Fischedick
Autorinnen und Autoren der weiteren Ausgaben:	Riko Burgard, Dr. Thomas Epple, Arno Fischedick, Dr. Holger Fleischer, Dr. Volker Hofheinz, Annkathrien Jaek, Carsten Kinzel, Stefanie Kohl-Krug, Thorsten Kreß, Carina Kronabel, Franziska Lehmann-Eser, Dr. Uwe Lüttgens, Ralf Malz, Thorsten May, Jörn Peters, Dr. Marcus Rehbein, Jens Riedel, Christa Spier, Michael Stein, Chaya Stützel, Dr. Reinhard Vetters
Redaktion:	Dr. Claudia Seidel
Illustration und Grafik:	Hannes von Goessel, Birgit Janisch, Tom Menzel, Oxana Rödel, Detlef Seidensticker
Layoutkonzept:	SOFAROBOTNIK GbR, Augsburg & München
Umschlaggestaltung:	Klein & Halm Grafikdesign
Technische Umsetzung:	Straive

Begleitmaterial zum Lehrwerk

Schülerbuch als E-Book mit Medien	1100030136
Lösungen zum Schulbuch	978-3-06-011311-8
Unterrichtsmanager Plus mit E-Book und Begleitmaterialien	1100030141
Fokus Chemie Mysterys für SI und SII (Print)	978-3-06-015814-0
Fokus Chemie Mysterys für SI und SII (Download)	1100028668

www.cornelsen.de

Das Buch setzt die EU-Verordnung zur Einstufung und Kennzeichnung von Chemikalien um (Globally Harmonised System of Classification and Labelling of Chemicals, GHS). Experimente sind in der Regel Schüler-Experimente. Wenn sie mit einem **L** markiert sind, dürfen sie nur von der Lehrerin oder dem Lehrer durchgeführt werden.

Dieses Werk enthält Vorschläge und Anleitungen für Untersuchungen und Experimente. Vor jedem Experiment sind mögliche Gefahrenquellen zu besprechen. Beim Experimentieren sind die Richtlinien zur Sicherheit im Unterricht einzuhalten.

Soweit in diesem Lehrwerk Personen fotografisch abgebildet sind und ihnen von der Redaktion fiktive Namen, Berufe, Dialoge und Ähnliches zugeordnet oder diese Personen in bestimmte Kontexte gesetzt werden, dienen diese Zuordnungen und Darstellungen ausschließlich der Veranschaulichung und dem besseren Verständnis des Inhalts.

1. Auflage, 1. Druck 2023

Alle Drucke dieser Auflage sind inhaltlich unverändert und können im Unterricht nebeneinander verwendet werden.

© 2023 Cornelsen Verlag GmbH, Berlin

Druck: Mohn Media Mohndruck, Gütersloh

ISBN 978-3-06-011310-1

PEFC zertifiziert
Dieses Produkt stammt aus nachhaltig bewirtschafteten Wäldern und kontrollierten Quellen.
www.pefc.de

PEFC/04-31-1033

Inhalt

6 Anhang — 144

DIGITALE ANREICHERUNG

Animationen, Videos und 3D-Moleküle fördern das Verständnis für komplexe fachliche Inhalte oft mehr, als es das gedruckte Bild allein im Buch vermitteln kann. Über QR-Codes erhalten Sie deshalb zu zentralen Themen zusätzliche digitale Materialien, die Ihren Wissenshorizont erweitern.

Hinter diesem QR-Code finden Sie eine Gesamtübersicht über alle digitalen Materialien zu diesem Buch:

Das Buch deckt alle Kompetenzbereiche und Inhaltsfelder der Einführungsphase des Kernlehrplans Chemie für die Sekundarstufe II (Gymnasium/Gesamtschule) von Nordrhein-Westfalen (2022) ab. Darüber hinaus werden die im Kernlehrplan geforderten Kompetenzerwartungen vor allem in Fachmethoden angebahnt sowie in zahlreichen Aufgaben, die zur Kommunikation und Reflexion anregen.

Die mit der Rubrik **PLUS** gekennzeichneten Themen können entsprechend der individuellen Unterrichtsplanung zur Hinführung, Erweiterung, Vertiefung, Wiederholung, Übung und Festigung genutzt werden.

1.1 Rückblick: Stoffe – Teilchen – Reaktionen

EINTEILUNG DER STOFFE

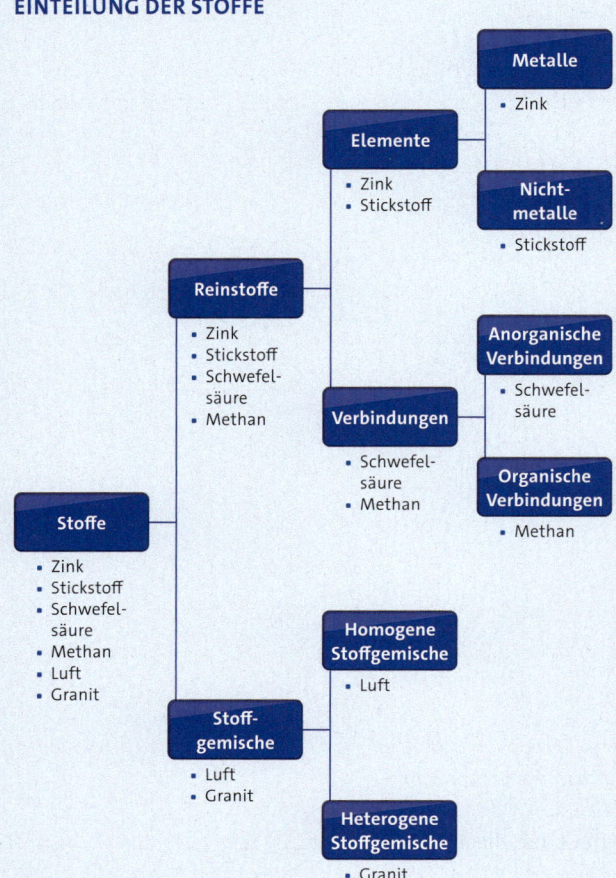

ELEMENT – VERBINDUNG – FORMEL

Element: Reinstoff, der nur aus gleichartigen Atomen besteht.

- Das Element *Kohlenstoff* besteht ausschließlich aus Kohlenstoff*atomen*. Die *Formel* von Kohlenstoff entspricht dem Elementsymbol.
  Beispiele: C, Fe, Cu, He
- Das Element *Wasserstoff* besteht ausschließlich aus Wasserstoff*molekülen*, die ihrerseits nur aus Wasserstoffatomen aufgebaut sind.
  Beispiele: H_2, Cl_2

Verbindung: Reinstoff, in dem die Atome oder Ionen mindestens zweier Elemente verbunden sind und zwischen deren Massen ein bestimmtes Verhältnis besteht

- Nichtmetall-Nichtmetall-Verbindung: In Wasser liegen Moleküle vor, die aus zwei Wasserstoffatomen und einem Sauerstoffatom aufgebaut sind. Die **Molekülformel** (Summenformel) gibt die Art und Anzahl der Atome in einem Molekül an.
  Beispiele: H_2O, CO_2
- Metall-Nichtmetall-Verbindung: In salzartigen Verbindungen wie Natriumchlorid liegen keine Moleküle, sondern Ionen vor. Das Anzahlverhältnis der Ionen wird durch **Verhältnisformeln** angegeben.
  Beispiele: NaCl, $MgBr_2$

KENNZEICHEN CHEMISCHER REAKTIONEN

Stoffumwandlung: Bei chemischen Reaktionen entstehen neue Stoffe mit anderen Eigenschaften. Die Ausgangsstoffe sind nach Ablauf der Reaktion nicht mehr vorhanden.

Energieumwandlung: Chemische Reaktionen verlaufen exotherm oder endotherm.

Umbau chemischer Bindungen: Es findet eine Umgruppierung der Teilchen statt. Dabei werden die chemischen Bindungen in den Teilchen der Ausgangsstoffe gelöst und neue Bindungen in den Teilchen der Reaktionsprodukte gebildet.

Massenerhaltung: Die Masse der Reaktionsprodukte ist gleich der Masse der Ausgangsstoffe.

$$m(\text{Ausgangsstoffe}) = m(\text{Reaktionsprodukte})$$

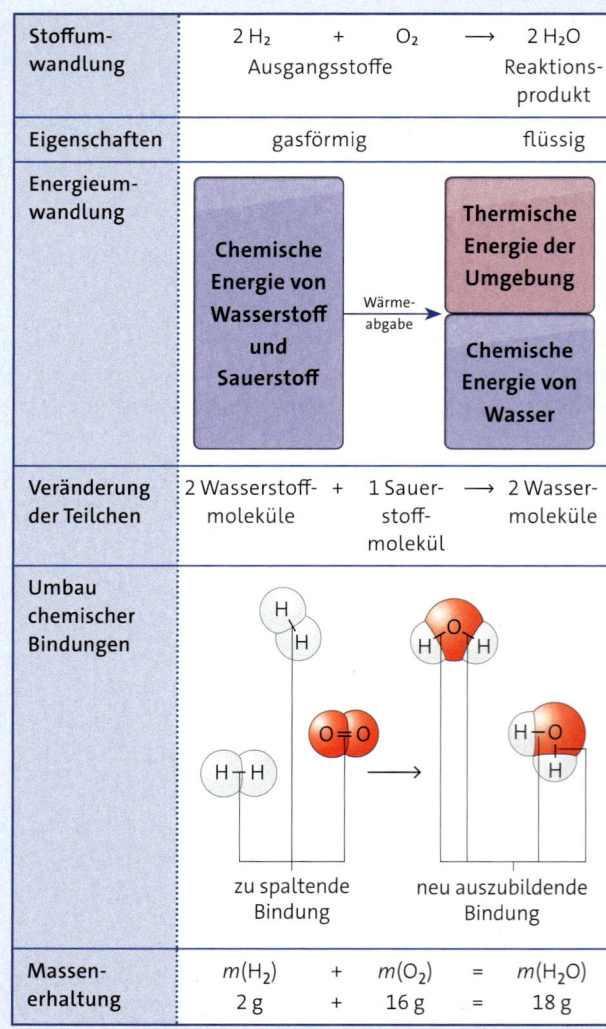

REAKTIONSBEDINGUNGEN

Eine chemische Reaktion verläuft schneller durch:

- Temperaturerhöhung bzw. macht sie erst möglich
- Konzentrationserhöhung der Ausgangsstoffe
- größeren Zerteilungsgrad bzw. bessere Durchmischung der Ausgangsstoffe

REAKTIONSGLEICHUNG

Eine Reaktionsgleichung ist eine Beschreibung einer chemischen Reaktion durch Formeln. Die vor den Formeln stehenden Faktoren beschreiben das Verhältnis der Teilchenanzahlen. Sie enthält Aussagen über qualitative Änderungen und quantitative Verhältnisse zwischen den Reaktionsteilnehmern und schließt Aussagen zur Stoffebene und Teilchenebene ein.

Aussagen einer Reaktionsgleichung	$2\,H_2 + O_2 \longrightarrow 2\,H_2O$
Stoffebene	Wasserstoff reagiert mit Sauerstoff zu Wasser.
Teilchenebene	Zwei Moleküle Wasserstoff reagieren mit einem Molekül Sauerstoff zu zwei Molekülen Wasser.
Abgeleitete Aussagen	
• die Stoffmengen, die reagieren und nach der Reaktion vorliegen • die Massen, die reagieren und nach der Reaktion vorliegen	• 2 mol Wasserstoff reagieren mit 1 mol Sauerstoff zu 2 mol Wasser. • 4 g Wasserstoff reagieren mit 32 g Sauerstoff zu 36 g Wasser.

ENERGIEDIAGRAMM

Exotherme Reaktion: chemische Reaktion, die unter Energieabgabe verläuft. Die chemische Energie der Ausgangsstoffe ist größer als die chemische Energie der Reaktionsprodukte.

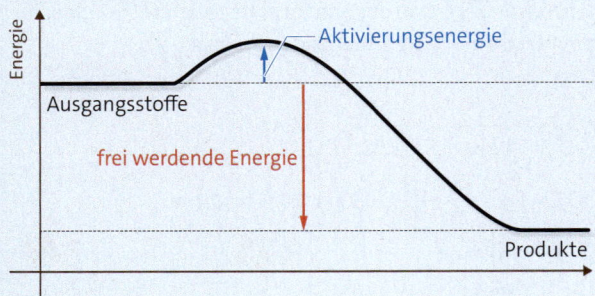

Endotherme Reaktion: chemische Reaktion, die unter Energieaufnahme verläuft. Die chemische Energie der Ausgangsstoffe ist kleiner als die chemische Energie der Reaktionsprodukte.

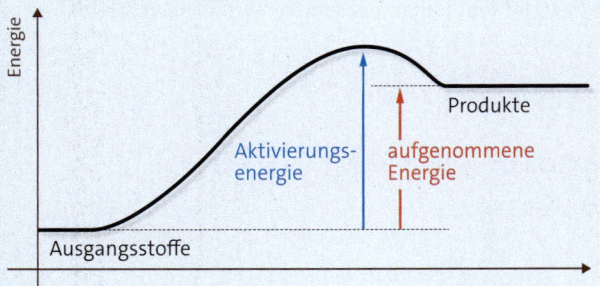

Katalysatoren: Damit eine chemische Reaktion ablaufen kann, muss sie durch Zufuhr von Energie aktiviert werden. Die dafür notwendige Energie ist die Aktivierungsenergie. Katalysatoren setzen die Aktivierungsenergie herab und beschleunigen dadurch die Reaktion. Nach der Reaktion liegen sie wieder unverändert vor.

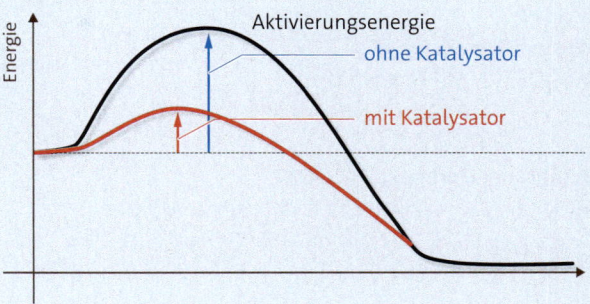

WICHTIGE GRÖSSEN IN DER CHEMIE

Stoffportion: Unter einer Stoffportion versteht man eine genau abgemessene Masse und/oder bei Gasen und Flüssigkeiten ein genau abgemessenes Volumen eines Stoffs.

Dichte: Die Dichte ϱ ist der Quotient aus der Masse und dem Volumen einer Stoffportion. Die Einheit der Dichte ist $g \cdot cm^{-3}$, $g \cdot ml^{-1}$ und bei Gasen $g \cdot l^{-1}$.

$$\varrho(\text{Stoff}) = \frac{m(\text{Stoffportion})}{V(\text{Stoffportion})} \qquad \text{Einheit: } 1\,g \cdot cm^{-3} = g \cdot ml^{-1}$$

Die Dichte ist eine Stoffkenngröße, die für jeden Stoff charakteristisch ist. Sie hängt von der Temperatur und vom Druck ab.

Stoffmenge: Eine Stoffportion mit einer Stoffmenge von $n = 1\,mol$ besteht aus etwa $6 \cdot 10^{23}$ gleichartigen Teilchen (Atomen, Molekülen oder Formeleinheiten). Die Einheit der Stoffmenge ist mol.

Avogadro-Konstante: Mithilfe der Avogadro-Konstante N_A können Stoffmenge n und Teilchenanzahl N ineinander umgerechnet werden. Ihr Wert $N_A = 6{,}022\,140\,857 \cdot 10^{23}\,mol^{-1}$ gibt die genaue Teilchenanzahl in einer Stoffportion mit $n = 1\,mol$ wieder.

$$N = N_A \cdot n$$

Molare Masse: Die molare Masse M ist der Quotient aus der Masse m und der Stoffmenge n einer Stoffportion. Die Einheit der molaren Masse ist $g \cdot mol^{-1}$.

$$M(\text{Stoff}) = \frac{m(\text{Stoffportion})}{n(\text{Stoffportion})} \qquad \text{Einheit: } 1\,g \cdot mol^{-1}$$

Die molare Masse ist eine Stoffkenngröße, die für jeden Reinstoff charakteristisch ist.

Ermitteln von molaren Massen: Für Atome findet man diese Werte im Periodensystem. Der Zahlenwert der molaren Masse (in $g \cdot mol^{-1}$) ist gleich dem Zahlenwert der Teilchenmasse (in u). Ist die Zusammensetzung (Formel) eines Stoffs bekannt, kann aus den Atommassen im PSE die molare Masse des Stoffs berechnet werden.
Beispiele:

Wasser (Formel: H_2O)

$$M(H_2O) = 2 \cdot M(1\,H) + M(1\,O)$$
$$= 2 \cdot 1\,g \cdot mol^{-1} + 16\,g \cdot mol^{-1}$$
$$= 18\,g \cdot mol^{-1}$$

Butansäure (Formel: C_3H_7COOH)

$$M(C_3H_7COOH) = 4 \cdot M(1\,C) + 8 \cdot M(1\,H) + 2 \cdot M(1\,O)$$
$$= 4 \cdot 12\,g \cdot mol^{-1} + 8 \cdot 1\,g \cdot mol^{-1} + 2 \cdot 16\,g \cdot mol^{-1}$$
$$= 88\,g \cdot mol^{-1}$$

Satz von Avogadro: Nach dem Satz von Avogadro enthalten gleiche Volumina verschiedener Gase bei gleicher Temperatur und gleichem Druck die gleiche Anzahl an Teilchen.
Beispiel: 24,1 Liter Wasserstoff und 24,1 Liter Sauerstoff enthalten bei Raumtemperatur (20 °C) und Normdruck 1 mol Wasserstoffmoleküle bzw. 1 mol Sauerstoffmoleküle.

Molares Volumen: Das molare Volumen V_m ist der Quotient aus dem Volumen V und der Stoffmenge n einer Stoffportion. Die Einheit des molaren Volumens ist $l \cdot mol^{-1}$. Das molare Volumen ist für alle Gase gleich und beträgt unter Normbedingungen: $V_m = 22,4\,l \cdot mol^{-1}$

$$V_m = \frac{V(\text{Stoffportion})}{n(\text{Stoffportion})}$$

Temperatur in °C	Druck in hPa	Molares Volumen in $l \cdot mol^{-1}$
0	1013	22,4
20	1013	24,1
25	1013	24,5

BEZIEHUNGEN ZWISCHEN DEN GRÖßEN

Zwischen der Stoffmenge, der Masse und dem Volumen von Stoffportionen bestehen proportionale Zusammenhänge.

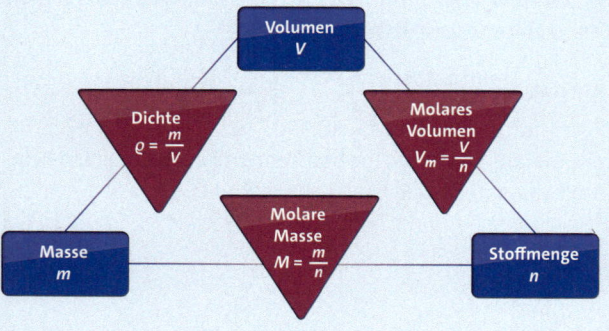

STÖCHIOMETRISCHE BERECHNUNGEN

Mithilfe der Beziehungen zwischen den Größen können stöchiometrische Berechnungen durchgeführt werden.

Berechnung einer gesuchten Masse aus einer gegebenen Masse: Berechne die Masse an Aluminium zur Herstellung von 300 g Aluminiumoxid.

$$4\,Al + 3\,O_2 \longrightarrow 2\,Al_2O_3$$

$$m(Al) = \frac{n(Al)}{n(Al_2O_3)} \cdot \frac{M(Al)}{M(Al_2O_3)} \cdot m(Al_2O_3)$$

$$m(Al) = \frac{4}{2} \cdot \frac{27\,\frac{g}{mol}}{102\,\frac{g}{mol}} \cdot 300\,g = 158,8\,g$$

Allgemein gilt:

$$m_{ges} = \frac{n_{ges}}{n_{geg}} \cdot \frac{M_{ges}}{M_{geg}} \cdot m_{geg}$$

Berechnung einer gesuchten Masse aus einem gegebenen Gasvolumen: Berechne die Masse an Magnesium, die in 85 l Sauerstoff vollständig verbrennt ($V_m = 22,4\,\frac{l}{mol}$).

$$2\,Mg + 1\,O_2 \longrightarrow 2\,MgO$$

$$m(Mg) = \frac{n(Mg)}{n(O_2)} \cdot \frac{M(Mg)}{V_m} \cdot V(O_2)$$

$$m(Mg) = \frac{2}{1} \cdot \frac{24\,\frac{g}{mol}}{22,4\,\frac{l}{mol}} \cdot 85\,l = 182,1\,g$$

Allgemein gilt:

$$m_{ges} = \frac{n_{ges}}{n_{geg}} \cdot \frac{M_{ges}}{V_m} \cdot V_{geg}$$

Berechnung eines gesuchten Gasvolumens aus einer gegebenen Masse: Berechne das entstehende Sauerstoffvolumen bei der Analyse von 0,5 g Silberoxid ($V_m = 22,4\,\frac{l}{mol}$).

$$2\,Ag_2O \longrightarrow 4\,Ag + 1\,O_2$$

$$V(O_2) = \frac{n(O_2)}{n(Ag_2O)} \cdot \frac{V_m}{M(Ag_2O)} \cdot m(Ag_2O)$$

$$V(O_2) = \frac{1}{2} \cdot \frac{22,4\,\frac{l}{mol}}{232\,\frac{g}{mol}} \cdot 0,5\,g = 0,024\,l = 24\,ml$$

Allgemein gilt:

$$V_{ges} = \frac{n_{ges}}{n_{geg}} \cdot \frac{V_m}{M_{geg}} \cdot m_{geg}$$

Berechnung eines gesuchten Gasvolumens aus einem gegebenen Gasvolumen: Berechne das Volumen an Wasserstoff, um 40 m^3 Ammoniak aus den Elementen herzustellen.

$$N_2 + 3\,H_2 \longrightarrow 2\,NH_3$$

$$V(H_2) = \frac{n(H_2)}{n(NH_3)} \cdot V(NH_3)$$

$$V(H_2) = \frac{3}{2} \cdot 40\,m^3 = 60\,m^3$$

Allgemein gilt:

$$V_{ges} = \frac{n_{ges}}{n_{geg}} \cdot V_{geg}$$

GEHALTSANGABEN BEI STOFFGEMISCHEN

Der Gehalt eines Stoffs in einem Stoffgemisch, z. B. in einer Lösung, kann durch verschiedene Gehaltsgrößen angegeben werden.

Massenanteil: Der Massenanteil w ist der Quotient aus der Masse der enthaltenen Stoffportion und der Masse des Stoffgemischs. Häufig erfolgt die Angabe des Massenanteils in der Einheit %.

$$w(\text{Stoff}) = \frac{m(\text{Stoffportion})}{m(\text{Gemisch})} \cdot 100\,\%$$

Für Lösungen gilt auch:

$$w(\text{Stoff}) = \frac{m(\text{Stoffportion})}{m(\text{Stoffportion}) + m(\text{Lösungsmittelportion})} \cdot 100\,\%$$

Beispiel: In einer Salzsäure mit $w = 3\,\%$ sind 3 g Chlorwasserstoff in 97 g Wasser gelöst.

Massenkonzentration: Die Massenkonzentration β ist der Quotient aus der Masse der enthaltenen Stoffportion und dem Volumen der Lösung (nicht des Lösungsmittels!). Die Einheit ist $g \cdot l^{-1}$.

$$\beta(\text{Stoff}) = \frac{m(\text{Stoffportion})}{V(\text{Lösung})} \qquad \text{Einheit: } 1\,g \cdot l^{-1}$$

Beispiel: In Cola mit $\beta(\text{Zucker}) = 110\,g \cdot l^{-1}$ sind in einem Liter Cola 110 g Zucker gelöst.

Stoffmengenkonzentration: Die Stoffmengenkonzentration c ist der Quotient aus der Stoffmenge des gelösten Stoffs und dem Volumen der Lösung. Die Einheit ist $mol \cdot l^{-1}$.

$$c(\text{Stoff}) = \frac{n(\text{Stoffportion})}{V(\text{Lösung})} \qquad \text{Einheit: } 1\,mol \cdot l^{-1}$$

Beispiel: In einer Salzsäure mit $c = 0{,}5\,mol \cdot l^{-1}$ sind 0,5 mol Chlorwasserstoff in 1 l Lösung enthalten.

Kombinierte Berechnungen: Massenanteil w, Stoffmengenkonzentration c und Dichte ϱ können ineinander umgewandelt werden.

$$c(\text{Stoff}) = \frac{n}{V} = \frac{m(\text{Stoffportion})}{M(\text{Stoff})} \cdot \frac{\varrho(\text{Lösung})}{m(\text{Lösung})}$$

$$= \frac{m(\text{Stoffportion})}{m(\text{Lösung})} \cdot \frac{\varrho(\text{Lösung})}{M(\text{Stoff})} = w \cdot \frac{\varrho(\text{Lösung})}{M(\text{Stoff})}$$

Beispiel: Gesucht ist die Stoffmengenkonzentration von Salzsäure ($w = 37\,\%$, $\varrho = 1185\,g \cdot l^{-1}$, $M(\text{HCl}) = 36{,}46\,g \cdot mol^{-1}$).

$$c(\text{HCl}) = w \cdot \frac{\varrho(\text{Salzsäure})}{M(\text{HCl})} = 0{,}37 \cdot \frac{1185\,\frac{g}{l}}{36{,}46\,\frac{g}{mol}} = 12{,}0\,\frac{mol}{l}$$

NACHWEISREAKTIONEN

Wichtige Nachweise für Stoffe:

Nachweis	Stoff	Beobachtung
Glimmspanprobe	Sauerstoff	Entflammen eines Glimmspans
Knallgasprobe	Wasserstoff	pfeifendes, ploppendes Geräusch
		Reaktion: $2\,H_2 + O_2 \longrightarrow 2\,H_2O$
Wassernachweis	Wasser	Blaufärbung von Kupfersulfat oder Watesmopapier
Kalkwasserprobe	Kohlenstoffdioxid	weiße Trübung von Calciumhydroxidlösung
		Reaktion: $CO_2 + Ca(OH)_2 \longrightarrow CaCO_3 + H_2O$

Wichtige Ionennachweise:

Nachweisreagenz	Ion	Beobachtung
Silbernitratlösung	Chlorid-Ion Cl^-	weißer Niederschlag
		Reaktion: $Ag^+ + Cl^- \longrightarrow AgCl \downarrow$
	Bromid-Ion Br^-	gelblicher Niederschlag
		Reaktion: $Ag^+ + Br^- \longrightarrow AgBr \downarrow$
	Iodid-Ion I^-	gelber Niederschlag
		Reaktion: $Ag^+ + I^- \longrightarrow AgI \downarrow$
Bariumchloridlösung	Sulfat-Ion SO_4^{2-}	weißer Niederschlag, beständig nach Zugabe von Salzsäure
		Reaktion: $Ba^{2+} + SO_4^{2-} \longrightarrow BaSO_4 \downarrow$
Kalkwasser	Carbonat-Ion CO_3^{2-}	Das durch Austreiben mit Salzsäure entstehende Gas bildet in Kalkwasser eine weiße Trübung.
		Reaktionen: $CO_3^{2-} + 2\,HCl \longrightarrow CO_2 + H_2O + 2\,Cl^-$ $CO_2 + Ca(OH)_2 \longrightarrow CaCO_3 + H_2O$
Nachweis durch Flammenfärbung	Lithium-Ion Li^+	dunkelrot
	Natrium-Ion Na^+	gelb
	Kalium-Ion K^+	rotviolett
	Calcium-Ion Ca^{2+}	orangerot
	Strontium-Ion Sr^{2+}	rot
	Barium-Ion Ba^{2+}	grün

BAU DER ATOME

Atommodell nach Dalton:

- Jeder Stoff besteht aus kleinsten, chemisch nicht weiter zerlegbaren Teilchen, den **Atomen**.
- Atome sind kugelförmige Teilchen. Sie haben eine Masse und ein Volumen. Atome sind unvorstellbar klein.
- Die Atome eines Elements sind untereinander gleich. Sie haben die gleiche Masse und das gleiche Volumen. Damit gibt es genau so viele Atomarten wie es Elemente gibt.

Atommasse: Die Masse von Atomen ist unvorstellbar klein, deshalb wurde die **atomare Masseneinheit unit** (Einheitenzeichen **u**) eingeführt.

- 1 u entspricht in etwa der Masse eines Wasserstoffatoms.
- $1 u = 1{,}661 \cdot 10^{-24}$ g
- Die Atommasse wird im Periodensystem rechts über dem Symbol angegeben.

Daltons Atommodell musste aufgrund der Ergebnisse des Streuversuchs von Rutherford verändert werden. Daraus resultierte ein neues, differenziertes Atommodell, das **Kern-Hülle-Modell:** Ein Atom besteht aus einem kleinen *Atomkern* und einer viel größeren Atomhülle aus *Elektronen* in ständiger Bewegung.

Der **Atomkern** ist positiv geladen und enthält fast die gesamte Masse des Atoms. Er besteht aus elektrisch positiv geladenen **Protonen** und ungeladenen, massereichen **Neutronen**. Aus der *Anzahl der Protonen* ergibt sich die **Kernladungszahl**. Sie stimmt mit der **Ordnungszahl** der Elemente überein. Kennt man die Kernladungszahl bzw. Ordnungszahl eines Elements, so weiß man gleichzeitig, aus wie vielen Elektronen die Atomhülle gebildet wird.

Isotope sind Atome eines Elements, die sich in ihrer *Anzahl an Neutronen* unterscheiden; sie haben unterschiedliche Atommassen.

Die **Atomhülle** (Elektronenhülle) wird durch elektrisch negativ geladene **Elektronen** gebildet. Zur Beschreibung der Atomhülle nutzt man meist zwei Modelle (↑ Kasten unten):

- Nach dem **Energiestufenmodell** werden Elektronen mit ähnlichen Energien gemeinsamen Energiestufen zugeordnet.
- Nach dem **Schalenmodell** der Atomhülle werden Elektronen mit ähnlichem Abstand zum Atomkern gemeinsamen Elektronenschalen zugeordnet.

Die Elektronen der äußeren Schale heißen **Außenelektronen** oder **Valenzelektronen**. Sie bestimmen wesentlich die chemischen Eigenschaften der Elemente.

PERIODENSYSTEM DER ELEMENTE (PSE)

Informationen über Atome, die aus den Feldern im PSE zu entnehmen sind:

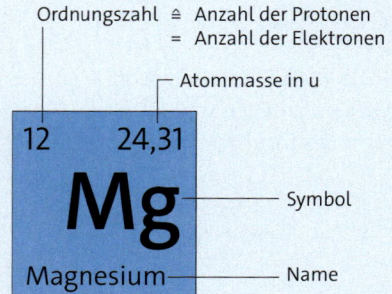

Ordnungszahl ≙ Anzahl der Protonen
= Anzahl der Elektronen

Atommasse in u

12   24,31

Mg

Symbol

Magnesium

Name

Ordnungsprinzipien im PSE:

- Die Atome im PSE sind nach steigender *Ordnungszahl* (Kernladungszahl) angeordnet.
- Die Atome der ersten 18 Elemente bilden die ersten drei **Perioden**, verteilt auf 8 **Hauptgruppen**. Sie werden mit römischen Ziffern von I bis VIII gekennzeichnet.
- Die Nummer der Periode entspricht der Anzahl der Elektronenschalen in der Atomhülle.
- Die Nummer der Hauptgruppe gibt an, mit wie vielen Elektronen die Außenschale besetzt ist.
- Die Atome von Elementen einer **Elementfamilie** stehen in der gleichen Hauptgruppe und haben die gleiche Anzahl an Außenelektronen (Ausnahme: Helium). Dies ist die Ursache für chemisch ähnliche Eigenschaften innerhalb einer Elementfamilie, z. B. Alkalimetalle, Halogene.
- Die Atome der Elemente, die links und unten im PSE stehen, sind mit Ausnahme von Wasserstoff **Metalle**.
- Die Atome der Elemente, die rechts und oben im PSE stehen, sind überwiegend **Nichtmetalle**.

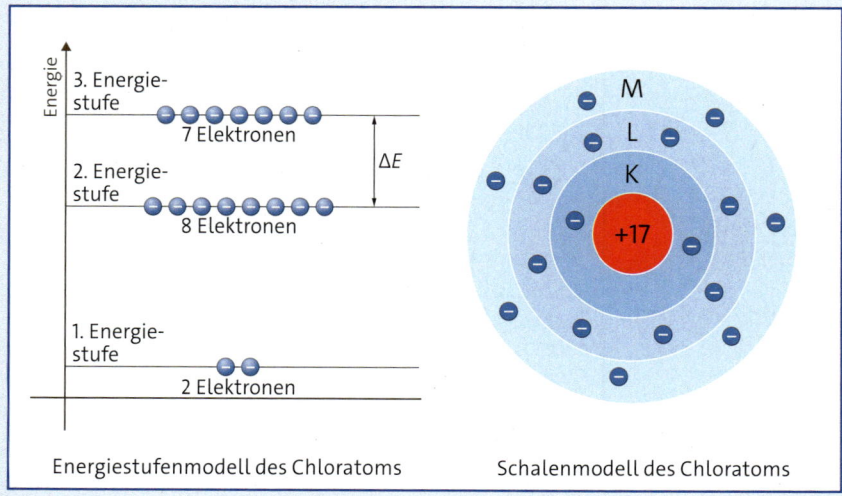

Energiestufenmodell des Chloratoms   Schalenmodell des Chloratoms

SALZE UND IONEN

Salze kommen in der Natur als Kristalle oder in wässrigen Lösungen vor.

Charakteristische Stoffeigenschaften der Salze:

- Salzkristalle sind hart und spröde, sie zerbrechen unter Krafteinwirkung.
- Salze sind oft in Wasser gut löslich.
- Sie besitzen eine hohe Schmelztemperatur.
- Salze leiten nur als Schmelze und in Wasser gelöst den elektrischen Strom.
- In kristalliner Form sind sie elektrische Nichtleiter.

Beispiele: Natriumchlorid $NaCl$, Calciumcarbonat $CaCO_3$ (Kalk), Kupfer(II)-oxid CuO

Salze sind aus **Ionen** aufgebaut. Ionen sind positiv oder negativ elektrisch geladene Teilchen in der Größenordnung von Atomen.

Metalle und Wasserstoff bilden *positiv geladene* **Kationen**.
Beispiele: Na^+, Fe^{2+}, Mg^{2+}, H^+
Nichtmetalle bilden *negativ geladene* **Anionen** (Ausnahme: Wasserstoff).
Beispiele: Cl^-, Br^-, F^-, O^{2-}

Salze bilden **Ionenkristalle**. In diesen ist eine unvorstellbar große Anzahl von positiv und negativ geladenen Ionen in einer möglichst dichten Packung angeordnet, wobei die verschieden geladenen Ionen feste Plätze einnehmen. Die regelmäßige Anordnung der Ionen im Kristall wird **Ionengitter** genannt.

Modelle vom Bau des Natriumchlorids:

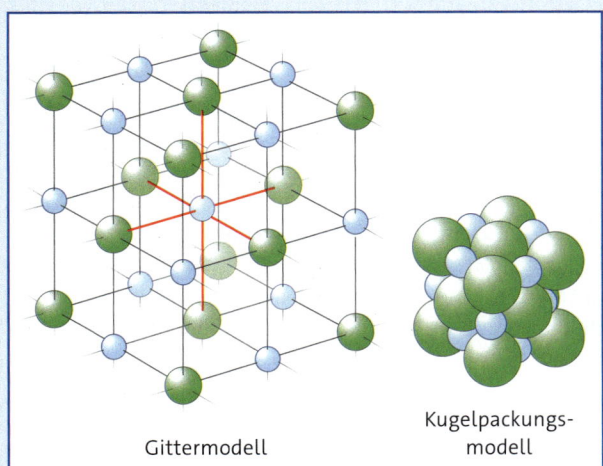

Gittermodell

Kugelpackungs-modell

Die Ionen im Kristall werden durch **Ionenbindung** zusammengehalten. Sie ist eine Art der chemischen Bindung, die durch elektrostatische Anziehung zwischen elektrisch verschieden geladenen Ionen bewirkt wird.

Salzartige, aus Ionen aufgebaute Stoffe werden als **Ionenverbindungen** bezeichnet.

BILDUNG VON IONEN AUS ATOMEN

Vergleich	
Atom	Ion
• elektrisch neutral • gleiche Anzahl an Protonen und Elektronen	• elektrisch geladen • ungleiche Anzahl an Protonen und Elektronen • Kationen sind kleiner, Anionen sind größer als das entsprechende Atom

Ionen bilden sich aus Atomen durch Aufnahme oder Abgabe von Elektronen. Sie besitzen eine stabile **Edelgaskonfiguration**, also die Elektronenkonfiguration des nächststehenden Edelgases.

Beispiele:

- Ein Chloratom besitzt sieben Elektronen auf seiner Außenschale. Durch *Aufnahme* eines weiteren Elektrons bildet sich ein einfach negativ geladenes Chlorid-*Ion* (Anion). Die Elektronenkonfiguration entspricht der des Edelgases Argon.
  $$Cl + e^- \longrightarrow Cl^-$$
- Ein Natrium*atom* besitzt nur ein Elektron auf seiner Außenschale. Durch *Abgabe* dieses Elektrons bildet sich ein einfach positiv geladenes Natrium-*Ion* (Kation). Die Elektronenkonfiguration entspricht der des Edelgases Neon.
  $$Na \longrightarrow Na^+ + e^-$$

Art und Anzahl der Ladungen von Ionen lassen sich aus der Stellung im Periodensystem ableiten:

- Durch Abgabe ihrer Außenelektronen erlangen die Atome der Elemente der I. bis III. Hauptgruppe Edelgaskonfiguration. Die Ladungszahl ihrer Kationen stimmt mit der Nummer der Hauptgruppe überein. Metalle der Nebengruppen bilden oft verschieden geladene Kationen.
- Atome der Elemente der V. bis VII. Hauptgruppe nehmen Elektronen auf, bis ihre Außenschale 8 Elektronen besitzt, und erlangen so Edelgaskonfiguration. Die Ladungszahl ihrer Anionen erhält man, indem die Nummer ihrer Hauptgruppe von acht abgezogen wird.

Beispiele:

- Calcium (II. Hauptgruppe) bildet Kationen. Sie besitzen die Ladungszahl $2 \Rightarrow Ca^{2+}$-Ionen.
- Sauerstoff (VI. Hauptgruppe) bildet Anionen. Sie besitzen die Ladungszahl $2 \Rightarrow O^{2-}$-Ionen (Regel: $8 - 6 = 2$).

Edelgasregel: Atome anderer Elemente streben die gleiche Anzahl an Elektronen an wie die der nächststehenden Edelgasatome.

MOLEKÜLVERBINDUNGEN – ELEKTRONENPAARBINDUNG

Molekülverbindungen sind Stoffe, die aus Molekülen aufgebaut sind.
Beispiele: Wasserstoff besteht aus Wasserstoffmolekülen H_2; Chlor besteht aus Chlormolekülen Cl_2; Wasser besteht Wassermolekülen H_2O.

Die zwei Wasserstoffatome im Wasserstoffmolekül erfüllen die Edelgasregel, indem sie ihre Außenelektronen gemeinsam nutzen. Das *gemeinsame* (*bindende*) *Elektronenpaar* entsteht durch die Durchdringung der Atomhüllen beider Wasserstoffatome. Daraus resultiert eine Elektronenpaarbindung (Atombindung).

⇒ Die **Elektronenpaarbindung** ist eine Art der chemischen Bindung, die durch gemeinsame Elektronenpaare zwischen Atomen bewirkt wird.

Die Bindungsverhältnisse in Molekülen werden durch **Lewis-Formeln** schematisch dargestellt:
- Das *bindende Elektronenpaar* wird als Strich zwischen die Elementsymbole gesetzt.
- Außenelektronen, die nicht an der Bindung teilnehmen, werden paarweise auch als Striche an das Elementsymbol gestellt (*nichtbindende* bzw. *freie Elektronenpaare*).

Beispiele für Lewis-Formeln:

$$|\overline{\underline{Cl}} - \overline{\underline{Cl}}| \qquad H \overset{\displaystyle \cdot\cdot}{\underset{\displaystyle }{O}} H \qquad H - \overline{N} - H$$
$$\qquad\qquad\qquad\qquad\qquad\qquad\qquad\qquad\qquad H$$

$$\overline{\underline{O}} = \overline{\underline{O}} \qquad \overline{\underline{O}} = C = \overline{\underline{O}} \qquad |N \equiv N|$$

- Einfachbindung: eine durch *ein* bindendes Elektronenpaar bewirkte chemische Bindung
  Beispiele: Cl_2, H_2O, NH_3
- Zweifachbindung bzw. Doppelbindung: eine durch *zwei* bindende Elektronenpaare bewirkte chemische Bindung
  Beispiele: O_2, CO_2
- Dreifachbindung: eine durch *drei* bindende Elektronenpaare bewirkte chemische Bindung
  Beispiel: N_2

Der *räumliche Bau* von Molekülen kann durch das **Elektronenpaarabstoßungsmodell** (EPA-Modell) beschrieben werden. Das Modell beruht auf folgenden Annahmen:
- Alle Außenelektronen der Atome im Molekül werden modellhaft als Elektronenwolke dargestellt.
- Die negativ geladenen Elektronenpaare stoßen sich ab und ordnen sich im Molekül so an, dass sie den größtmöglichen Abstand zueinander einnehmen.
- Die elektrostatische Abstoßung freier Elektronenpaare ist größer als die bindender Elektronenpaare.

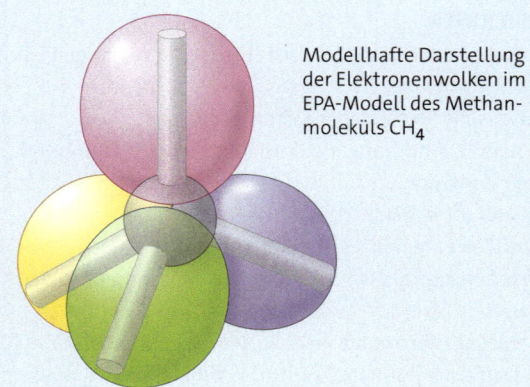

Modellhafte Darstellung der Elektronenwolken im EPA-Modell des Methanmoleküls CH_4

Stoff und Formel	Methan CH_4	Wasser H_2O
Lewis-Formel	$\begin{array}{c} H \\ | \\ H - C - H \\ | \\ H \end{array}$	$H \overset{\cdots}{O} H$
Elektronenpaare am zentralen Atom	4 bindende Elektronenpaare am C-Atom	2 bindende und 2 freie Elektronenpaare am O-Atom
Molekülmodell und räumlicher Bau	109,5°	105°

Elektronegativitätswert (EN) eines Elements: gibt an, wie stark ein Atom das bindende Elektronenpaar im Molekül anzieht
Polare Elektronenpaarbindung: beruht auf einer unsymmetrischen Elektronenverteilung zwischen den Atomen des Moleküls; daraus resultieren unterschiedliche elektrische Teilladungen δ+ bzw. δ–.
Je größer die Differenz zwischen den Elektronegativitätswerten ist, desto polarer ist die Elektronenpaarbindung.
Bei einer *Elektronegativitätsdifferenz von null* handelt es sich um eine **unpolare Elektronenpaarbindung**.
Dipolmolekül: Molekül, in dem getrennte Ladungsschwerpunkte für die positive und negative elektrische Teilladung existieren. B*eispiele:* H_2O, NH_3
Wasserstoffbrücken: zusätzliche Anziehungskräfte zwischen benachbarten Dipolmolekülen. Sie bilden sich zwischen positiv polarisierten Wasserstoffatomen und freien Elektronenpaaren stark elektronegativer Elemente.
Zwischenmolekulare Kräfte: Überbegriff aller Wechselwirkungen zwischen Molekülen; dazu gehören Wasserstoffbrücken, Dipol-Dipol-Kräfte und Van-der-Waals-Kräfte. Sie bestimmen viele Eigenschaften der Stoffe.

REAKTIONEN MIT ELEKTRONENÜBERTRAGUNG

Reagieren z. B. Metalle mit Salzlösungen, so findet zwischen den *Metallatomen* und *Metall-Ionen* der reagierenden Stoffe eine **Elektronenübertragung** statt.

Die Teilreaktion der **Elektronenabgabe** wird **Oxidation** genannt.

Beispiel Oxidation: $Zn \longrightarrow Zn^{2+} + 2\,e^-$
Das Zn-Atom ist ein **Elektronendonator**.

Die Teilreaktion der **Elektronenaufnahme** wird **Reduktion** genannt.

Beispiel Reduktion: $Cu^{2+} + 2\,e^- \longrightarrow Cu$
Das Cu^{2+}-Ion ist ein **Elektronenakzeptor**.

Oxidation und *Reduktion* finden immer *gleichzeitig* statt. Solche Reaktionen mit gleichzeitiger Elektronenübertragung werden **Redoxreaktionen** genannt:

Oxidation: $Zn \longrightarrow Zn^{2+} + 2\,e^-$
Reduktion: $Cu^{2+} + 2\,e^- \longrightarrow Cu$

Redoxreaktion: $Zn + Cu^{2+} \rightarrow Zn^{2+} + Cu$

Mithilfe solcher Elektronenübertragungsreaktionen kann die chemische Energie der reagierenden Stoffe in elektrische Energie umgewandelt werden (**galvanisches Element**, **Batterie**). Die Elektronenübertragungsreaktion kann durch Zuführen von elektrischer Energie umgekehrt werden (**Elektrolyse**).

Elektronenübertragungsreaktionen können auch zwischen anderen Reaktionspartnern wie Metallen und Nichtmetallen oder Metallen und Metalloxiden stattfinden.

SÄUREN – BASEN – NEUTRALISATION

Stoffliche Betrachtung:
- **Saure Lösungen** sind wässrige Lösungen, die Oxonium-Ionen H_3O^+ enthalten.
- **Alkalische Lösungen** sind wässrige Lösungen, die Hydroxid-Ionen OH^- enthalten.

⇒ Saure und alkalische Lösungen sind wegen der in ihnen enthaltenen Ionen elektrisch leitfähig.

Teilchenmäßige Betrachtung:
- **Säuren** sind Stoffe, deren Teilchen Protonen H^+ abgeben, es sind **Protonendonatoren**.
- **Basen** sind Stoffe, deren Teilchen Protonen H^+ aufnehmen, es sind **Protonenakzeptoren**.

⇒ **Säure-Base-Reaktionen** sind **Protonenübertragungsreaktionen**.

Beispiel:

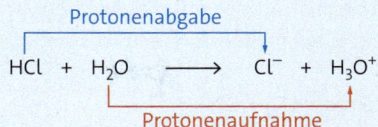

$$HCl + H_2O \longrightarrow Cl^- + H_3O^+$$

Protonenübergang im Teilchenmodell:

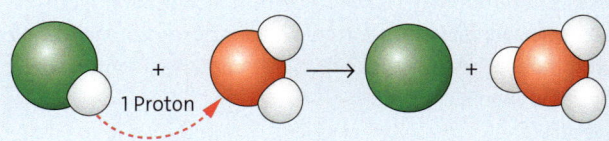

Neutralisation

Die Reaktion zwischen Oxonium-Ionen und Hydroxid-Ionen wird als **Neutralisation** bezeichnet. Es ist eine Protonenübertragungsreaktion. Sie läuft ab, wenn eine saure Lösung zu einer alkalischen Lösung gegeben wird.
Neutralisation:
$$H_3O^+(aq) + OH^-(aq) \longrightarrow 2\,H_2O(l)$$

Protonenübergang im Teilchenmodell:

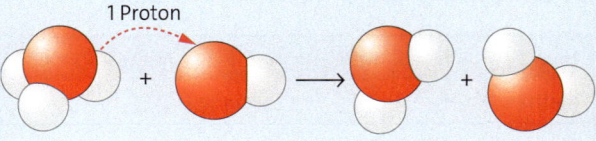

Gleichzeitig wird eine **Salzlösung** gebildet.

Beispiel:
$$HCl(aq) + NaOH(aq) \longrightarrow \underbrace{H_2O(l) + Na^+(aq) + Cl^-(aq)}_{\text{Natriumchloridlösung}}$$

pH-Wert

Der pH-Wert einer Lösung gibt an, wie stark sauer oder alkalisch diese Lösung ist. Er ist ein Maß für die Konzentration an Oxonium-Ionen.

Bei einer Änderung des pH-Werts um 1 ändert sich die Konzentration um den Faktor 10.

Die **pH-Wert-Skala** reicht in etwa von pH = 0 bis pH = 14:

0	1	2	3	4	5	6	7	8	9	10	11	12	13	14

sauer   neutral   alkalisch

Einteilung von Lösungen nach ihrem pH-Wert

pH < 7: saure Lösung
pH = 7: neutrale Lösung
pH > 7 alkalische Lösung

1.2 Rückblick: Grundlagen der organischen Chemie

ORGANISCHE CHEMIE

Die organische Chemie beschäftigt sich mit molekularen Verbindungen, deren Moleküle auf Kohlenstoff- und Wasserstoffatomen basieren.
Beispiele: Methan CH_4, Ethanol C_2H_5OH
Keine organischen Verbindungen: Wasser H_2O, Kalk $CaCO_3$
Kohlenstoffatome können untereinander und zu anderen Nichtmetallatomen stabile Elektronenpaarbindungen bilden. Sie können sich zu ketten- oder ringförmigen Molekülen verbinden. Dies führt zur Vielfalt der organisch-chemischen Verbindungen.
Beispiele:

Ethan   Cyclohexan

ALKANE

Alkane sind gesättigte Kohlenwasserstoffe, d. h., in ihren Molekülen liegen nur Einfachbindungen vor. Sie bilden eine **homologe Reihe** mit der allgemeinen Molekülformel C_2H_{2n+2}.

Name	Molekülformel	Name	Molekülformel
Methan	CH_4	Hexan	C_6H_{14}
Ethan	C_2H_6	Heptan	C_7H_{16}
Propan	C_3H_8	Octan	C_8H_{18}
Butan	C_4H_{10}	Nonan	C_9H_{20}
Pentan	C_5H_{12}	Decan	$C_{10}H_{22}$

Homologe Reihe der Alkane

Alkylgruppen sind die bei verzweigten Molekülen auftretenden Seitenketten, deren Name sich wie bei den Alkanen aus der Anzahl der C-Atome ergibt. Die Endung **-an** wird durch **-yl** ersetzt. *Beispiele:* Methylgruppe $-CH_3$, Ethylgruppe $-C_2H_5$

ISOMERE DER ALKANE

Verbindungen, in deren Molekülen bei gleicher Molekülformel die Atome unterschiedlich verknüpft sind, nennt man **Konstitutionsisomere** bzw. **Strukturisomere**.
Beispiele:

$$CH_3-CH_2-CH_2-CH_3$$
n-Butan

$$CH_3-\overset{\overset{\displaystyle CH_3}{|}}{CH}-CH_3$$
Isobutan

ALKENE

Alkene gehören zu den ungesättigten Kohlenwasserstoffen. Ihre Moleküle enthalten eine Doppelbindung zwischen den Kohlenstoff-Atomen. Sie bilden eine **homologe Reihe** mit der allgemeinen Molekülformel C_nH_{2n}.

DARSTELLUNGEN VON STRUKTURFORMELN

Die Strukturformeln von Molekülen können auf verschiedene Arten dargestellt werden:

n-Butan	Isobutan
Strukturformel (vollständige Lewisformel) Eine Strukturformel enthält alle Atome, Elektronenpaare und Bindungen eines Moleküls.	
Halbstrukturformel Es werden nur die Bindungen zwischen den C-Atomen dargestellt. Die gebundenen H-Atome werden zusammengefasst.	
$CH_3-CH_2-CH_2-CH_3$	$CH_3-\overset{\overset{\displaystyle CH_3}{|}}{CH}-CH_3$
Skelettformel Bindungen zwischen den C-Atomen werden durch Linien dargestellt. Punkte, von denen eine, zwei, drei bzw. vier Linien ausgehen, symbolisieren die CH_3-, CH_2-, CH-Gruppen bzw. C-Atome.	

Kugel-Stab-Modell Räumliche Darstellung von Molekülen, die die Atome mit verschiedenfarbigen Kugeln entsprechend ihrer Größenverhältnisse zeigt	
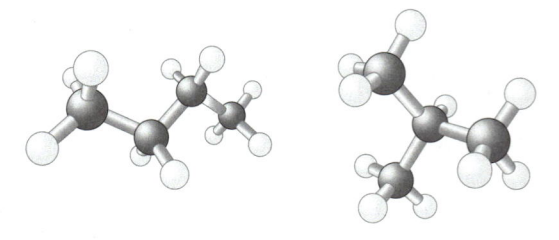	
Kalottenmodell Räumliche Darstellung von Molekülen, die mittels sich durchdringender Kugeln die Raumerfüllung der Moleküle verdeutlicht.	
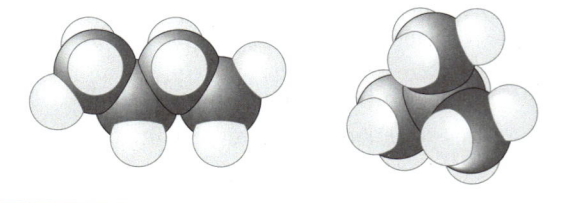	

SYSTEMATISCHE BENENNUNG DER ALKANE

4-Ethyl-2,3-dimethylheptan

1 ▸ Bestimmen Sie die Anzahl der Kohlenstoffatome in der längsten Kette und benennen Sie die Hauptkette (heptan).

2 ▸ Ermitteln Sie die Verzweigungen, benennen Sie die Alkylgruppen und ordnen Sie sie alphabetisch (Ethyl, Methyl).

3 ▸ Ermitteln Sie die Anzahl gleicher Alkylgruppen und stellen Sie das entsprechende griechische Zahlwort den Namen der Alkylreste voran (Dimethyl).

4 ▸ Legen Sie die Nummern der Kohlenstoffatome fest, an denen Alkylgruppen gebunden sind. Die Hauptkette wird so nummeriert, dass die Verzweigungsstellen kleinstmögliche Zahlen erhalten (2, 3, 4).

5 ▸ Bilden Sie den Namen.

EIGENSCHAFTEN UND REAKTIONEN DER ALKANE

Alkane sind aufgrund ihrer unpolaren Moleküle lipophil („fettliebend") und hydrophob („wasserabweisend"). Sie lösen sich ineinander und nicht in Wasser. Die Wechselwirkungen zwischen ihren Molekülen entstehen durch temporäre und induzierte Dipole.

Oxidation: Alkane reagieren mit Sauerstoff zu Kohlenstoffdioxid und Wasser (vollständige Verbrennung). Die Zündtemperatur steigt mit der Anzahl der Kohlenstoffatome im Molekül.
Beispiele:

$$CH_4 + 2\,O_2 \longrightarrow CO_2 + 2\,H_2O$$
$$2\,C_8H_{18} + 25\,O_2 \longrightarrow 16\,CO_2 + 18\,H_2O$$

MAKROMOLEKÜLE DURCH POLYMERISATION

Eine **Polymerisation** ist eine chemische Reaktion, bei der aus vielen identischen kleinen Molekülen, die Monomere, sehr große Moleküle, die **Makromoleküle**, gebildet werden. Sie werden auch Polymere genannt.

Kunststoffe bestehen aus Polymeren. Die Eigenschaften der Kunststoffe können unterschiedlich sein, z. B. weich oder hart, spröde oder elastisch, transparent oder undurchsichtig. Die Kunststoffeigenschaften hängen von der Struktur der jeweiligen Makromoleküle ab, aus denen sie aufgebaut sind.

ALKOHOLE

Alkohole sind Verbindungen, deren Moleküle außer Kohlenstoff- und Wasserstoffatomen eine oder mehrere Hydroxygruppen (OH-Gruppe) enthalten. Die Hydroxygruppe ist die **funktionelle Gruppe** der Alkohole.
Beispiele:

Ethanol   Propan-1-ol

Alkohole, die sich von den Alkanen ableiten, heißen Alkanole. Sie haben die allgemeine Molekülformel $C_nH_{2n+1}OH$ und bilden eine homologe Reihe.

Name	Halbstrukturformel
Methanol	$CH_3{-}OH$
Ethanol	$CH_3{-}CH_2{-}OH$
Propan-1-ol	$CH_3{-}CH_2{-}CH_2{-}OH$
Butan-1-ol	$CH_3{-}CH_2{-}CH_2{-}CH_2{-}OH$
Pentan-1-ol	$CH_3{-}CH_2{-}CH_2{-}CH_2{-}CH_2{-}OH$

Homologe Reihe der Alkanole

ISOMERIE UND BENENNUNG BEI ALKANOLEN

Die Moleküle der Alkanole können verzweigt sein. Die Benennung erfolgt wie bei den Alkanen, zusätzlich wird angegeben, an welches C-Atom die Hydroxygruppe bindet. Die Einteilung der Alkanole erfolgt nach der Stellung der Hydroxygruppe.
Beispiele:

Primär	Sekundär	Tertiär
Ethanol	Propan-2-ol	2-Methylpropan-2-ol

EIGENSCHAFTEN DER ALKANOLE

Die Wasserlöslichkeit der Alkanole sinkt mit steigender Anzahl an Kohlenstoffatomen im Molekül.
Wie Alkane reagieren auch Alkanole mit Sauerstoff (Verbrennung) zu Kohlenstoffdioxid und Wasser.

MEHRWERTIGE ALKOHOLE

Hat ein Alkoholmolekül mehr als eine Hydroxygruppe, so liegt ein mehrwertiger Alkohol vor.
Beispiele:

Ethan-1,2-diol   Propan-1,2,3-triol
(Glykol)   (Glycerin)

1.3 Aufgaben richtig verstehen – Umgang mit Operatoren

Operatoren sind *handlungsleitende Verben*, die bei einer Aufgabenstellung darüber Auskunft geben, welche Tätigkeit beispielsweise in einer Klausuraufgabe gefordert wird. Als **Signalwörter** bestimmen sie Art und Umfang der geforderten Leistung.

Mithilfe von einheitlichen Standards im niedersächsischen *Kerncurriculum Chemie für das Gymnasium, die Gesamtschule, das Berufliche Gymnasium, das Abendgymnasium und das Kolleg* wird festgelegt, welche Tätigkeiten beim Bearbeiten der Aufgabe erwartet werden, damit eine Vergleichbarkeit der individuellen Lösung möglich wird. Das Wissen um die Bedeutung der Operatoren ist dabei hilfreich, um schon zu Beginn der Bearbeitung einer Klausuraufgabe eine *geeignete Zeiteinteilung* vorzunehmen und abschätzen zu können, in *welcher Tiefe* die Aufgabenstellung bearbeitet werden soll.

Operatoren werden durch den Kontext der Prüfungsaufgabe erst konkretisiert bzw. präzisiert: durch die Formulierung bzw. Gestaltung der Aufgabenstellung, durch den Bezug zu Textmaterialien/Abbildungen bzw. Problemstellungen sowie durch die Zuordnung zu **Anforderungsbereichen (AFB)** im Erwartungshorizont. Aufgrund dieser vielfältigen wechselseitigen Abhängigkeiten lassen sich Operatoren zumeist nicht präzise einzelnen Anforderungsbereichen zuschreiben.

ANFORDERUNGSBEREICH I umfasst das Wiedergeben von Sachverhalten und Kenntnissen im gelernten Zusammenhang, die Verständnissicherung sowie das Anwenden und Beschreiben geübter Arbeitstechniken und Verfahren.
Dies erfordert vor allem **Reproduktionsleistungen**.

ANFORDERUNGSBEREICH II umfasst das selbstständige Auswählen, Anordnen, Verarbeiten, Erklären und Darstellen bekannter Sachverhalte unter vorgegebenen Gesichtspunkten in einem durch Übung bekannten Zusammenhang und das selbstständige Übertragen und Anwenden des Gelernten auf vergleichbare neue Zusammenhänge und Sachverhalte.
Dies erfordert vor allem **Reorganisationsleistungen**.

ANFORDERUNGSBEREICH III umfasst das Verarbeiten komplexer Sachverhalte mit dem Ziel, zu selbstständigen Lösungen, Gestaltungen oder Deutungen, Folgerungen, Verallgemeinerungen, Begründungen und Wertungen zu gelangen. Dabei wählen die Schülerinnen und Schüler selbstständig geeignete Arbeitstechniken und Verfahren zur Bewältigung der Aufgabe, wenden sie auf eine neue Problemstellung an und reflektieren das eigene Vorgehen.
Dies erfordert vor allem **Reflexion und Transferleistungen**.

Operator	Was wird verlangt?	AFB
Analysieren	Unter einer gegebenen Fragestellung wichtige Bestandteile oder Eigenschaften herausarbeiten.	II–III
Angeben/Nennen	Elemente, Sachverhalte, Begriffe, Daten ohne nähere Erläuterungen aufzählen.	I–II
Anwenden	Einen bekannten Sachverhalt oder eine bekannte Methode auf etwas Neues beziehen.	II–III
Aufstellen	Sachverhalte und Methoden zielgerecht miteinander verknüpfen; eine Hypothese, eine Skizze, ein Experiment oder ein Modell schrittweise weiterführen und ausbauen.	I–II
Auswerten	Daten, Einzelergebnisse oder sonstige Sachverhalte in einen Zusammenhang stellen und ggf. zu einer abschließenden Gesamtaussage zusammenführen.	II–III, ggf. I
Begründen	Sachverhalte auf Regeln, Gesetzmäßigkeiten bzw. kausale Zusammenhänge zurückführen.	II–III
Berechnen	Mittels Größengleichungen eine chemische oder physikalische Größe bestimmen.	I–III
Beschreiben	Strukturen, Sachverhalte oder Zusammenhänge wiedergeben.	I
Bestätigen	Die Gültigkeit einer Aussage, z. B. einer Hypothese oder einer Modellvorstellung, durch ein Experiment verifizieren.	I–II
Bestimmen	Mittels Größengleichungen eine chemische oder physikalische Größe bestimmen.	I–III
Beurteilen	Zu einem Sachverhalt eine selbstständige Einschätzung unter Verwendung von Fachwissen und Fachmethoden begründet formulieren.	II–III
Bewerten	Eine eigene Position nach ausgewiesenen Kriterien vertreten.	II–III

Operator	Was wird verlangt?	AFB
Darstellen	Sachverhalte, Zusammenhänge, Methoden und Bezüge in angemessenen Kommunikationsformen strukturiert wiedergeben.	I–II
Diskutieren	Im Zusammenhang mit Sachverhalten, Aussagen oder Thesen unterschiedliche Positionen bzw. Pro- und Contra-Argumente einander gegenüberstellen und abwägen.	II–III
Dokumentieren	Alle notwendigen Erklärungen, Herleitungen und Skizzen darstellen.	I–II
Durchführen	Eine vorgegebene oder eigene Experimentieranleitung umsetzen.	I
Entwickeln	Sachverhalte und Methoden zielgerecht miteinander verknüpfen; eine Hypothese, eine Skizze, ein Experiment oder ein Modell schrittweise weiterführen und ausbauen.	I–II
Erklären	Einen Sachverhalt nachvollziehbar und verständlich zum Ausdruck bringen.	II–III, ggf. I
Erläutern	Einen Sachverhalt durch zusätzliche Informationen (chemische Formeln und Gleichungen) veranschaulichen und verständlich machen.	II–III, ggf. I
Ermitteln	Einen Zusammenhang oder eine Lösung finden und das Ergebnis formulieren.	I–II
Interpretieren/ Deuten	Kausale Zusammenhänge in Hinblick auf Erklärungsmöglichkeiten untersuchen und abwägend herausstellen.	II–III
Ordnen/zuordnen	Vorliegende Objekte oder Sachverhalte kategorisieren und hierarchisieren.	I–II
Planen (von Experimenten)	Zu einem vorgegebenen Problem z. B. eine Experimentieranleitung erstellen.	II–III
Prüfen	Sachverhalte oder Aussagen an Fakten oder innerer Logik messen und eventuelle Widersprüche aufdecken.	I–III
Skizzieren	Sachverhalte, Strukturen oder Ergebnisse auf das Wesentliche reduzieren und diese graphisch oder als Fließtext übersichtlich darstellen.	I–II
Stellung nehmen	Eine eigene Position nach ausgewiesenen Kriterien vertreten.	II–III
Strukturieren	Vorliegende Objekte oder Sachverhalte kategorisieren und hierarchisieren.	I–II
Überprüfen	Sachverhalte oder Aussagen an Fakten oder innerer Logik messen und eventuelle Widersprüche aufdecken.	I–III
Übertragen	Einen bekannten Sachverhalt oder eine bekannte Methode auf etwas Neues beziehen.	II–III
Untersuchen	Unter einer gegebenen Fragestellung wichtige Bestandteile oder Eigenschaften herausarbeiten; „untersuchen" beinhaltet ggf. zusätzliche praktische Anteile.	II–III
Verallgemeinern	Aus einem erkannten Sachverhalt eine erweiterte Aussage formulieren.	II
Vergleichen	Gemeinsamkeiten, Ähnlichkeiten und Unterschiede ermitteln.	I–III
Zeichnen	Eine anschauliche und hinreichend exakte grafische Darstellung beobachtbarer oder gegebener Strukturen anfertigen.	I–II

Vom Grund des Abrahamsees im Permafrostgebiet Kanadas steigt unablässig Methangas auf. Es kann zum Heizen oder als Ausgangsstoff für die Synthese organischer Verbindungen verwendet werden. Methanmoleküle bestehen lediglich aus Kohlenstoff- und Wasserstoffatomen – so wie alle anderen Kohlenwasserstoffe auch, von denen eine riesige Anzahl an Verbindungen existiert. Ihre unterschiedlichen Eigenschaften lassen sich mithilfe ihrer typischen Strukturmerkmale verstehen.

Organische Stoffklassen – Kohlenwasserstoffe 2

Merkmale der Stoffklassen

Chemische Bindungen bei Kohlenwasserstoffen

- Elektronenpaarbindung
- Lewis-Konzept
- Elektronenpaar-Abstoßungsmodell
- Zwischenmolekulare Kräfte

Gesättigte Kohlenwasserstoffe – Alkane

- Strukturen und Eigenschaften
- Homologe Reihe
- Isomere
- Halogenalkane

Ungesättigte Kohlenwasserstoffe – Alkene

- Strukturen und Eigenschaften
- Homologe Reihe
- Isomere

01 Aus dem Abrahamsee im Permafrostgebiet Kanadas steigen Methangasblasen auf – und gefrieren sofort.

2.1 Organische Stoffklassen

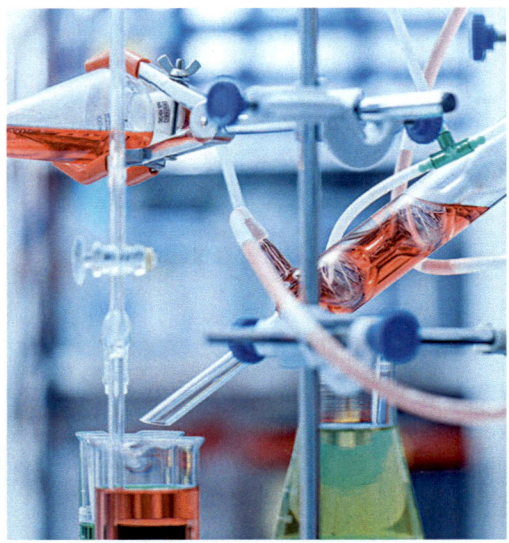

01 Herstellung organischer Verbindungen im Labor

Die organische Chemie beschäftigt sich mit dem Aufbau, den Eigenschaften, den Reaktionen sowie der Herstellung und Verwendung der natürlich vorkommenden und der künstlich hergestellten organischen Verbindungen. Hierzu gehören beispielsweise die natürlich vorkommenden Fette, Aminosäuren und Kohlenhydrate ebenso wie die künstlich hergestellten Arzneimittel, Kosmetika, Kunststoffe und Farbmittel.

VIELFALT DER ORGANISCHEN VERBINDUNGEN

Die große Anzahl und Vielfalt der organischen Verbindungen lässt sich mit der Eigenschaft der Kohlenstoffatome begründen, miteinander stabile Elektronenpaarbindungen auszubilden. Auf diese Weise bilden die Kohlenstoffatome Ketten und Ringe unterschiedlicher Größe aus, in denen sie über Einfach- oder Mehrfachbindungen miteinander verknüpft sind. Da die Ketten verzweigt oder unverzweigt sein können, ergeben sich vielfältige Kombinationsmöglichkeiten und dadurch verschiedene **Stoffklassen** (↑ 02). In organischen Verbindungen kommt neben Kohlenstoff vor allem das Element Wasserstoff vor – aber auch die meisten anderen Elemente, mit Ausnahme der Edelgase, können in ihnen gebunden sein. Außerdem bestimmen *funktionelle Gruppen* maßgeblich die physikalischen und chemischen Eigenschaften organischer Verbindungen.

Mit der künstlichen Herstellung von Harnstoff, einer organischen Verbindung, aus dem anorganischen Salz Ammoniumcyanat im Jahre 1828 wurde der deutsche Chemiker FRIEDRICH WÖHLER weltberühmt – und begründete die *organische Chemie*.
Alle organischen Stoffe sind Kohlenstoffverbindungen. Zu ihnen gehören mehr als 90 % der heute bekannten über 100 Millionen chemischen Verbindungen. In modernen Labors können fast unbegrenzt neue organische Verbindungen hergestellt werden.

Funktionelle Gruppen ↑ Kap. 3.1 Vom Alkohol zum Aromastoff, z. B. S. 52

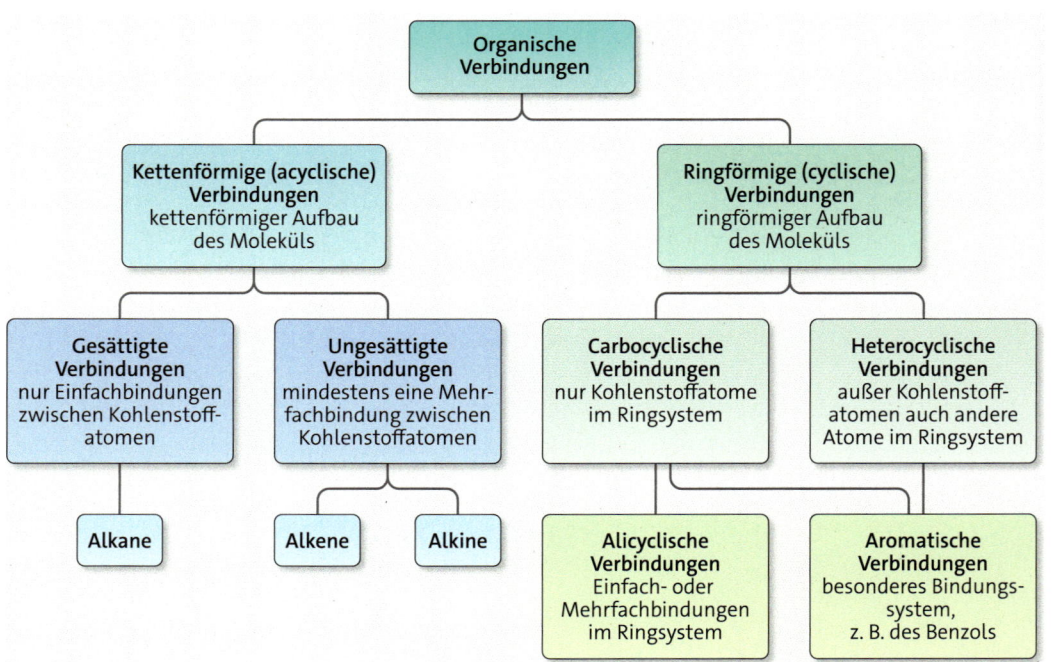

02 Übersicht über organische Kohlenstoffverbindungen und einige Stoffklassen

2.2 Elektronenpaarbindung

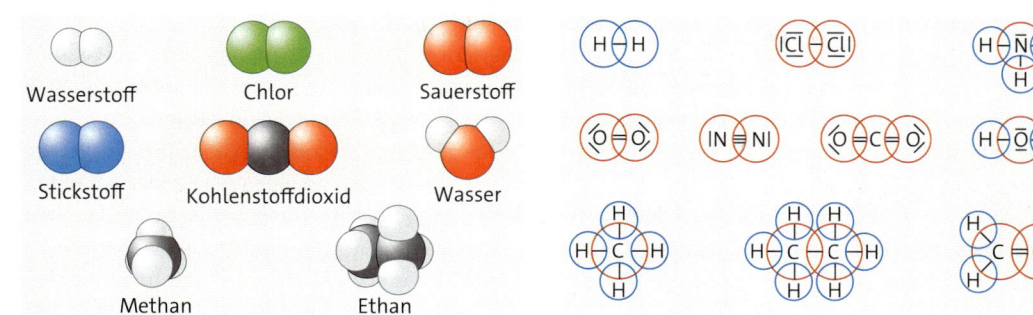

01 Modelle von Molekülen

(Wasserstoff, Chlor, Sauerstoff, Stickstoff, Kohlenstoffdioxid, Wasser, Methan, Ethan)

02 Lewis-Formeln und Oktettregel

(Oktettregel teilweise nicht erfüllt)

NICHTMETALLE BILDEN MOLEKULARE STOFFE
Alle organischen Stoffe bestehen aus Molekülen, beispielsweise die Gase Methan und Ethan und das flüssige Hexan. Aber auch andere Stoffe wie Stickstoff, Kohlenstoffdioxid und Wasser sind aus Molekülen aufgebaute Stoffe (↑ **01**). Allgemein gilt, dass sich die Atome von Nichtmetallen untereinander zu **Molekülen** verbinden – im Gegensatz zu den aus Metall- und Nichtmetall-Ionen aufgebauten Salzen. Das einfachste Molekül, das Wasserstoffmolekül H_2, besteht aus zwei Wasserstoffatomen. Die beiden Elektronen der Wasserstoffatome bilden um die Atomkerne eine gemeinsame Elektronenhülle. Durch dieses gemeinsam genutzte Elektronenpaar kommt die chemische Bindung zwischen zwei benachbarten Atomen in Molekülen zustande. Sie wird als **Elektronenpaarbindung** oder **kovalente Bindung** oder **Atombindung** bezeichnet.

LEWIS-KONZEPT Das bereits vor rund 100 Jahren von GILBERT NEWTON LEWIS entwickelte einfache Modell stellt die Bindungsverhältnisse innerhalb eines Moleküls durch Elektronenpaare dar: Ein Strich zwischen den Elementsymbolen steht für ein **bindendes Elektronenpaar**, bestehend aus jeweils einem Elektron aus den Außenschalen der Bindungspartner. Punkte symbolisieren einzelne Elektronen. Außenelektronen, die nicht an der Bindung beteiligt sind, heißen **freie (nichtbindende) Elektronenpaare** und werden als Striche dargestellt.

Beispiele: H··H oder H—H,   H··$\overline{\underline{Cl}}$: oder H—$\overline{\underline{Cl}}$

Zwei gemeinsam genutzte Elektronenpaare wie beim Sauerstoffmolekül bilden eine **Doppelbindung** und werden durch zwei Striche zwischen den Bindungspartnern dargestellt, **Dreifachbindungen** wie im Stickstoffmolekül durch drei Striche.

Beispiele: $\langle O=O \rangle$ IN≡NI

Solche Formeln werden als **Lewis-Formeln** oder auch als **Valenzstrichformeln** bezeichnet.

EDELGASKONFIGURATION – OKTETTREGEL Jedes der im Wasserstoffmolekül gebundenen Wasserstoffatome erreicht durch zwei gemeinsam genutzte Elektronen die energetisch stabile **Elektronenkonfiguration** des Edelgasatoms Helium. Das bindende Elektronenpaar wird deshalb formal beiden Wasserstoffatomen zugeordnet (↑ **02**).

Für die in der 2. Periode des PSE befindlichen Elemente Kohlenstoff, Stickstoff, Sauerstoff und Fluor gilt die **Oktettregel**: Ihre Atome verbinden sich so, dass sich ihnen eine mit **acht Elektronen** (vier Elektronenpaaren) vollbesetzte Außenschale zuordnen lässt. Sie erreichen die Elektronenkonfiguration des Edelgases Neon. Bindungselektronenpaare werden dabei immer beiden Bindungspartnern zugeordnet (↑ **02**).

> Die Bindung in Molekülen erfolgt durch gemeinsame (bindende) Elektronenpaare.
> Jedes Atom der Bindung erreicht durch seine Außenelektronen und die zusätzlichen Elektronen seines Bindungspartners eine stabile Edelgaskonfiguration.

Beispiel: Der Bau des Ammoniakmoleküls NH_3 ergibt sich durch die Bildung von drei Einfachbindungen zwischen dem zentralen Stickstoffatom und den drei Wasserstoffatomen. Durch die gemeinsame Nutzung jeweils beider Elektronen in den drei N—H-Bindungen ist die Oktettregel für alle Atome im Molekül erfüllt, da sich am Stickstoffatom ein freies Elektronenpaar befindet.

1 › Erklären Sie, warum Edelgasatome keine Moleküle bilden.
2 › Zeichnen und erläutern Sie die Lewis-Formeln für die Moleküle von Iod I_2, Ozon O_3, Methan CH_4, Schwefelsäure H_2SO_4, Wasserstoffperoxid H_2O_2, Dichlormonooxid Cl_2O und Cyanwasserstoff HCN.

Energetische Betrachtung der chemischen Bindung im Wasserstoffmolekül ↑ S. 24.

Methode zum Entwickeln von Lewis-Formeln ↑ S. 25.

Elektronenpaarbindungen näher betrachtet

GRENZEN DER OKTETTREGEL Nicht bei allen Molekülen wird die Oktettregel erfüllt. Die Lewis-Formel von Bortrifluorid BF_3 zeigt ein zentrales Boratom, dem sich nur drei gemeinsame Elektronenpaare zuordnen lassen. Am Boratom ist eine **Elektronenpaarlücke** erkennbar (↑ S. 23, **02**).

Moleküle wie Stickstoffmonooxid NO oder Stickstoffdioxid NO_2 besitzen eine ungerade Anzahl an Außenelektronen, sodass die Oktettregel für das Stickstoffatom nicht erfüllt werden kann.

In Molekülen mit Atomen ab der 3. Periode können auch mehr als vier Elektronenpaare an einem Atom auftreten, z. B. das H_2SO_4-Molekül mit sechs bindenden Elektronenpaaren am Schwefelatom.

MESOMERIE Vom Distickstoffmonooxidmolekül N_2O und auch vom Salpetersäuremolekül HNO_3 lassen sich zwei verschiedene Lewis-Formeln zeichnen:

$$IN≡N-\overline{\underline{O}}I \longleftrightarrow I\overline{N}=N=OI$$

$$H-\overline{\underline{O}}-N \longleftrightarrow H-\overline{\underline{O}}-N$$

Solche Formeln werden als **mesomere Grenzformeln** bezeichnet. Die Positionen der einzelnen Atome sind jeweils in der linken und rechten Formel unverändert – ansonsten würde es sich nicht um den gleichen Stoff handeln. Allerdings verteilen sich die Elektronenpaare unterschiedlich im Molekül. Man sagt: Die Elektronen sind **delokalisiert**.

In den gezeigten mesomeren Grenzformeln werden den Atomen **Formalladungen** zugeordnet. Zur Unterscheidung von echten Ionenladungen sind sie hier rot gekennzeichnet. Formalladungen ergeben sich aus der Differenz zwischen der Anzahl der Außenelektronen entsprechend der Stellung von Stickstoff und Sauerstoff im Periodensystem und der in der Lewis-Formel zugeordneten Anzahl an Elektronen. Bei Molekül-Ionen entspricht die Summe der auftretenden Formalladungen der Ionenladung.

Keine der mesomeren Grenzformeln stellt alleine die tatsächlichen Bindungsverhältnisse im Molekül korrekt dar. Dies zeigen experimentelle Untersuchungen der Bindungslängen. So liegt beispielsweise der tatsächliche Abstand der Atome im N_2O-Molekül zwischen dem einer Doppel- und einer Dreifachbindung. Die mesomeren Grenzformeln sind also rein hypothetisch. Dieser hypothetische Zustand wird durch den **Mesomeriepfeil** ⟷ zwischen den Grenzformeln gekennzeichnet. Er darf nicht mit dem Pfeil zur Darstellung von chemischen Gleichgewichten ⇌ verwechselt werden.

Alle Moleküle, für deren Struktur sich mesomere Grenzformeln formulieren lassen, sind besonders **energiearm**, weil sich durch die Delokalisierung der Elektronen auf einen größeren Raum die Abstoßung der negativen Ladungen verringert. Man nennt solche energetisch begünstigten Moleküle auch *mesomeriestabilisiert*.

> Durch mesomere Grenzformeln lassen sich Moleküle darstellen, die delokalisierte Elektronen besitzen. Die tatsächliche Elektronenverteilung kann nicht eindeutig beschrieben werden, sie liegt zwischen den hypothetischen Grenzformeln.

▶ **Schon gewusst?** Die beiden Atome des Wasserstoffmoleküls können nur getrennt werden, wenn Energie zugeführt wird. Umgekehrt wird der gleiche Energiebetrag frei, die **Bindungsenergie**, wenn sich zwei Wasserstoffatome annähern und zu einem Molekül verbinden. Das Elektron des einen Atoms und der Kern des anderen ziehen sich an, bis ein Energieminimum vorliegt. Für jede Abstandsänderung muss Energie aufgewendet werden: Entweder wachsen die Abstoßungskräfte der Kerne deutlich an oder die Anziehungskräfte von Kern und Hülle müssen überwunden werden. Die Elektronenpaarbindung wirkt nur entlang der Kernverbindungsachse der gebundenen Atome. Der Abstand der Atomkerne ist die **Bindungslänge** dieser Bindung.

1 ⟩ Zeichnen Sie die zwei mesomeren Grenzformeln des Thiocyanat-Ions SCN^-. Bestimmen Sie die Formalladungen an den Atomen jeder Grenzformel.

2 ⟩ Zeigen Sie, dass vom Kohlenstoffdioxidmolekül CO_2 mesomere Grenzformeln existieren.

3 ⟩ Legt man an eine Kupfersulfatlösung eine elektrische Spannung an, so werden die Cu^{2+}-Ionen am Minuspol entladen, die Sulfat-Ionen dagegen kaum. Begründen Sie, warum sich Sulfat-Ionen schwer entladen lassen.

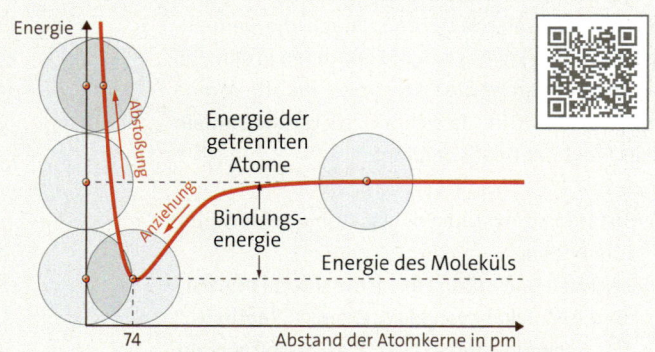

01 Die Energie der Wasserstoffatome hängt von ihrem Abstand ab.

Methode

 Entwickeln von Lewis-Formeln

Entwickeln Sie die Lewis-Formel des Kohlenstoffdioxidmoleküls CO_2 und des Carbonat-Ions CO_3^{2-}.

1. **Auffinden des Zentralatoms:** Häufig steht ein Atom im Molekül in zentraler Position, das entweder die meisten Bindungen eingehen kann oder zu einem möglichst symmetrischen Molekül führt. Je höher die Anzahl noch fehlender Elektronen zum Erreichen einer Edelgaskonfiguration ist, desto mehr Elektronenpaarbindungen kann ein Nichtmetallatom ausbilden (8 − N-Regel).
Das Kohlenstoffatom kann vier Elektronenpaarbindungen ausbilden (IV. Hauptgruppe: 8 − 4 = 4), das Sauerstoffatom zwei (VI. Hauptgruppe: 8 − 6 = 2).
Das Kohlenstoffatom ist das Zentralatom im CO_2-Molekül und im CO_3^{2-}-Ion.

2. **Bestimmen der bindenden und freien Elektronenpaare:**
   a) **Vorhandene Außenelektronen** ermitteln:
   Für jedes Atom im Molekül (oder Ion) wird die Anzahl der Außenelektronen gemäß der Stellung des Elements im PSE bestimmt (Hauptgruppennummer = Anzahl Außenelektronen); die Anzahl der Außenelektronen wird addiert.
   Bei *Anionen* wird der Betrag der Ionenladung zur Anzahl der Elektronen addiert, bei *Kationen* entsprechend subtrahiert.
   b) **Summe der benötigten Außenelektronen** ermitteln:
   für jedes Atom jeweils 8 Elektronen (Oktett), für H-Atome 2 Elektronen
   c) **Bindende Elektronen** ermitteln:
   benötigte Elektronen − vorhandene Elektronen = bindende Elektronen
   bindende Elektronenpaare = bindende Elektronen : 2
   d) **Freie Elektronen** ermitteln:
   vorhandene Elektronen − bindende Elektronen = freie Elektronen

Molekül/Ion	CO_2	CO_3^{2-}
a) Kohlenstoffatom: Sauerstoffatome: Betrag der Ionenladung: Summe der vorhandenen Außenelektronen:	$1 \cdot 4\,e^-$ $+\,2 \cdot 6\,e^-$ / $= 16\,e^-$	$1 \cdot 4\,e^-$ $+\,3 \cdot 6\,e^-$ $+\,2\,e^-$ $= 24\,e^-$
b) Summe der benötigten Außenelektronen:	$3 \cdot 8\,e^- = 24\,e^-$	$4 \cdot 8\,e^- = 32\,e^-$
c) bindende Elektronen: bindende Elektronenpaare:	$24 - 16 = 8\,e^-$ 4 Paare	$32 - 24 = 8\,e^-$ 4 Paare
d) freie Elektronen: freie Elektronenpaare:	$16 - 8 = 8\,e^-$ 4 Paare	$24 - 8 = 16\,e^-$ 8 Paare

3. **Zuordnen der Elektronenpaare zu den einzelnen Atomen:** Um das Zentralatom (C) werden die weiteren Atome symmetrisch angeordnet und durch einfach bindende Elektronenpaare miteinander verknüpft. Wasserstoffatome sind immer einbindig und daher endständig.

O−C−O   O−C−O
                       |
                       O

Weitere bindende Elektronenpaare werden für Doppel- oder Dreifachbindungen verwendet.

O=C=O   O=C−O
                       |
                       O

Freie Elektronenpaare sind so zu verteilen, dass möglichst alle Atome eine vollbesetzte Außenschale (Edelgaskonfiguration) erreichen.

Die Gesamtanzahl der Außenelektronen und die Anzahl kovalenter Bindungen wird durch Zählen aller Elektronenpaare überprüft.

4. **Ermitteln eventuell vorhandener Formalladungen:**
   a) **Bestimmen der Anzahl der Elektronen je Atom:**
   Durch formale homolytische (gleichmäßige) Bindungsspaltung ergibt sich jeweils ein Elektron je bindendes Elektronenpaar. Freie Elektronenpaare werden vollständig dem jeweiligen Atom zugeordnet.
   b) **Vergleichen mit der Anzahl der Elektronen entsprechend der Stellung des Elements im PSE:**
   Aus der Differenz zwischen der Anzahl der Außenelektronen des Atoms und der in der Lewis-Formel zugeordneten Anzahl an Elektronen wird die Formalladung der Atome im Molekül bestimmt. Die Formalladung der Atome wird über das Symbol des Elements geschrieben. Die Gesamtladung des Teilchens muss mit der Summe der Formalladungen übereinstimmen. Bei Molekülen ist sie null, bei Ionen entspricht sie der Ionenladung.

1 ⟩ Entwickeln Sie schrittweise die Lewis-Formeln für Ammoniak (NH_3), Formaldehyd (H_2CO), Ammonium-Ion (NH_4^+) und Cyanid-Ion (CN^-).

2 ⟩ Erläutern Sie die 8 − N-Regel für Wasserstoffatome.

2.3 Räumlicher Bau von Molekülen – EPA-Modell

ELEKTRONENPAARABSTOSSUNGSMODELL Lewis-Formeln geben die Bindungsverhältnisse im Molekül wieder. Sie machen aber keine Aussage über den räumlichen Bau von Molekülen oder Molekül-Ionen (z. B. NH_4^+). Eigenschaften und Reaktionsverhalten von Stoffen sind jedoch häufig auf die räumliche Struktur der Moleküle zurückzuführen. Diese kann mithilfe des **Elektronenpaarabstoßungsmodells**, kurz: **EPA-Modell,** vorhergesagt werden. Das Modell beruht auf zwei einfachen Annahmen:

Das EPA-Modell basiert auf dem von R. GILLESPIE und R. NYHOLM 1957 entwickelten VSEPR-Modell (engl. Valence Shell Electron Pair Repulsion).

1. Alle Außenelektronen der Atome im Molekül beeinflussen den räumlichen Bau. Jedes Elektronenpaar wird in diesem Modell als Elektronenwolke betrachtet.
2. Aufgrund der elektrostatischen Abstoßung ordnen sich die negativ geladenen Elektronenwolken so an, dass der größtmögliche Abstand entsteht. Daraus resultiert der größtmögliche Bindungswinkel zwischen benachbarten Atomen. *Freie (nicht bindende) Elektronenpaare* benötigen im Vergleich zu *bindenden Elektronenpaaren* mehr Raum, da sie eine größere elektrostatische Abstoßung aufweisen.

STRUKTUR DES METHANMOLEKÜLS Im Methanmolekül CH_4 sind die vier Wasserstoffatome mit dem zentralen Kohlenstoffatom über jeweils ein Elektronenpaar verbunden (↑ 01). Die räumliche Struktur ergibt sich aufgrund der gegenseitigen Abstoßung der vier *bindenden Elektronenpaare*. Die Elektronenwolken sind in die vier Ecken eines Tetraeders gerichtet. Der daraus resultierende **Tetraederwinkel von 109,5°** konnte für alle H–C–H-Bindungswinkel experimentell bestätigt werden.

STRUKTUR DES AMMONIAKMOLEKÜLS Beim Ammoniakmolekül NH_3 ist das zentrale Stickstoffatom über drei Elektronenpaarbindungen mit jeweils einem Wasserstoffatom verbunden (↑ 01).

Zudem besitzt das Stickstoffatom noch ein *freies Elektronenpaar*. Mit vier Elektronenwolken ergibt sich daher auch für das Ammoniakmolekül eine tetraedrische Struktur. Allerdings werden aufgrund des größeren Raumbedarfs für das freie Elektronenpaar die Elektronenwolken der N–H-Bindung etwas näher zueinander gedrückt. Die H–N–H-Bindungen sind im Vergleich zum Methanmolekül etwas gestaucht, ihr Bindungswinkel beträgt 107°.

STRUKTUR DES WASSERMOLEKÜLS Das Wassermolekül H_2O weist ebenfalls vier Elektronenwolken auf, davon zwei bindende zwischen dem zentralen Sauerstoff- und je einem Wasserstoffatom sowie zwei freie Elektronenpaare am Sauerstoffatom. Daraus ergibt sich die gewinkelte Struktur des Wassermoleküls, auf der die besonderen Eigenschaften wie der Dipolcharakter beruhen. Wegen des größeren Raumbedarfs der freien Elektronenpaare ist der H–O–H-Bindungswinkel mit 104,5° deutlich kleiner als der Tetraederwinkel im Methanmolekül und auch kleiner als beim Ammoniakmolekül (↑ 01).

> Nach dem **Elektronenpaarabstoßungsmodell** nehmen bindende und freie Elektronenpaare den größtmöglichen Abstand zueinander ein. Daraus kann die räumliche Struktur von Molekülen abgeleitet werden.

STRUKTUR DES METHANOLMOLEKÜLS Im Methanolmolekül ist ein Wasserstoffatom durch eine O–H-Gruppe ersetzt. Sowohl das Kohlenstoff- als auch das Sauerstoffatom können als zentrales Atom betrachtet werden. Am Kohlenstoffatom liegen vier bindende Elektronenwolken vor, daher ergibt sich hier eine tetraedrische Grundstruktur. Das Sauerstoffatom weist insgesamt zwei Bindungen auf – eine zum Kohlenstoff- und eine zum Wasserstoffatom – sowie zwei freie Elektronenpaare auf. Daraus ergibt sich wie

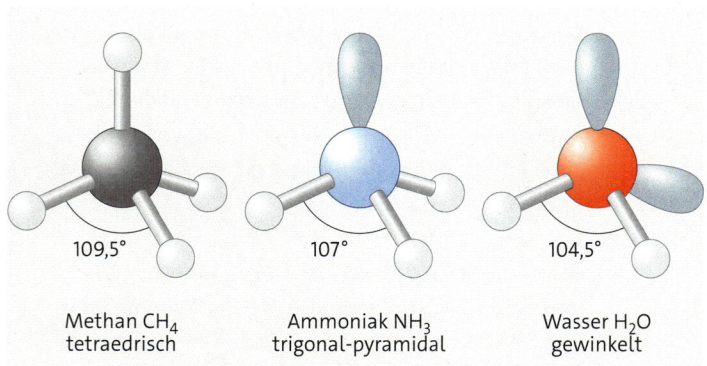

Methan CH_4
tetraedrisch

Ammoniak NH_3
trigonal-pyramidal

Wasser H_2O
gewinkelt

109,5°   107°   104,5°

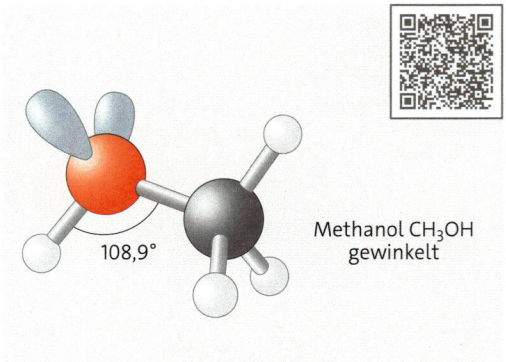

Methanol CH_3OH
gewinkelt

108,9°

01 Einfluss der freien Elektronenpaare auf die Molekülstruktur

02 Molekülstruktur von Methanol

beim Wassermolekül auch hier eine gewinkelte Struktur. Die C–O–H-Bindung weist einen Bindungswinkel von 108,9° auf, ist also durch die freien Elektronenpaare etwas kleiner als der Tetraederwinkel.

MOLEKÜLE MIT MEHRFACHBINDUNGEN Das EPA-Modell behandelt Mehrfachbindungen prinzipiell wie Einfachbindungen, indem es die Elektronenpaare einer Mehrfachbindung zu einer einzigen Elektronenwolke zusammenfasst. Im Ethenmolekül sind zwei Kohlenstoffatome über eine Doppelbindung verbunden. Außerdem gehen von jedem der Kohlenstoffatome zwei Einfachbindungen zu Wasserstoffatomen aus. Damit liegen an jedem Kohlenstoffatom drei Elektronenwolken vor, sodass sich eine trigonal-planare Struktur ergibt. Die Doppelbindung benötigt allerdings mehr Raum als die Einfachbindung, sodass der H–C–H-Bindungswinkel etwas kleiner als 120° ist.

1 ⟩ Beschreiben Sie die räumliche Struktur des Ethanmoleküls mithilfe des EPA-Modells.

M ⟩ Molekülstrukturen erkennen

AUFGABE ⟩ Begründen Sie die räumlichen Strukturen des Wasser- und des Ethenmoleküls mithilfe des EPA-Modells.

1. Lewis-Formel (Valenzstrichformel) des Moleküls mit allen Elektronenpaaren zeichnen.

H_2O

C_2H_4

2. Anzahl bindender und freier Elektronenpaare am Zentralatom bestimmen. Mehrfachbindungen zählen wie Einfachbindungen.
H_2O: 4 Elektronenpaare (davon 2 freie Elektronenpaare)
C_2H_4: Jedes C-Atom wird einzeln betrachtet ⇒ je 3 bindende Elektronenpaare an jedem Kohlenstoffatom

3. Elektronenpaare im Raum so anordnen, dass sie möglichst weit voneinander entfernt sind (↑ Tabelle).
a) Atome oder Atomgruppen sowie freie Elektronenpaare „besetzen" die Ecken der Raumstruktur.
C_2H_4: Zwei Wasserstoffatome weisen in die Ecken eines Dreiecks, die jeweils dritte Ecke wird von einem Kohlenstoffatom besetzt. Es ergibt sich eine planare, trigonale Struktur.

C_2H_4 <120°

b) Freie Elektronenpaare benötigen mehr Raum als bindende Elektronenpaare.
H_2O: Die beiden bindenden und die beiden freien Elektronenpaare am zentralen Sauerstoffatom ordnen sich tetraedrisch an, um den größtmöglichen Abstand zueinander einzunehmen. Das Molekül ist gewinkelt gebaut. Da die freien Elektronenpaare am Sauerstoffatom mehr Raum beanspruchen als die beiden Einfachbindungen, ist der H–O–H-Bindungswinkel mit 104,5° etwas kleiner als der Tetraederwinkel.

H_2O 104,5°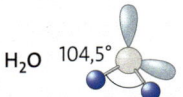

4. Anzahl der Elektronenpaarbindungen beachten.
In Molekülen mit Atomen ab der 3. Periode können auch mehr als 4 Elektronenpaare auftreten: Die 6 Elektronenpaare des SF_6-Moleküls führen zu einer oktaedrischen Anordnung.

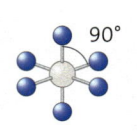 90°

1 ⟩ Ermitteln Sie die Struktur des Ethinmoleküls C_2H_2.
2 ⟩ Begründen Sie den gewinkelten Bau des Ozonmoleküls.

Beispiele		Raumstruktur
CO_2	2 Elektronenpaare	linear, 180°
BF_3	3 Elektronenpaare	trigonal-planar, 120°
CH_4	4 Elektronenpaare	tetraedrisch, 109,5°
NH_3	4 Elektronenpaare	trigonal-pyramidal, 107,8°
H_2O	4 Elektronenpaare	gewinkelt, 104,5°
SF_6	6 Elektronenpaare	oktaedrisch, 90°

2.4 Dipolmoleküle

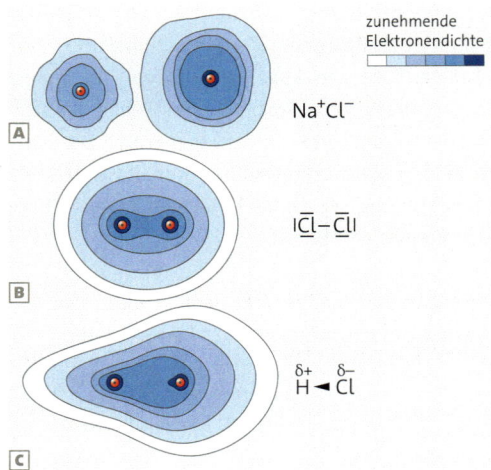

zunehmende
Elektronendichte

Na⁺Cl⁻

|C̲l̲–C̲l̲|

$\delta+$ $\delta-$
H ◄ Cl

01 Elektronendichteverteilung in **A** Natriumchlorid sowie in den Molekülen von **B** Chlor und **C** Chlorwasserstoff

ELEKTRONENDICHTEVERTEILUNG Vergleicht man die Elektronendichte der Ionenverbindung Natriumchlorid mit der des aus Molekülen aufgebauten Chlors, so wird deutlich, dass sich die geringste Elektronendichte zwischen den isolierten Ionen befindet (↑ **01A**). Im Chlormolekül ist dagegen die Elektronendichte zwischen beiden Atomkernen hoch. In diesem Bereich teilen sich beide Chloratome das bindende Elektronenpaar (↑ **01B**). Diese Beispiele zeigen **Grenztypen der chemischen Bindung** auf, nämlich die bereits bekannte Ionenbindung und die Elektronenpaarbindung. Bei vielen Verbindungen liegen die tatsächlichen Bindungsverhältnisse zwischen diesen Grenztypen.

POLARE ELEKTRONENPAARBINDUNG Die Ladung eines bindenden Elektronenpaars ist symmetrisch verteilt, wenn eine Bindung aus zwei gleichartigen Atomen besteht, so wie beim Chlor-, Wasserstoff- oder Sauerstoffmolekül. Eine solche Bindung ist **unpolar**, weil die Schwerpunkte der negativen und positiven Ladung jeweils zusammenfallen.
Dagegen ist bei Bindungen zwischen zwei unterschiedlichen Atomen die Ladungsverteilung nicht symmetrisch (↑ **01C**). Einer der beiden Bindungspartner zieht das gemeinsame Elektronenpaar stärker an, weil unterschiedlich starke Kräfte von beiden an der Bindung beteiligten Atomen auf das gemeinsame Elektronenpaar wirken. So entsteht eine **polare Elektronenpaarbindung (polare Atombindung)**.

ELEKTRONEGATIVITÄT Die Polarität einer Bindung hängt von der jeweiligen Ladung der Atomkerne und der Länge der Bindung ab. Allgemein gilt: Je höher die Kernladung und je kleiner ein Atom ist, desto stärker ist die anziehende Kraft auf das gemeinsame Elektronenpaar.
Um die Ladungsverteilung in einer polaren Bindung abschätzen zu können, hat LINUS PAULING 1932 den Begriff der **Elektronegativität** (kurz: EN) eingeführt. Sie beschreibt die Fähigkeit eines Atoms, Elektronen innerhalb einer Elektronenpaarbindung an sich zu ziehen. Die Elektronegativität ist nicht messbar und wird als dimensionslose Zahl angegeben. Fluor als elektronegativstes Element wird der Wert EN = 4,0 zugeordnet. Caesium erhält den Wert EN = 0,7 (↑ **02**). Die Elektronegativität ändert sich in den Perioden und Gruppen des PSE in charakteristischer Weise.

> Die Elektronegativität ist ein Maß für die Fähigkeit eines Atoms, Bindungselektronen anzuziehen.

DIPOLMOLEKÜLE Beim Chlorwasserstoffmolekül sind die Bindungselektronen zwischen den beiden Bindungspartnern nicht gleich verteilt (↑ **01C**). Das elektronegativere Chloratom mit EN = 3,0 zieht die Bindungselektronen zu sich heran. Durch die Verschiebung des Elektronenpaars tritt am Chloratom eine **negative Teilladung δ–** auf. Das Wasserstoffatom mit EN = 2,1 erhält eine **positive Teilladung δ+**. Teilladungen sind schwächer als Elementarladungen, die bei Ionen auftreten. Ein Molekül, das zwei räumlich getrennte Ladungsschwerpunkte aufweist, heißt **Dipolmolekül**. Die **Ladungsverschiebung** kann man in der Lewis-Formel durch einen Keil darstellen (H ◄ Cl) oder durch einen auf den elektronegativeren Bindungspartner weisenden Pfeil kennzeichnen.

	Hauptgruppe							
	I	II	III	IV	V	VI	VII	VIII
1	H 2,1							He
2	Li 1,0	Be 1,5	B 2,0	C 2,5	N 3,0	O 3,5	F 4,0	Ne
3	Na 0,9	Mg 1,2	Al 1,5	Si 1,8	P 2,1	S 2,5	Cl 3,0	Ar
4	K 0,8	Ca 1,0	Ga 1,6	Ge 1,8	As 2,0	Se 2,4	Br 2,8	Kr
5	Rb 0,8	Sr 1,0	In 1,7	Sn 1,8	Sb 1,9	Te 2,1	I 2,5	Xe
6	Cs 0,7	Ba 0,9	Tl 1,8	Pb 1,8	Bi 1,9	Po 2,0	At 2,2	Rn
7	Fr 0,7	Ra 0,9						

(Spaltenbeschriftung links: Periode)

02 Elektronegativitätsskala nach PAULING

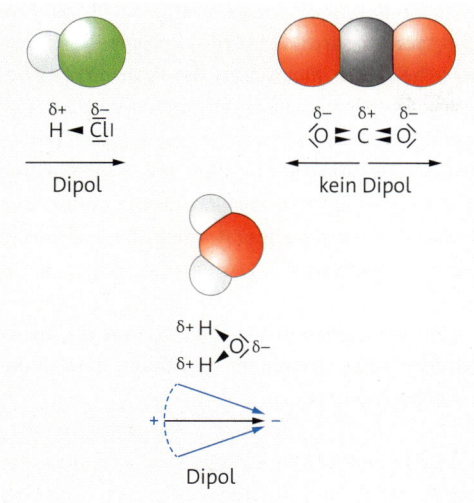

03 Ladungsverteilung in Molekülen

Der Übergang zwischen einer polaren Elektronenpaarbindung und einer Ionenbindung ist fließend. Er lässt sich jedoch anhand der Elektronegativitätsdifferenz ΔEN zwischen den Bindungspartnern abschätzen. Je größer der Wert von ΔEN, desto polarer ist die Bindung. Ab etwa $\Delta EN \geq 1{,}8$ liegt eine Ionenbindung vor.

> **Elektronenpaarbindungen zwischen Atomen mit unterschiedlicher Elektronegativität sind polar. Dipolmoleküle haben einen positiven und einen negativen Ladungsschwerpunkt.**

MOLEKÜLE MIT MEHREREN POLAREN BINDUNGEN Das Wassermolekül besitzt aufgrund der Elektronegativitätsdifferenz zwischen dem Wasserstoff- und dem Sauerstoffatom ($\Delta EN = 1{,}4$) zwei polare O–H-Bindungen. Beide Wasserstoffatome tragen jeweils eine positive Teilladung $\delta+$, das Sauerstoffatom besitzt eine negative Teilladung $\delta-$. Doch ist das Wassermolekül auch ein Dipol? Entscheidend ist die Molekülgeometrie: Der Schwerpunkt der beiden positiven Teilladungen befindet sich zwischen den beiden Wasserstoffatomen im gewinkelt gebauten Wassermolekül, der negative Ladungsschwerpunkt liegt beim Sauerstoffatom. Positiver und negativer Ladungsschwerpunkt fallen also nicht zusammen, sodass das Wassermolekül ein Dipolmolekül ist (↑ 03).
Dipolmoleküle üben aufgrund ihrer Teilladungen Kräfte aufeinander aus. In einem von außen einwirkenden elektrostatischen Feld (↑ Exp. 2.01) können sich Dipolmoleküle aufgrund von anziehenden und abstoßenden Kräften ausrichten (↑ 04).

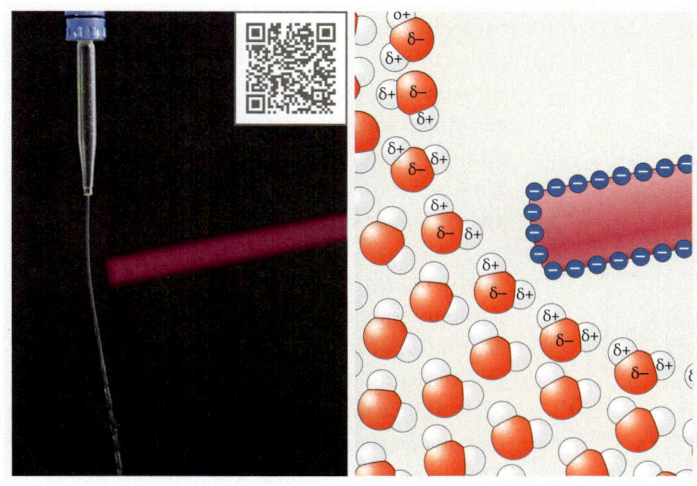

04 Wasser fließt in der Nähe eines elektrostatisch aufgeladenen Stabs.

Moleküle mit mehreren polaren Elektronenpaarbindungen sind jedoch nicht in jedem Fall Dipole. Beim symmetrisch gebauten Kohlenstoffdioxidmolekül fallen die Ladungsschwerpunkte der beiden Teilladungen in der Mitte des Moleküls zusammen. Das Kohlenstoffdioxidmolekül ist trotz seiner polaren Elektronenpaarbindungen kein Dipol (↑ 03).

1 〉 Erläutern Sie anhand von Lewis-Formeln, warum die Moleküle von Wasserstoff, Chlor und Ethan unpolar sind.
2 〉 Zeichnen Sie die Lewis-Formeln von Brom, Bromwasserstoff und Ammoniak. Kennzeichnen Sie Partialladungen und mögliche Dipolmoleküle.
3 〉 Begründen Sie, ob es sich bei Kohlenstoffdioxid und Schwefelwasserstoff um Dipolmoleküle handelt.
4 〉 Erläutern Sie, was passiert, wenn im Experiment ↑ 2.01 ein positiv geladener Kunststoffstab verwendet wird.

2.5 Zwischenmolekulare Wechselwirkungen

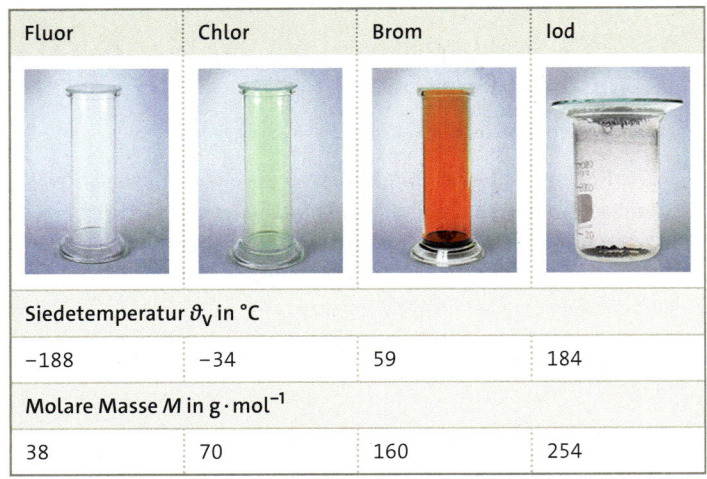

Fluor	Chlor	Brom	Iod
Siedetemperatur ϑ_V in °C			
−188	−34	59	184
Molare Masse M in g·mol^{-1}			
38	70	160	254

01 Einige Eigenschaften der Halogene

Struktur und Eigenschaften der Stoffe werden nicht nur durch ihre jeweilige chemische Bindung bestimmt, sondern auch von Anziehungskräften beeinflusst, die zwischen den Teilchen wirken: den **zwischenmolekularen Wechselwirkungen**.

VAN-DER-WAALS-KRÄFTE In der Reihe der Halogene steigen die Schmelz- und Siedetemperaturen kontinuierlich an: Fluor und Chlor sind Gase, Brom ist flüssig und Iod ist ein Feststoff (↑ **01**). Die Ursache für die unterschiedlichen Aggregatzustände liegt in den zwischen diesen Molekülen wirkenden Anziehungskräften. Dies ist erstaunlich, handelt es sich doch um unpolare Moleküle. Tatsächlich ist die Ladungsverteilung in solchen Molekülen nicht jederzeit völlig gleichmäßig. Die Elektronen des Moleküls sind in ständiger Bewegung, was zu kurzzeitigen Ladungsverschiebungen führt: Spontan treten in einigen Bereichen des Moleküls negative, in anderen Bereichen positive Teilladungen auf. Ein solcher kurzzeitig entstandener, **spontaner Dipol** bewirkt (induziert) in einem benachbarten Teilchen ebenfalls eine Ladungsverschiebung.

Geckos nutzen Van-der-Waals-Kräfte, um auf senkrechten Flächen klettern zu können.

Anion: negativ geladenes Ion

Kation: positiv geladenes Ion

Dadurch entsteht ein **induzierter Dipol** (↑ **02**). Zwischen spontanem und induziertem Dipol herrschen schwache Kräfte, die als **Van-der-Waals-Kräfte** bezeichnet werden. Moleküle mit großer Molekülmasse besitzen viele verschiebbare Elektronen. Die Van-der-Waals-Kräfte sind daher größer als bei Molekülen mit kleiner Masse. So lassen sich die steigenden Schmelz- und Siedetemperaturen in der Gruppe der Halogene erklären.

> **Van-der-Waals-Kräfte sind schwache Anziehungskräfte zwischen spontanen und induzierten Dipolen.**

DIPOL-DIPOL-KRÄFTE Die Siedetemperatur des aus Dipolmolekülen aufgebauten Chlorwasserstoffs liegt mit ϑ_V = −85 °C deutlich höher als die des Fluors mit ϑ_V = −188 °C. Sowohl Fluor- als auch Chlorwasserstoffmoleküle besitzen 18 Elektronen. Im Fluor sind nur Van-der-Waals-Kräfte zwischen den unpolaren Molekülen wirksam. Bei dem aus polaren Molekülen aufgebauten Chlorwasserstoff wirken zusätzlich elektrostatische Anziehungskräfte aufgrund der räumlich getrennten Ladungsschwerpunkte in den permanenten Dipolen. Diese relativ starken **Dipol-Dipol-Kräfte** sorgen für den deutlichen Anstieg der Siedetemperatur.

ION-DIPOL-KRÄFTE Beim Lösen von Salzen treten die Dipolmoleküle des Wassers mit dem Ionengitter in Wechselwirkung. Sie richten sich mit ihrem positiven Pol zu den *Anionen* aus, mit dem negativen Pol in Richtung der *Kationen* (↑ **04**). Diese **Ion-Dipol-Kräfte** schwächen die Bindungskräfte zwischen den Ionen an der Oberfläche des Ionengitters, sodass sich einzelne Ionen aus dem Kristall ablösen. Sie werden von Wassermolekülen eingehüllt. Ion-Dipol-Kräfte sind umso größer, je größer die Ionenladung und je kleiner der Ionenradius ist. Im Vergleich zu den Dipol-Dipol-Kräften sind sie in ihrer Wirkung stärker.

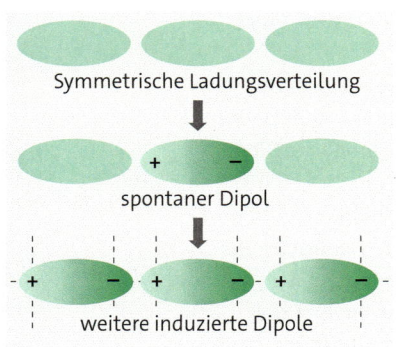

02 Induzierte Dipole – Van-der-Waals-Kräfte

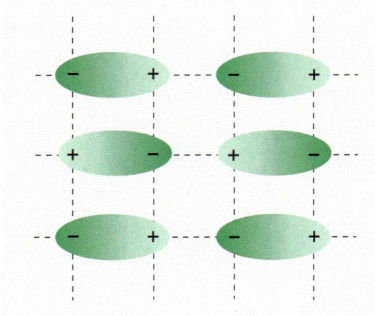

03 Dipol-Dipol-Kräfte

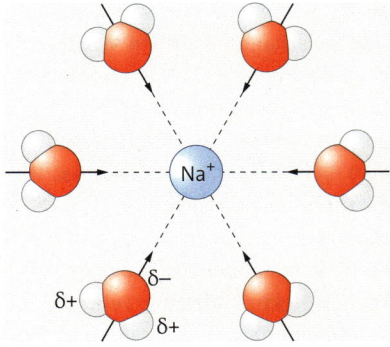

04 Ion-Dipol-Kräfte (projiziert in die Ebene)

Wasserstoffbrücken

Der Anstieg der Siedetemperaturen der Wasserstoffverbindungen der Elemente der VI. Hauptgruppe lässt sich grundsätzlich dadurch erklären, dass die Van-der-Waals-Kräfte von Schwefelwasserstoff (H_2S) über Selenwasserstoff (H_2Se) zu Tellurwasserstoff (H_2Te) mit steigender molarer Masse größer werden (↑ **05**). Warum aber liegt Wasser (H_2O) bereits bei Raumtemperatur flüssig vor? Neben den Van-der-Waals-Kräften wirken zusätzlich starke **Wasserstoffbrücken** zwischen den Molekülen. Sie erklären die mit 100 °C ungewöhnlich hohe Siedetemperatur von Wasser.

Wasserstoffbrücken bilden sich zwischen Molekülen aus, in denen ein Wasserstoffatom mit einem stark elektronegativen Atom mit freiem Elektronenpaar verbunden ist. Solche Atome sind N-, O- oder F-Atome. Die Bindung beruht auf elektrostatischen Anziehungskräften zwischen dem Dipol und dem freien Elektronenpaar des elektronegativen Atoms im Nachbarmolekül. So tritt beispielsweise das stark positiv polarisierte Wasserstoffatom eines Wassermoleküls mit dem freien Elektronenpaar des Sauerstoffatoms eines benachbarten Wassermoleküls in Wechselwirkung. Ähnlich wie Elektronenpaarbindungen sind auch Wasserstoffbrücken gerichtet. Sie werden als gestrichelte Linien dargestellt.

> **Wasserstoffbrücken bilden sich zwischen positiv polarisierten Wasserstoffatomen und freien Elektronenpaaren stark elektronegativer Atome (N, O oder F).**

EIS UND FLÜSSIGES WASSER Wasserstoffbrücken beeinflussen auch den Bau fester Stoffe. Im Molekülgitter von Eis sind die Wassermoleküle mit jeweils vier weiteren Molekülen über Wasserstoffbrücken verbunden. Sie bilden eine dreidimensionale, netzartige Gitterstruktur mit vielen hexagonalen Hohlräumen (↑ **06**), die zu einer geringeren Dichte des Eises im Vergleich zum flüssigen Wasser führen. Oberhalb von 0 °C werden die ersten Wasserstoffbrücken gelöst und die starre Ordnung des Molekülgitters wird langsam aufgebrochen. Einzelne Moleküle können in Zwischenräume des aufgebrochenen Gitters eindringen. Darum nimmt während

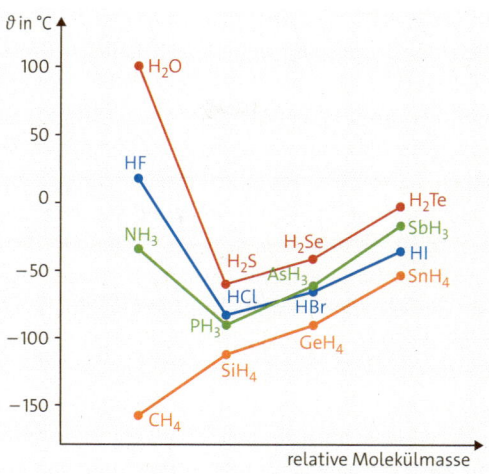

05 Siedetemperaturen der Wasserstoffverbindungen der Elemente der IV. bis VII. Hauptgruppe des PSE

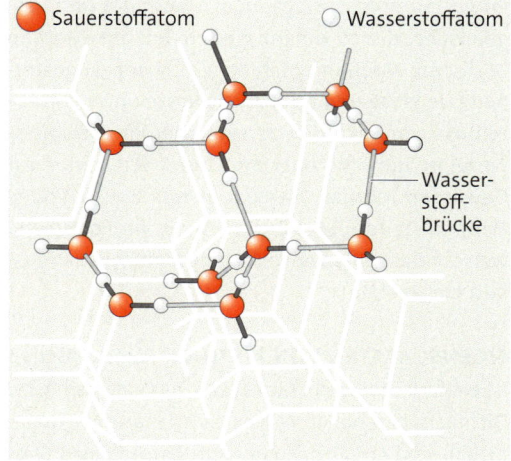

06 Gitterstruktur im Eiskristall

des Schmelzens die Dichte des Wassers stark zu. Bei 4 °C erreicht Wasser seine größte Dichte, da die gesamte Gitterstruktur aufgelöst ist.

Nimmt mit weiter steigender Temperatur die Teilchenbewegung zu, so werden weitere Wasserstoffbrücken gelöst. Der wachsende Abstand zwischen den Molekülen führt zu einer erneuten Abnahme der Dichte des Wassers.

1️⃣ Erläutern Sie die unterschiedlichen Siedetemperaturen von CH_4, NH_3, HF und H_2O im Vergleich zu SiH_4, PH_3, HCl und H_2S (↑ **05**).

2️⃣ Begründen Sie die höheren Schmelz- und Siedetemperaturen von Ethanol, Ethansäure und Ethylamin im Vergleich zu Ethan.

3️⃣ Erläutern Sie die Tatsache, dass Helium mit −269 °C eine um 17 K niedrigere Siedetemperatur als das leichteste Element Wasserstoff hat.

2.6 Alkane – gesättigte Kohlenwasserstoffe

VIELFALT DER ORGANISCHEN VERBINDUNGEN
Die große Anzahl und Vielfalt der organischen Verbindungen lässt sich mit der Eigenschaft der Kohlenstoffatome begründen, miteinander stabile *Elektronenpaarbindungen* auszubilden. Auf diese Weise bilden die Kohlenstoffatome Ketten und Ringe unterschiedlicher Größe aus, in denen sie über Einfach- oder Mehrfachbindungen miteinander verknüpft sind. Da die Ketten verzweigt oder unverzweigt sein können, ergeben sich vielfältige Kombinationsmöglichkeiten und dadurch verschiedene Verbindungsklassen. In organischen Verbindungen kommt neben Kohlenstoff vor allem das Element Wasserstoff vor – aber auch die meisten anderen Elemente, mit Ausnahme der Edelgase, können in ihnen gebunden sein.

Elektronenpaarbindung ↑ S. 23 f.

METHAN – VORKOMMEN UND VERWENDUNG
Erdgas, Sumpfgas, Biogas oder Grubengas sind Gasgemische, die zu einem großen Teil aus Methan bestehen. Methan entsteht u. a., wenn abgestorbene tierische und pflanzliche Reste unter Luftabschluss von Bakterien zersetzt werden, beispielsweise in Sümpfen oder am Grund verschmutzter Gewässer. Methan ist zudem mit 85–95 Vol.-% Hauptbestandteil des Erdgases und wird beispielsweise in Gasherden oder Heizungsanlagen im Haushalt eingesetzt.

EIGENSCHAFTEN VON METHAN Reines Methan ist ein farb- und geruchloses Gas, das eine geringere Dichte als Luft hat. In Wasser ist Methan nahezu unlöslich und steigt deshalb vom Grund eines Sees

01 Methan brennt mit bläulicher Flamme.

auf. Es kann wegen dieser Eigenschaften im Labor pneumatisch aufgefangen werden.

Methan brennt mit bläulicher, nicht rußender Flamme (↑ 01). Als Verbrennungsprodukte lassen sich nur Kohlenstoffdioxid und Wasser nachweisen (↑ Exp. 2.02, S. 37). Dies ist ein Beleg dafür, dass im Methanmolekül Kohlenstoffatome und Wasserstoffatome gebunden sind.

$$CH_4 + 2\,O_2 \longrightarrow CO_2 + 2\,H_2O$$

Methan ist brennbar, unterhält aber selbst nicht die Verbrennung. Mit dem Sauerstoff der Luft bildet Methan explosive Gemische. Es kommt immer wieder zu schweren Gasexplosionen durch unbemerktes Ausströmen von Erdgas und der Zündung des entstehenden Methan-Luft-Gemischs, beispielsweise durch einen Funken.

> Methan ist der einfachste Kohlenwasserstoff. Die Molekülformel lautet CH_4.

STRUKTUR DES METHANMOLEKÜLS Die Molekülformel des Methanmoleküls lautet CH_4. Im Methanmolekül sind die vier Wasserstoffatome an das zentrale Kohlenstoffatom gebunden. Alle vier C–H-Bindungen sind völlig gleichwertig und besitzen die gleiche Bindungsenergie (414 kJ/mol) sowie die gleiche Bindungslänge (108 pm).

Nach dem Elektronenpaarabstoßungsmodell nehmen die vier Bindungen den größtmöglichen Abstand zueinander ein und sind tetraedrisch um das zentrale Kohlenstoffatom herum angeordnet. Der H–C–H-Bindungswinkel beträgt 109,5°. Er wird auch als **Tetraederwinkel** bezeichnet (↑ 02).

> Das Methanmolekül hat eine tetraedrische Struktur.

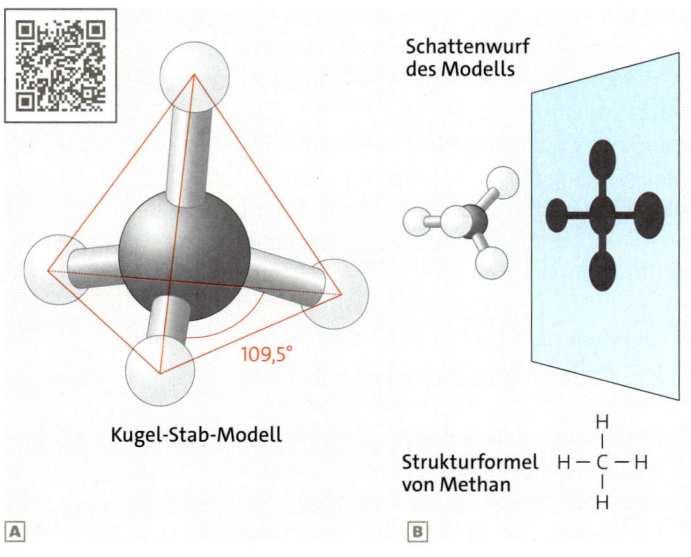

Schattenwurf des Modells

Kugel-Stab-Modell

109,5°

Strukturformel von Methan

$$H - \underset{\displaystyle H}{\overset{\displaystyle H}{C}} - H$$

A   **B**

02 Struktur des Methanmoleküls: **A** Kugel-Stab-Modell, **B** vom Molekülmodell zur Strukturformel

Homologe Reihe der Alkane

ALKANE sind **gesättigte Kohlenwasserstoffe**, da die Kohlenstoffatome in den Molekülen ausschließlich durch Einfachbindungen verknüpft sind. Daneben weisen sie nur noch Bindungen zu Wasserstoffatomen auf. Jedes Kohlenstoffatom hat dabei genau vier Bindungspartner.

STRUKTUR DES ETHANMOLEKÜLS Ethan ist wie Methan ein farb- und geruchloser Bestandteil des Erdgases. Auch im Ethanmolekül mit der Molekülformel C_2H_6 hat jedes Kohlenstoffatom vier Bindungspartner, die sich tetraedrisch um das Kohlenstoffatom anordnen. Es besteht damit aus zwei gegenständigen Tetraedern (↑ 04). Im Kugel-Stab-Modell wird deutlich, dass die beiden CH_3-Gruppen um die C–C-Bindungsachse frei drehbar sind.

HOMOLOGE REIHE DER ALKANE Das Propanmolekül mit der Molekülformel C_3H_8 unterscheidet sich vom Ethanmolekül durch das Einfügen einer CH_2-Gruppe zwischen die beiden CH_3-Gruppen. Mit jedem weiteren Kohlenstoffatom vergrößert sich damit das Kohlenstoffgerüst der Moleküle um eine weitere CH_2-Gruppe:

Ethan	CH_3–CH_3
Propan	CH_3–CH_2–CH_3
Butan	CH_3–CH_2–CH_2–CH_3
Pentan	CH_3–CH_2–CH_2–CH_2–CH_3
Hexan	CH_3–CH_2–CH_2–CH_2–$CH2$–CH_3

Dies lässt sich mit zunehmender Anzahl an Kohlenstoffatomen beliebig oft wiederholen. Dabei entstehen lineare Alkanmoleküle mit jeweils tetraedrisch um die Kohlenstoffatome angeordneten Bindungspartnern.

Solche Verbindungen, deren Molekülketten sich jeweils um eine CH_2-Gruppe voneinander unterscheiden, bilden eine **homologe Reihe**. Die homologe Reihe der Alkane beginnt mit Methan und wird durch die **allgemeine Molekülformel C_nH_{2n+2}** beschrieben.

Der Name der Alkane wird aus einem Wortstamm und der Endsilbe **-an** gebildet. Bei Kohlenwasserstoffen mit fünf oder mehr Kohlenstoffatomen im Molekül ist der Wortstamm aus dem lateinischen oder griechischen Zahlwort für die Anzahl der Kohlenstoffatome entlehnt, während die ersten vier Alkane Eigennamen tragen.

> **Alkane sind gesättigte Kohlenwasserstoffe. Sie bilden eine homologe Reihe mit der allgemeinen Molekülformel C_nH_{2n+2}.**

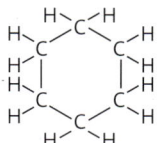

CYCLOALKANE Ringförmige (cyclische) gesättigte Kohlenwasserstoffe heißen Cycloalkane (lat. *cyclus:* Ring). Ein Cycloalkanmolekül hat bei gleicher Anzahl von Kohlenstoffatomen zwei Wasserstoffatome weniger als das entsprechende kettenförmige Alkanmolekül. Sie bilden ebenfalls eine homologe Reihe mit der allgemeinen Formel C_nH_{2n}. Der einfachste Vertreter ist das Cyclopropan (C_3H_6).

Aufgrund der Ringstruktur ist bei den Cycloalkanen die freie Drehbarkeit um die C–C-Bindungsachse im Vergleich zu den kettenförmigen Alkanen eingeschränkt.

Die Eigenschaften der Cycloalkane sind vergleichbar mit denen der jeweiligen kettenförmigen Alkane.

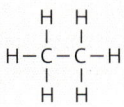

03 Strukturformel des Cyclohexanmoleküls

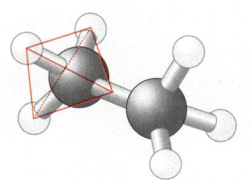

04 Molekülmodell und Strukturformel des Ethanmoleküls

Name	Molekülformel	Halbstrukturformel
Methan	CH_4	CH_4
Ethan	C_2H_6	CH_3–CH_3
Propan	C_3H_8	CH_3–CH_2–CH_3
Butan	C_4H_{10}	CH_3–$(CH_2)_2$–CH_3
Pentan	C_5H_{12}	CH_3–$(CH_2)_3$–CH_3
Hexan	C_6H_{14}	CH_3–$(CH_2)_4$–CH_3
Heptan	C_7H_{16}	CH_3–$(CH_2)_5$–CH_3
Octan	C_8H_{18}	CH_3–$(CH_2)_6$–CH_3
Nonan	C_9H_{20}	CH_3–$(CH_2)_7$–CH_3
Decan	$C_{10}H_{22}$	CH_3–$(CH_2)_8$–CH_3
Dodecan	$C_{12}H_{26}$	CH_3–$(CH_2)_{10}$–CH_3
Hexadecan	$C_{16}H_{34}$	CH_3–$(CH_2)_{14}$–CH_3

05 Homologe Reihe der Alkane

1 › Beschreiben Sie den Bau eines Pentanmoleküls anhand seiner Strukturformel.

2 › Stellen Sie analog zu Tabelle ↑ **05** die homologe Reihe der Cycloalkane auf.

3 › Entwickeln Sie die Reaktionsgleichungen für die vollständige Verbrennung von Hexan und von Cyclohexan.

Isomerie bei Alkanen

Animation: Konformationsisomere des Ethanmoleküls

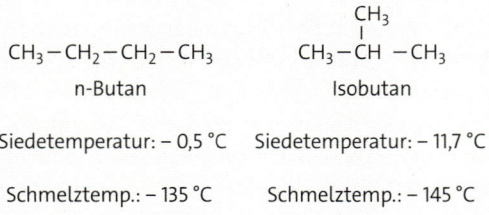

$CH_3-CH_2-CH_2-CH_3$
n-Butan

$$CH_3-\underset{\underset{CH_3}{|}}{CH}-CH_3$$
Isobutan

Siedetemperatur: $-0,5\,°C$ | Siedetemperatur: $-11,7\,°C$

Schmelztemp.: $-135\,°C$ | Schmelztemp.: $-145\,°C$

01 Konstitutionsisomere des Butanmoleküls

ISOMERE Die Molekülformel C_4H_{10} für Butan gibt keine Auskunft über die Struktur des Moleküls. Tatsächlich kann mit einer gaschromatografischen Analyse gezeigt werden, dass Butangas zwei verschiedene Stoffe mit gleicher Molekülformel, aber unterschiedlicher Strukturformel enthält. Solche Verbindungen heißen **Isomere** (griech. *isos:* gleich, *meros:* Teil). Sie zeigen unterschiedliche Stoffeigenschaften, beispielsweise verschiedene Schmelz- und Siedetemperaturen (↑ **01**).

Zur Methode der Gaschromatografie
↑ S. 42 f.

> Isomere sind Moleküle mit gleicher Molekül-, aber unterschiedlicher Strukturformel. Man unterscheidet verschiedene Isomeriearten.

KONSTITUTIONSISOMERE Alkane mit unverzweigten Ketten nennt man n-Alkane (n: normal). Alkane mit verzweigten Ketten heißen iso-Alkane. Die Seitenketten werden als **Alkylgruppen** bezeichnet. Die Konstitution eines Moleküls beschreibt die Reihenfolge der Atome im Molekül sowie die Art der Bindungen.

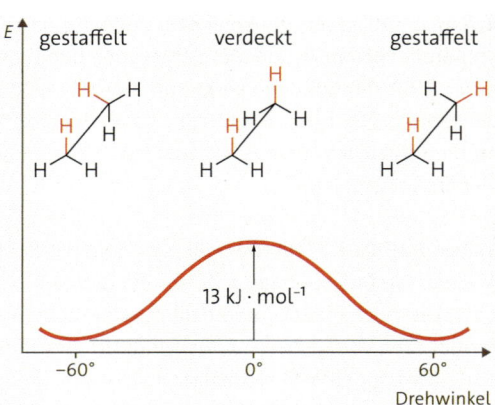

03 Konformationsisomere des Ethanmoleküls

In **Konstitutionsisomeren** (auch: **Strukturisomere**) sind die Atome in unterschiedlicher Reihenfolge miteinander verbunden. Sie unterscheiden sich also bei gleicher Molekülformel in ihrer Struktur. Isobutan (2-Methylpropan) und n-Butan sind Konstitutionsisomere, da beim n-Butan eine unverzweigte Kette aus Kohlenstoffatomen und beim Isobutan eine verzweigte vorliegt (↑ **01**).

Mit wachsender Kettenlänge steigt die Zahl der möglichen Isomere erheblich an. Vom Butan sind zwei Isomere bekannt, vom Hexan fünf und beim Octan bereits 18 Konstitutionsisomere.

> Konstitutionsisomere (Strukturisomere) unterscheiden sich in der Reihenfolge der in den Molekülen gebundenen Atome.

KONFORMATIONSISOMERE Beim Ethanmolekül sind die beiden CH_3-Gruppen um die C–C-Bindungsachse frei drehbar. Dadurch können sich die CH_3-Gruppen im Ethanmolekül räumlich unterschiedlich anordnen. Dabei entstehen energetisch unterschiedliche **Konformationsisomere**, die sich ineinander umwandeln können. Solche Isomere gehören zu den Stereoisomeren. **Stereoisomere** sind Moleküle, bei denen die Atome bei gleicher Konstitution unterschiedlich räumlich angeordnet sind.

Die *gestaffelte* Konformation, bei der die Wasserstoffatome den größtmöglichen Abstand zueinander einnehmen, ist etwas stabiler als das *verdeckte* Isomer, da sich die Wasserstoffatome in der gestaffelten Form gegenseitig weniger stark abstoßen.

Für das Cyclohexanmolekül sind die wichtigsten Konformationen die Sessel-Konformation und die Wannen-Konformation. In der energetisch günstigen, nahezu spannungsfreien Sessel-Konformation

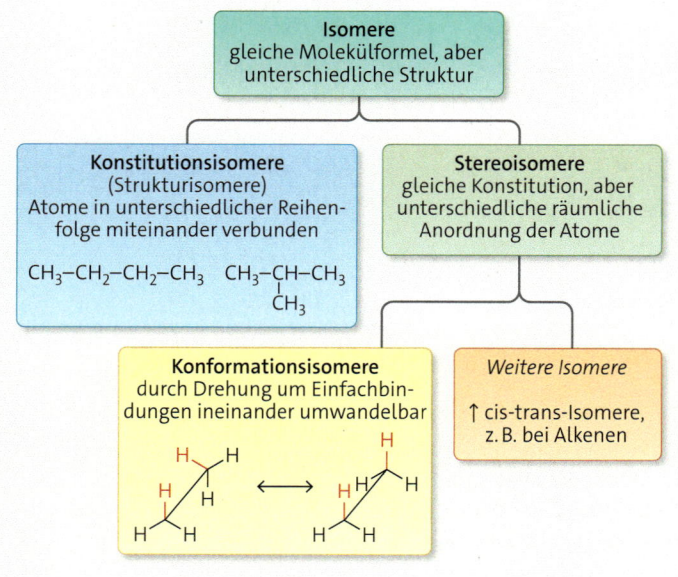

02 Überblick über Isomeriearten

Isomere
gleiche Molekülformel, aber unterschiedliche Struktur

Konstitutionsisomere
(Strukturisomere)
Atome in unterschiedlicher Reihenfolge miteinander verbunden

$CH_3-CH_2-CH_2-CH_3$ $CH_3-\underset{\underset{CH_3}{|}}{CH}-CH_3$

Stereoisomere
gleiche Konstitution, aber unterschiedliche räumliche Anordnung der Atome

Konformationsisomere
durch Drehung um Einfachbindungen ineinander umwandelbar

Weitere Isomere
↑ cis-trans-Isomere, z. B. bei Alkenen

haben alle Wasserstoffatome den größtmöglichen Abstand voneinander, sie stehen gestaffelt. In der energetisch ungünstigeren Wannen-Konformation behindern sich die nach innen gerichteten Wasserstoffatome (↑ 04).

> Konformationsisomere unterscheiden sich durch die Anordnung der Atomgruppen um eine Einfachbindung. Sie wandeln sich durch Drehung um die Einfachbindung ineinander um.

1〉 Zeichnen Sie die Strukturformeln und die Halbstrukturformeln aller Konstitutionsisomere des Pentans.

2〉 Diskutieren Sie, welche Konformationsisomere beim Butan möglich sind und welche die energetisch günstigste Konformation ist.

3〉 Geben Sie den Namen von Isopentan nach den Regeln der IUPAC-Nomenklatur an.

4〉 Benennen Sie das rechts stehende Molekül nach den Regeln der IUPAC-Nomenklatur.

5〉 Zeichnen Sie die Halbstrukturformeln folgender Alkane:
 a 4,5-Diethyl-2,3-dimethylnonan
 b 2,2-Dimethyl-4-propylheptan

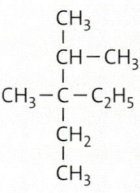

Sessel-Konformation (stabile Form)   Wannen-Konformation (instabile Form)

04 Konformationsisomere des Cyclohexanmoleküls

M〉 Benennung von Alkanen

AUFGABE 1〉 Benennen Sie nach den Regeln der IUPAC-Nomenklatur ein verzweigtes Alkanmolekül.

Bis heute sind mehr als 30 Millionen organische Verbindungen bekannt. Um jede einzelne Verbindung eindeutig und systematisch benennen zu können, hat die *International Union of Pure and Applied Chemistry* (IUPAC) **Nomenklaturregeln** eingeführt, die weltweit Gültigkeit haben.

1. Nummerierung
Die Kohlenstoffatome der längsten Kette (Hauptkette) werden so nummeriert, dass diejenigen mit Seitenketten (Alkylgruppen) die niedrigsten Nummern bekommen.

2. Stammname der Verbindung
Die längste zusammenhängende Kohlenstoffkette im Molekül mit der größten Anzahl an Seitenketten (Alkylgruppen) ergibt den Stammnamen der Verbindung.

3. Name der Alkylgruppe
Die Seitenketten werden als Alkylgruppen benannt, ihre Namen erhalten die Endsilbe **-yl**. Sie werden in *alphabetischer Reihenfolge* vor den Stammnamen gesetzt.

4. Anzahl gleicher Alkylgruppen
Gleichartige Seitenketten werden nur einmal genannt. Ihre Anzahl wird durch griechische Zahlwörter (di, tri, tetra, penta usw.) gekennzeichnet und der Seitenkette vorangestellt.

5. Position der Alkylgruppen
Die Nummern der Kohlenstoffatome, die die Verzweigungen tragen, werden vorangestellt.

6. Name des Alkans
Der Name des Alkans wird aus den Namensbestandteilen zusammengesetzt.

1. Nummerierung

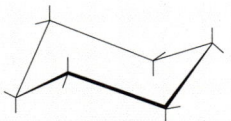

5. Stammname: Hauptkette mit 7 C-Atomen — heptan

2. Alkylgruppen: CH_3-CH_2- Ethyl
 CH_3- methyl

3. Anzahl gleicher Alkylgruppen: dimethyl

4. Positionen der Alkylgruppen: 4-Ethyl 2,3-dimethyl

5. Name: 4-Ethyl-2,3-dimethylheptan

Übersicht über Formeln und Modelle organischer Moleküle

Formel oder Modell von Pentan	Bedeutung und Verwendung
Molekülformel (Summenformel) C_5H_{12}	Die Molekülformel gibt die Art und Anzahl der Atome an, aus denen das Molekül besteht. Sie wird beispielsweise beim Aufstellen von Reaktionsgleichungen genutzt.
Strukturformel H H H H H | | | | | H–C–C–C–C–C–H | | | | | H H H H H	Die Strukturformel entspricht der Lewis-Formel, enthält alle Atome und zeigt alle bindenden und freien Elektronenpaare des Moleküls. Sie zeigt außerdem, welche Atome miteinander verknüpft sind. Die Strukturformel wird häufig verwendet, um die Polarität von Elektronenpaarbindungen darzustellen oder um den Ablauf chemischer Reaktionen organischer Verbindungen zu verdeutlichen (↑ S. 89).
Halbstrukturformel (vereinfachte Strukturformel) $CH_3-CH_2-CH_2-CH_2-CH_3$	Die Halbstrukturformel bzw. vereinfachte Strukturformel zeigt die Anordnung der einzelnen Kohlenstoffatome und die jeweils daran gebundenen Wasserstoffatome im Molekül. Sie gibt die bindenden Elektronenpaare zwischen den Kohlenstoffatomen an. Mithilfe der Halbstrukturformel lässt sich die Länge und die Verzweigung von Kohlenstoffketten übersichtlich darstellen und daraus die Nomenklatur der Kohlenwasserstoffe ableiten (↑ S. 35, 44).
Keil-Strich-Formel	Mit der Keil-Strich-Formel kann die räumliche Anordnung der Atome im Molekül verdeutlicht werden. Betrachtet man die vier Bindungen eines Kohlenstoffatoms, so liegen zwei Bindungen in der Ebene des Kohlenstoffatoms, während jeweils eine Bindung vor und hinter dieser Ebene liegt. Die Bindungen auf der Ebene der Kohlenstoffatome werden als einfache Bindungsstriche dargestellt. Für die aus der Ebene nach vorne ragende Bindung wird ein gefülltes Dreieck verwendet, für die aus der Ebene nach hinten ragende Bindung ein gestricheltes Dreieck.
Skelettformel	Die platzsparende Skelettformel zeigt die Kohlenstoffkette als gewinkelte Linie, an deren Knickpunkten sich CH_2-Gruppen und an deren Enden sich CH_3-Gruppen befinden. Wasserstoffatome sowie die C–H-Bindungen werden weggelassen. Gegebenenfalls im Molekül enthaltene funktionelle Gruppen werden an ihrem Bindungsort explizit ausgewiesen (↑ S. 60, 78 f.).
Kugel-Stab-Modell	Das räumliche Kugel-Stab-Modell gibt die unterschiedlichen Atome als verschiedenfarbige Kugeln entsprechend ihren Größenverhältnissen wieder. Die bindenden Elektronenpaare werden durch „Stäbe" verdeutlicht. Mithilfe dieses Modells wird die Anordnung der Atome im Raum mit unterschiedlichen Bindungsarten (Einfach-, Doppel-, Dreifachbindung), Bindungslängen und Bindungswinkeln dargestellt (↑ S. 32 f., 44).
Kalottenmodell	Im Kalottenmodell werden die Atome des Moleküls als sich teilweise durchdringende Teilchen dargestellt. Damit ist die Raumerfüllung der Moleküle besonders gut erkennbar. Auch Bindungslängen und Bindungswinkel sind ableitbar. Informationen über die Bindungsarten werden jedoch nicht gegeben (↑ S. 38).

Praktikum

P Eigenschaften von organischen Verbindungen

EXP 2.02 Verbrennungsgase von Kerze und Gasbrenner

Materialien Glasrichter, U-Rohr, Wasserbad, Waschflasche, Wasserstrahlpumpe, Glasrohre, Schlauchstücke, Kerze, Gasbrenner, Wasser, Eiswürfel, Kalkwasser (**5**), weißes Kupfersulfat (**5**, **7**, **9**).

Durchführung Bauen Sie die Versuchsapparatur gemäß der Abbildung auf. Entzünden Sie die Kerze und stellen Sie diese unter den Glasrichter. Leiten Sie die Verbrennungsgase mithilfe einer Wasserstrahlpumpe durch ein U-Rohr, in dem sich etwas weißes Kupfersulfat befindet, und dann in eine Gaswaschflasche mit Kalkwasser. Kühlen Sie dabei das U-Rohr in einem Wasserbad. Wiederholen Sie das Experiment mit dem Gasbrenner anstelle der Kerze.

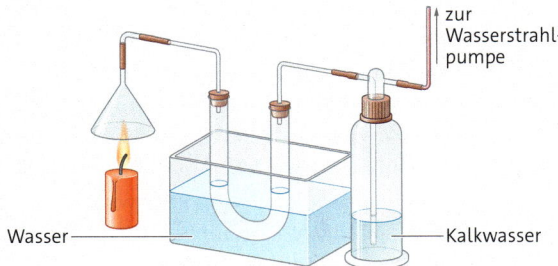

Entsorgung: Kalkwasser ins Abwasser geben, Kupfersulfat einsammeln.

Auswertung

1 ⟩ Notieren Sie Ihre Beobachtungen und schlussfolgern Sie, welche Stoffe bei der Verbrennung entstanden sind.

2 ⟩ Formulieren Sie die Reaktionsgleichung für die Reaktion in der Gaswaschflasche.

EXP 2.03 Löslichkeit von Alkanen

Materialien 4 Reagenzgläser, Reagenzglasständer, 2 Pasteurpipetten, Glasstab, Heptan (**2**, **8**, **7**, **9**), Octan (**2**, **8**, **7**, **9**), Paraffinöl (**8**), Wasser

Durchführung Geben Sie in jeweils ein Reagenzglas etwa 3 ml Heptan. Geben Sie mithilfe der Pipette 8 Tropfen Octan in das eine und 8 Tropfen Wasser in das andere Reagenzglas. Verrühren Sie die Gemische mit dem Glasstab. Wiederholen Sie das Experiment mit Paraffinöl anstelle des Heptans.
Entsorgung: Reste in den Behälter für halogenfreie organische Abfälle geben.

Auswertung Beschreiben und deuten Sie Ihre Beobachtungen.

EXP 2.04 Viskosität von Alkanen

Materialien 3 Pipetten (20 ml), Pipettierhilfe, 4 Bechergläser (50 ml), Pentan (**2**, **8**, **7**, **9**), Octan (**2**, **8**, **7**, **9**), Decan (**2**, **8**), Stoppuhr

Durchführung Füllen Sie in eine Pipette mit einer Pipettierhilfe genau 20 ml Pentan ein. Bestimmen Sie die Zeit, in der das Alkan aus der Pipette ausläuft. Ermitteln Sie auf gleiche Weise auch die Auslaufzeit für 20 ml Octan und Decan. Wiederholen Sie den Versuch mit den gleichen Alkanen, die zuvor im Kühlschrank auf etwa 8 °C abgekühlt wurden.
Entsorgung: Reste in den Behälter für halogenfreie organische Abfälle geben.

Auswertung Beschreiben und deuten Sie Ihre Beobachtungen.

EXP 2.05 Brennbarkeit von Alkanen

Materialien 2 Porzellanschalen, Messzylinder (10 ml), Heptan (**2**, **8**, **7**, **9**), Paraffinöl (**8**), langer Holzstab

Durchführung Geben Sie in eine Porzellanschale etwa 2 ml Heptan und in eine zweite etwa 2 ml Paraffinöl. Entzünden Sie die Stoffe mithilfe des Holzstabs.
Entsorgung: Reste in den Behälter für halogenfreie organische Abfälle geben.

Auswertung Beschreiben und deuten Sie Ihre Beobachtungen.

EXP 2.06 Elektrische Leitfähigkeit bei Alkanen

Materialien Spannungsquelle, 2 Graphitelektroden, Glühlampe, 2 Bechergläser (50 ml), Heptan (**2**, **8**, **7**, **9**), Paraffinöl (**8**), Kabel

Durchführung Bauen Sie die Versuchsapparatur gemäß der Abbildung auf. Prüfen Sie nacheinander je 10 ml Heptan und Paraffinöl auf elektrische Leitfähigkeit.

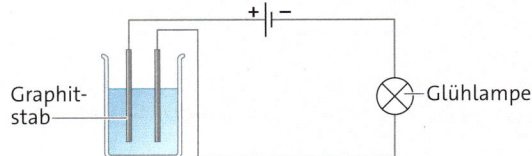

Entsorgung: Reste in den Behälter für halogenfreie organische Abfälle geben.

Auswertung Beschreiben und deuten Sie Ihre Beobachtungen.

2.7 Struktur und Eigenschaften von Alkanen

BINDUNGSVERHÄLTNISSE BEI ALKANEN Die Elektronegativitätsdifferenz (ΔEN) zwischen den Wasserstoff- und den Kohlenstoffatomen ist mit ΔEN = 0,4 gering ausgeprägt. Deshalb sind die C–H-Bindungen der Alkanmoleküle nur schwach polar. Aufgrund der Molekülgeometrie fallen die positiven und negativen Teilladungen zusammen, sodass Alkanmoleküle insgesamt unpolar sind. Zwischen den unpolaren Molekülen wirken nur zwischenmolekulare Kräfte, die *Van-der-Waals-Kräfte* (↑ **01**).

SCHMELZ- UND SIEDETEMPERATUREN Innerhalb der homologen Reihe der Alkane steigen die Siedetemperaturen mit wachsender Kettenlänge der Moleküle an (↑ **02**). Ursache dafür sind die zunehmenden Van-der-Waals-Kräfte zwischen den Alkanmolekülen. Mit der Anzahl der Kohlenstoffatome nimmt auch die Moleküloberfläche der Alkane zu (↑ **01**). Damit verstärken sich die Van-der-Waals-Kräfte zwischen den Molekülen, sodass das jeweilige Alkan erst bei höherer Temperatur von der flüssigen Phase in die Gasphase übergeht. Der Verlauf der Schmelztemperaturen wird ähnlich begründet. Es fällt jedoch auf, dass die Alkane mit gerader Anzahl von Kohlenstoffatomen im Molekül höher schmelzen als Alkane mit ungerader Anzahl. Das liegt daran, dass Alkanmoleküle mit gerader Zahl von Kohlenstoffatomen im Kristallgitter dichter gepackt liegen und die zwischenmolekularen Kräfte größer sind.

Zur Deutung der unterschiedlichen Siedetemperaturen der Isomere eines Alkans ist ebenfalls die Größe der Moleküloberfläche entscheidend. Die Moleküle unverzweigter Alkane wie n-Pentan besitzen eine größere Oberfläche als die Moleküle verzweigter Isomere (↑ **03**). Dadurch wirken zwischen unverzweigten Molekülen stärkere Van-der-Waals-Kräfte und die Siedetemperaturen der Alkane sinken mit zunehmendem Verzweigungsgrad.

Die unterschiedlichen Schmelztemperaturen der Isomere ergeben sich daraus, dass stark verzweigte und damit sperrige Moleküle eine regelmäßige Anordnung im Kristallgitter erschweren. Aus dem dadurch geringeren Zusammenhalt der Moleküle resultieren niedrigere Schmelztemperaturen.

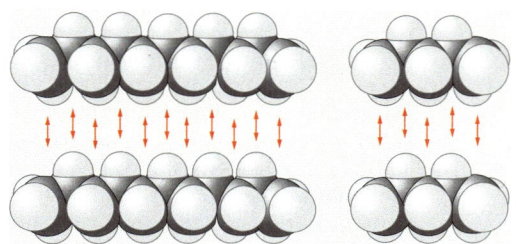

01 Van-der-Waals-Kräfte zwischen Alkanmolekülen

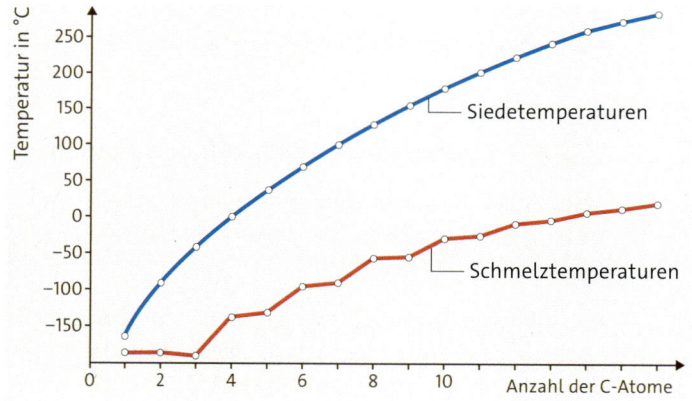

02 Schmelz- und Siedetemperaturen der Alkane

VISKOSITÄT Mit steigender Kettenlänge nimmt die Zähflüssigkeit, ihre **Viskosität**, innerhalb der homologen Reihe der Alkane zu (↑ Exp. 2.04, S. 37). Da beim Fließen der Alkane ihre Moleküle aneinander vorbeigleiten, erschweren größere Van-der-Waals-Kräfte diesen Vorgang. Langkettige Alkane eignen sich deshalb aufgrund ihrer hohen Viskosität gut als Schmiermittel.

> Alkane sind unpolare Verbindungen. Mit zunehmender Kettenlänge ihrer Moleküle steigen die Schmelz- und Siedetemperaturen sowie ihre Viskosität aufgrund stärker werdender Van-der-Waals-Kräfte.

LÖSLICHKEIT Alkane sind aufgrund ihrer unpolaren Struktur in polaren Lösemitteln wie Wasser nahezu unlöslich und werden daher als hydrophobe Verbindungen (griech. *hydro*: Wasser, *phobos*: Furcht) bezeichnet (↑ Exp. 2.03, S. 37). Gibt man Wasser und Alkane zusammen, so bilden Alkane aufgrund ihrer geringeren Dichte immer die obere Schicht.

Zwischen den polaren Wassermolekülen wirken *Wasserstoffbrücken* – also deutlich stärkere zwischenmolekulare Kräfte als zwischen den unpolaren Al-

$CH_3-CH_2-CH_2-CH_2-CH_3$	$CH_3-\overset{\overset{\displaystyle CH_3}{\mid}}{C}H-CH_2-CH_3$	$CH_3-\overset{\overset{\displaystyle CH_3}{\mid}}{\underset{\underset{\displaystyle CH_3}{\mid}}{C}}-CH_3$
n-Pentan	2-Methylbutan	2,2-Dimethylpropan
Schmelztemp.: −129,7 °C	−159,9 °C	−16,6 °C
Siedetemp.: 36,2 °C	27,9 °C	9,5 °C

03 Schmelz- und Siedetemperaturen der Isomere des Pentans

kanmolekülen. Die Moleküle dringen nicht in den Molekülverband der jeweils anderen Sorte ein, da die starken Wasserstoffbrücken im Wasser nicht durch die schwachen Van-der-Waals-Kräfte von Alkanmolekülen aufgehoben werden können. Eine durch Schütteln erhaltene Wasser-Alkan-Emulsion entmischt sich wieder, weil die zwischenmolekularen Kräfte gleichartiger Moleküle insgesamt größer sind (↑ 04). Verschiedene Alkane sind untereinander in jedem Mischungsverhältnis löslich. Selbst langkettige, feste Alkane können so in Lösung gebracht werden. Auch in Fetten sind die Alkane gut löslich und zählen daher zu den lipophilen (griech. *lipos:* Fett, *philein:* lieben) Stoffen. Die alte Weisheit „Ähnliches löst sich in Ähnlichem" (lat. *Similia similibus solvuntur*) gilt für alle chemischen Verbindungen. Sie beruht darauf, dass zwischen den Teilchen ähnliche zwischenmolekulare Kräfte wirken.

REAKTIVITÄT Alkane reagieren mit vielen Stoffen nicht. Reaktionen bleiben selbst bei Stoffen aus, die als reaktionsfreudig bekannt sind, beispielsweise Schwefelsäure, Natronlauge oder Natrium – oder sie verlaufen äußerst langsam. Man sagt, Alkane sind **reaktionsträge**. Sie werden daher auch als Paraffine (lat. *parum affinis:* wenig zugeneigt) bezeichnet. Mit einigen Stoffen wie Sauerstoff oder den Halogenen können sie jedoch reagieren, beispielsweise bei Verbrennungen oder Substitutionen. Gemische von gasförmigen Alkanen mit Luft sind sogar explosiv. Wie ist dies zu erklären?

Die C–H-Bindungen sind aufgrund der geringen Elektronegativitätsdifferenz zwischen Wasserstoff- und Kohlenstoffatomen nur sehr schwach polar. Angreifende Teilchen wie polare Moleküle oder Ionen werden nur schwach angezogen.

Verbrennungsreaktionen sind jedoch energetisch begünstigt. Alle Alkane sind daher gut brennbar (↑ Exp. 2.05, S. 37). Bei der vollständigen Verbrennung entstehen in einer Redoxreaktion als Reaktionsprodukte Kohlenstoffdioxid und Wasser:

$$C_3H_8(g) + 5\,O_2(g) \longrightarrow 3\,CO_2(g) + 4\,H_2O(l)$$
$$| \text{ exotherm}$$

Steht nicht ausreichend Sauerstoff zur Verfügung, verbrennen die Alkane unvollständig zu Kohlenstoffdioxid, Wasser und reinem Kohlenstoff, dem Ruß:

$$C_3H_8(g) + 2\,O_2(g) \longrightarrow 3\,C(s) + 4\,H_2O(l) \quad | \text{ exotherm}$$

Mit zunehmender Kettenlänge der Alkane verstärkt sich die Rußbildung (↑ 05). Bei gleichbleibendem Sauerstoffangebot der Luft kann der hohe Kohlen-

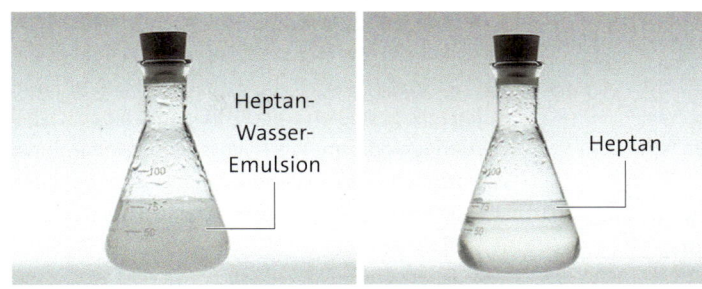

04 Eine Heptan-Wasser-Emulsion bildet nach dem Entmischen zwei Phasen.

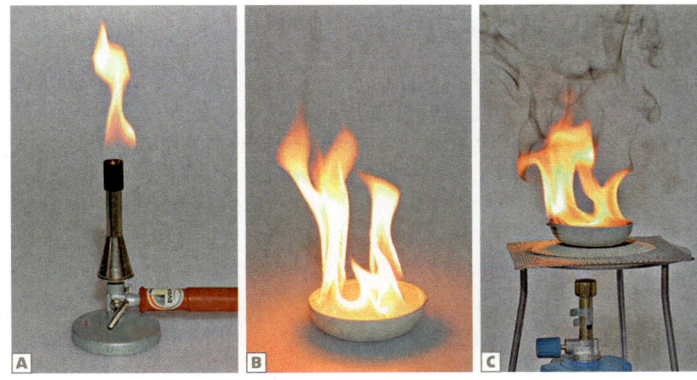

05 Verbrennung von Alkanen: **A** Methan, **B** Pentan, **C** Paraffinöl

stoffanteil langkettiger Alkane nicht mehr vollständig zu Kohlenstoffdioxid oxidiert werden.

Bei der Verbrennung der verschiedenen Alkane an Luft nimmt mit steigendem Kohlenstoffanteil des Alkans ebenfalls die Helligkeit der Flamme zu. Dies wird durch hell glühende Rußteilchen in der Flamme verursacht.

> **Alkane sind im Allgemeinen reaktionsträge. Sie sind dennoch gut brennbar, da Verbrennungsreaktionen mit Sauerstoff und einige andere Reaktionen energetisch begünstigt sind.**

1 › **a** Ordnen Sie die folgenden Kohlenwasserstoffe nach steigender Siedetemperatur: Heptan, 2,3-Dimethylpentan, 2-Methylhexan. Begründen Sie.
b Erklären Sie, weshalb sich ein Gemisch aus Hexan und Wasser vollständig entmischt, ein Gemisch aus Octan und Hexan dagegen nicht.

2 › Begründen Sie, weshalb als Schmierstoffe für Motoren oft Alkane mittlerer Kettenlänge anstatt von kurz- oder langkettigen Alkanen genutzt werden.

3 › Begründen Sie, warum Alkalimetalle wie Natrium unter Paraffinöl, einem Gemisch langkettiger gesättigter Kohlenwasserstoffe, aufbewahrt werden.

Halogenalkane

01 Struktur-formel von Chlormethan, einem Halogen-alkan

Die Polarität der Moleküle hängt von der Elektronega-tivität der Atome und ihrer räum-lichen Anordnung ab (↑ S. 28 f.).

Unter geeigneten Bedingen können die reaktionsträ-gen Alkane in einer für sie typischen Reaktion reagie-ren, der *Substitution* (lat. *substituere:* ersetzen). Mit Halogenen reagieren sie zu **Halogenalkanen**. Dabei werden ein oder mehrere Wasserstoffatome durch entsprechend viele Halogenatome ersetzt. Es bilden sich ein Halogenalkan und Halogenwasserstoff:

Nach der IUPAC-Nomenklatur werden die Namen der Halogenalkane wie bei verzweigten Alkanen gebil-det, wobei die Halogenatome wie Alkylgruppen be-handelt werden. Die vom Methan abgeleiteten Halogenalkane werden bei zwei oder mehr Substi-tuenten als Di-, Tri- und Tetrahalogenmethane be-zeichnet. Außerdem sind verschiedene **Trivialna-men** gebräuchlich (↑ **02**).

Benennung von Halogenalkanen

Beispiel:

$$Br - \overset{1}{C}H_2 - \overset{2}{C}H - \overset{3}{C}H - \overset{4}{C}H - \overset{5}{C}H_3$$
$$\qquad\quad | \quad\ | \quad\ |$$
$$\qquad CH_3 \ Cl \ Br$$

1. **Stammname der Verbindung:** Ermitteln Sie die längste Kohlenstoff-kette, an die ein Halogenatom gebunden ist.
   Beispiel: Hauptkette mit 5 Kohlenstoffatomen ⇨ -pentan

2. **Name und Anzahl der Substituenten:** Bestimmen Sie die Art der Halogenatome bzw. Alkylgruppen an der Hauptkette. Sie werden in alphabetischer Reihenfolge vor den Stammnamen gesetzt. Die Anzahl gleicher Substituenten wird mit griechischen Zahlwörtern (di, tri, tetra, penta usw.) vorangestellt.
   Beispiel: 2 Bromatome, 1 Chloratom, 1 Methylgruppe
   ⇨ Dibrom-chlor-methylpentan

3. **Positionen der Substituenten:** Nummerieren Sie die Kette so, dass die an Halogenatome gebundenen Kohlenstoffatome die kleinst-mögliche Nummer erhalten. *Beispiel:*
   Positionen 1 und 4: Brom, 3: Chlor und 2: Methylgruppe

4. **Name des Halogenalkans:** 1,4-Dibrom-3-chlor-2-methylpentan

---

Trivialname	Formel	Verwendungen (bis etwa 1991)
Chloroform	$CHCl_3$	Lösemittel, Narkosemittel
Freon 11	CCl_3F	Treibgas, Kühlmittel
Methylbromid	CH_3Br	Schädlingsbekämpfungsmittel
Halon 1301	$CBrF_3$	Feuerlöschmittel

02 Beispiele für Halogenalkane und ihre frühere Verwendung

EIGENSCHAFTEN Halogenalkane sind wie die Al-kane lipophile Verbindungen, die besonders gute Lösemittel für organische Stoffe sind. Aufgrund die-ser Eigenschaft lösen sie sich auch im Fettgewebe und reichern sich dort an. Die meisten Halogenalkane sind giftig und/oder krebserregend.

Wegen der *Polarität* der Kohlenstoff-Halogen-Bin-dung (↑ **01**) und der unterschiedlichen Größe der Halogenatome unterscheiden sich die Halogen-alkane in ihren Eigenschaften von den Alkanen. Die Schmelz- und Siedetemperaturen der Halogen-alkane liegen höher als die der unsubstituierten homologen Alkane, weil durch die polare Kohlen-stoff-Halogen-Bindung zusätzlich zu den Van-der-Waals-Kräften auch Dipol-Dipol-Kräfte auftreten können. Zudem hängen die Siedetemperaturen der Halogenalkane von der Größe und Anzahl der Halo-genatome im Molekül ab. Je größer das Halogen-atom ist, desto größer ist seine Polarisierbarkeit und desto stärker sind die zwischen den Molekülen wirkenden Kräfte. Dementsprechend steigen die Schmelz- und Siedetemperaturen mit der Größe und Anzahl der Halogenatome im Molekül. Je mehr Wasserstoffatome durch Halogenatome ersetzt wurden, umso reaktionsträger sind die Halogenal-kane. Deshalb nimmt die Brennbarkeit einer Verbin-dung mit steigender Anzahl an Halogenatomen ab.

VERWENDUNG Halogenalkane wurden bis in die 1990er Jahre im Alltag und in der Technik vielfältig genutzt. Durch Veränderung der Art des Halogen-atoms oder des Halogenierungsgrads der Verbin-dungen ließen sich die Eigenschaften dieser preis-werten Verbindungen gezielt optimieren. So wurden sie beispielsweise als Kältemittel in Kühlschränken und als Treibgase in Sprühdosen eingesetzt (↑ **02**). Wegen ihrer Reaktionsträgheit verweilen insbeson-dere mehrfach halogenierte Alkane, die **Fluorchlor-kohlenwasserstoffe (FCKWs)**, lange in der Strato-sphäre, wo sie die Ozonschicht schädigen. Deshalb dürfen sie heute in Industriestaaten nur noch in Ausnahmefällen verwendet werden, wenn es keine Ersatzstoffe gibt.

1 〉 Formulieren Sie die Reaktionsgleichung für die Bromierung von Pentan und ordnen Sie den Reaktionstyp zu. Erklären Sie die Löslichkeit der Edukte und Produkte in unterschiedlichen Lösemitteln.

2 〉 Geben Sie die Namen der Verbindungen aus Tabelle ↑ **02** nach der IUPAC-Nomenklatur an. Begründen Sie, warum diese Stoffe heute kaum noch produziert werden.

➕ FCKW zerstören die schützende Ozonschicht

UV-STRAHLUNG Die Sonne strahlt nicht nur lebensnotwendiges Licht und Wärme ab, sondern auch sehr energiereiche UV-Strahlung. Diese schädigt Lebewesen und Pflanzen. Beim Menschen kann dies kurzfristig zu Sonnenbrand, Augenentzündungen oder Allergien führen. Langfristig besteht das Risiko einer erhöhten Hautkrebsrate durch Schädigung der DNA oder eine Schwächung des Immunsystems. Bei Pflanzen führt eine erhöhte UV-Strahlung beispielsweise zu Ertragseinbußen bei Nutzpflanzen und zur Schädigung des Planktons im Meer.

OZONSCHICHT Im Bereich der Stratosphäre entstehen aus Sauerstoffmolekülen unter Einwirkung sehr energiereicher UV-Strahlung ($\lambda < 240$ nm) Ozonmoleküle. Diese zerfallen unter Absorption von etwas energieärmerer UV-Strahlung ($\lambda = 300$ nm) wieder in Sauerstoffmoleküle und Sauerstoffatome, die in den meisten Fällen mit Sauerstoffmolekülen unmittelbar wieder zu Ozon reagieren.

Ozonbildung: $3 O_2 \longrightarrow 2 O_3$
Ozonspaltung: $O_3 + O_2 \longrightarrow O_2 + O + O_2 \longrightarrow O_2 + O_3$

Zwischen beiden Reaktionen stellt sich in der Stratosphäre ein Zustand ein, in dem Ozonmoleküle sowohl gebildet wie auch gespalten werden. Die im ungestörten Kreislauf vorhandene Ozonschicht bildet einen Schutz gegen die schädliche UV-Strahlung und ermöglicht auf diese Weise das Leben auf der Erde.

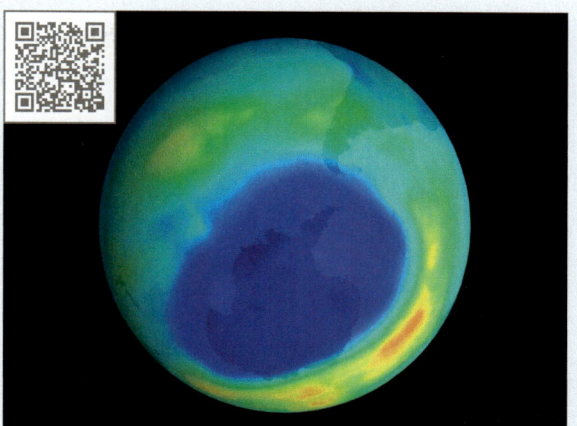

02 Das Ozonloch über der Antarktis (dunkelblauer Bereich) führt zur Verstärkung der UV-Strahlung auf der Erde.

ZERSTÖRUNG DER OZONSCHICHT – OZONLOCH Seit 1958 wird die Ozonschicht in der Antarktis wissenschaftlich erforscht. Man stellt fest, dass die Ozonkonzentration im Laufe der Jahreszeiten schwankt. Sie erreicht im arktischen Sommer ein Maximum und im Frühling ein Minium. Seit Ende der 1970er Jahre beobachtet man jedoch eine signifikante Verringerung der Ozonkonzentrationen. Sinkt sie unter einen von Wissenschaftlern festgelegten Schwellenwert, spricht man von einem Ozonloch (↑ **02**). Am 22.9.2012 war es mit 21,2 Millionen Quadratkilometern größer als die Landesfläche Russlands (17,1 Millionen Quadratkilometer). Den größten Einfluss auf die Zerstörung von Ozonmolekülen haben FCKWs (Fluorchlorkohlenwasserstoffe). Aufgrund ihrer Reaktionsträgheit und ihrer schlechten Wasserlöslichkeit gelangen die „Ozonkiller" allmählich in die Stratosphäre. Hier werden sie durch die energiereiche UV-Strahlung gespalten, wobei reaktive Chloratome (Chlorradikale) entstehen. Sie reagieren sehr leicht in einer Kettenreaktion mit Ozonmolekülen. Auf diese Weise können bis zu 10 000 Ozonmoleküle durch ein einzelnes Chloratom zerstört werden, bis es selbst gebunden und somit unschädlich wird (↑ **01**).

Seit 1995 dürfen nach geltendem EU-Recht vollhalogenierte FCKWs nicht mehr hergestellt und verwendet werden, da sie die größten Verursacher des Ozonlochs sind. Daneben spielen vor allem Stickstoffoxide und Wetterbedingungen wie Temperatur, stratosphärische Wolken und Polarwirbel eine erhebliche Rolle bei der Ozonzerstörung.

1⟩ Erläutern Sie den Ozonabbau durch FCKW in der Stratosphäre.

2⟩ Informieren Sie sich über Maßnahmen zum Schutz der Ozonschicht und bewerten Sie deren Wirksamkeit.

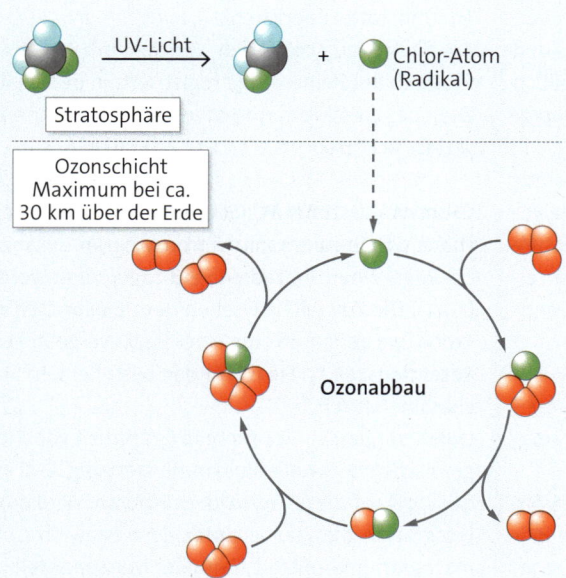

UV-Licht → + Chlor-Atom (Radikal)

Stratosphäre

Ozonschicht Maximum bei ca. 30 km über der Erde

Ozonabbau

01 Zerstörung der Ozonschicht durch FCKWs

2.8 Gaschromatografie

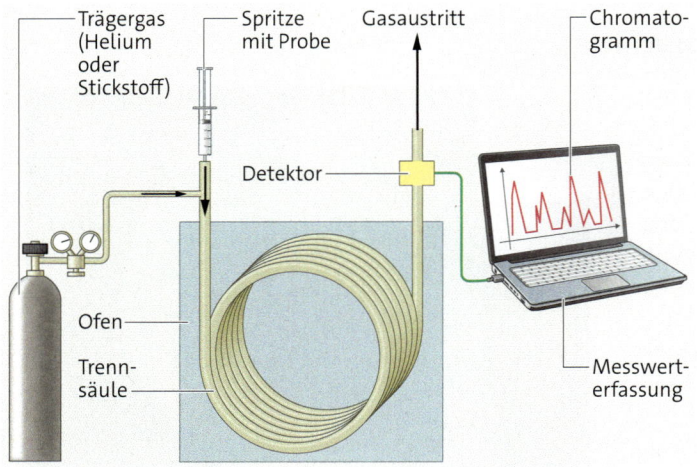

01 Gaschromatograf (Schema)

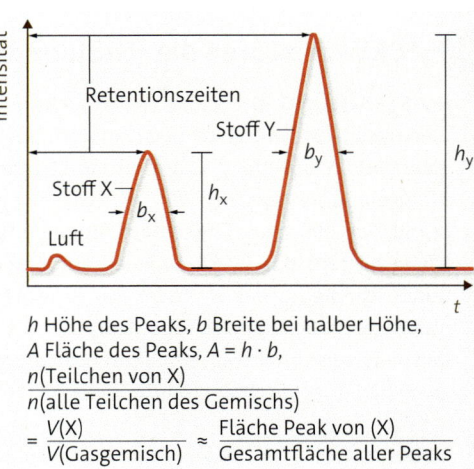

h Höhe des Peaks, b Breite bei halber Höhe,
A Fläche des Peaks, $A = h \cdot b$,

$$\frac{n(\text{Teilchen von X})}{n(\text{alle Teilchen des Gemischs})}$$

$$= \frac{V(X)}{V(\text{Gasgemisch})} \approx \frac{\text{Fläche Peak von (X)}}{\text{Gesamtfläche aller Peaks}}$$

03 Gaschromatogramm von Wintergas

02 Sommer- oder Wintergas?

Durch chromatografische Verfahren lassen sich Bestandteile von Stoffgemischen identifizieren. So kann beispielsweise die unterschiedliche Zusammensetzung einer Butan-Propan-Gasmischung in Campinggaskartuschen, die als „Sommer-" bzw. „Wintermischung" erhältlich sind, durch Gaschromatografie ermittelt werden.

GRUNDLAGEN Das Prinzip der Chromatografie (griech. *chroma*: Farbe, *graphein*: schreiben) beruht darauf, dass ein Stoffgemisch an einem Trägermaterial vorbeiströmt. Die Stoffe werden dabei aufgrund ihrer unterschiedlichen Verteilung in zwei verschiedenen Phasen, einer **stationären** und einer **mobilen Phase**, aufgetrennt.

Aufgrund der unterschiedlichen Verteilung der verschiedenen Stoffe zwischen der mobilen Phase und der stationären Phase fließen diese unterschiedlich schnell mit der mobilen Phase und werden entsprechend voneinander getrennt.

An der Grenzfläche zwischen beiden Phasen stellt sich für jeden einzelnen Stoff ein Verteilungsgleichgewicht ein. Je unterschiedlicher sich die Stoffe eines Stoffgemischs in den beiden Phasen verteilen, desto besser ist die chromatografische Trennwirkung.

GASCHROMATOGRAFIE Ist ein Stoffgemisch unzersetzt verdampfbar, kann es mithilfe der **Gaschromatografie** getrennt werden.

Die Probe wird mit einer Spritze in einen Gasstrom aus Helium oder Stickstoff als mobiler Phase injiziert. Anschließend strömt das Gas durch eine Trennsäule aus Glas, deren Innenwand mit einem dünnen Film eines geeigneten Stoffs als stationäre Phase benetzt ist. Die einzelnen Bestandteile der Probe

werden dort unterschiedlich stark adsorbiert (lat. *adsorbere*: anhaften).

Je geringer die Adsorptionsfähigkeit eines Stoffs ist, desto schneller passiert er mit der mobilen Phase die Trennsäule, die je nach analytischer Anforderung bis zu 100 Meter und länger sein kann. Stoffe, die ein höheres Adsorptionsvermögen zur stationären Phase aufweisen, wandern langsamer mit der mobilen Phase.

Damit eine Trennung möglichst effizient erfolgt und einzelne Chromatogramme vergleichbar sind, müssen die Bedingungen bei der Gaschromatografie konstant gehalten werden. Neben der Fließgeschwindigkeit wird die Temperatur im Ofen, in dem sich die Trennsäule befindet, eingestellt und mit einem Thermostaten überwacht.

Am Detektor schließlich werden die einzelnen Stoffe in der Reihenfolge registriert, in der sie den Ofen des Gaschromatografen nach ihrer Trennung verlassen (↑ **04**).

CHROMATOGRAMM Jeder Peak (engl. *peak*: Bergspitze, Scheitelpunkt) im Chromatogramm kann in der Regel einem einzelnen Stoff zugeordnet werden (↑ **03**). Die Zeit, die zwischen dem Einspritzen der Probe und dem Auftreten eines Peaks vergeht, heißt **Retentionszeit** t_R. Sie ist für den betreffenden Stoff charakteristisch.

Durch Vergleich mit Chromatogrammen von Stoffgemischen bekannter Zusammensetzung lässt sich der Stoff auf diese Weise identifizieren. Wird durch Integration die Fläche unter dem Peak im Chromatogramm ermittelt, kann der Massenanteil des Stoffs im Stoffgemisch bestimmt werden. Dabei ist die Fläche proportional zum Volumenanteil dieses Stoffs (↑ **03**).

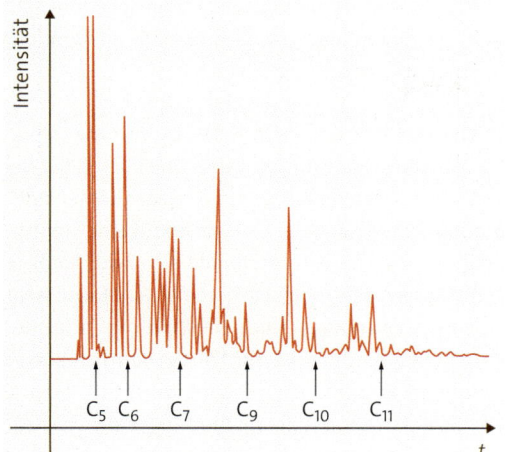
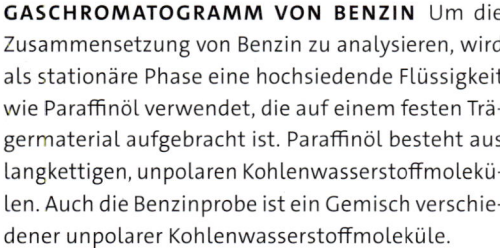

04 Gaschromatogramm von Benzin

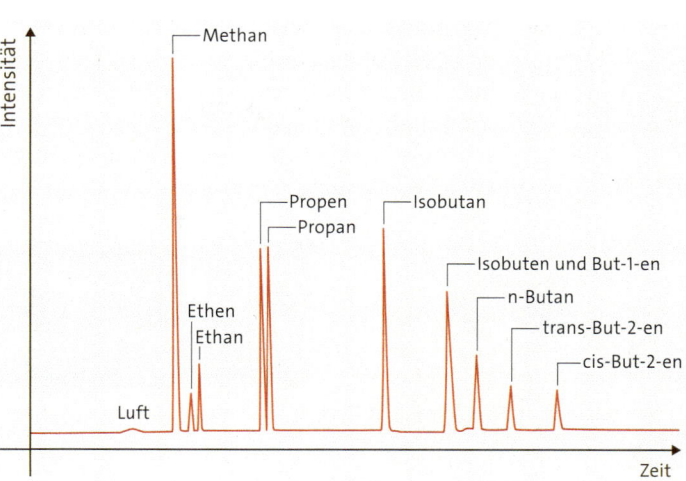

05 Gaschromatogramm verschiedener Kohlenwasserstoffe

GASCHROMATOGRAMM VON BENZIN Um die Zusammensetzung von Benzin zu analysieren, wird als stationäre Phase eine hochsiedende Flüssigkeit wie Paraffinöl verwendet, die auf einem festen Trägermaterial aufgebracht ist. Paraffinöl besteht aus langkettigen, unpolaren Kohlenwasserstoffmolekülen. Auch die Benzinprobe ist ein Gemisch verschiedener unpolarer Kohlenwasserstoffmoleküle.

Im Gaschromatogramm sind viele unterschiedliche Signale zu erkennen (↑ 04). Jedes Signal steht für einen der Stoffe des Benzingemischs, die sich in der stationären Phase unterschiedlich gut lösen. Die einzelnen Stoffe werden vom nachfolgenden reinen Trägergas, das mit gleichmäßiger Geschwindigkeit durch die Trennsäule strömt, wieder herausgelöst. Es stellt sich ein Löslichkeitsgleichgewicht zwischen mobiler und stationärer Phase ein, das für jeden der Stoffe im Benzin charakteristisch ist.

Beispiel: Die Kohlenstoffkette eines Pentanmoleküls („C_5", ↑ 04) ist kürzer als die eines Nonanmoleküls („C_9"). Es wirken insgesamt schwächere Van-der-Waals-Kräfte zwischen den Molekülen der stationären Phase und den Pentanmolekülen als zwischen den Molekülen der stationären Phase und den Nonanmolekülen. Am Ende der Trennsäule kommen zuerst die Moleküle an, die nur schwach an das Lösemittel gebunden wurden. Pentan läuft daher in der mobilen Phase schneller und wird vor Nonan im Gaschromatogramm registriert. Die Retentionszeit des Pentans ist geringer als die des Nonans. Weitere Peaks gehören zu anderen Isomeren. Der Austritt der einzelnen Stoffe des Stoffgemischs erfolgt nacheinander, wird mithilfe eines Computers erfasst und grafisch als Gaschromatogramm dargestellt (↑ 04). Die Peakhöhe zeigt auch an, dass Benzin z. B. eine größere Menge an Pentan als an Nonan enthält.

ANWENDUNG Die Gaschromatografie wird nicht nur in der analytischen Chemie eingesetzt, sondern z. B. auch in der Qualitätssicherung, um die Reinheit von Stoffen zu überprüfen bzw. Verunreinigungen zu bestimmen. Das Verfahren ist so genau, dass damit geringste Spuren von Stoffen gemessen werden können, z. B. in der Dopingkontrolle von Blut- oder Urinproben. Ist ein Stoff rein, dann besteht sein Chromatogramm aus einem einzelnen Peak. Entsprechend führen verunreinigte Proben zu weiteren Peaks.

FLÜSSIGKEITSCHROMATOGRAFIE Dieses Verfahren arbeitet nach dem gleichen Prinzip wie die Gaschromatografie und wird auch HPLC (engl. *high performance liquid chromatography*) genannt. Die flüssige mobile Phase wird dabei unter hohem Druck durch eine schmale Säule gepresst, wodurch eine bessere Trennung des Gemischs erfolgt. Die Methode lässt sich zur Trennung organischer Flüssigkeiten und Feststoffe einsetzen, sodass auch nichtflüchtige Substanzen analysiert werden können.

1› Abbildung (↑ 03) zeigt das Chromatogramm von Feuerzeuggas, das aus Propan und n-Butan besteht, mit einer unpolaren stationären Phase.
  a Interpretieren Sie das Chromatogramm.
  b Bestimmen Sie anhand von (↑ 03) den Anteil des n-Butans im Feuerzeuggas.
2› Erläutern Sie anhand des Gaschromatogramms (↑ 05), wie die Anzahl der Kohlenstoffatome, die Art der Bindung und die Molekülstruktur bei einer Verbindung die Retentionszeit beeinflussen.
3› Beschreiben Sie, wie sich das Chromatogramm unter folgenden Bedingungen verändert:
  a Verwendung einer längeren Trennsäule
  b Einstellung einer höheren Ofentemperatur

2.9 Alkene – ungesättigte Kohlenwasserstoffe

Neben Alkanen gibt es auch Kohlenwasserstoffe, die eine C–C-Mehrfachbindung im Molekül aufweisen. Ihre Kohlenstoffatome tragen nicht die maximal mögliche Anzahl an Wasserstoffatomen. Stoffe mit solchen Molekülen werden daher als **ungesättigte Kohlenwasserstoffe** bezeichnet.

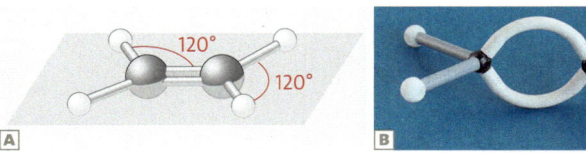

01 A Struktur des Ethenmoleküls, **B** Steckmodell – alle Atome liegen in einer Ebene

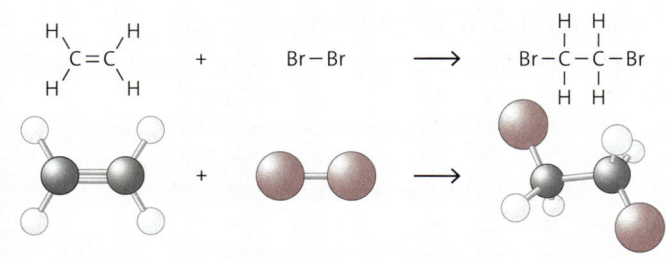

02 Reaktionsgleichung und Teilchenmodell der Addition von Brom an Ethen

Name	Halbstrukturformel	Siedetemperatur in °C
Ethen	$CH_2=CH_2$	−103,9
Propen	$CH_2=CH–CH_3$	−47,7
But-1-en	$CH_2=CH–CH_2–CH_3$	−6,2
Pent-1-en	$CH_2=CH–CH_2–CH_2–CH_3$	30,0

03 Homologe Reihe der Alkene

Benennung von Alkenen

Beispiel:

$$\overset{6}{C}H_3-\overset{5}{C}H_2-\overset{4}{C}H-\overset{3}{C}H=\overset{2}{C}-\overset{1}{C}H_3$$
mit CH_3-Gruppen an den Positionen 4 und 2

1. **Stammname der Verbindung:** Ermitteln Sie die längste Kohlenstoffkette, in der die Doppelbindung enthalten ist. *Beispiel:* Hauptkette mit 6 Kohlenstoffatomen, Endung -en ⇨ -hexen

2. **Position der Doppelbindung:** Nummerieren Sie die längste Kohlenstoffkette so, dass die Doppelbindung die kleinstmögliche Nummer erhält.
Beispiel: Doppelbindung am 2. Kohlenstoffatom ⇨ -hex-2-en

3. **Name und Anzahl der Substituenten:** Ermitteln von Art, Anzahl und Positionen weiterer Substituenten (Alkylgruppen).
Beispiel:
Art: Methylgruppe ⇨ methyl
Anzahl: 2 ⇨ Vorsilbe di
Positionen: Am 2. und 4. Kohlenstoffatom ⇨ 2,4

4. **Name des Alkens:** 2,4-Dimethylhex-2-en

Mit der Molekülformel C_2H_4 ist **Ethen** der einfachste Vertreter der **Alkene**. Das farblose Gas ist brennbar und riecht leicht süßlich.

STRUKTUR DES ETHENMOLEKÜLS Im Ethenmolekül sind die beiden Kohlenstoffatome nur mit je zwei Wasserstoffatomen verbunden. Da jedes Kohlenstoffatom über zwei weitere Elektronen für eine Elektronenpaarbindung verfügt, bilden sich zwei Bindungen zwischen den Kohlenstoffatomen aus. Es entsteht eine **Doppelbindung** (↑ 01). Die Bindungslänge der C=C-Doppelbindung ist mit 134 pm deutlich kürzer als die Länge der C–C-Einfachbindung mit 154 pm. Das Molekül ist planar, die Bindungswinkel betragen 120°. Die Doppelbindung ist weniger stabil als eine Einfachbindung, deshalb sind Alkene reaktionsfreudiger als Alkane.

NOMENKLATUR Ähnlich wie Alkane bilden unverzweigte Alkenmoleküle eine homologe Reihe mit der **allgemeinen Molekülformel C_nH_{2n}** (↑ 03).
Die Benennung der Alkene erfolgt nach den gleichen Regeln wie bei den Alkanen, wobei die Endung -an durch **-en** ersetzt wird, z. B. But-1-en. Die arabische Zahl gibt an, an welchem Kohlenstoffatom sich die C=C-Doppelbindung befindet (↑ Kasten).
Verbindungen mit zwei Doppelbindungen werden als **Diene**, solche mit drei Doppelbindungen als **Triene** bezeichnet. Bei der Namensbildung wird zusätzlich ein „a" an den Wortstamm des Alkens angehängt, beispielsweise Buta-1,3-dien.

> Alkene sind ungesättigte Kohlenwasserstoffe mit mindestens einer C=C-Doppelbindung im Molekül. Sie bilden eine homologe Reihe mit der Molekülformel C_nH_{2n}.

ADDITIONSREAKTIONEN Alkenmoleküle reagieren leicht mit anderen Molekülen. Dabei wird die Doppelbindung aufgebrochen und es entsteht eine Einfachbindung zwischen beiden Kohlenstoffatomen. Die beiden „übrigen" Elektronen werden für jeweils eine weitere Einfachbindung zu anderen Atomen oder Atomgruppen genutzt. Man spricht von einer **Additionsreaktion** (↑ 02).
Ethen geht beispielsweise mit Brom und anderen Halogenen eine Additionsreaktion ein. Leitet man Ethen in braun gefärbtes Bromwasser ein, so wird die Lösung schnell entfärbt (↑ 06). Es bildet sich farbloses Dibromethen. Diese Reaktion wird im Labor oft zum *Nachweis von Molekülen mit Doppelbindungen genutzt*. Ethen reagiert auch leicht mit Wasserstoff, Wasser, Ammoniak und Chlorwasserstoff. Daher gehört Ethen

zu den bedeutendsten Ausgangsstoffen für die organische Chemie. Es ist zudem ein wichtiger Ausgangsstoff für die Herstellung von Kunststoffen. So ist Polyethen beispielsweise der Hauptbestandteil vieler Folien und Plastiktüten.

> Alkene gehen aufgrund der Doppelbindung in ihren Molekülen leicht Additionsreaktionen ein.

CIS-TRANS-ISOMERE Durch die Doppelbindung ist die freie Drehbarkeit um die C=C-Bindungsachse bei den Alkenen nicht mehr gegeben. Daher existieren zwei verschiedene Isomere des 1,2-Dichlorethens (↑ 05). Entweder befinden sich beide Chloratome, die Substituenten, auf derselben Seite der Doppelbindung, was als cis-Stellung (lat. *cis:* diesseits) bezeichnet wird. Oder aber die beiden Substituenten stehen einander gegenüber, also in trans-Stellung (lat. *trans:* jenseits). Man spricht von **cis-trans-Isomeren** und stellt zur Charakterisierung der Isomere die Vorsilbe cis- oder trans- vor den Namen.
Die cis-trans-Isomerie ist eine besondere Form der **Stereoisomerie**. Die Atome sind bei gleicher Konstitution (Struktur) räumlich unterschiedlich angeordnet (↑ 04).

EIGENSCHAFTEN cis- und trans-Isomere unterscheiden sich in ihren physikalischen Eigenschaften wie der Siedetemperatur. Das trans-1,2-Dichlorethenmolekül ist aufgrund des symmetrischen Baus unpolar, das cis-1,2-Dichlorethenmolekül ist dagegen polar. Zwischen den cis-Isomeren wirken deshalb stärkere zwischenmolekulare Kräfte als zwischen den trans-Isomeren. Entsprechend liegt die Siedetemperatur von cis-1,2-Dichlorethen mit 60 °C höher als die von trans-1,2-Dichlorethen mit 48 °C. Außerdem ist das cis-Isomer energiereicher und damit instabiler als das zugehörige trans-Produkt, weil sich die beiden großen Substituenten, die Chloratome, aufgrund dieser **sterischen Effekte** gegenseitig abstoßen.

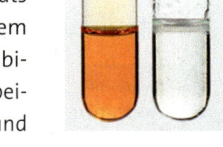

06 Die Entfärbung von Bromwasser ist eine Nachweisreaktion für Alkene.

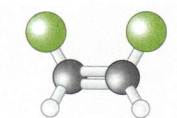 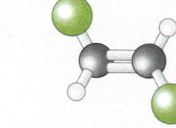

cis-1,2-Dichlorethen   trans-1,2-Dichlorethen

05 cis- und trans-Isomere des 1,2-Dichlorethens

1〉 Benennen Sie die folgenden Moleküle:

a $CH_3 - CH = CH - CH_3$

b
$$CH_3 - \underset{\underset{CH_3}{|}}{C} = CH - \underset{\underset{CH_3}{|}}{C} - CH_3$$

c
$$CH_3 - CH - CH = \underset{\underset{Cl}{|}}{C} - CH_2 - \underset{\underset{CH - CH_3}{\overset{\overset{C_2H_5}{|}}{|}}}{CH}$$

2〉 Zeichnen Sie die Halbstrukturformeln von 4-Ethyl-3,3-dimethylhex-1-en und von 3-Brom-2-ethyl-4-methylpenta-1,3-dien.

3〉 Formulieren Sie die Reaktionsgleichung mit Strukturformeln für die Addition von
a Wasser an Ethen
b Bromwasserstoff an But-1-en.

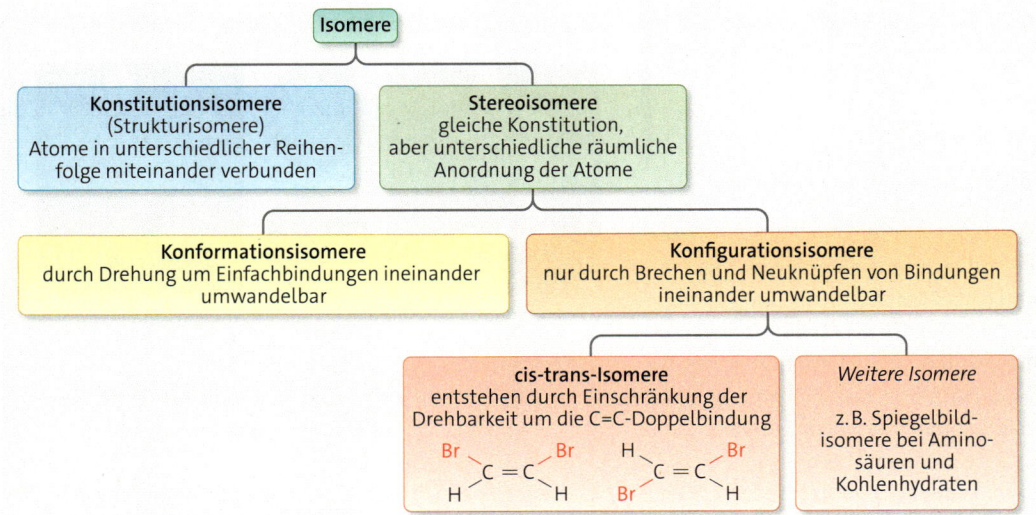

04 Übersicht über Isomeriearten

Methode

M Strukturformeln und Molekülmodelle digital darstellen und untersuchen

AUFGABE Zeichnen Sie die Strukturformel von 2-Chlor-2-methylpropan und untersuchen Sie diese in einem Computerprogramm.

Es gibt verschiedene Computerprogramme, mit deren Hilfe chemische Strukturen gezeichnet und auch dreidimensional betrachtet werden können. Einige englischsprachige Programme sind kostenlos, z. B. MolView (webbasiert), allerdings sind manche nur mit Einschränkungen oder erst nach Registrierung nutzbar. Alle lassen sich ähnlich bedienen. Bei der Nutzung sind die Datenschutzbestimmungen zu beachten.

- https://molview.org/
- https://chemagic.org/molecules/amini.html
- Molecular Constructor (App für iOS, Android)

1. Zeichnen des Kohlenstoffgerüsts der Verbindung: Nach dem Start des Programms, z. B. molview.org, wählen Sie das **Elementsymbol C** für Kohlenstoff mit der Maus aus und zeichnen es, indem Sie mit der Maus in die Zeichenfläche klicken.
Nun wählen Sie die erforderliche Bindung, hier die **Einfachbindung**, platzieren die Maus auf dem bereits gezeichneten Kohlenstoffatom und zeichnen eine C–C-Bindung durch Klicken mit der linken Maustaste (↑ **01A**). Wiederholen Sie den Schritt, bis das gesamte Kohlenstoffgerüst fertiggestellt ist. *Hinweis:* Einige Programme zeichnen nur die Bindung. Man kann aber durch Auswahl des Elementsymbols und Mausklick an das freie Bindungsende den Bindungspartner ergänzen.

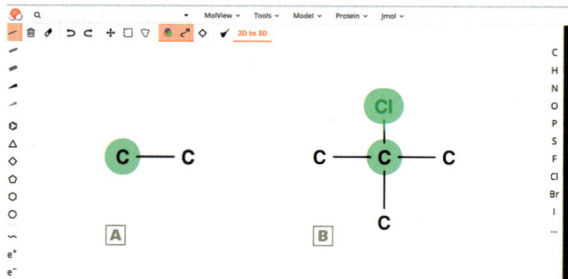

02 A C–C Bindung; **B** Kohlenstoffgerüst mit Chloratom

2. Ergänzen weiterer Atome: Am zweiten Kohlenstoffatom der Kette muss eine C–Cl-Bindung eingefügt werden. Klicken Sie das **Elementsymbol Cl** für Chlor an und platzieren Sie das Atom mit einem Linksklick der Maus an der passenden Stelle über dem zweiten Kohlenstoffatom in der Zeichenfläche (↑ **01B**). Wählen Sie die **Einfachbindung** aus, klicken Sie dann auf das Cl-Atom und ziehen Sie die Bindung mit gedrückter Maustaste auf das mittlere Kohlenstoffatom. Die Wasserstoffatome können eingefügt werden, indem man auf das Symbol **„Clean structure"** klickt. Hierbei werden auch Bindungslängen und -winkel vereinheitlicht.

3. Atome ändern: Klicken Sie ein Elementsymbol an und fügen Sie es in die Struktur ein, indem Sie mit der linken Maustaste auf das zu ändernde Elementsymbol klicken.

4. Anzeigen des 3-D-Modells: Durch Klicken auf das Symbol **„2D to 3D"** wird ein 3-D-Modell erzeugt. Mit der Maus kann das Modell bewegt werden.

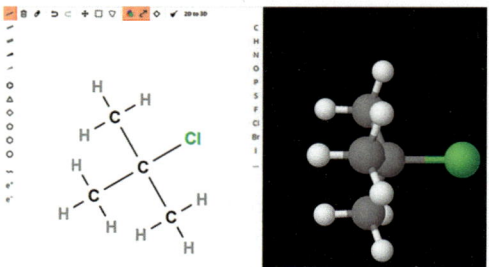

04 Dreidimensionale Darstellung von 2-Chlor-2-methylpropan

Einfach-bindung	Anzeige der Skelettformel	Clean Structure	3-D-Anzeige
	C^H		2D to 3D

05 Wichtige Symbole in MolView

5. Untersuchen der Struktur des Moleküls

a Bindungslängen bestimmen: Durch Auswahl des Menüpunkts „Measurements" kann die Funktion aktiviert werden, z. B „**Distance**" für die Bindungslänge. Klickt man jetzt zwei miteinander verbundene Atome im 3-D-Modell an, so wird die jeweilige Bindungslänge angezeigt.
b Bindungswinkel erhält man mit der Funktion „**Angle**".

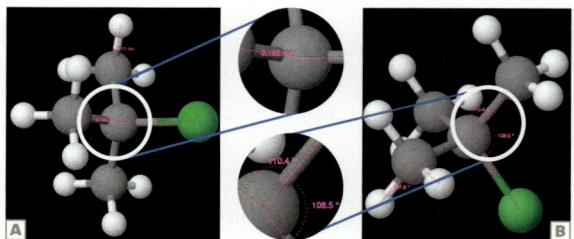

06 Anzeige von **A** Bindungslängen, **B** Bindungswinkeln

1) Zeichnen Sie die Strukturformeln von:
a 2-Brom-2-methylpentan; **b** 2,3-Dichlor-2-methylpentan; **c** 3-Ethyl-2,3-dimethylpentan;
d 2,3-Dimethylbut-2-en
2) Vergleichen Sie die digital erzeugte Darstellung der Molekülstruktur mit einem Molekülmodell eines Molekülbaukastens.

Klausurtraining

Material A Unter Druck

A1 Treibgase

Sie werden genutzt, um durch ihren Druck Flüssigkeiten fein zu verteilen oder Feststoffe aufzuschäumen. Dafür werden sie komprimiert (verdichtet) oder druckverflüssigt und zusammen mit anderen Stoffen in Sprühdosen eingepresst.

Treibgas	Molekülformel	Siedetemperatur in °C
Propan	C_3H_8	−42
Butan	C_4H_{10}	−0,5
2-Methylpropan	C_4H_{10}	−11,7
Kohlenstoffdioxid	CO_2	−78,46
Lachgas	N_2O	−88,5
Stickstoff	N_2	−196
Trichlorfluormethan	CCl_3F	24,9
Chlordifluormethan	$CHClF_2$	−40,7

A1.2 Siedetemperaturen von Treibgasen

A2 Fluorchlorkohlenwasserstoffe (FCKW)

FCKW sind Halogenalkane, die früher oft als Treibgas oder Kältemittel genutzt wurden. Sie sind chemisch beständig, unbrennbar und oft ungiftig. Ab den 1970er Jahren wurde in vielen Ländern aufgrund der umweltschädlichen Eigenschaften dieser flüchtigen Stoffe ein Nutzungsverbot verhängt. Werden FCKW freigesetzt, so gelangen sie in die Stratosphäre und verursachen dort den Abbau der lebenswichtigen Ozonschicht.

AUFGABEN ZU A

1 ⟩ Entwickeln Sie die Lewis-Formeln der in der Tabelle angegebenen Treibgase (↑ **A1.2**).

2 ⟩ **a** Erläutern Sie, welche chemischen Bindungen in den Molekülen der Tabelle (↑ **A1.2**) vorkommen.
b Beschreiben Sie den räumlichen Bau dieser Moleküle mithilfe des EPA -Modells.
c Stellen Sie Vermutungen an, warum die Siedetemperaturen der Stoffe so unterschiedlich sind (↑ **A1.2**).

3 ⟩ Erläutern Sie die Gefahren bei der Verwendung von Propan oder Butan als Treibgas in Spraydosen. Vergleichen Sie diese mit Trichlorfluormethan.

Material B Sommer- und Winterdiesel

B1 Dieselmotoren im Winter

Fahrer eines Dieselfahrzeugs kennen das Phänomen: Bei plötzlichem Kälteeinbruch kann es sein, dass der Motor auf einmal „stottert". Nach kurzer Zeit bleibt der Wagen unter Umständen sogar stehen, obwohl der Tank voll und der Motor nicht defekt ist. Bei benzinbetriebenen Fahrzeugen passiert das nicht.

B2 Dieselkraftstoff

Dieselkraftstoff wird aus Rohöl durch Destillation hergestellt. Er besteht aus Alkanen, Cycloalkanen und weiteren Kohlenwasserstoffen mit etwa 10 bis 22 Kohlenstoffatomen pro Molekül und einem Siedebereich zwischen 150 °C und 390 °C. Dagegen enthält Benzin überwiegend Kohlenwasserstoffe, deren Moleküle 5 bis 10 Kohlenstoffatome gebunden haben. *Winterdiesel* hat eine andere Zusammensetzung als *Sommerdiesel* und enthält zudem sog. Additive, die das Ausflocken von Paraffinen (gesättigten, unverzweigten Kohlenwasserstoffen mit 18 bis 32 Kohlenstoffatomen) reduzieren. Solche Ausflockungen können den Kraftstofffilter verstopfen.

B3 Viskosität von Alkanen

Alkan	Aggregatzustand	η in mPa · s
Heptan	dünnflüssig	0,41
Octan		0,54
Nonan		0,71
Decan	zähflüssig	0,92
Dodecan		1,52
Pentadecan	sehr zähflüssig bis fest	2,81
Eicosan		Feststoff

B3.1 Viskosität η von Alkanen

AUFGABEN ZU B

1 ⟩ Zeichnen Sie die Strukturformeln der Alkane aus ↑ **B3.1**.

2 ⟩ Erläutern Sie den Zusammenhang zwischen der Molekülstruktur und den unterschiedlichen Viskositäten.

3 ⟩ **a** Zeichnen Sie die Halbstrukturformeln für fünf fehlende Glieder (↑ **B3.1**) der homologen Reihe.
b Stellen Sie Hypothesen auf, welche Viskosität für diese Alkane zu erwarten ist.
c Formulieren Sie eine begründete Verallgemeinerung.

4 ⟩ Erklären Sie das Verhalten des Diesels bei tieferen Temperaturen im Vergleich zum Benzin und stellen Sie Vermutungen an, wie sich die Zusammensetzung von Sommer- und Winterdiesel unterscheidet.

Auf einen Blick

- **Elektronenpaarbindung und EPA-Modell**

Die **Elektronenpaarbindung** (Atombindung) ist die typische chemische Bindungsart in Molekülen organischer Verbindungen. Sie kommt durch gemeinsame Elektronenpaare zwischen den Atomen eines Moleküls zustande.

Das **Eletronenpaarabstoßungsmodell (EPA-Modell)** beschreibt den räumlichen Bau von einfachen Molekülen. Die bindenden und freien Elektronenpaare der Valenzschale nehmen den größtmöglichen Abstand zueinander ein.

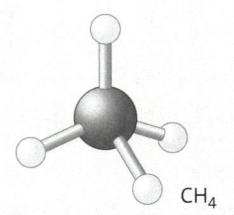

CH_4

- **Zwischenmolekulare Kräfte**

Van-der-Waals-Kräfte	Dipol-Dipol-Kräfte	Ion-Dipol-Kräfte	Wasserstoffbrücken
Schwache Anziehungskräfte zwischen spontanen und induzierten Dipolen; treten zwischen Molekülen oder Edelgasatomen auf	Relativ starke Anziehungskräfte zwischen permanenten Dipolen	Relativ starke Anziehungskräfte zwischen Ionen und Dipolen	Starke Anziehungkräfte zwischen Molekülen, bei denen Wasserstoffatome an elektronegative Atome mit freien Elektronenpaaren gebunden sind

- **Kohlenwasserstoffe**

Dazu gehören z. B. Alkane und Alkene. Es sind Verbindungen, deren Moleküle nur aus Kohlenstoff- und Wasserstoffatomen aufgebaut sind. Sie unterscheiden sich in ihrer Struktur und in ihren Bindungstypen.

	Alkane	Alkene
Allgemeine Molekülformel	C_nH_{2n+2}	C_nH_{2n}
Beispiel	Ethan $CH_3{-}CH_3$	Ethen $CH_2{\equiv}CH_2$
C–C-Bindung	Einfachbindung	Doppelbindung
H–C–C-Bindungswinkel	109,5°	120°

- **Homologe Reihe**

Kohlenwasserstoffverbindungen, deren Molekülketten sich jeweils um eine CH_2–Gruppe voneinander unterscheiden, bilden eine homologe Reihe.

- **Isomere**

Verbindungen mit gleicher Molekülformel, aber unterschiedlicher Strukturformel

Konstitutionsisomere	Stereoisomere	
	Konformationsisomere	cis-trans-Isomere
Moleküle, deren Atome in unterschiedlicher Reihenfolge verbunden sind	unterschiedliche räumliche Lage von Atomen bzw. Atomgruppen durch Rotaton um Einfachbindungen	unterschiedliche räumliche Lage von Atomen bzw. Atomgruppen an Doppelbindungen
$CH_3{-}CH_2{-}CH_2{-}CH_3$ n-Butan $^{1}CH_3{-}^{2}CH{-}^{3}CH_3$ mit CH_3 2-Methylpropan	zwei Konformationsisomere des Butans	trans-But-2-en cis-But-2-en

- **Gaschromatografie**

leistungsfähige Analysemethode zur Trennung von Stoffgemischen. Sie eignet sich, wenn ein Stoffgemisch unzersetzt verdampft werden kann. Die Probe wird in einen konstant temperierten Gasstrom eines inerten Gases wie Helium oder Stickstoff eingebracht (mobilen Phase). Der Gasstrom durchläuft eine Trennsäule, die mit einem geeigneten Trägermaterial beschichtet ist (stationäre Phase). Aufgrund unterschiedlich starker Adsorption der Probenbestandteile am Trägermatetrial der stationären Phase kommt es zu einer stoffspezifischen Verteilung. Daher wandern die einzelnen Bestandteile unterschiedlich schnell durch die Trennsäule, wodurch sie getrennt und am Detektor nacheinander registriert werden.

Übungsaufgaben

1⟩ Vergleichen Sie die Moleküle von Fluorwasserstoff (HF), Stickstoff (N_2) und Schwefelkohlenstoff (CS_2) bezüglich ihrer Polarität. Zeichnen Sie dazu Lewis-Formeln der Moleküle und kennzeichnen Sie mögliche Partialladungen.

2⟩ Bestimmen Sie den räumlichen Bau der Moleküle mithilfe des EPA-Modells:
a Blausäure (HCN)
b Ethanol (CH_3-CH_2-OH). Betrachten Sie die geometrischen Verhältnisse an jedem C-Atom sowie am O-Atom.

3⟩ Erläutern Sie die unterschiedlichen Siedetemperaturen der nachfolgenden Stoffe.
a Methan ($-161,6\ °C$) und Methylchlorid ($-24,2\ °C$)
b Methan und Wasser

4⟩ Beschreiben Sie anhand von Wasser (H_2O) und Schwefelwasserstoff (H_2S), wie die Eigenschaften der Stoffe von der Art der chemischen Bindung und der Struktur der Stoffe abhängen.

5⟩ Definieren Sie den Begriff Mesomerie am Beispiel des Nitrat-Ions.

6⟩ Ordnen Sie mithilfe eines Tabellenwerks die Edelgase nach steigender Siedetemperatur und begründen Sie diese Aufstellung.

7⟩ Entscheiden Sie, welche zwischenmolekuaren Kräfte bei den folgenden Molekülen auftreten können:
a CH_4, C_2H_6
b HCl, HF
c CH_3Cl, C_2H_5Cl
d Ordnen Sie die bei den genannten Beispielen auftretenden zwischenmolekularen Kräfte nach ihrer Stärke.

8⟩ a Geben Sie die Molekülformeln und die Halbstrukturformeln folgender Alkane an: 3-Ethyl-2-methylheptan, 2,2,3-Trimethylpentan, 4,6-Diethyl-5-methyldecan.

b Benennen Sie folgende Kohlenwasserstoffe nach IUPAC:

$$CH_3-CH-CH-CH-CH_2-CH_2$$
$$\qquad\ \ |\quad\ \ |\quad\ \ |\qquad\qquad\quad |$$
$$\qquad\ \ CH_3\ \ CH_3\ CH_2\qquad\quad CH_2-CH-CH_3$$
$$\qquad\qquad\qquad\quad\ |\qquad\qquad\qquad\quad\ |$$
$$\qquad\qquad\qquad\quad\ CH_3\qquad\qquad\qquad\quad\ CH_3$$

$$\qquad\qquad\qquad\qquad CH_3\qquad\qquad\quad\ CH_2-CH_3$$
$$\qquad\qquad\qquad\qquad\ |\qquad\qquad\qquad\quad\ |$$
$$CH_3-C=CH-C-CH_3\qquad CH_3-C-Cl$$
$$\qquad\ \ |\qquad\qquad\ |\qquad\qquad\qquad\quad\ |$$
$$\qquad\ \ CH_3\qquad\quad CH_2-CH_3\qquad\ Br-C-Br$$
$$\qquad\qquad\qquad\qquad\qquad\qquad\qquad\qquad\quad |$$
$$\qquad\qquad\qquad\qquad\qquad\qquad\qquad\qquad\quad CH_2-Cl$$

9⟩ Vergleichen Sie Alkane und Alkene hinsichtlich ihrer Struktur und ihrer daraus resultierenden physikalischen und chemischen Eigenschaften. Erstellen Sie eine Übersicht zur Einteilung der Kohlenwasserstoffe.

10⟩ a Geben Sie alle Konstitutionsisomere des Pentens an. Skizzieren Sie die Halbstrukturformeln und benennen Sie die Verbindungen nach IUPAC.
b Begründen Sie, welches der Isomere zusätzlich in cis- oder trans-Form vorliegen kann.

11⟩ Zeichnen Sie die Halbstrukturformeln aller isomeren Alkene mit 6 Kohlenstoffatomen im Molekül. Benennen Sie die Verbindungen nach IUPAC.

12⟩ Alkane wie Propan, Butan oder Pentan werden in Spraydosen als Treibmittel benutzt. Auf einem Backofenreiniger steht der Sicherheitshinweis: Nur wenige Sekunden sprühen, da sich sonst explosionsfähige Gasgemische bilden können. Erklären Sie dies.

13⟩ Tropft man zu Propen bzw. Buta-1,3-dien etwas Brom, findet eine heftige Reaktion statt. Formulieren Sie jeweils die Reaktionsgleichung mit Strukturformeln und entscheiden Sie, ob unterschiedliche Isomere entstehen.

Mithilfe dieses Kapitels können Sie:	Aufgabe	Hilfe finden Sie auf Seite
• die Elektronenpaarbindung als chemische Bindung unter Nutzung des Lewis-Konzepts beschreiben	1, 4, 5	23–25
• den räumlichen Bau von Molekülen mithilfe von Modellen bestimmen und erläutern	2, 9	26–29
• zwischenmolekulare Kräfte zwischen Atomen und Molekülen beschreiben	4, 6, 7	30–31
• die IUPAC-Nomenklatur zur Benennung organischer Verbindungen anwenden und aus dem systematischen Namen die Struktur- oder Halbstrukturformel des Moleküls entwickeln	8, 10, 11	35, 40, 44
• die räumliche Struktur eines Moleküls begründet einer Isomerieart zuordnen	10	34–35, 45
• Stoffeigenschaften anhand Ihrer Kenntnisse über zwischenmolekulare Wechselwirkungen und Reaktionsarten erklären	3, 4, 6, 9, 12, 13	30–31, 38–39, 44–45

Der Duft der frisch aufgeschnittenen Grapefruit weckt Erinnerungen an einen Urlaub im Süden und die Vorstellung des Geschmacks lässt einem das Wasser im Mund zusammenlaufen. Geruch und Geschmack werden u. a. von Carbonsäuren und Estern hervorgerufen. Diese Verbindungen gehören zu den organischen Sauerstoffverbindungen. Nicht nur, dass wir ihnen täglich begegnen – einige von ihnen spielen auch in unserem Körper eine lebenswichtige Rolle.

01 Citronensäure, Ascorbinsäure (Vitamin C) und Butansäureethylester sorgen neben anderen Stoffen für Geschmack und Geruch der Grapefruit.

Vom Alkohol zum Aromastoff 3

Organische Sauerstoffverbindungen

Alkohole und Ether

- Struktur und Eigenschaften der Alkohole und Ether
- Homologe Reihe der Alkanole
- Mehrwertige Alkohole
- Reaktionen der Alkohole

Aldehyde und Ketone

- Struktur und Eigenschaften der Aldehyde und Ketone
- Partielle und vollständige Oxidation
- Oxidationszahlen in organischen Verbindungen
- Nachweis der Aldehyde (Fehling-Probe, Silberspiegelprobe)

Carbonsäuren und Ester

- Struktur und Eigenschaften der Carbonsäuren und Ester
- Reaktionen der Carbonsäuren
- Hydroxycarbonsäuren, Aminosäuren, Dicarbonsäuren
- Esterbildung – Esterspaltung
- Aromastoffe und Lebensmittelzusatzstoffe

3.1 Alkohole

✚ Alkohol – Genuss und Gefahr

01 Feuerzangenbowle mit brennendem Alkohol

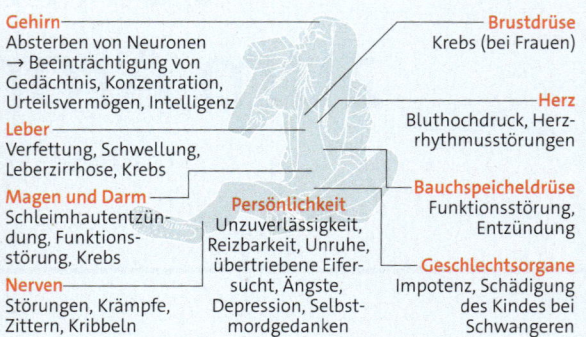

Gehirn
Absterben von Neuronen
→ Beeinträchtigung von
Gedächtnis, Konzentration,
Urteilsvermögen, Intelligenz

Leber
Verfettung, Schwellung,
Leberzirrhose, Krebs

Magen und Darm
Schleimhautentzün-
dung, Funktions-
störung, Krebs

Nerven
Störungen, Krämpfe,
Zittern, Kribbeln

Persönlichkeit
Unzuverlässigkeit,
Reizbarkeit, Unruhe,
übertriebene Eifer-
sucht, Ängste,
Depression, Selbst-
mordgedanken

Brustdrüse
Krebs (bei Frauen)

Herz
Bluthochdruck, Herz-
rhythmusstörungen

Bauchspeicheldrüse
Funktionsstörung,
Entzündung

Geschlechtsorgane
Impotenz, Schädigung
des Kindes bei
Schwangeren

02 Wirkung des Alkohols auf den Körper des Menschen

Im Film „Die Feuerzangenbowle" gibt es die berühmte Szene, in der der Chemielehrer die Schüler den im Unterricht angesetzten Wein kosten lässt: *„Aber jäder nor einen wänzigen Schlock."* Die Folgen sind hinreichend bekannt … Doch wie wird Trinkalkohol, das Ethanol, eigentlich gebildet?
Ethanol entsteht, wenn Traubenzucker vergoren wird. Seit die Menschen vor Jahrtausenden die **alkoholische Gärung** zufällig entdeckten, wird diese biochemische Reaktion gezielt genutzt, um aus Kohlenhydraten berauschende Getränke herzustellen. Dabei wird in Wasser gelöster Traubenzucker durch die Wirkung von Enzymen zu Ethanol und Kohlenstoffdioxid umgesetzt (↑ Exp. 3.04, S. 53):

$$C_6H_{12}O_6 \xrightarrow{\text{Enzyme}} 2\ C_2H_5OH + 2\ CO_2$$

So humoristisch und harmlos der Schülerstreich im Film erscheint – der regelmäßige Genuss von Alkohol ist mit Risiken verbunden und wird nach Einschätzung der Weltgesundheitsorganisation (WHO) von den meisten Menschen unterschätzt. Tatsächlich gibt es kein unbedenkliches Maß für Alkoholkonsum, denn Ethanol ist ein Zellgift. Die WHO setzt bewusst keine Obergrenzen, da wissenschaftlich belegt ist, dass ein Verzicht auf Alkohol aus gesundheitlicher Sicht am besten ist. Alkoholkonsum ist eng mit etwa 60 verschiedenen Krankheiten assoziiert, wobei es fast immer eine Dosis-Wirkungs-Beziehung gibt, d. h., je höher der Konsum, desto höher das Krankheitsrisiko.

1 ▷ Fassen Sie die Wirkungen von Alkohol zusammen.

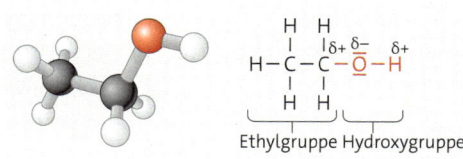

03 Kugelstabmodell und Strukturformel des Ethanolmoleküls

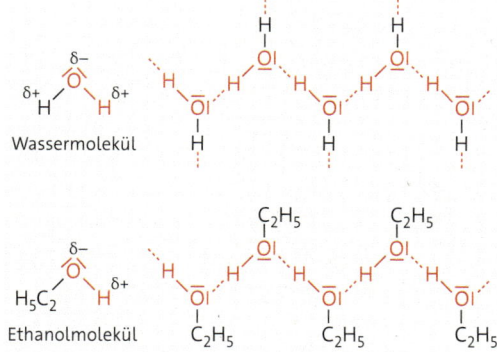

04 Wasserstoffbrücken zwischen Molekülen

EINE STOFFKLASSE FÜR SICH In der organischen Chemie betrachtet man **Alkohole** als Abkömmlinge der Kohlenwasserstoffe, bei denen ein oder mehrere Wasserstoffatome durch eine **Hydroxygruppe**, die **OH-Gruppe**, ersetzt wurden (↑ 01). Sie bestimmt das Reaktionsverhalten, aber hat auch Einfluss auf die Löslichkeit sowie die Schmelz- und Siedetemperaturen der Alkohole. Atome oder Atomgruppen, die die chemischen und physikalischen Eigenschaften einer ganzen Stoffklasse bestimmen, werden als **funktionelle Gruppen** bezeichnet. Die Hydroxygruppe ist die funktionelle Gruppe der Alkohole.
Der bekannteste Vertreter der Alkohole ist **Ethanol** mit der Molekülformel C_2H_5OH. Aufgrund der hohen *Elektronegativität* (EN) des Sauerstoffatoms (EN = 3,5) im Vergleich zum Kohlenstoffatom (EN = 2,5) und zum Wasserstoffatom (EN = 2,1) kommt es zu einer unsymmetrischen Ladungsverteilung im Ethanolmolekül (↑ 03). Das Ethanolmolekül ist deshalb wie das Wassermolekül ein Dipol. Zwischen den Molekülen können sich, wie bei Wassermolekülen, Wasserstoffbrücken ausbilden (↑ 04).

Alkanole

HOMOLOGE REIHE Alkohole, die sich formal von Alkanen ableiten lassen, nennt man **Alkanole**. Sie besitzen nur eine OH-Gruppe in ihren Molekülen und werden deshalb auch als **einwertige Alkohole** bezeichnet. Sind mehrere OH-Gruppen gebunden, nennt man diese Verbindungen **mehrwertige Alkohole** (↑ S. 58).

Die Moleküle von Alkanolen bestehen aus einer Alkylgruppe und einer Hydroxygruppe. Ihre Molekülformel ist $C_nH_{2n+1}OH$. Wie die Alkane bilden auch die Alkanole eine homologe Reihe. Sie ergibt sich, indem die Alkylgruppe jeweils um eine CH_2-Gruppe verlängert wird (↑ 05).

Zur Benennung wird an den Namen des entsprechenden Alkans die Endung **-ol** angehängt, z. B. Butanol. Für die Benennung der Alkohole werden die Nomenklaturregeln der Alkane erweitert (↑ Kasten).

Alkan	Alkanol	Halbstrukturformel des Alkanols
Methan	Methanol	CH_3-OH
Ethan	Ethanol	CH_3-CH_2-OH
Propan	Propanol	$CH_3-CH_2-CH_2-OH$
Butan	Butanol	$CH_3-CH_2-CH_2-CH_2-OH$
Allgemeine Formel		$CH_3-(CH_2)_n-OH$

05 Homologe Reihe der Alkanole

ISOMERE ALKOHOLE Die Moleküle der Alkanole können – wie die der Alkane – sowohl in unverzweigter Form als auch in verzweigter Form vorliegen. Verzweigte Alkanole sind **Konstitutionsisomere** (Strukturisomere ↑ S. 34) der unverzweigten Alkanole. Außerdem kann auch die Position der Hydroxygruppe im Molekül variieren. Solche Isomere heißen **Stellungsisomere** (↑ 06).

Nach der Stellung der Hydroxygruppe werden Alkanole in **primäre, sekundäre** oder **tertiäre Alkanole** eingeteilt: Das Kohlenstoffatom, das die Hydroxygruppe trägt, kann mit einem, zwei oder drei Kohlenstoffatomen bzw. Alkylgruppen verbunden sein (↑ 07). Die isomeren Alkanole unterscheiden sich in ihren physikalischen Eigenschaften und in ihrer Reaktivität (↑ S. 54).

> Die funktionelle Gruppe der Alkohole ist die Hydroxygruppe –OH. Werden Alkohole von den Alkanen abgeleitet und besitzen nur eine Hydroxygruppe im Molekül, nennt man sie Alkanole. Die Einteilung der Alkohole erfolgt nach Stellung (und Anzahl) der Hydroxygruppe(n) im Molekül.

Benennung von Alkanolen

Beispiel:

$$\overset{6}{C}H_3-\overset{5}{C}H-\overset{4}{C}H-\overset{3}{C}H_2-\overset{2}{C}H-\overset{1}{C}H_3$$

(mit CH_3 an C-4, CH_3 an C-5, OH an C-2)

1. **Stammname der Verbindung:** Ermitteln Sie die längste Kohlenstoffkette, an die eine OH-Gruppe gebunden ist, und hängen Sie an den Wortstamm die Endung **-ol** an.
Beispiel: Hauptkette mit **6** Kohlenstoffatomen ⇨ Hexan**ol**

2. **Position der OH-Gruppe:** Nummerieren Sie die Kohlenstoffkette so, dass die Position der OH-Gruppe die kleinstmögliche Ziffer bekommt.
Beispiel: Position **2** ⇨ Hexan-**2**-ol

3. **Name und Anzahl weiterer Substituenten:** Bestimmen Sie die Art, Anzahl und Position der Alkylgruppen an der Hauptkette. Die Anzahl gleicher Substituenten wird mit griechischem Zahlwort (di-, tri-, tetra- usw.) vorangestellt.
Beispiel: **2** Methylgruppen, Position: **4,5** ⇨ **4,5**-Dimethyl

4. **Name des Alkanols:** **4,5**-Dimethyl**hexan**-**2**-ol

Zusatzinfo: Die Benennung **mehrwertiger Alkohole** erfolgt analog zu diesen Regeln, z. B. Propan-1,2,3-triol.

06 Stellungsisomere des Pentanols

Pentan-**1**-ol   Pentan-**2**-ol   Pentan-**3**-ol

Primäres Alkanol	Sekundäres Alkanol	Tertiäres Alkanol
$H_3C-\overset{H}{\underset{H}{C}}-OH$	$H_3C-\overset{CH_3}{\underset{H}{C}}-OH$	$H_3C-\overset{CH_3}{\underset{CH_3}{C}}-OH$
$R-\overset{H}{\underset{H}{C}}-OH$	$R-\overset{R}{\underset{H}{C}}-OH$	$R-\overset{R}{\underset{R}{C}}-OH$

07 Einteilung von Alkanolen (R: Alkylgruppe)

1 ❭ Zeichnen Sie die Halbstrukturformeln von vier Isomeren des Hexanols. Benennen Sie diese.

2 ❭ Berichtigen Sie die Benennung der folgenden Alkanole: Butan-3-ol; 2-Methyl-4-ethylhexan-1-ol; 2,2,3,4-Methylpentan-1-ol.

3 ❭ Erklären Sie, warum Winzer trotz elektrischer Beleuchtung mit einer brennenden Kerze in den Weinkeller gehen.

Struktur und Eigenschaften von Alkanolen

Löslichkeit von Alkanolen in Wasser

LÖSLICHKEIT Methanol, Ethanol und Propanol lösen sich gut im polaren Lösungsmittel Wasser. Mit steigender Anzahl an Kohlenstoffatomen in den Molekülen sind höhere Alkanole in Wasser zunehmend weniger löslich oder sogar unlöslich (↑ Exp. 3.01). Ursache dafür sind unterschiedlich wirkende Kräfte, Van-der-Waals-Kräfte und Wasserstoffbrücken, zwischen den Molekülen der Alkanole. Alkanolmoleküle, beispielsweise das Ethanolmolekül, bestehen aus einer polaren und hydrophilen Hydroxygruppe sowie einer unpolaren und lipophilen Alkylgruppe (↑ 01).

Beide Molekülteile beeinflussen die Stoffeigenschaften der Alkanole unterschiedlich. Zwischen den unpolaren Alkylgruppen der Alkanolmoleküle wirken Van-der-Waals-Kräfte, während die polare Hydroxygruppe Wasserstoffbrücken zu den polaren Wassermolekülen bilden kann. Kurzkettige Alkanole sind wegen der polaren Hydroxygruppe und der Fähigkeit, Wasserstoffbrücken mit Wassermolekülen auszubilden, in Wasser unbegrenzt löslich. Der Einfluss der schwachen Van-der-Waals-Kräfte wirkt sich dort kaum aus.

Mit steigender Länge der Alkylgruppe nehmen jedoch die zwischen den Molekülen wirkenden Van-der-Waals-Kräfte zu, während der Effekt der einzelnen Hydroxygruppe konstant bleibt. Deshalb lösen sich Alkohole mit langkettigen Alkylgruppen zunehmend schlechter in polaren Lösungsmitteln.

SIEDETEMPERATUREN Die Siedetemperaturen der Alkanole liegen deutlich über denen der Alkane mit vergleichbaren molaren Massen (↑ 02). Das ist auf die Ausbildung von Wasserstoffbrücken zwischen den Alkanolmolekülen zurückzuführen. Beim Verdampfen des Alkanols muss zum Trennen der Wasserstoffbrücken zusätzliche Energie in Form von Wärme zugeführt werden. Mit zunehmender Länge der Alkylgruppe nimmt auch die Siedetemperatur zu. Dies liegt wie bei den unpolaren Alkanen an den größer werdenden Van-der-Waals-Kräften.

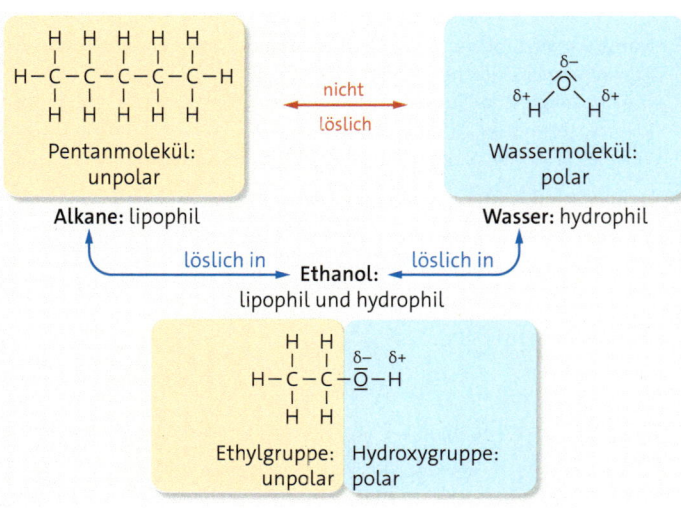

01 Einfluss der Polarität von Alkanolmolekülen auf die Stoffeigenschaften der Alkanole

> Alkanolmoleküle bestehen aus einer polaren Hydroxygruppe und einer unpolaren Alkylgruppe. Diese Strukturmerkmale der Moleküle beeinflussen die Eigenschaften der Alkanole wie Siedetemperatur und Löslichkeit in Wasser.

P ▶ EXP 3.01 Löslichkeit von Alkanolen

Materialien 10 Reagenzgläser mit Stopfen, 5 Pasteurpipetten, Ethanol (**2**, **7**), Propan-1-ol (**2**, **5**, **7**), Butan-1-ol (**2**, **5**, **7**), Pentan-1-ol (**2**, **7**), Hexan-1-ol (**2**, **7**), Heptan (**2**, **8**, **7**, **9**), Wasser

Durchführung Geben Sie jeweils in ein beschriftetes Reagenzglas eines der Alkanole, bis dieses 1,5 cm hoch gefüllt ist. Notieren Sie nach jedem der folgenden Schritte Ihre Beobachtungen.
Geben Sie nun die gleiche Menge Wasser hinzu, verschließen Sie das Reagenzglas mit dem Stopfen und schütteln Sie es. Geben Sie dann die dreifache Menge Wasser hinzu und schütteln Sie erneut.
Wiederholen Sie den Versuch mit Heptan anstelle von Wasser.
Entsorgung: Reste in den Behälter für halogenfreie organische Abfälle geben.

Auswertung Erklären Sie Ihre Beobachtungen unter Anwendung des Struktur-Eigenschafts-Konzepts.

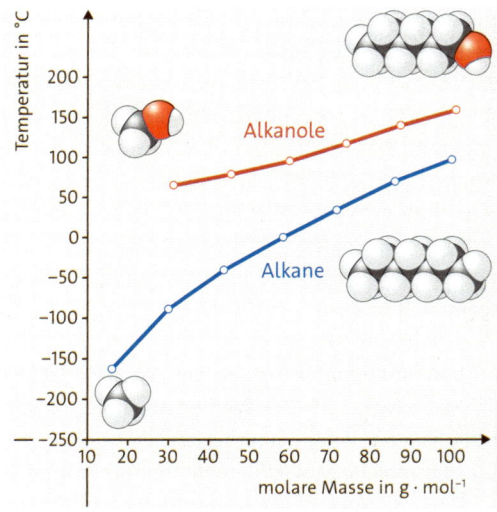

02 Siedetemperaturen von n-Alkanen und Alkan-1-olen

EIGENSCHAFTEN ISOMERER ALKANOLE Obwohl die isomeren Butanole die gleiche Molekülformel $C_4H_9\!-\!OH$ und die gleiche molare Masse ($74\,g\cdot mol^{-1}$) aufweisen, kann man unterschiedliche Siedetemperaturen der Isomere feststellen. Wie ist das zu erklären? Die Moleküle von Butan-1-ol besitzen eine unverzweigte, längliche Moleküloberfläche, die Moleküle von 2-Methylpropan-2-ol haben dagegen eine annähernd kugelförmige Struktur ($\uparrow$ 03). Aufgrund der größeren Moleküloberfläche können sich zwischen den primären Alkanolmolekülen stärkere Van-der-Waals-Kräfte als zwischen den Molekülen des tertiären Alkanols ausbilden. Folglich sieden primäre Alkanole bei höheren Temperaturen als ihre sekundären und tertiären Isomere ($\uparrow$ 04; $\uparrow$ Exp. 3.06, S. 59). Je stärker verzweigt die Alkylgruppen sind, umso kompakter ist die Molekülstruktur und umso schwächer sind die wirkenden Van-der-Waals-Kräfte. Demzufolge wächst der Einfluss der polaren Hydroxygruppe mit dem Verzweigungsgrad, sodass tertiäre Alkanole in Wasser oft besser löslich sind als ihre sekundären und primären Isomere ($\uparrow$ 04).

VERWENDUNG VON ALKANOLEN Aufgrund ihrer Eigenschaft sowohl polare als auch unpolare Stoffe zu lösen, werden Alkanole in vielen Bereichen als Lösungsmittel eingesetzt. Bedeutsam sind sie für die pharmazeutische und kosmetische Industrie sowie für die Lack- und Farbenindustrie. Ethanol ist der insgesamt meist verwendete Alkohol, gefolgt von Methanol und Propan-2-ol.

ETHANOL wird als Extraktions-, Reinigungs-, Desinfektions- und Konservierungsmittel genutzt. Als Lösungsmittel für Wirkstoffe findet er sich in Arzneimitteln. Aufgrund seiner Brennbarkeit wird er als Brennspiritus und in großem Maßstab als Zusatz zu Treibstoffen eingesetzt. E5 und E10 sind Kraftstoffgemische, die nach dem Anteil an Ethanol im Kraftstoff bezeichnet werden. Das E10-Gemisch besteht aus 10 % Ethanol und 90 % Benzin, E5 enthält nur 5 % Ethanol. Ethanol wird heute in großem Maße aus nachwachsenden Rohstoffen biotechnologisch gewonnen ($\uparrow$ S. 136 f.).

METHANOL ist in Deutschland mit über einer Mio. Tonnen Jahresproduktion der für die Industrie wichtigste Alkohol. Überwiegend wird er für die Herstellung von Ausgangsstoffen für die Kunststoffindustrie genutzt. In Brennstoffzellenfahrzeugen kommt er als Quelle für die Herstellung von Wasserstoff zum Einsatz. Bereits der Genuss von 20 bis 50 ml Methanol ist tödlich, 5 bis 10 ml führen zur Erblindung und Hirn-

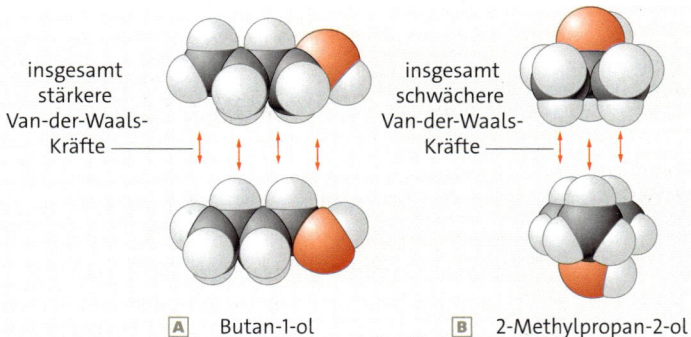

insgesamt stärkere Van-der-Waals-Kräfte ——

insgesamt schwächere Van-der-Waals-Kräfte ——

A Butan-1-ol B 2-Methylpropan-2-ol

03 Modellvorstellung zur Wirkung von Van-der-Waals-Kräften zwischen **A** primären, **B** tertiären Alkanolmolekülen

Name	Halbstrukturformel	Siedetemperatur	Löslichkeit in Wasser (20 °C)
Butan-1-ol	$CH_3\!-\!CH_2\!-\!CH_2\!-\!CH_2\!-\!OH$	118 °C	$79\,g\cdot l^{-1}$
2-Methyl-propan-1-ol	$CH_3\!-\!\underset{\underset{CH_3}{\mid}}{CH}\!-\!CH_2\!-\!OH$	108 °C	$88\,g\cdot l^{-1}$
Butan-2-ol	$CH_3\!-\!\underset{\underset{\mid}{OH}}{CH}\!-\!CH_2\!-\!CH_3$	99 °C	$210\,g\cdot l^{-1}$
2-Methyl-propan-2-ol (tert-Butanol)	$CH_3\!-\!\overset{\overset{CH_3}{\mid}}{\underset{\underset{CH_3}{\mid}}{C}}\!-\!OH$	83 °C	unbegrenzt

04 Eigenschaften isomerer Butanole

schädigungen. Somit ist Methanol bei ähnlich berauschender Wirkung wie Ethanol extrem viel giftiger.

1) **a** Erläutern Sie die Veränderung der zwischenmolekularen Kräfte zwischen Alkanolmolekülen mit steigender Kettenlänge ($\uparrow$ 01).
b Vergleichen und begründen Sie den Anstieg der Siedetemperaturen innerhalb der homologen Reihe der Alkane und der Alkanole ($\uparrow$ 02).

2) **a** Zeichnen Sie die Halbstrukturformeln der folgenden isomeren Alkanole: 2,3-Dimethylbutan-1-ol; 2,2-Dimethylbutan-1-ol; Hexan-1-ol; 2-Methylpentan-1-ol.
b Ordnen Sie diese Stoffe nach steigender Siedetemperatur und begründen Sie ausführlich. Recherchieren Sie, ob Ihre Ordnung richtig war.

3) Erklären Sie die unterschiedliche Löslichkeit von 2-Methylpropan-1-ol und 2-Methylpropan-2-ol in Wasser ($\uparrow$ 04).

4) Propan-2-ol ist in vielen Eigenschaften dem Ethanol sehr ähnlich. Begründen Sie dies und erklären Sie die Verwendung in Kosmetika.

Reaktionen von Alkanolen

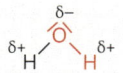 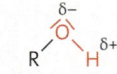

Wassermolekül   Alkanolmolekül

01 Wasser- und Alkanolmolekül mit Partialladungen und stark positiv polarisiertem Wasserstoffatom

Die OH-Gruppe (Hydroxygruppe) als eigenschaftsbestimmende funktionelle Gruppe der Alkanole ist auch wesentlich für das Reaktionsverhalten der Alkanole verantwortlich. Wie im Wassermolekül weist sie ein stark positiv polarisiertes Wasserstoffatom auf (↑ **01**).

ALKANOLATBILDUNG Bei der Reaktion mit Alkalimetallen verhalten sich Alkanole ähnlich wie Wasser: Wasser bildet mit Natrium Natriumhydroxidlösung und Wasserstoff. Analog reagieren Alkanole mit Natrium zu salzartigen Verbindungen, den **Alkanolaten**, und Wasserstoff.

$$2\,H_2O + 2\,Na \longrightarrow 2\,OH^- + 2\,Na^+ + H_2$$
$$2\,C_2H_5OH + 2\,Na \longrightarrow 2\,C_2H_5O^- + 2\,Na^+ + H_2$$
Alkanolat

Energieversorgung und nachwachsende Rohstoffe ↑ S. 136 f.

Diese Reaktion ist auf das sowohl in Wasser- als auch in Alkanolmolekülen vorhandene positiv polarisierte Wasserstoffatom zurückzuführen (↑ **01**). Wie das Hydroxid-Ion sind Alkanolat-Ionen starke Protonenakzeptoren. Sie bilden mit Wasser alkalische Lösungen.

NACHWEISREAKTION Alkohole können durch Cer(IV)-ammoniumnitratreagenz nachgewiesen werden. Dabei bildet sich eine tiefrote Komplexverbindung (↑ Exp. 3.02). Der Nachweis gelingt selbst bei Lösungen mit geringem Alkoholgehalt.

VOLLSTÄNDIGE OXIDATION Alle Alkanole verbrennen wie die Alkane mit dem Sauerstoff der Luft zu Kohlenstoffdioxid und Wasser in einer exothermen Reaktion. Die Brennbarkeit beruht auf der Alkylgruppe im Molekül.

Nachhaltige Entwicklung und CO$_2$-Fußabdruck ↑ S. 134 f.

$$C_2H_5OH + 3\,O_2 \longrightarrow 2\,CO_2 + 3\,H_2O \qquad |\ \text{exotherm}$$

ETHANOL ALS TREIBSTOFF Aufgrund der bei der vollständigen Oxidation freiwerdenden Energie werden Alkohole auch als Brennstoffe eingesetzt, beispielsweise als Zusatz im Benzin.
Während Benzin ein Stoffgemisch aus vielen verschiedenen Kohlenwasserstoffverbindungen ist und aus fossilen Rohstoffen gewonnen wird, ist reines Etha-

P **EXP 3.02** Nachweis von Alkoholen

Materialien Indikatorpapier, Reagenzgläser, Pipetten, Cer(IV)-ammoniumnitratreagenz (3, 5, 7), Ethanol (2, 7), verdünnte Natronlauge (w = 1 %; 7)

Durchführung Geben Sie 2 ml Ethanol in ein Reagenzglas und bestimmen Sie den pH-Wert. Versetzen Sie die Lösung danach mit einigen Tropfen Cer(IV)-ammoniumnitratreagenz. Wiederholen Sie den Versuch mit 2 ml Natronlauge. *Entsorgung:* Reste in den Behälter für halogenfreie organische Abfälle geben.

Auswertung
Deuten Sie Ihre Beobachtungen.

nol eine chemische Verbindung. Unabhängig von seiner Herstellung weist es daher immer die gleichen chemischen und physikalischen Eigenschaften auf. Das für Kraftstoffzwecke eingesetzte Ethanol wird heute fast ausschließlich aus Ausgangsstoffen aus *Biomasse* durch Fermentation hergestellt und wird daher als **Bioethanol** bezeichnet. Es hat bei der energetischen Nutzung von *nachwachsenden Rohstoffen* große Bedeutung. Der Alkohol wird vorwiegend aus Zucker und stärkehaltigem Getreide gewonnen. Neuere Verfahren basieren auf der Fermentation von Chinaschilf oder Holz. Bioethanol trägt dazu bei, dass weniger Erdöl, das wertvoller Rohstoff für viele chemische Produkte ist, verbrannt wird.
Der Einsatz von Bioethanol führt trotz des etwas höheren Verbrauchs zu einer günstigeren Kohlenstoffdioxidbilanz, da je nach pflanzlichem Rohstoff und Verarbeitungsverfahren zwischen 40 und 80 % weniger Kohlenstoffdioxid freigesetzt wird als bei fossilen Treibstoffen. Allerdings gilt dies nur, wenn die Biomasse unter *nachhaltigen Bedingungen* angebaut wird. In einigen tropischen Ländern werden jedoch große Waldflächen abgeholzt, um riesige Monokulturen anzulegen, die gewaltige Mengen an Dünger- und Pestizideinsatz erfordern.

1 › Stellen Sie die Reaktionsgleichung für die vollständige Oxidation von Butanol bzw. Pentanol auf.

2 › Gibt man etwas Kaliumethanolat in Wasser, so entsteht eine alkalische Lösung. Geben Sie die zu dieser Reaktion gehörende Reaktionsgleichung an.

Alkohol im Verkehr – Nachweis mithilfe der Headspace-Gaschromatografie

Alkohol beeinträchtigt die Funktion der Nervenzellen. Die direkten Folgen von Alkoholgenuss sind verminderte Reaktionsfähigkeit, verringerte Fähigkeit logisch zu denken und Selbstkontrolle auszuüben sowie der Abbau von Hemmungen (↑ **01**). Gerade im Straßenverkehr sind diese Folgen besonders gefährlich, da sie zu riskantem Verhalten führen.

Bei Verkehrskontrollen werden durch die Polizei direkt am Einsatzort für eine erste Kontrolle des Blutalkoholspiegels elektronische Messgeräte eingesetzt. Diese messen den **Atemalkoholgehalt** und berechnen daraus den Blutalkoholspiegel. Ein Massenanteil Ethanol von 1‰ bedeutet, dass 1 mg Ethanol in 1000 mg Blut gelöst sind. Da die so gemessenen Werte vergleichsweise ungenau sind, wird zur Bestätigung eines Anfangsverdachts eine Blutentnahme angeordnet. Nur dann ist eine exakte Messung der **Blutalkoholkonzentration** unter kontrollierten Laborbedingungen möglich.

Blutalkohol-konzentration	Auswirkungen auf die Verkehrs-tüchtigkeit
< 0,5 ‰	Erschwerter Überblick über wechselnde Verkehrslagen und schlechteres Reaktionsvermögen schon bei 0,3 ‰
0,5 ‰ – 0,8 ‰	Signifikant verzögerte Reaktion auf optische und akustische Reize, dadurch Verlängerung des Bremswegs; Tunnelblick; verminderte Konzentration
0,8 ‰ – 1,2 ‰	Stark verminderte Aufmerksamkeit und Konzentrations- sowie Reaktionsfähigkeit; euphorische Selbstüberschätzung
> 1,2 ‰	Absolute Fahruntüchtigkeit

01 Gefahren durch Alkohol im Straßenverkehr

NACHWEIS VON ALKOHOL IM BLUT Blutproben können zur Bestimmung des Alkoholgehalts mithilfe der Gaschromatografie untersucht werden. Dafür wird die Probe aufbereitet und in einem geschlossenen Gefäß erwärmt. Leichtflüchtige Bestandteile wie Ethanol verdampfen zum Teil und gelangen in den Gasraum über der flüssigen Probe. Die Konzentration des Ethanols in der Gasphase ist proportional zur Konzentration in der Flüssigkeit (Blutprobe). Mithilfe einer Injektionsspritze wird aus dem Gasraum über der Flüssigkeit, dem *Headspace*, eine Probe entnommen, die untersucht wird. Aufgrund dieser Probenzuführung wird das Verfahren als **Headspace-Gaschromatografie** (HS-GC) bezeichnet.

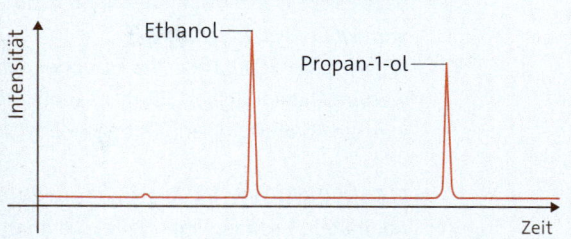

02 Headspace-Gaschromatogramm zur Blutalkoholbestimmung mit Propan-1-ol als interner Standard (IS)

Nach Kalibrierung durch den Einsatz einer Standardlösung mit einer definierten Stoffmenge an Ethanol in der Probe und einem *internen Standard* (IS) zur Quantifizierung des Ethanolgehalts, kann die Blutalkoholkonzentration bestimmt werden (↑ **02**). Als IS dient z. B. Propan-1-ol.

Die Konzentration des Ethanols wird aus der Peakfläche berechnet. Sie ist proportional zum Quotienten aus der Peakfläche des Ethanols in der Blutprobe (AUE) und der Peakfläche des internen Standardpeaks in der Probe (AUI):

$$c(\text{Ethanol}) = K \cdot \frac{\text{AUE}}{\text{AUI}} \qquad (K: \text{geräteabhängiger Faktor})$$

Die HS-GC wird auch zur Untersuchung von *ätherischen Ölen* und *Aromastoffen* (↑ S. 78) in Lebensmitteln eingesetzt.

BERECHNUNG DER BLUTALKOHOLKONZENTRATION
Mithilfe der **Widmark-Formel** kann die Blutalkoholkonzentration näherungsweise bestimmt werden:

$$w(\text{Alkohol im Blut}) = \frac{m(\text{Alkohol})}{m(\text{Person}) \cdot r}$$

Dabei ist *r* der *Reduktionsfaktor*, der berücksichtigt, dass sich Alkohol nur in wasserhaltigen Körperteilen verteilt (Durchschnittswerte $r(\text{Mann}) = 0{,}7$ und $r(\text{Frau}) = 0{,}6$).
Beispiel: Ein Mann (70 kg), der eine Flasche Bier (0,5 l) mit einem Alkoholgehalt von 5 Vol.-% trinkt, nimmt 25 ml reines Ethanol auf. Das entspricht einer Masse von:

$$m(\text{Ethanol}) = \varrho(\text{Ethanol}) \cdot V(\text{Alkohol})$$
$$= 0{,}785 \text{ g} \cdot \text{ml}^{-1} \cdot 25 \text{ ml} = 19{,}7 \text{ g}$$

und einer Blutalkoholkonzentration von näherungsweise

$$w(\text{Alkohol im Blut}) = \frac{19{,}7 \text{ g}}{70\,000 \text{ g} \cdot 0{,}7} = 0{,}4 \text{ ‰}$$

1 ⟩ Berechnen Sie die Blutalkoholkonzentration einer Frau (50 kg), die zwei Gläser Wein (0,4 l) mit einem Alkoholgehalt von 11,6 Vol.-% trinkt. Beurteilen Sie die Fahrtüchtigkeit.

2 ⟩ Erläutern Sie das Prinzip der HS-GC. Beurteilen Sie, ob es sich für die Analyse aller Alkohole eignet.

3.2 Mehrwertige Alkohole

Alkohole mit mehr als einer Hydroxygruppe im Molekül werden als **mehrwertige Alkohole** (Polyole) bezeichnet. Dabei trägt jedes Kohlenstoffatom maximal eine Hydroxygruppe.

Wichtige Vertreter dieser Stoffgruppe sind der zweiwertige Alkohol Glykol (Ethan-1,2-diol) und der dreiwertige Alkohol Glycerin (Propan-1,2,3-triol).

EIGENSCHAFTEN Im Vergleich zu den einwertigen Alkoholen besitzen die Moleküle mehrwertiger Alkohole eine größere Anzahl an Hydroxygruppen und bilden deshalb mehr Wasserstoffbrücken aus. Dadurch wirken stärkere zwischenmolekulare Kräfte als zwischen den Molekülen der einwertigen Alkohole.

Dies wirkt sich auf die Eigenschaften der mehrwertigen Alkohole aus: Ihre Siedetemperaturen sind erheblich höher als die der entsprechenden einwertigen Alkohole, da die Moleküle mehrwertiger

Klassifizierung	Beispiel	Strukturformel	Eigenschaften
einwertige Alkohole	Propan-1-ol	H H H / H—C—C—C—OH / H H H	Siedetemp.: 97 °C Löslichkeit in Wasser: unbegrenzt
zweiwertige Alkohole	Propan-1,3-diol	OH H H / H—C—C—C—OH / H H H	Siedetemp.: 213 °C Löslichkeit in Wasser: unbegrenzt
dreiwertige Alkohole	Propan-1,2,3-triol	OH OH H / H—C—C—C—OH / H H H	Siedetemp.: 290 °C Löslichkeit in Wasser: unbegrenzt

01 Eigenschaften verschiedener Propanole

Glycerin (Propan-1,2,3-triol)

Eigenschaften: farblos, zähflüssig (hohe Viskosität), hygroskopisch (Wasser anziehend), vollständig mischbar mit Wasser, ungiftig, niedrige Schmelztemperatur (ϑ_S = 18 °C), schwerflüchtig, zersetzt sich während des Siedens (ϑ_V = 290 °C), chemisch beständig

Vorkommen und Verwendung

- Baustein der Fette (Triglyceride)
- Frostschutzmittel in der Technik, aber auch im Tier- und Pflanzenreich (Überwinterung, ↑ Bild)
- Schmiermittel in der Technik und in der Medizin
- Ausgangsstoff in der Kunststoffindustrie und zur Herstellung von Sprengstoff (Nitroglycerin)
- Feuchthaltemittel, z. B. in Handcreme

EXP 3.03 Viskosität von Alkoholen

Materialien Auslaufpipetten (*V* = 10 ml), Pipettierhilfe, Bechergläser, Stoppuhr, Ethanol (**2**, **7**), Ethan-1,2-diol (**7**, **8**), Propan-1,2,3-triol

Durchführung Füllen Sie eine Pipette vollständig mit Ethanol. Entfernen Sie die Pipettierhilfe und messen Sie die Zeit, in der sich die Pipette vollständig entleert. Wiederholen Sie den Versuch mit den beiden anderen Alkoholen. *Entsorgung:* Reste in den Behälter für halogenfreie organische Abfälle geben.

Auswertung Erklären Sie Ihre Beobachtungen.

Alkohole untereinander viele Wasserstoffbrücken ausbilden (↑ **01**).

Ein Vergleich der Auslaufgeschwindigkeiten zeigt, dass die *Viskosität* der Alkohole mit steigender Anzahl an Hydroxygruppen zunimmt (↑ Exp. 3.03). Auch die Löslichkeit der mehrwertigen Alkohole in polaren Lösungsmitteln wie Wasser ist infolge der vielen hydrophilen Hydroxygruppen größer als die einwertiger Alkohole. Dies begründet auch ihre Wasser anziehende (hygroskopische) Wirkung.

Außerdem beeinflusst die Vielzahl der Hydroxygruppen den Geschmack der mehrwertigen Alkohole. Mit wachsender Anzahl an Hydroxygruppen im Molekül nimmt der süße Geschmack zu und ist bei fünf- und sechswertigen Alkoholen so ausgeprägt, dass sie wie Hexan-1,2,3,4,5,6-hexol (Sorbitol) als Zuckerersatzstoff genutzt werden.

> Mehrwertige Alkohole enthalten mindestens zwei Hydroxygruppen im Molekül. Sie führen zu höheren Siedetemperaturen, besserer Löslichkeit in polaren Lösungsmitteln und größerer Viskosität als bei vergleichbaren einwertigen Alkoholen.

1 › Vergleichen Sie die Eigenschaften von Propan-1-ol, Propan-1,3-diol und Propan-1,2,3-triol (↑ **01**). Begründen Sie die Unterschiede.

2 › Stellen Sie den Zusammenhang zwischen der Molekülstruktur, den Eigenschaften und der Verwendung von Glycerin her.

3 › Recherchieren Sie Struktur, Eigenschaften und Verwendung von Glykol (Ethan-1,2-diol). Erstellen Sie einen Steckbrief und erklären Sie die Stoffeigenschaften anhand der Molekülstruktur.

Praktikum

Alkohole

EXP 3.04 Alkoholische Gärung

Materialien 4 Erlenmeyerkolben mit durchbohrtem Stopfen, Gärröhrchen, Wasserbad, Thermometer, Spatel, Heizquelle, Eiswürfel, Hefe, Glucose, Kalkwasser (**5**, **7**)

Durchführung Geben Sie in die Erlenmeyerkolben jeweils 100 ml Wasser, 5 g Glucose und 3 g Hefe. Rühren Sie, bis sich die Hefe gleichmäßig in der Lösung verteilt hat. Stellen Sie die Temperatur in den vier Gefäßen auf 10 °C, 20 °C, 30 °C und 50 °C ein. Setzen Sie jeweils ein mit Kalkwasser gefülltes Gärröhrchen auf die Erlenmeyerkolben und beobachten Sie die Versuchsansätze über einen Zeitraum von 40 min. *Entsorgung:* Reste ins Abwasser geben.

Auswertung

1〉 Erläutern Sie Ihre Beobachtungen.

2〉 Leiten Sie aus den Beobachtungen ab, was Bäcker beim „Gehen eines Hefeteigs" beachten sollten.

EXP 3.05 Brennbarkeit von Alkoholen

Materialien Tüpfelplatte, Pipetten, langer Holzstab, Streichhölzer, feuerfeste Unterlage, Ethanol (**2**, **7**), Hexan-1-ol (**2**, **7**), Propan-1,2,3-triol (Glycerin), destilliertes Wasser

Durchführung Geben Sie mit einer Pipette einige Tropfen Ethanol auf die Tüpfelplatte. Entzünden Sie den Holzstab. Halten Sie ihn vorsichtig an die Oberfläche des Alkohols. Stellen Sie nun drei Ethanollösungen im unten angegebenen Verhältnis mit destilliertem Wasser her und verfahren Sie in gleicher Weise wie mit dem reinen Ethanol.

Lösung	Ethanol	dest. Wasser	Ethanolgehalt
a	1 ml	3 ml	25 Vol.-%
b	2 ml	2 ml	50 Vol.-%
c	3 ml	1 ml	75 Vol.-%

Im Anschluss prüfen Sie dann die Brennbarkeit der anderen Alkohole.
Entsorgung: Reste in den Behälter für halogenfreie organische Abfälle geben.

Auswertung

1〉 Beschreiben und deuten Sie Ihre Beobachtungen.

2〉 Im Restaurant wird das Essen manchmal mit einem brennenden Ouzo (Anisschnaps) serviert. Treffen Sie eine Aussage über den Alkoholgehalt des Ouzos und erklären Sie, warum der Ouzo häufig erst am Tisch entzündet wird.

3〉 Informieren Sie sich über Flamm- und Entzündungstemperaturen von Alkoholen.

EXP 3.06 Siedetemperaturen isomerer Alkohole

Materialien Becherglas (500 ml), Dreifuß, Stativ mit zwei Universalklemmen, Brenner, 2 Thermometer, 2 Pipetten, Wasser, Propan-1-ol (**2**, **7**), Propan-2-ol (**2**, **7**)

Durchführung Geben Sie etwa 300 ml Wasser ins Becherglas. Füllen Sie je 10 ml der beiden Alkohole in je ein Reagenzglas. Tauchen Sie je ein Thermometer ein. Hängen Sie mithilfe des Stativs die Reagenzgläser in das Wasserbad. Erhitzen Sie das Wasserbad nun kräftig bis zum Sieden. *Entsorgung:* Reste in den Behälter für halogenfreie organische Abfälle geben.

Auswertung Erklären Sie Ihre Beobachtungen mithilfe der Struktur der beiden Alkanole.

EXP 3.07 Alkohol als Frostschutzmittel

Materialien Reagenzgläser, Pipetten, Reagenzglasständer, Thermometer, Ethanol (**2**, **7**), Ethan-1,2-diol (**7**, **8**)

Durchführung Stellen Sie gemäß den Tabellen Ethanol- bzw. Ethan-1,2-diol-Lösungen her und geben Sie diese bis zur nächsten Stunde in ein Eisfach. Bestimmen Sie den jeweiligen Gefrierpunkt in der nächsten Stunde.

Lösung	Ethanol	dest. Wasser	Ethanolgehalt
a	1 ml	9 ml	10 Vol.-%
b	2 ml	8 ml	20 Vol.-%
c	3 ml	7 ml	30 Vol.-%

Lösung	Ethan-1,2-diol	dest. Wasser	Ethan-1,2-diolgehalt
d	1 ml	9 ml	10 Vol.-%
e	2 ml	8 ml	20 Vol.-%
f	3 ml	7 ml	30 Vol.-%

Entsorgung: Reste in den Behälter für halogenfreie organische Abfälle geben.

Auswertung

1〉 Beschreiben und deuten Sie Ihre Beobachtungen.

2〉 Ethan-1,2-diol wird auch als Kühlfrostschutz für Ottomotoren eingesetzt. Dafür kann man im Kfz-Handel Konzentrate kaufen. So kann man die Gegebenheiten am jeweiligen Einsatzort berücksichtigen.

a Erklären Sie diese Aussage.

b Recherchieren Sie die Klimadaten für die Orte Hannover und Eureka (Kanada). Geben Sie sinnvolle Ethan-1,2-diol-Wasser-Gemische an, die an diesen beiden Orten eingesetzt werden sollten.

3.3 Ether

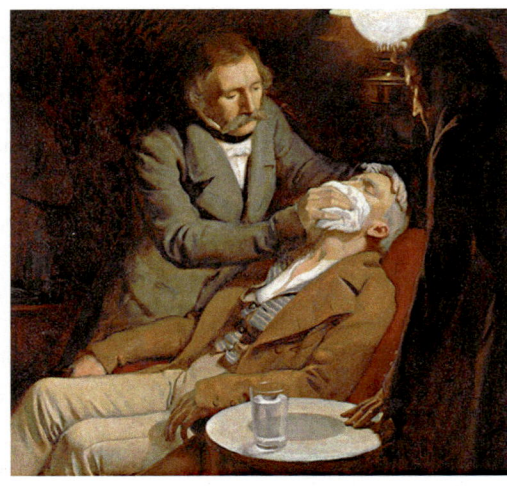

01 "Gentleman, this is no humbug!" erklärte Dr. John C. Warren dem staunenden Auditorium bei der ersten erfolgreichen Narkose am 16.10.1846, der als „Ether Day" in die Medizingeschichte einging.

Ether sind vielen vor allem als Narkosemittel ein Begriff. Auch wenn Ether heute in der Medizin kaum noch eine Rolle spielt, so markiert die erste Ethernarkose den Beginn der modernen Anästhesie.

STRUKTUR UND NOMENKLATUR Ersetzt man in einem Alkoholmolekül (R–$\overline{O}$–H) formal das Wasserstoffatom durch eine weitere Alkylgruppe, entsteht ein Ether (R^1–$\overline{O}$–R^2). Wenn beide Alkylgruppen R^1 und R^2 identisch sind, so liegt ein **symmetrischer Ether** vor (↑ **02**), bei unterschiedlichen Alkylgruppen ein **unsymmetrischer**.

Die Benennung der Ether kann auf unterschiedliche Weise erfolgen. Meistens werden die Trivialnamen angegeben. Dazu werden die Namen der beiden Alkylgruppen in alphabetischer Reihenfolge angegeben und die Endung **-ether** angehängt, z. B. Butylethylether. Bei symmetrischen Ethern wird dem Namen der Alkylgruppe die Silbe Di- vorangestellt und ebenfalls die Endung -ether angehängt, z. B. Dipropylether. Gemäß der IUPAC-Nomenklatur bezeichnet man Ether als **Alkoxyalkane**. „Alkoxy" steht dabei für eine der Alkylgruppen inklusive des Sauerstoffatoms, über das es mit der zweiten Alkylgruppe verbunden ist. Bei unsymmetrischen Alkoxyalkanen bestimmt die längere Alkylgruppe den Stammnamen, z. B. Ethoxybutan.

02 Partialladungen im Dimethylethermolekül

$$\overset{\delta-}{\underset{H_3C}{\overset{\delta+}{}}}\overset{O}{}\underset{CH_3}{\overset{\delta+}{}}$$

EIGENSCHAFTEN Das Sauerstoffatom der Ethermoleküle ist partiell negativ geladen (↑ **02**). Ethermoleküle sind daher Dipole, zwischen denen Dipol-Dipol-Kräfte wirken. Die Siedetemperaturen der Ether liegen deshalb höher als die von Alkanen mit ähnlicher molarer Masse, zwischen denen nur Van-der-Waals-Kräfte wirken.

Ethermoleküle können untereinander keine Wasserstoffbrücken ausbilden, da sie kein Wasserstoffatom besitzen, das an ein elektronegatives Sauerstoffatom gebunden ist. Aufgrund der fehlenden Wasserstoffbrücken liegen die Siedetemperaturen der Ether deutlich unter denen isomerer Alkohole. Die Löslichkeit in Wasser ist viel kleiner als die vergleichbarer Alkohole, weil nur die positiv polarisierten Wasserstoffatome der Wassermoleküle Wasserstoffbrücken zum negativ polarisierten Sauerstoffatom der Ethermoleküle ausbilden können.

HERSTELLUNG Zur Herstellung symmetrischer Ether werden primäre Alkohole mit konzentrierter Schwefelsäure umgesetzt. Sie dient bei der Reaktion als Katalysator. Zwei Alkoholmoleküle reagieren unter Abspaltung eines Wassermoleküls in einer Kondensationsreaktion zu einem Ethermolekül:

$$CH_3\text{–}\overline{O}\text{–}H + H\text{–}\overline{O}\text{–}CH_3 \xrightarrow{H_2SO_4} CH_3\text{–}\overline{O}\text{–}CH_3 + H_2O$$
Dimethylether

WICHTIGE VERTRETER **Diethylether** ist ein häufig verwendetes Lösungsmittel und war früher als Narkosemittel von Bedeutung. **Epoxide** (cyclische Ether mit einem dreigliedrigen Ring) sind wichtige Ausgangsstoffe bei der Herstellung von Ethan-1,2-diol und Epoxidharzen. Epoxidharze werden z. B. als Klebstoff oder als Werkstoff für die Herstellung von Platinen in Elektrogeräten eingesetzt. **ETBE** (tert-Butylethylether) wird Kraftstoffen als Antiklopfmittel zur Erhöhung der Oktanzahl zugesetzt.

> **Ethermoleküle bestehen aus zwei Alkylgruppen, die über ein Sauerstoffatom verbunden sind. Ether haben u. a. Bedeutung als Lösungsmittel.**

1〉 Formulieren Sie eine allgemeine Reaktionsgleichung für die Bildung eines symmetrischen Ethers aus einem primären Alkohol.

2〉 Erklären Sie, warum Diethylether eine niedrigere Siedetemperatur besitzt als Ethanol, obwohl er eine höhere molare Masse aufweist.

3〉 Stellen Sie eine begründete Hypothese über die Löslichkeit von Dimethylether in Wasser im Vergleich zum isomeren Ethanol auf.

Skelettformel, molare Masse	Trivialname/ Name nach IUPAC	Siedetemperatur	Löslichkeit in Wasser
$M = 102\ \text{g}\cdot\text{mol}^{-1}$	Butylethylether/ Ethoxybutan	92 °C	gering
$M = 102\ \text{g}\cdot\text{mol}^{-1}$	Dipropylether/ Propoxypropan	90 °C	3,8 g · l^{-1}

03 Eigenschaften von zwei Ethern

Klausurtraining

Material A Alkohole unter der Lupe

A1 Geckos als Kletterkünstler

Geckos können senkrechte Flächen erklimmen. Auf den Unterseiten ihrer Füße besitzen sie sehr viele, feinste Härchen, die *Spatulae* (Länge ca. 200 nm). Jedes dieser Härchen kann nur eine sehr kleine Kraft übertragen. Die große Anzahl der Härchen reicht dennoch aus, um das Tier buchstäblich kopfüber unter Decken laufen zu lassen. Ursächlich sind Van-der-Waals-Kräfte.

A2 Einige Eigenschaften von Alkoholen

Name	Molare Masse in $g \cdot mol^{-1}$	Siedetemperatur in °C	Löslichkeit in Wasser in $g \cdot l^{-1}$
Methanol	32	64,7	vollständig
2-Methyl-butan-2-ol	88	102,2	118
Pentan-2-ol	88	119,0	166
Pentan-3-ol	88	116,0	55
Hexan-3-ol	102	135,0	17,5
Pentan-1,2-diol	104	206,0	vollständig

A3 Herstellung von Pentan-2-ol

Pentan-2-ol ist ein wichtiges Lösungsmittel in der Industrie. Es kann aus Pent-1-en durch Reaktion mit Wasser in Gegenwart eines Katalysators gewonnen werden.

AUFGABEN ZU A

1 ⟩ Erklären Sie, warum der Gecko an senkrechten Wänden laufen kann (↑ A1).
2 ⟩ a Zeichnen Sie die Strukturformeln der Alkohole aus ↑ A2.
b Vergleichen Sie die Eigenschaften der angegebenen Alkohole und begründen Sie die Unterschiede mit den Strukturmerkmalen der Moleküle.
c Stellen Sie einen Zusammenhang zwischen dem Phänomen „Gecko als Kletterkünstler" und ausgewählten Eigenschaften der Alkohole her.
3 ⟩ Erläutern Sie begründet, ob sich Pentan-2-ol als Lösungsmittel für Ethanol bzw. Hexan eignet.
4 ⟩ a Formulieren Sie eine Reaktionsgleichung für die Synthese von Pentan-2-ol mit Chlorwasserstoff als Katalysator.
b Formulieren Sie eine Hypothese über die Bildung von Nebenprodukten.

Material B Ähnlich, aber doch verschieden

B1 Der schlampige Laborant

In der Alltagshektik hat der Laborant vergessen, ein Vorratsgefäß, das eine farblose flüssige Substanz enthält, ordnungsgemäß zu beschriften. Auf dem Etikett steht die Molekülformel C_3H_8O. Er erinnert sich noch, dass er in einigen Experimenten den Stoff als Lösungsmittel eingesetzt hat.

B2 Ether, Alkane und Alkohole im Vergleich

Name	Molare Masse in $g \cdot mol^{-1}$	Siedetemperatur in °C	Löslichkeit in Wasser in $g \cdot l^{-1}$
Butan-1-ol	74	117	90
Diethylether	74	34,5	69
Pentan	72	36	0,3
Ethylmethylether	60,1	7,4	50
Propan-1-ol	60,1	97	vollständig
Propan-2-ol	60,1	82	vollständig

B3 Entsorgung – oder Synthese?

Im Labor können Natrium- oder Kaliumreste entsorgt werden, indem man sie in kleinen Portionen in Ethanol gibt.

Fügt man anschließend zu dieser Lösung Brommethan, so entstehen Ethylmethylether und Bromid-Ionen.

AUFGABEN ZU B

1 ⟩ a Geben Sie mögliche Strukturformeln der Verbindung aus ↑ B1 an.
b Entwickeln Sie eine experimentelle Vorgehensweise, um eine oder mehrere der gefundenen Strukturen auszuschließen.
2 ⟩ Erläutern Sie, welche Reaktion bei der Entsorgung von Natriumresten nach ↑ B3 abläuft.
3 ⟩ Formulieren Sie eine Reaktionsgleichung für die Bildung des Ethers nach ↑ B3. Welches Produkt erwarten Sie, wenn Propan-2-ol anstelle von Ethanol eingesetzt wird?
4 ⟩ Ethylmethylether kann formal durch eine Kondensation aus Ethanol und Methanol unter Säurekatalyse hergestellt werden.
a Geben Sie die Reaktionsgleichung an.
b Erläutern Sie, warum in dieser Reaktion ein Gemisch von Ethern anstelle des reinen Ethers entsteht.
5 ⟩ Begründen Sie, warum Diethylether bei vergleichbarer molarer Masse in seiner Siedetemperatur Pentan ähnelt, in seinem Löslichkeitsverhalten jedoch Butan-1-ol (↑ B2).

3.4 Redoxreaktionen mit Alkoholen

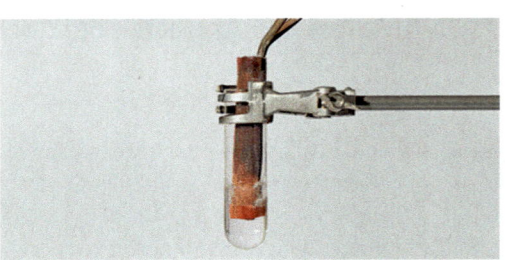

01 Methanol reagiert mit Kupfer(II)-oxid zu Methanal.

Elektronegativität beschreibt die Fähigkeit eines Atoms, Elektronen innerhalb einer Elektronenpaarbindung an sich zu ziehen.

Werte von Hauptgruppenelementen ↑ S. 28

OXIDATION VON METHANOL Hält man ein Kupfernetz in die Flamme eines Gasbrenners, bildet sich an der Oberfläche schwarzes Kupfer(II)-oxid. Taucht man das noch heiße Netz in Methanol so verschwindet die Schwarzfärbung und die ursprünglich rot glänzende Färbung des Kupfers wird wieder sichtbar (↑ **01**). Gleichzeitig weist ein stechender Geruch auf das Reaktionsprodukt **Methanal** hin. Es gehört zur Stoffgruppe der *Aldehyde*.

$$H_3C{-}OH(l) + CuO(s) \longrightarrow \underset{\text{Methanal}}{HC{-}HO(l)} + Cu(s) + H_2O(l)$$

Es hat eine **Redoxreaktion** stattgefunden, bei der Methanol zu Methanal oxidiert und Kupfer(II)-oxid zu elementarem Kupfer reduziert wurde.
Wie lässt sich zeigen, dass eine Elektronenübertragung erfolgt ist?

OXIDATIONSZAHLEN Um Redoxreaktionen anhand der beteiligten Teilchen zu erkennen, ist das Konzept der **Oxidationszahl (OZ)** hilfreich. Bei einfachen Ionen (Atom-Ionen) entspricht die Oxidationszahl deren Ionenladung. Ein Natrium-Ion Na^+ hat die Oxidationszahl I, ein Chlorid-Ion Cl^- die Oxidationszahl $-$I (↑ **02**).
In Formeln werden die Oxidationszahlen mit römischen Ziffern über das jeweilige Elementsymbol geschrieben. Ein Minuszeichen kennzeichnet negative Oxidationszahlen. In einer Verbindung ist die Summe der Oxidationszahlen aller Atome null.
Zur Ermittlung der Oxidationszahlen für die in einem Molekül gebundenen Atome wird die Lewis-Formel des Moleküls notiert (↑ Methode, S. 63). Dabei stellt man sich vor, dass dieses formal aus Ionen aufgebaut ist. Dazu werden die Bindungselektronen einer polaren Elektronenpaarbindung immer dem Atom mit der größeren *Elektronegativität* (kurz: EN) zugeordnet.

> **Die Oxidationszahl entspricht der formalen Ladung eines Atoms in einer Verbindung, wenn alle Bindungselektronen dem jeweils elektronegativeren Atom zugeordnet wurden.**

DONATOR-AKZEPTOR-KONZEPT Verändern sich die Oxidationszahlen der beteiligten Teilchen während einer chemischen Reaktion, so handelt es sich um eine Redoxreaktion. Bei jeder Redoxreaktion kommt es zu einer *Elektronenübertragung*. Dabei gibt ein Reaktionspartner ein oder mehrere Elektronen ab, die der andere Reaktionspartner aufnimmt. Das Prinzip, dass Teilchen bei einer Reaktion übertragen werden, findet sich in der Chemie auch in anderen Zusammenhängen, beispielsweise wenn eine Säure durch eine Base neutralisiert wird. Man kann solche Reaktionen daher durch ein allgemeines Prinzip beschreiben, das **Donator-Akzeptor Konzept**.

> **Donator-Akzeptor-Konzept: Ein Teilchen wird von einem Reaktionspartner, dem Donator, auf einen anderen Reaktionspartner, den Akzeptor, übertragen.**

OXIDATIONSZAHL UND REDOXREAKTION Am Beispiel der Reaktion von Methanol zu Methanal kann das Prinzip verdeutlicht werden:
Bei der Oxidation von Methanol durch Kupfer(II)-oxid erhöht sich die Oxidationszahl des Kohlenstoffatoms während der Reaktion von $-$II auf 0 (↑ **03**). Das bedeutet, dass das Kohlenstoffatom zwei Elek-

Ionen:

$$\overset{I}{Na^+} \quad \overset{II}{Mg^{2+}} \quad \overset{II}{Cu^{2+}} \quad \overset{-I}{Cl^-} \quad \overset{-II}{O^{2-}}$$

Salze:

$$\overset{I\ -I}{NaCl} \quad \overset{II\ -I}{MgCl_2} \quad \overset{II\ -II}{CuO}$$

Moleküle:

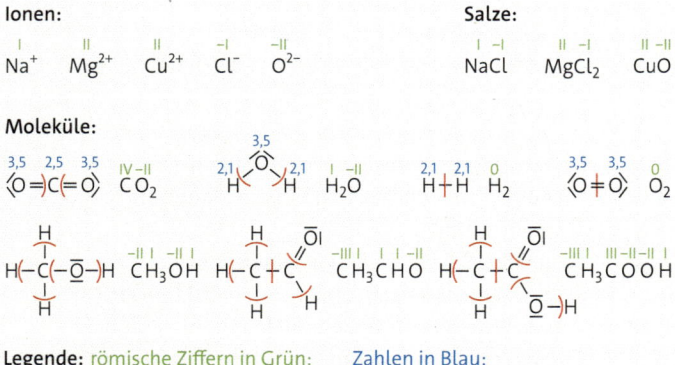

Legende: römische Ziffern in Grün: Oxidationszahlen   Zahlen in Blau: Elektronegativität

02 Oxidationszahlen einiger Verbindungen (Übersicht)

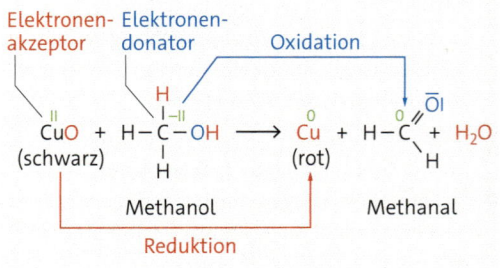

03 Oxidation und Reduktion – Redoxreaktion

Methode

M Bestimmen von Oxidationszahlen

AUFGABE Bestimmen Sie die Oxidationszahlen der Atome im Methanol-, Sauerstoff-, Kohlenstoffdioxid- und Wasser-molekül mithilfe von Lewis-Formeln.

Methanol   Sauerstoff   Kohlenstoffdioxid   Wasser

1. Notieren Sie die Lewis-Formel der Moleküle:

2. Ordnen Sie dem Atom mit der jeweils größeren Elektro-negativität (EN) die Elektronen der Elektronenpaarbin-dung zu:
EN(C) = 2,5   EN(O) = 3,5   EN(H) = 2,1

3. Ermitteln Sie die Oxidationszahl der einzelnen Atome:
Bestimmen Sie die ursprüngliche Anzahl der Valenzelek-tronen (entspricht der Hauptgruppennummer des Ele-ments im PSE).

Bestimmen Sie die Anzahl der zugeordneten Elektronen inklusive der nichtbindenden Elektronen.

Die Oxidationszahl wird aus Differenz der ursprüng-lichen Elektronen und der zugeordneten Elektronen ermittelt.

Atom im Methanolmolekül	CH_3OH	CH_3OH	CH_3OH
Anzahl Valenzelektronen	4	6	1
Anzahl zugeordne-ter Elektronen	6	8	0
Oxidationszahl	$4 - 6 = -II$	$6 - 8 = -II$	$1 - 0 = +I$

tronen abgibt. Das Kohlenstoffatom wirkt formal als **Elektronendonator** und wird oxidiert.
Das Kupferatom im Kupfer(II)-oxidteilchen fungiert als **Elektronenakzeptor** und wird reduziert. Seine Oxidationszahl verringert sich von **II** auf **0**. Das be-deutet, dass das Kupferatom zwei Elektronen auf-nimmt (↑ **03**).

Aus dem Beispiel lässt sich eine Verallgemeinerung ableiten: Die Oxidationszahl des Elektronendona-tors erhöht sich während der Reaktion, da er Elek-tronen abgibt. Umgekehrt verringert sich die Oxida-tionszahl des Elektronenakzeptors, da er während der Reaktion Elektronen aufnimmt (↑ **04**).

> Eine Redoxreaktion liegt vor, wenn sich die Oxi-dationszahlen der beteiligten Teilchen verän-dern. Die Veränderung der Oxidationszahl ent-spricht der Anzahl übertragener Elektronen.

Redoxreaktionen sind *Elektronenübertragungsreak-tionen*, bei denen die Teilreaktionen Reduktion und Oxidation *gekoppelt* ablaufen. Elektronendonator und -akzeptor sind für jede Redoxreaktion eindeutig festgelegt. Redoxreaktionen verlaufen spontan im-mer nur in einer Richtung.

Elektronenabgabe, Oxidation
⇒ Erhöhung der Oxidationszahl

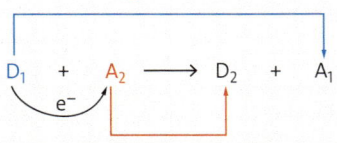

Elektronenaufnahme, Reduktion
⇒ Erniedrigung der Oxidationszahl

Elektronendonator (D1): Gibt Elektronen ab, wird oxidiert zu A1.
Elektronenakzeptor (A2): Nimmt Elektronen auf, wird reduziert zu D2.

04 Donator-Akzeptor-Konzept (Schema)

1〉 Bestimmen Sie die Oxidationszahlen der Atome in F_2, F^-, O_2, O_3, O^{2-}, Fe, Fe^{2+}, Fe^{3+}.
2〉 Bestimmen Sie die Oxidationszahlen der Atome in folgenden Teilchen:
a MnO_2, CuO, Ag_2O, Na_2SiF_6, C_2H_6, H_2SO_3
b HNO_3, OH^-, NO_2^-, CH_3-CH_2-OH
3〉 Wenden Sie das Donator-Akzeptor-Konzept auf die folgenden Reaktionen an:
a Kohlenstoff reagiert mit Sauerstoff zu Koh-lenstoffdioxid
b Methanol reagiert mit Sauerstoff zu Kohlen-stoffdioxid und Wasser

3.5 Vom Alkohol zum Aldehyd und Keton

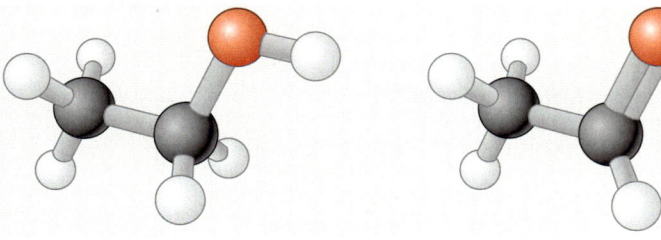

01 Molekülmodelle von Ethanol (links) und Ethanal (rechts)

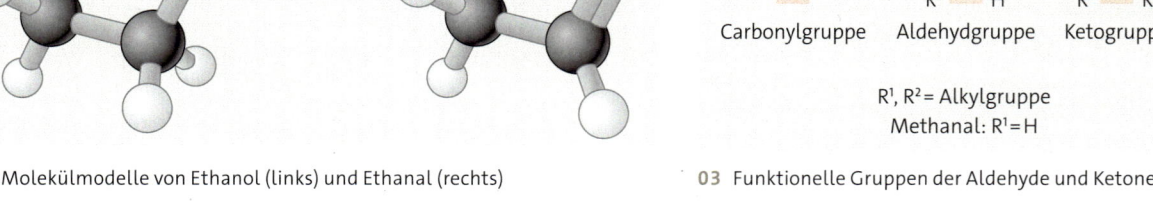

Carbonylgruppe   Aldehydgruppe   Ketogruppe

R¹, R² = Alkylgruppe
Methanal: R¹=H

03 Funktionelle Gruppen der Aldehyde und Ketone

3D-Molekül:
Ethanal

*Methode zur
Ermittlung von
Oxidationszahlen
↑ S. 63*

OXIDATION VON PRIMÄREN ALKOHOLEN Ethanol ist wie Methanol ein *primärer Alkohol* und kann ebenfalls durch Kupfer(II)-oxid oxidiert werden (↑ S. 62). Als Reaktionsprodukte entstehen elementares Kupfer, Wasser und **Ethanal**, das durch seinen stechenden Geruch erkannt werden kann. Wie Methanal gehört auch Ethanal zur Stoffgruppe der **Aldehyde** (↑ **02**).

Auch die Reaktion von Ethanol zum Ethanal ist eine *Redoxreaktion*, bei der die Aldehydmoleküle zwei Wasserstoffatome weniger als die Alkoholmoleküle aufweisen, aus denen sie entstanden sind (↑ **01**):

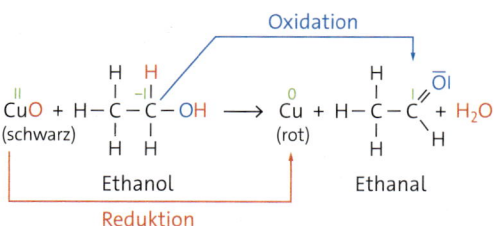

Nicht nur Methanol und Ethanol lassen sich zu einem Aldehyd oxidieren, sondern alle primären Alkohole können zu einem Aldehyd reagieren.

> Aldehyde werden durch Oxidation primärer Alkohole gebildet.

Mithilfe von *Oxidationszahlen* lässt sich auch hier die *Oxidation* (Erhöhung der Oxidationszahl) und die *Reduktion* (Erniedrigung der Oxidationszahl) der beteiligten Moleküle erkennen.
Die Erhöhung der Oxidationszahl von −I auf I des Kohlenstoffatoms, das das Sauerstoffatom gebunden hat, zeigt die **partielle (unvollständige) Oxidation** des Ethanolmoleküls an. Die Oxidationszahl des Kupferatoms wird gleichzeitig von II auf 0 verringert, d. h., Kupfer(II)-oxid wird reduziert.
Die Oxidationszahl des Kohlenstoffatoms kann in Verbindungen Werte zwischen −IV und IV annehmen.

CARBONYLGRUPPE Moleküle von Aldehyden besitzen als besonderes Strukturmerkmal die **Carbonylgruppe** C=O. Dabei handelt es sich um ein Sauerstoffatom, das über eine Doppelbindung an ein Kohlenstoffatom gebunden ist. Die Carbonylgruppe kann in organischen Molekülen an verschiedenen Stellen der Kohlenstoffkette stehen: Steht sie endständig an der Kohlenstoffkette und hat ein Wasserstoffatom gebunden, wird sie als **Aldehydgruppe** (vereinfachte Schreibweise: −CHO) bezeichnet. Steht sie innerhalb eines Moleküls, spricht man von einer **Ketogruppe** −CO− (↑ **03**).

ENTDECKUNG DER ALDEHYDE Hier spielte der Zufall eine entscheidende Rolle. Ende des 18. Jahrhunderts erhitzte der schwedische Chemiker CARL WILHELM SCHEELE ein Gemisch aus Weingeist (Ethanol), Braunstein (Mangandioxid, MnO_2) und Schwefelsäure. Im Destillat konnte er neben Essigsäure und Kohlenstoffdioxid ein weiteres farbloses, stechend riechendes und stark reizendes Gas nachweisen, das er damals jedoch noch nicht als Ethanal identifizieren konnte. Der deutsche Chemiker JUSTUS

Name nach IUPAC (Trivialname)	Strukturformel bzw. Halbstrukturformel	Löslichkeit in Wasser in g/100 ml
Methanal (Formaldehyd)	H–C(=O)H	in jedem Verhältnis löslich
Ethanal (Acetaldehyd)	H–C(H)(H)–C(=O)H	in jedem Verhältnis löslich
Propanal (Propionaldehyd)	H–C(H)(H)–C(H)(H)–C(=O)H	67,9
3-Methylbutanal	⁴CH₃–³CH–²CH₂–¹CHO, CH₃	2
Propanon (Aceton)	H–C(H)(H)–C(=O)–C(H)(H)–H	in jedem Verhältnis löslich (sowie in vielen unpolaren Lösungsmitteln)

02 Einige Aldehyde und Ketone

VON LIEBIG erkannte, dass auch andere Alkohole zu ähnlichen Reaktionsprodukten führten. Es gelang ihm, die Molekülformel zu bestimmen: Die gebildete Verbindung enthielt zwei Wasserstoffatome weniger als der eingesetzte Alkohol. Er schloss daraus, dass es sich um ein Oxidationsprodukt von Alkohol handeln müsse und beschrieb die Reaktion als *Dehydrierung*. 1835 prägte Liebig für die neue Stoffklasse den Namen *Aldehyde* (von lat.: *alcoholus dehydratus*), der bis heute gebräuchlich ist.

VOM SEKUNDÄREN ALKOHOL ZUM KETON Wird Propan-2-ol, ein *sekundärer Alkohol*, oxidiert, so entsteht **Propanon** (↑ **04**). Wie bei der Oxidation der primären Alkohole werden auch hier formal zwei Wasserstoffatome des Alkoholmoleküls abgegeben. Propanon gehört zur Stoffgruppe der **Ketone**, deren Moleküle die Ketogruppe als funktionelle Gruppe besitzen. Tertiäre Alkohole wie tert-Butanol können jedoch nicht weiter oxidiert werden.

> Ketone werden durch Oxidation sekundärer Alkohole gebildet.

NOMENKLATUR Die allgemeine Formel der Aldehyde lautet $C_nH_{2n+1}CHO$. Nach den IUPAC-Regeln werden die Namen der Aldehyde, die aus primären Alkanolen gebildet werden, vom entsprechenden Kohlenwasserstoff abgeleitet und die Endsilbe **-al** angehängt. Sie werden folglich als **Alkanale** bezeichnet, z. B. Propanal. Das Kohlenstoffatom der Aldehydgruppe erhält beim Nummerieren der Kohlenstoffkette die Nummer eins. Für viele Aldehyde existieren auch Trivialnamen. Diese leiten sich von der lateinischen Bezeichnung für die bei Hinzufügen eines Sauerstoffatoms jeweils entstehende Carbonsäure her. Ein Beispiel dafür ist der Trivialname *Acetaldehyd* für Ethanal. Die zugehörige Carbonsäure ist Essigsäure (CH_3–COOH), mit lateinischem Namen *acidum aceticum*. Aldehyde, die aus primären Alkanolen gebildet werden, werden auch als **Alkanale** bezeichnet.

Die Namen der **Ketone** werden nach IUPAC durch Anhängen der Endung **-on** an die Namen der Kohlenwasserstoffe gebildet, beispielsweise Propan**on** (Trivialname: Aceton) oder Butan**on**.

Ketone, die aus unverzweigten sekundären Alkanolen gebildet werden, heißen **Alkanone**. Bei Alkanonen ist die Ketogruppe mit zwei Alkylresten verbunden (↑ **03**). Weist das Molekül mehr als vier Kohlenstoffatome auf, sind Konstitutionsisomere (↑ S. 34) möglich. D. h., die Ketogruppe kann an unterschiedliche Kohlenstoffatome gebunden sein, beispielsweise bei Pentan-2-on bzw. Pentan-3-on.

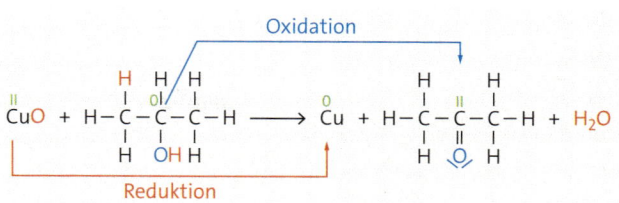

04 Oxidation von Propan-2-ol zu Propanon, einem Keton

Propanon (Aceton)

- Siedetemperatur: 56 °C
- charakteristischer Geruch nach Lösungsmittel
- wichtiges Lösungsmittel, weil es sich vollständig mit Wasser und vielen organischen Stoffen mischen lässt
- in Nagellackentfernern enthalten
- reagiert mit Kunststoffen wie Plexiglas und Styropor

Methanal (Formaldehyd)

- Siedetemperatur: −19 °C
- wichtiger Ausgangsstoff der chemischen Industrie, z. B. in der Kunststoffherstellung
- giftig, krebserregend
- Bestandteil des Tabakrauchs
- als wässrige Lösung (Formalin) früher zum Konservieren von Präparaten angewendet

1⟩ Bestimmen Sie die Oxidationszahlen aller Kohlenstoffatome in Butan-1-ol, Butan-2-ol und Butanal.

2⟩ Bestimmen Sie die Oxidationszahlen aller Atome in Butanon und prüfen Sie, ob die Summe der Oxidationszahlen null ist.

3⟩ Beurteilen Sie die Aussage: Zu jedem Aldehyd gibt es ein isomeres Keton.

3.6 Eigenschaften der Aldehyde und Ketone

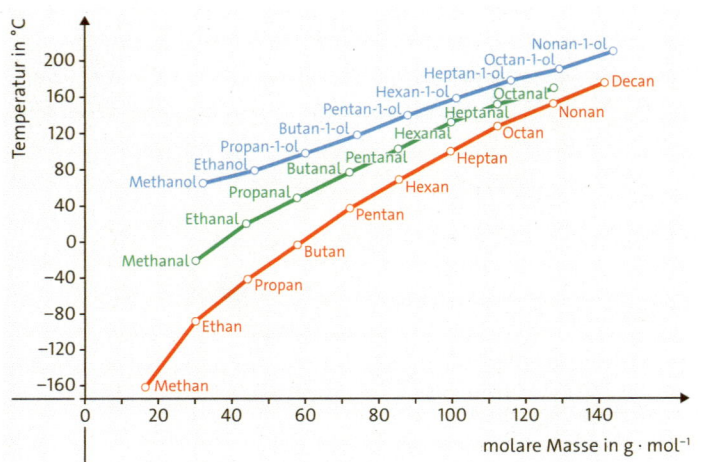

01 Siedetemperaturen von Alkanen, Alkoholen und Aldehyden in Abhängigkeit von der molaren Masse

03 Reaktive Zentren der Aldehydgruppe

Voraussetzung für die partielle Oxidation der Aldehyde

Dipol-Dipol-Kräfte

A

Wasserstoffbrücke

B

04 **A** Dipol-Dipol-Kräfte wirken zwischen Aldehydmolekülen, **B** Wasserstoffbrücken bilden sich zwischen Wasser- und Aldehydmolekülen.

MOLEKÜLSTRUKTUR UND EIGENSCHAFTEN DER ALDEHYDE Die Aldehydgruppe bestimmt wesentlich die Stoffeigenschaften der Aldehyde. Weil das Sauerstoffatom deutlich elektronegativer als das Kohlenstoffatom ist, besitzt das Sauerstoffatom der Aldehydgruppe eine negative Partialladung. Das Kohlenstoffatom ist partiell positiv geladen (↑ 03). Das Wasserstoffatom der Aldehydgruppe ist im Gegensatz zur Hydroxygruppe der Alkohole nicht polar gebunden, sodass keine Wasserstoffbrücken zwischen Aldehydmolekülen bestehen.

Stattdessen wirken aufgrund der Polarisierung der Aldehydgruppe Dipol-Dipol-Kräfte (↑ 04). Aldehyde sieden deshalb höher als Alkane mit ähnlicher molarer Masse, zwischen denen nur die schwächeren Van-der-Waals-Kräfte wirken. Die Dipol-Dipol-Kräfte sind jedoch schwächer als die Wasserstoffbrücken, die zwischen den Alkoholmolekülen vorliegen. Demzufolge liegen die Siedetemperaturen der Aldehyde zwischen denen der Alkohole und der Alkane (↑ 01). Die Annäherung der Siedetemperaturen aller drei Stoffgruppen mit zunehmender Größe der Alkylgruppe resultiert daraus, dass die Stärke der Van-der-Waals-Kräfte mit wachsender Alkylgruppe zunimmt, die Stärke der Dipol-Dipol-Kräfte bzw. Wasserstoffbrücken jedoch gleich bleibt.

Carbonsäuren
↑ S. 70

Beim Lösen der Aldehyde in Wasser bilden sich Wasserstoffbrücken zwischen den Wasserstoffatomen der Wassermoleküle und dem Sauerstoffatom der Carbonylgruppe aus (↑ 04). Dadurch sind kurzkettige Aldehyde in Wasser gut löslich. Mit wachsender Länge der Alkylgruppe nimmt der hydrophobe Charakter zu und die Löslichkeit ab (↑ Alkanole, S. 54).

> Kennzeichnend für die Stoffgruppe der Aldehyde ist die Aldehydgruppe. Die C=O-Bindung ist stark polar und bestimmt wesentlich die Stoffeigenschaften der Aldehyde.

OXIDATION DER ALDEHYDE Aldehyde sind das Oxidationsprodukt primärer Alkohole. Sie können weiter oxidiert werden, wobei die Reaktion wiederum an der funktionellen Gruppe, der Aldehydgruppe, erfolgt. Das Kohlenstoffatom der Aldehydgruppe dient als Elektronendonator.

Diese **partielle (unvollständige) Oxidation** wird durch das an der Aldehydgruppe gebundene Wasserstoffatom ermöglicht (↑ 03). Dabei wird formal ein Sauerstoffatom in die C–H-Bindung der Aldehydgruppe eingeführt. Dadurch entsteht eine **Carbonsäure**, deren Moleküle als funktionelle Gruppe die **Carboxygruppe –COOH** aufweisen (↑ 03, S. 70). Als Oxidationsmittel eignen sich z. B. Fehling- bzw. Tollens-Reagenz, wobei die Cu^{2+}-Ionen bzw. die Ag^+-Ionen als Elektronenakzeptoren fungieren.

Eine Oxidation der Ketone zu Carbonsäuren ist nicht möglich, weil die Ketogruppe über kein reaktives Wasserstoffatom verfügt.

Ethanol → Oxidation → Ethanal → Oxidation → Ethansäure

Allgemein:
primärer Alkohol → Oxidation → Aldehyd → Oxidation → Carbonsäure

02 Vom Alkohol zur Carbonsäure durch partielle Oxidation

> Durch Oxidation von Aldehyden werden Carbonsäuren gebildet.

WICHTIGE TECHNISCHE ALDEHYDE UND KETONE
Methanal wird auch als *Formaldehyd* bezeichnet und besitzt die Molekülformel H–CHO. Es ist sehr reaktiv, da die Polarität des Moleküls besonders ausgeprägt ist. Es wird oft für die Kunststoffherstellung eingesetzt und findet Verwendung als Bindemittel, z. B. in der Spanplattenproduktion. Da es sich im Tierversuch als krebserregend erwiesen hat, gelten strenge Grenzwerte, die in Innenräumen 0,1 mg Methanal pro m³ Luft nicht überschreiten dürfen.

Ethanal (Acetaldehyd, Molekülformel CH_3–CHO) ist mit einer Siedetemperatur von 21 °C eine Flüssigkeit mit stechendem Geruch, die schnell verdunstet. Industriell wird es vorrangig zur Produktion von Essigsäure (↑ S. 71), Farbstoffen, Arzneimitteln und synthetischem Kautschuk eingesetzt. Es steht wie Methanal im Verdacht krebserregend zu sein.

Das Keton **Propanon** (Aceton) mit der Molekülformel CH_3–CO–CH_3 wird in der Lack- und Klebstoffindustrie als Lösungsmittel für Cellulose, Vinylharze und ätherische Öle genutzt. Es dient als Abbeizmittel für Öl- und Lackfarben oder als Zwischenprodukt zur Herstellung weiterer organischer Chemikalien wie Chloroform oder Bromaceton (Tränengas).

NACHWEIS VON ALDEHYDEN Die Nachweisreaktionen der Aldehyde beruhen darauf, dass die Aldehydgruppe oxidiert werden kann. Bei der **Fehling-Probe** wird das Aldehyd durch Cu^{2+}-Ionen in alkalischer Lösung oxidiert. Die dabei entstehende Carbonsäure reagiert sofort mit den Hydroxid-Ionen in einer Säure-Base-Reaktion, sodass aus dem Aldehyd nicht die Carbonsäure, sondern das Carbonsäure-Anion (Carboxylat-Ion, R–COO⁻) entsteht. Außerdem wird das schwerlösliche orangerote Kupfer(I)-oxid gebildet, an dem man den positiven Nachweis erkennt (↑ 05).

Die **Silberspiegelprobe** mit **Tollens-Reagenz** erfolgt nach dem gleichen Prinzip. Das Aldehyd wird mit alkalischer Silbernitratlösung versetzt. Durch die Aldehydmoleküle werden die gelösten Ag⁺-Ionen zu Silberatomen reduziert, die sich als metallischer Silberspiegel am Reaktionsgefäß festsetzen (↑ 06). Aldehyde können von Ketonen durch deren Oxidierbarkeit unterschieden werden: Fehling-Probe und Tollens-Probe verlaufen mit Aldehyden positiv, mit Ketonen dagegen negativ (↑ Exp. 3.08, S. 68).

> **Im Unterschied zu Aldehyden besitzen Ketone keine reduzierende Wirkung und lassen sich selbst nicht oxidieren.**

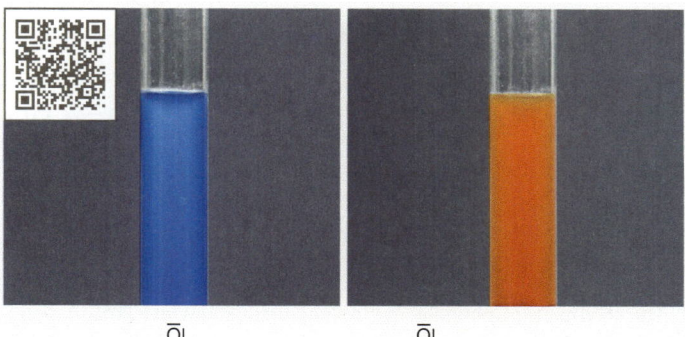

Oxidation: $R-C\!\!\overset{\overline{\underline{O}}|}{\underset{H}{{}}} + 3\,OH^- \longrightarrow R-C\!\!\overset{\overline{\underline{O}}|}{\underset{\underline{\overline{O}}|^{\ominus}}{{}}} + 2\,H_2O + 2\,e^-$

Reduktion: $2\,Cu^{2+} + 2\,OH^- + 2\,e^- \longrightarrow Cu_2O + H_2O$

Redox-reaktion: $R-C\!\!\overset{\overline{\underline{O}}|}{\underset{H}{{}}} + 2\,Cu^{2+} + 5\,OH^- \longrightarrow R-C\!\!\overset{\overline{\underline{O}}|}{\underset{\underline{\overline{O}}|^{\ominus}}{{}}} + Cu_2O + 3\,H_2O$

05 Oxidation eines Aldehyds mit Fehling-Reagenz

Oxidation: $R-C\!\!\overset{\overline{\underline{O}}|}{\underset{H}{{}}} + 3\,OH^- \longrightarrow R-C\!\!\overset{\overline{\underline{O}}|}{\underset{\underline{\overline{O}}|^{\ominus}}{{}}} + 2\,H_2O + 2\,e^-$

Reduktion: $2\,Ag^+ + 2\,e^- \longrightarrow 2\,Ag$

Redox-reaktion: $R-C\!\!\overset{\overline{\underline{O}}|}{\underset{H}{{}}} + 3\,OH^- + 2\,Ag^+ \longrightarrow R-C\!\!\overset{\overline{\underline{O}}|}{\underset{\underline{\overline{O}}|^{\ominus}}{{}}} + 2\,Ag + 2\,H_2O$

06 Oxidation eines Aldehyds mit Tollens-Reagenz

1〉 Begründen Sie, warum die Siedetemperaturen der Aldehyde unter denen der Alkohole mit vergleichbarer molarer Masse liegen.

2〉 In zwei unbeschrifteten Reagenzgläsern befinden sich Proben von Butan-1-ol und 2-Methylpropan-2-ol.
a Entwickeln Sie ein Experiment, um diese beiden Stoffe zu unterscheiden, und formulieren Sie die dabei erwarteten Reaktionen.
b Prüfen Sie, ob es mit Ihrem Experiment auch möglich wäre, Butan-2-ol zu identifizieren.

Praktikum

P Reaktionen der Aldehyde

EXP 3.08 Unterscheidung von Aldehyden und Ketonen mit der Fehling-Probe

Materialien Becherglas, Heizplatte, 3 Reagenzgläser, Reagenzglasklammer, Pipetten, Propanal (2, 5, 7), Wasser, Fehling-Lösung I (5, 9), Fehling-Lösung II (5), Propanon (2, 7), Glucoselösung (w = 10 %)

Durchführung Geben Sie in ein Reagenzglas jeweils 3 ml Fehling-Lösung I und 3 ml Fehling-Lösung II. Geben Sie zu dem Gemisch anschließend 2 ml Propanal. Das Reagenzglas wird für 5 min in einem Wasserbad unterhalb der Siedetemperatur erwärmt. Wiederholen Sie das Experiment mit Propanon und mit Glucoselösung.
Entsorgung: Reste in den Behälter für halogenfreie organische Abfälle geben.

Auswertung
1 ⟩ Notieren Sie Ihre Beobachtungen.
2 ⟩ Formulieren Sie die Reaktionsgleichung und wenden Sie das Donator-Akzeptor-Konzept an.

EXP 3.09 Nachweis mit der Tollens-Probe

Materialien Becherglas, Heizplatte, 2 Reagenzgläser, Reagenzglasklammer, Pipetten, Wasser, Propanal (2, 5, 7), Silbernitratlösung (w = 1%; 7), Ammoniaklösung (w = 10 %; 5, 7, 9), Glucoselösung (w = 10 %)

Durchführung Geben Sie in ein sauberes (neues) Reagenzglas 2 ml Silbernitratlösung und versetzen Sie die Lösung tropfenweise mit Ammoniaklösung. Es bildet sich ein brauner Niederschlag. Geben Sie so lange unter vorsichtigem Schwenken des Reagenzglases tropfenweise Ammoniaklösung hinzu, bis sich dieser Niederschlag wieder auflöst. Geben Sie nun 1 ml Propanal hinzu. Das Reagenzglas wird für 3 min in einem Wasserbad unterhalb der Siedetemperatur erwärmt.
Wiederholen Sie das Experiment mit Glucoselösung.
Entsorgung: Reste in den Behälter für Silberabfälle geben.

Auswertung
1 ⟩ Notieren Sie Ihre Beobachtungen.
2 ⟩ Formulieren Sie die Reaktionsgleichung und identifizieren Sie Elektronendonator und -akzeptor..

EXP 3.10 Nachweis mit Schiffs Reagenz

Materialien 10 Reagenzgläser, Reagenzglasständer, Pipetten, Messzylinder (10 ml), Folienstift, Schiffs Reagenz (< 0,1 % Fuchsin; 5), Propanal (2, 5, 7), Propanon (2, 7), Propan-1-ol (2, 5, 7), Wasser

Durchführung
A Verdünnungsreihe: Geben Sie je 10 ml Wasser in die Reagenzgläser, markieren Sie den Flüssigkeitsstand mit einem Folienstift und leeren Sie die Gläser. Geben Sie nun 1 ml Propanallösung in das erste und zweite Reagenzglas. Füllen Sie nun das zweite Reagenzglas mit Wasser bis auf die 10 ml Markierung auf und mischen Sie durch Schütteln. Geben Sie 1 ml aus dem zweiten Reagenzglas in das dritte und füllen sie wieder auf 10 ml mit Wasser auf. Verfahren Sie mit dem vierten und fünften Glas genauso.
B Nachweis: Füllen Sie nun jeweils in fünf neue Reagenzgläser 1 ml Schiffs Reagenz und fügen Sie 1 ml Aldehydlösung aus der Verdünnungsreihe aus **A** zu.
Prüfen Sie auch Propan-1-ol und Propanon mit Schiffs Reagenz.
Entsorgung: Reste in den Behälter für halogenfreie organische Abfälle geben.

Auswertung
1 ⟩ Ermitteln Sie jeweils die Konzentration des Aldehyds in der Verdünnungsreihe
2 ⟩ Geben Sie an, ab welcher Aldehydkonzentration Schiffs Reagenz einen positiven Nachweis ergibt.
3 ⟩ Beurteilen Sie die Spezifität des Nachweises für Carbonylgruppen.

EXP 3.11 Propanal reagiert mit Kupfer(II)-oxid

Materialien Becherglas (250 ml), Brenner, Kupferdraht, Tiegelzange, Propanallösung (w = 8 %; 5, 7), Indikatorpapier

Durchführung Lassen Sie sich von der Lehrkraft 8%ige Propanallösung geben. (*Achtung:* Reines Propanal ist hoch entzündlich!) Füllen Sie in das Becherglas 2 cm hoch Propanallösung. Legen Sie ein Stück mit Wasser angefeuchtetes Indikatorpapier auf den Rand des Becherglases. Biegen Sie aus dem Kupferdraht eine Spirale (3 cm). Halten Sie die Spirale so lange in die Flamme des Brenners, bis sie sich schwarz verfärbt hat, und überführen Sie sie sofort in das Becherglas. Wiederholen Sie diesen Vorgang dreimal.
Entsorgung: Lösungen ins Abwasser geben.

Auswertung
1 ⟩ Notieren Sie die Beobachtungen, die Sie am Draht und am Indikatorpapier bemerken.
2 ⟩ Deuten Sie die Veränderungen am Draht.
3 ⟩ Formulieren Sie eine Reaktionsgleichung, durch die beide Beobachtungen erklärt werden können.

3.7 Durch Oxidation zur Carbonsäure

01 Bakterien in der „Essigmutter" katalysieren die Oxidation des Ethanols zur Essigsäure.

Essigmutter

VOM WEIN ZUM ESSIG Steht Wein längere Zeit an der Luft, verändert sich sein Geschmack und er wird zunehmend sauer. Verursacht wird dies durch die Oxidation des im Wein enthaltenen Ethanols zu **Essigsäure** in einer mehrstufigen, enzymatisch katalysierten Reaktion. Die dafür notwendigen Enzyme liefern die im Wein vorhandenen Essigsäurebakterien, die sich bei Kontakt mit Sauerstoff rasch vermehren.

Ethanol → Ethansäure (Essigsäure)

Essigsäure heißt mit systematischem Namen Ethansäure und gehört zu der Stoffklasse der *Carbonsäuren*.

OXIDATION VON ETHANOL IM MENSCHLICHEN KÖRPER Ethanol („Trinkalkohol") wird in der Leber abgebaut. Dies geschieht in mehreren Schritten. Zunächst erfolgt ein enzymatischer Abbau bis zur Ethansäure:

Ethanol →(Enzym 1, Alkoholdehydrogenase)→ Ethanal (Acetaldehyd) →(Enzym 2, Acetaldehyddehydrogenase)→ Ethansäure (Essigsäure)

Das giftige Ethanal (Acetaldehyd), das als Zwischenprodukt entsteht, ist für den „Kater" verantwortlich. Ist der Abbau bis zur Ethansäure erfolgt, kann diese zu den beiden Endprodukten Kohlenstoffdioxid und Wasser oxidiert werden. Dabei hat das Kohlenstoffatom im Kohlenstoffdioxidmolekül mit IV seine höchste Oxidationszahl erreicht, es ist **vollständig oxidiert** (↑ 02).

Der Abbau des für den Menschen sehr giftigen Methanols erfolgt prinzipiell auf dem gleichen Weg. Bereits 5 bis 10 ml führen zu Erblindung und zur Gehirnschädigung. Ab einer Dosis von 20 bis 50 ml ist Methanol tödlich. Die Giftwirkung beruht auf der Bildung des mit den körpereigenen Proteinen reagierenden Methanals sowie der Methansäure, die zur Übersäuerung des Bluts führt.

1〉 Erklären Sie, warum sich 2-Methylpropan-2-ol nicht zu einem Keton oxidieren lässt (↑ 02).

Methan ⇌(Ox./Red.) Methanol ⇌(Ox./Red.) Methanal ⇌(Ox./Red.) Methansäure ⇌(Ox./Red.) Kohlenstoffdioxid — vollständige Oxidation

primäres C-Atom ⇌(Ox./Red.) primärer Alkohol ⇌(Ox./Red.) Aldehyd ⇌(Ox./Red.) Carbonsäure

sekundäres C-Atom ⇌(Ox./Red.) sekundärer Alkohol ⇌(Ox./Red.) Keton

tertiäres C-Atom ⇌(Ox./Red.) tertiärer Alkohol — partielle Oxidation

02 Übersicht über die Oxidationszahlen der Kohlenstoffatome in verschiedenen Verbindungen

3.8 Struktur und Eigenschaften der Carbonsäuren

Ameisensäure

Milchsäure

Essigsäure

Äpfelsäure

01 Vorkommen von verschiedenen Carbonsäuren

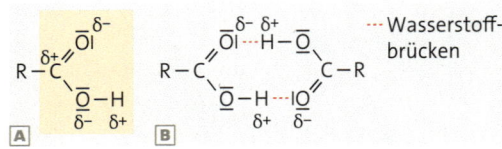

Wasserstoffbrücken

03 Strukturmerkmale der Carbonsäuren:
A Carboxygruppe, **B** Bildung von Doppelmolekülen

In der Natur und in Lebensmitteln kommen *Carbonsäuren* vor. Sie tragen Namen wie Ameisensäure, Milchsäure, Essigsäure sowie Weinsäure und geben damit oft einen Hinweis darauf, in welchen Früchten, Lebensmitteln oder Tieren sie anzutreffen sind.

CARBOXYGRUPPE Carbonsäuren sind organische Verbindungen, deren Moleküle mindestens eine **Carboxygruppe –COOH** aufweisen. Sie ist die funktionelle Gruppe der Carbonsäuren (↑ **03**). Ihr Name leitet sich von den Bestandteilen dieser Gruppe ab, der **Carb**onylgruppe und der Hyd**roxy**gruppe.

HOMOLOGE REIHE Alle Carbonsäuren, die sich von den Alkanen ableiten lassen, bilden eine homologe Reihe. Sie besitzen die allgemeine Molekülformel $C_nH_{2n+1}COOH$ und werden als **Alkansäuren** bezeichnet.
Ihr systematischer Name wird gebildet, indem man an den Namen des Alkans mit derselben Anzahl an Kohlenstoffatomen den Zusatz **-säure** anhängt. Das Kohlenstoffatom der Carboxygruppe wird dabei mitgezählt und erhält bei der Nummerierung der Kohlenstoffkette die Nummer eins.

3D-Molekül:
Methansäure

3D-Molekül:
Ethansäure

MOLEKÜLSTRUKTUR UND EIGENSCHAFTEN DER CARBONSÄUREN Die Eigenschaften der Carbonsäuren werden durch die polare Carboxygruppe und die unpolare Alkylgruppe bestimmt (↑ **03A**). Zwischen zwei Carbonsäuremolekülen können sich Wasserstoffbrücken ausbilden, was zur Bildung von Doppelmolekülen, den **Dimeren**, führt (↑ **03B**).
Die *Siedetemperaturen* der Carbonsäuren steigen mit zunehmender Kettenlänge ihrer Moleküle (↑ **02**). Sie liegen über denen vergleichbarer Alkohole. Die höheren Siedetemperaturen sind auf die Ausbildung von Wasserstoffbrücken und das Vorliegen der Doppelmoleküle zurückzuführen, die die Van-der-Waals-Kräfte vergrößern. Diese zwischenmolekularen Kräfte müssen beim Sieden überwunden werden.

Wasserstoffbrücken zwischen Carbonsäure- und Wassermolekülen

Die *Löslichkeit* der Carbonsäuren im polaren Lösungsmittel Wasser nimmt mit steigender Kettenlänge ab. Bis zur Butansäure sind sie vollständig in Wasser löslich. Bei Pentansäure beträgt die Löslichkeit in Wasser nur noch $40 \ g \cdot l^{-1}$ (bei 20 °C) und nimmt dann weiter stark ab. Grund dafür sind die mit steigender Kettenlänge zunehmenden Van-der-Waals-Kräfte zwischen den unpolaren Alkylgruppen.

WIRKUNG ALS SÄURE – ACIDITÄT Beim Lösen in Wasser findet auch eine Protonenübertragung statt. Daher liegen in der Lösung neben den Carbonsäuremolekülen auch in geringem Maß Oxonium-Ionen und Säurerest-Ionen, die Carboxylat-Ionen, vor.

Carbonsäuremolekül   Wassermolekül   Carboxylat-Ion   Oxonium-Ion

Das Proton der Säure-Base-Reaktion stammt aus der COOH-Gruppe. Dabei handelt es sich um das stark positiv polarisierte Wasserstoffatom der Carboxygruppe (↑ **03A**), das relativ leicht abgegeben wird.

Name (IUPAC)	Trivialname	Molekülformel	Siedetemp. in °C
Methansäure	Ameisensäure	HCOOH	101
Ethansäure	Essigsäure	CH_3COOH	118
Propansäure	Propionsäure	C_2H_5COOH	141
Butansäure	Buttersäure	C_3H_7COOH	163
Pentansäure	Valeriansäure	C_4H_9COOH	186
Hexansäure	Capronsäure	$C_5H_{11}COOH$	206

02 Einige Alkansäuren der homologen Reihe

METHANSÄURE (AMEISENSÄURE) Anhand der Molekülformel H–COOH kann man erkennen, dass es sich bei **Methansäure** um die Carbonsäure mit dem einfachsten Aufbau handelt: An das Kohlenstoffatom der Carboxygruppe ist nur ein Wasserstoffatom gebunden. Ameisen produzieren in ihrem Stoffwechsel diese Säure zur Abwehr von Feinden, daher wird sie auch als *Ameisensäure* bezeichnet. Auch das Gift von Bienen und die Brennhaare von Brennnesseln enthalten Ameisensäure. Sie riecht stechend und reagiert wie verdünnte Salzsäure mit unedlen Metallen, Metalloxiden und alkalischen Lösungen (↑ Exp. 3.12, S. 73). Dabei bilden sich die Salze der Methansäure, die Methanoate bzw. Formiate (↑ **04**):

$$2\ H–COOH + Mg \longrightarrow Mg(HCOO)_2 + H_2$$
$$H–COOH + NaOH \longrightarrow Na(HCOO) + H_2O$$

Im Haushalt wird Methansäure zum Entkalken von Wasserkochern verwendet. Sie ist auch Bestandteil von Desinfektionsmitteln und pharmazeutischen Produkten wie Antirheumatika.

ETHANSÄURE (ESSIGSÄURE) Von **Ethansäure** oder *Essigsäure* ($CH_3–COOH$) werden jährlich etwa sieben Millionen Tonnen produziert. Davon werden 200 000 Tonnen für die Verwendung als Speiseessig erzeugt. Die biotechnologische Gewinnung von Speiseessigsäure erfolgt durch enzymatische Oxidation von Ethanol (↑ S. 69). Dazu wird beispielsweise Wein über Buchenspäne gesprüht, die mit Essigsäurebakterien geimpft sind. Von unten wird Luft zugeführt, die für die Oxidation nötig ist. Die Flüssigkeit wird solange im Kreis gepumpt, bis das Ethanol vollständig oxidiert ist und dann abgeführt (↑ **05**).

Speiseessig wird aus verschiedenen alkoholischen Lösungen gewonnen und enthält einen Massenanteil von etwa $w = 5\,\%$ Essigsäure (↑ Exp. 3.15, S. 73).

EIGENSCHAFTEN VON ESSIGSÄURE Die farblose, ätzend wirkende Säure wird im Haushalt als Konservierungsmittel für saure Speisen verwendet. Einen Anteil von w(Essigsäure) > 2 % überleben viele Bakterien in Essigsäurelösungen nicht. Die bakterizide Wirkung beruht auf der Säureeigenschaft, die zur Denaturierung von Eiweißen der Bakterien führt.

In wässriger Lösung protolysiert die Essigsäure nur zu etwa 1% in Oxonium- und Säurerest-Ionen. Letztere heißen nach den Regeln der IUPAC Ethanoat-Ionen (auch: Acetat-Ionen von lat. *acetum*: Essig). Wie Ameisensäure wird sie zum Entkalken genutzt.

Name entsprechend IUPAC		Trivialname des Salzes
Carbonsäure	Salz	
Methansäure	Methanoat	Formiat
Ethansäure	Ethanoat	Acetat
Propansäure	Propanoat	Propionat

04 Einige Carbonsäuren und ihre Salze

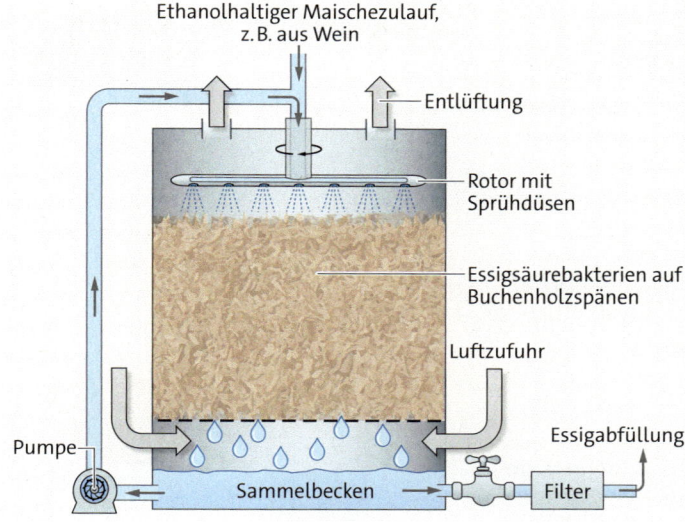

05 Technische Gewinnung von Essigsäure

$$2\ CH_3COOH(aq) + CaCO_3$$
$$\longrightarrow Ca^{2+}(aq) + 2\ CH_3COO^-(aq) + H_2O(l) + CO_2(g)$$

Der Geruch von verdünnter Essigsäure beruht auf Essigsäuremolekülen, die zu einem geringen Anteil aus der Lösung in die Gasphase übertreten.

EISESSIG Konzentrierte, reine Essigsäure ist eine brennbare Flüssigkeit, die leicht verdampft und sehr gut wasserlöslich ist. Mit polaren Lösungsmitteln wie Ethanol oder Glycerin lässt sie sich ebenso wie mit unpolaren Lösungsmitteln, z. B. Heptan, gut mischen. Weil die klare Flüssigkeit bereits unterhalb von 16,6 °C zu einer eisähnlichen Masse erstarrt, wird sie als **Eisessig** bezeichnet.

Animation: Essigherstellung im Submersverfahren

1) Erklären Sie, warum Ethansäure (↑ **02**) eine höhere Siedetemperatur als Propanol (97 °C) hat.
2) Formulieren Sie das Reaktionsprodukt von Propansäure mit Kalium. Benennen Sie das Produkt.
3) Aus welchem Alkohol und auf welche Weise lässt sich Methansäure gewinnen? Geben Sie eine Reaktionsgleichung an.

3.9 Wichtige Carbonsäuren

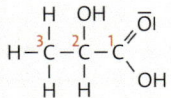

Name der Salze:
Lactate

Milchsäure
(2-Hydroxypropansäure)

01 Milchsäure verleiht Joghurt den säuerlichen Geschmack.

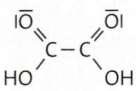

Name der Salze:
Oxalate

Oxalsäure
(Ethandisäure)

02 Oxalsäure kommt u. a. in Rhabarber vor.

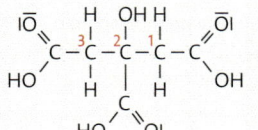

Name der Salze:
Citrate

Citronensäure
(2-Hydroxypropan-1,2,3-
tricarbonsäure)

03 Citronensäure lässt sich aus Zitrusfrüchten gewinnen.

Asparaginsäure
(2-Aminobutandisäure)

Alanin
(2-Aminopropansäure)

04 Beispiele für Aminosäuren

 COOH
Stearinsäure
(gesättigte Fettsäure)

 COOH
Ölsäure
(ungesättigte Fettsäure)

05 Beispiele für Fettsäuren

Äpfelsäure
(2-Hydroxybutandisäure)

Weinsäure
(2,3-Dihydroxybutandisäure)

06 Beispiele für Fruchtsäuren

Neben der Carboxygruppe können weitere funktionelle Gruppen in Carbonsäuremolekülen auftreten. Dies ist typisch für viele natürlich vorkommende Carbonsäuren. Bei der systematischen Benennung erhalten die Verbindungen den Stammnamen entsprechend dem Grundgerüst vergleichbarer Alkane, wobei die Endung **-säure** angehängt wird.

Hydroxycarbonsäuren enthalten Hydroxygruppen in ihren Molekülen. Ein bekannter Vertreter ist die **Milchsäure** (↑ **01**). Sie entsteht bei der Umsetzung von in Milch vorhandenem Milchzucker durch Milchsäurebakterien. Die Säure lässt die Milch gerinnen und sorgt dafür, dass aus Milch Joghurt entsteht.

Dicarbonsäuren enthalten zwei Carboxygruppen in ihren Molekülen. Ein Beispiel ist Ethandisäure, die **Oxalsäure**. Sie entsteht im menschlichen Stoffwechsel und wird außerdem über die Nahrung aufgenommen (↑ **02**). Besonders Rhabarber, Mangold und Spinat enthalten viel Oxalsäure. Bei übermäßigem Verzehr kann es zur Bildung von Nierensteinen kommen. Sind mehr als zwei Carboxygruppen im Molekül vorhanden, wie bei den **Tricarbonsäuren**, so werden die funktionellen Gruppen als Substituenten betrachtet und ihre Stellung am Grundmolekül in gewohnter Weise angegeben. Die C-Atome der Carboxygruppen werden in diesen Fällen nicht zur Stammverbindung gezählt. Auch das gleichzeitige Vorkommen von Carboxygruppen und Hydroxygruppen ist möglich. Ein Beispiel ist 2-Hydroxypropan-1,2,3-tricarbonsäure, die **Citronensäure**. Sie verleiht vielen Zitrusfrüchten ihren charakteristischen Geschmack (↑ **03**).

Aminosäuren (Aminocarbonsäuren) enthalten neben der Carboxygruppe mindestens eine Aminogruppe $-NH_2$ im Molekül (↑ **04**). Unter den zahlreichen Aminosäuren sind 20 essenzielle Aminosäuren für die Bildung der Proteine im Körper bedeutsam.
Fettsäuren sind langkettige gesättigte oder ungesättigte Carbonsäuren (↑ **05**). Sie kommen in Fetten oder Ölen als Ester des Glycerins vor. **Ungesättigte Fettsäuren**, die eine oder mehrere **Doppelbindungen** in der Kohlenstoffkette enthalten, sind als essenzielle Fettsäuren für die Ernährung wichtig.

Fruchtsäuren sind Carbonsäuren, die in Früchten in gelöster Form auftreten. Sie werden meist nach der Frucht benannt, in der sie überwiegend vorliegen, z. B. **Äpfelsäure** und **Weinsäure** (↑ **06**).

1 › Recherchieren Sie Namen und Strukturformel der in Rosmarin vorkommenden Fruchtsäure.

Praktikum

P **Reaktionen der Carbonsäuren**

EXP 3.12 **Carbonsäuren reagieren mit Kalk und Magnesium**

Materialien 4 Reagenzgläser, Reagenzglasständer, Pipetten, Spatel, Gasableitungsrohr mit Stopfen, Magnesiumband (2), Wasser, Eisessig (2, 5), Essigsäure ($w = 10\,\%$, 7), Ameisensäure ($w = 5\,\%$, 7), Calciumcarbonat, Kalkwasser

Durchführung

A *Abzug!* Füllen Sie in zwei Reagenzgläser je 3 cm hoch Eisessig (*Vorsicht* – nicht einatmen!). Geben Sie in jedes der Reagenzgläser 3 cm Magnesiumband. Geben Sie in eines der beiden Reagenzgläser langsam (tropfenweise) 3 cm Wasser.
B Geben Sie eine Spatelspitze Calciumcarbonat in ein Reagenzglas, fügen Sie 3 ml verd. Essigsäure zu. Verschließen Sie das Glas mit Stopfen und Gasableitungsrohr, das in ein zweites Reagenzglas mit frischem Kalkwasser eintaucht. Wiederholen Sie das Experiment mit Ameisensäure.
Entsorgung: Lösungen neutralisiert ins Abwasser geben.

Auswertung

1 Deuten Sie Ihre Beobachtungen.
2 Entwickeln Sie einen Vorschlag, wie man das Reaktionsprodukt aus **A** experimentell nachweisen könnte.
3 Erklären Sie die Verwendung von Essigsäure und Ameisensäure zum Entkalken von Haushaltsgeräten.

EXP 3.13 **Citronensäure aus Zitronensaft**

Materialien 2 Bechergläser (250 ml), Erlenmeyerkolben (250 ml), Büchnertrichter mit Saugflasche, Wasserstrahlpumpe, Filterpapier, Dreifuß, Heizplatte, Brenner, Glasstab, Messzylinder (100 ml), Messer, Zitronenpresse, Siedesteine, Spatel, Petrischale, Indikatorpapier, Saft von Zitronen (ca. 100 ml), Ammoniaklösung ($w = 10\,\%$; 5, 7), gesättigte Calciumhydroxidlösung (5, 7), verd. Schwefelsäure (5)

Durchführung

A Geben Sie zu ca. 100 ml Zitronensaft ohne Fruchtfleisch solange Ammoniaklösung, bis der pH-Wert deutlich über 7 liegt. Prüfen Sie mit Indikatorpapier. Geben Sie dann Calciumhydroxidlösung zu, bis eine deutliche Trübung erkennbar ist. Filtrieren Sie den Überschuss mit dem Büchnertrichter (Filterpapier einlegen) und Wasserstrahlpumpe ab.
B *Vorsicht!* Erhitzen Sie das Filtrat im Becherglas mit Siedesteinen mithilfe des Brenners zum Sieden. Die heiße Lösung wird erneut mit dem Büchnertrichter und Saugflasche filtriert. Geben Sie den Niederschlag in ein Becherglas und lösen Sie ihn in ca. 30 ml kaltem Wasser. Versetzen Sie die Lösung unter Rühren vorsichtig mit etwa 40 ml verd. Schwefelsäure. Prüfen Sie den pH-Wert, der nicht unter 2 absinken darf.

C Filtrieren Sie den Niederschlag ab. Dampfen Sie das Filtrat ein, geben Sie es dann in eine Petrischale und lassen Sie diese einige Tage stehen.
Entsorgung: Lösungen neutralisiert ins Abwasser geben.

Auswertung

1 Beschreiben Sie die erhaltenen Citronensäurekristalle und vergleichen Sie sie mit solchen aus der Sammlung.
2 Formulieren Sie für die ablaufenden Reaktionen die Reaktionsgleichungen unter Verwendung der Formel H_3Cit für Citronensäure.

EXP 3.14 **Löslichkeit von Carbonsäuren**

Materialien 8 Reagenzgläser, Pipetten, Spatel, Stopfen, Ethansäure (2, 5), Propansäure (2, 5, 7), Hexansäure (5, 6), Stearinsäure, Heptan, Wasser

Durchführung Geben Sie in je ein Reagenzglas 1 ml Wasser bzw. 1 ml Heptan. Fügen Sie jeweils einige Tropfen bzw. eine kleine Spatelspitze der Carbonsäure hinzu. Verschließen Sie das Reagenzglas mit einem Stopfen und schütteln Sie.
Entsorgung: Reste in den Behälter für halogenfreie organische Abfälle geben.

Auswertung Vergleichen Sie die Löslichkeit der vier Carbonsäuren und erklären Sie dieses Verhalten.

EXP 3.15 **Quantitative Bestimmung von Carbonsäuren**

Materialien Stativ, Pipette, Magnetrührer, Rührfisch, Bechergläser (50 ml), Bürette (50 ml), Natronlauge ($c = 0{,}1\,\text{mol} \cdot \text{l}^{-1}$; 5), Thymolphthalein, Zitronensaft, Speiseessig

Durchführung Geben Sie 5 ml Zitronensaft in ein Becherglas. Fügen Sie ein bis zwei Tropfen Thymolphthalein hinzu und stellen Sie das Becherglas mit Rührfisch auf den Magnetrührer. Geben Sie tropfenweise Natronlauge zu, bis die Lösung schwach blau erscheint. Lesen Sie jeweils die Menge der verbrauchten Natronlauge ab.
Wiederholen Sie den Versuch mit Speiseessig.
Entsorgung: Reste ins Abwasser geben.

Auswertung

1 Stellen Sie die Reaktionsgleichungen für die Reaktion der beiden Säuren mit Natronlauge auf.
2 Bestimmen Sie den Säuregehalt in den Probelösungen.
3 Diskutieren Sie, ob sich analog auch die Essigsäurekonzentration in Essigreinigern bestimmen lässt.

Carbonsäuren als Lebensmittelzusatzstoffe

E-Num-mer	Carbon-säure	z. B. enthal-ten in	E-Num-mer	Carbon-säure	z. B. enthal-ten in
E 200	Sorbin-säure		E 296	Äpfel-säure	
E 210	Benzoe-säure		E 330	Citro-nen-säure	
E 260	Essig-säure		E 334	Wein-säure	
E 270	Milch-säure		E 574	Glucon-säure	

01 Ausgewählte Carbonsäuren als Lebensmittelzusatzstoff

$$\text{Glucose} \xrightarrow[\;+\; \frac{1}{2} O_2\;]{\text{Oxidation}} \text{Gluconsäure}$$

02 Gluconsäure als Oxidationsprodukt von Glucose

In vielen Früchten und Gemüsesorten kommen Carbonsäuren natürlich vor. Sie geben diesen Lebensmitteln ihren säuerlichen Geschmack. Sie wirken aber auch konservierend und stabilisierend. Die wichtigsten sind Oxalsäure, Citronensäure, Weinsäure, Äpfelsäure, Milchsäure und Gluconsäure.

Aufgrund ihrer besonderen Eigenschaften werden Carbonsäuren auch vielen Lebensmitteln als *Säuerungsmittel* oder *Konservierungsmittel* zugesetzt. Das Lebensmittelgesetz regelt streng, welche Stoffe zum Einsatz kommen dürfen. Zudem schreibt es vor, dass alle *Zusatzstoffe* auf der Verpackung angegeben werden müssen. Dazu sind allen Stoffen sogenannte *E-Nummern* zugeordnet, wobei das E für Europäische Union steht (↑ 01).

SÄUERUNGSMITTEL Viele Getränke schmecken leicht säuerlich und werden so als erfrischend wahrgenommen. Limonaden, Fruchtsäften oder Fruchtnektaren werden daher bei der industriellen Fertigung Carbonsäuren als Säuerungsmittel zugesetzt. Vor allem Citronensäure, Weinsäure und Äpfelsäure kommen hier zum Einsatz. Weinsäure und Citronensäure (verkürzt: H_3Cit) sind Feststoffe. Sie werden in Brausepulvern und Brausetabletten in Kombination mit Natriumhydrogencarbonat verwendet und können lange gelagert werden. Beim Auflösen bewirken sie einerseits den säuerlichen Geschmack des Getränks. Andererseits bilden sie mit dem Natriumhydrogencarbonat Kohlenstoffdioxid, sodass ein sprudelndes Getränk entsteht:

$$H_3Cit(s) + 3\,NaHCO_3(s)$$
$$\longrightarrow Na_3Cit(aq) + 3\,CO_2(g) + 3\,H_2O\,(l)$$

Weinsäure kommt natürlich in Wein vor und trägt zur Haltbarkeit wesentlich bei. In hochwertigen Weinen bilden sich im Laufe der Zeit Kristalle der Weinsäure, der Weinstein (Kaliumhydrogentartrat).

KONSERVIERUNGSMITTEL Leicht verderbliche Lebensmittel können durch Carbonsäurezusatz länger haltbar gemacht werden. Sie hemmen die Vermehrung von Fäulnisbakterien und Schimmelpilzen, die in ihrem Stoffwechsel giftige Substanzen bilden. Brot, besonders geschnittenes Brot, wird oft durch Sorbinsäure konserviert. Benzoesäure kommt für sauer eingelegte Lebensmittel wie Salate oder Fischkonserven aber auch in Ketchup oder Senf zum Einsatz. Die früher verwendete Propionsäure (Propansäure) hat kaum noch Bedeutung, da sie durch die erforderliche hohe Dosierung zu Geschmacksbeeinträchtigungen führt.

Gluconsäure entsteht durch Oxidation von Traubenzucker (Glucose) an der Aldehydgruppe (↑ 02). In fermentierten Limonaden entsteht sie bei der Herstellung auch auf natürlichem Weg. In Wurst- und Fleischprodukten erhält sie die natürliche Fleischfarbe. Als Eisensalz (Eisengluconat, E 579) dient sie zum Schwärzen von Oliven.

1 ⟩ Diskutieren Sie, warum es nach dem Lebensmittelgesetz Höchstwerte für den Zusatz von Konservierungsstoffen in Lebensmittel gibt.

2 ⟩ Ein Gemisch aus 1,5 g Weinsäure, 7,5 g Weinstein, 5 g Natriumhydrogencarbonat und 5 g Stärke dient als Backpulverersatz. Formulieren Sie eine Reaktionsgleichung zur Bildung des Treibmittels Kohlenstoffdioxid.

Klausurtraining

Material C Citronensäure

C1 Citronensäure aus Zitronen

Citronensäure (2-Hydroxypropan-1,2,3-tricarbonsäure) wurde zunächst aus Zitronensaft hergestellt. Carl Wilhelm Scheele entwickelte dieses Verfahren bereits 1784. Die Gewinnung erfolgt in drei Schritten:
1. Neutralisation der im Zitronensaft enthaltenen Citronensäure mit Ammoniak unter Bildung von Ammoniumcitrat
2. Versetzen dieser Lösung mit Calciumchlorid unter Bildung von Calciumcitrat
3. Versetzen des Calciumcitrats mit Schwefelsäure unter Bildung von Citronensäure und Calciumsulfat

C2 Citronensäure aus Schimmelpilzen

Im Jahr 1893 entdeckte Carl Wehmer, dass Citronensäure auch durch bestimmte Schimmelpilze aus zuckerhaltigen Stoffen hergestellt werden kann. Heute wird Citronensäure ausschließlich auf biotechnologischem Weg hergestellt. Biotechnologische Verfahren nutzen lebende Mikroorganismen wie Hefen und Pilze, die das gewünschte Produkt in großtechnischem Maßstab in Fermentern herstellen. Jährlich werden auf diese Weise weltweit etwa 1,5 Mio. Tonnen Citronensäure produziert. Im Haushalt gehört Citronensäure neben Essigsäure zu den am meisten verwendeten Entkalkern.

C3 Ein Problem beim Entkalken: Löslichkeit

Löslichkeit von Calciumcitrat: $850 \, \text{mg} \cdot \text{l}^{-1}$ (18 °C)
Löslichkeit von Calciumacetat: $347 \, \text{g} \cdot \text{l}^{-1}$ (18 °C)
Die Löslichkeit von Calciumcitrat nimmt im Gegensatz zu der von Calciumacetat mit steigender Temperatur ab. Allerdings löst sich Calciumcitrat sehr gut in verdünnter Citronensäure.

AUFGABEN ZU C

1⟩ **a** Formulieren Sie die Reaktionsgleichungen für die drei Reaktionsschritte (↑ **C1**). Stellen Sie organische Verbindungen in Strukturformeln dar.
b Prüfen Sie, ob in Reaktionsschritt 1 eine Redoxreaktion vorliegt.
2⟩ Stellen Sie mindestens zwei Hypothesen auf, warum die biotechnologische Herstellung die Produktion aus Zitronensaft verdrängt hat (↑ **C2**).
3⟩ Stellen Sie die Reaktionsgleichungen für die Reaktion von Citronensäure bzw. Essigsäure mit Kalk (Calciumcarbonat) auf.
4⟩ Vergleichen Sie die Entkalkung mit beiden Säuren unter Einwirkung von Wärme (heiße Entkalkung), beispielsweise bei einer Kaffeemaschine (↑ **C3**). Begründen Sie, welche Säure zu einem besseren Erfolg führen würde.

Material D Fettsäuren in der Fritteuse

D1 Gefahr an der Pommesbude

An einer „Pommesbude" bemerkt man oft einen beißenden, stechenden Geruch, der die Atemwege reizt. Dieser tritt besonders dann auf, wenn das Fritteusenfett schon länger in Gebrauch ist oder zu hoch erhitzt wird. Verursacht wird er durch Acrolein, einem sehr giftigen und vermutlich krebserzeugenden Stoff mit der Molekülformel C_3H_4O.

D2 Reaktionen von Fetten

Fette sind eine Verbindung aus einem Molekül Glycerin (Propan-1,2,3-triol) und drei langkettigen Carbonsäuren, die auch Fettsäuren genannt werden.
Bei längerem Erhitzen des Fetts kommt es zunehmend zu einer Spaltung der Fettmoleküle und es liegen freie Fettsäuren und Glycerin vor.
Acrolein bildet sich durch die Dehydratisierung von Glycerin, also durch Abspaltung von Wassermolekülen.

D3 Nachweisreaktionen

Die folgenden Nachweisreaktionen fallen bei Acrolein positiv aus:
- Reaktion mit Bromwasser
- Reaktion mit Tollens-Reagenz

AUFGABEN ZU D

1⟩ Geben Sie an, welche Strukturmerkmale die Moleküle von Acrolein besitzen müssen, und ordnen Sie die Verbindung begründet einer Stoffklasse zu. Nutzen Sie dafür die Ergebnisse der Nachweisreaktionen (↑ **D3**).
2⟩ **a** Stellen Sie die Reaktionsgleichung in Strukturformeln für die Reaktion vom Glycerin zum Acrolein auf (↑ **D2**).
b Geben Sie den Namen des Acroleins nach den Regeln der IUPAC-Nomenklatur an.
3⟩ Schlagen Sie geeignete Maßnahmen vor, die zur Minderung des gesundheitlichen Risikos beim Verzehr von frittierten Speisen entstehen, und begründen Sie diese (↑ **D1**).

3.10 Carbonsäureester

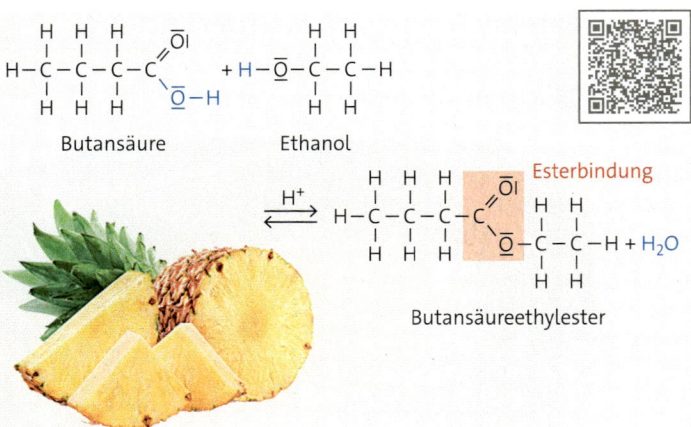

Butansäure + Ethanol

H^+

Esterbindung

Butansäureethylester

01 Duftet nach Ananas – ein Ester, der aus Butansäure (Buttersäure) und Ethanol gebildet wird

HERSTELLUNG EINES FRUCHTESTERS Butansäure, auch als Buttersäure bezeichnet, hat einen intensiven, unangenehm ranzigen Geruch. Mischt man Butansäure mit Ethanol, beobachtet man zunächst keine Reaktion. Erst beim Erhitzen unter Zugabe von Schwefelsäure als Katalysator bemerkt man, dass der strenge Geruch verschwindet. Stattdessen tritt ein angenehmer Duft nach Ananas auf, der von dem Reaktionsprodukt Butansäureethylester, einem **Fruchtester**, stammt (↑ 01).

Veresterungen sind Gleichgewichtsreaktionen ↑ Kap. Chemisches Gleichgewicht, S. 104.

ESTERBILDUNG Carbonsäuren reagieren mit Alkoholen unter Abspaltung von Wasser zu **Carbonsäureestern**. Es handelt sich also um eine *Kondensation*. Dieser Vorgang wird **Esterbildung** oder **Veresterung** genannt:

$$R^1-C \quad + \quad H-\underline{\overline{O}}-R^2 \quad \underset{\text{Hydrolyse}}{\overset{\text{Kondensation}}{\rightleftharpoons}} \quad R^1-C \quad + \quad H_2O$$

Carbonsäure   Alkohol   Carbonsäure-ester   Wasser

Name der Carbonsäure	Name des Alkohols	Name des Esters (IUPAC)	Duft bzw. Aroma
Methansäure	Ethanol	Methansäureethylester (Ethylmethanoat)	Rum
Ethansäure	Ethanol	Essigsäureethylester (Ethylethanoat)	Lösungsmittel, Klebstoff
Ethansäure	Pentanol	Essigsäurepentylester (Pentylethanoat)	Birne, Banane
Propansäure	Pentanol	Propansäurepentylester (Pentylpropanoat)	Apfel

02 Einige Carbonsäureester

Die Veresterung verläuft selbst bei höheren Temperaturen (70 °C) nur sehr langsam. Schwefelsäure als Katalysator beschleunigt die Reaktion deutlich.

> **Die Kondensation ist eine Reaktion, bei der sich zwei Moleküle unter Abspaltung eines kleineren Moleküls, z. B. H$_2$O, vereinigen. Die Esterbildung ist eine Kondensation.**

Eine gebräuchliche Benennung der Carbonsäureester erfolgt nach dem Schema:

Name der Carbonsäure + Alkylgruppe des Alkohols + ester

Butansäureethylester

Nach den Regeln der IUPAC-Nomenklatur wird der Ester als Salz der Carbonsäure aufgefasst. Dabei wird die Alkylgruppe des Alkohols dem Namen des Salzes der Säure vorangestellt: Ethylbutanoat.

EIGENSCHAFTEN DER CARBONSÄUREESTER Charakteristisches Merkmal der Ester aus kurzkettigen Carbonsäuren und Alkoholen ist ihr aromatischer Geruch, der oft an Früchte oder an Lösungsmittel erinnert (↑ 02).

Estermoleküle können untereinander keine Wasserstoffbrücken ausbilden, da sie kein H-Atom besitzen, das an ein elektronegatives O-Atom gebunden ist. Es wirken lediglich schwache Dipol-Dipol-Kräfte zwischen den Carbonylgruppen und Van-der-Waals-Kräfte zwischen den Alkylgruppen. Dadurch liegen die Siedetemperaturen weit unter denen der Alkohole mit vergleichbarer oder sogar geringerer molarer Masse. Auch die Wasserlöslichkeit der Ester ist sehr begrenzt. Lediglich Ester mit kurzer Alkylgruppe sind aufgrund der Eigenschaften der Carbonylgruppe in Wasser gering löslich, mit wachsender Alkylgruppe überwiegt dagegen der unpolare Charakter. In unpolaren Stoffen wie Benzin lösen sich Ester vollständig und werden auch selbst als organische Lösungsmittel verwendet. Daher finden sie sich in vielen Lacken und Anstrichfarben, auch wenn solche zunehmend durch wasserbasierte Produkte ersetzt werden.

Viele Klebstoffe enthalten **Essigsäureethylester** oder **Essigsäurebutylester** als Lösungsmittel. Auch handelsübliche Nagellackentferner enthalten heute meist Essigsäureethylester, auch wenn einige Hersteller immer noch Propanon (Aceton) einsetzen. Lösungsmitteldämpfe sind durchweg gesundheitsschädlich, denn sie können Schäden an Leber und Gehirn hervorrufen. Sie dürfen keinesfalls über einen längeren Zeitraum eingeatmet werden, daher gelten strenge Arbeitsvorschriften.

ESTERSPALTUNG Durch Reaktion mit Wasser können Carbonsäureester wieder in Alkohol und Carbonsäure gespalten werden. Dieser Vorgang ist eine **Hydrolyse**. Schwefelsäure katalysiert diese Reaktion ebenfalls. Die **Esterspaltung** ist die Umkehrung der Esterbildung. Wie in der Reaktionsgleichung (↑ **01**) zu sehen ist, sind Esterbildung und Esterspaltung Beispiele für eine **umkehrbare Reaktion**.

> Die Esterspaltung verläuft unter Aufnahme von Wasser (Hydrolyse). Esterbildung und Esterspaltung sind umkehrbare Reaktionen.

Ester können auch in alkalischer Lösung gespalten werden (**alkalische Hydrolyse**; ↑ Exp. 3.18, S. 81). Dabei entstehen ein Carboxylat-Ion und ein Alkoholmolekül. Allerdings ist diese Reaktion nicht umkehrbar. Bei der alkalischen Spaltung von Fetten (Estern von Glycerin mit Fettsäuren) entstehen die Natrium- bzw. Kaliumsalze der Fettsäuren, die als *Seifen* bezeichnet werden. Daher wird die alkalische Esterspaltung auch *Verseifung* genannt.

VIELFALT VON ESTERN Carbonsäureester kommen in der Natur vor und sind auch als synthetisch hergestellte Stoffe vielfältig einsetzbar. Sie sind in Früchten enthalten, werden Lebensmitteln zugesetzt oder in Parfümen und Kosmetika genutzt. **Ester anorganischer Säuren** entstehen durch Reaktion zwischen den Molekülen anorganischer Säuren und Alkoholen. So entstehen z. B. **Schwefelsäureester** durch Reaktion von Schwefelsäure mit langkettigen Carbonsäuren (↑ *Fettsäuren*, S. 72). Sie werden in vielen Kosmetika und Waschmitteln in Form ihrer Salze verwendet. Es sind *Tenside*, d. h., waschaktive Substanzen. Ein Beispiel dafür ist **Natriumlaurylsulfat** (↑ **03**), ein Ester aus Schwefelsäure und Dodecan-1-ol (Laurylalkohol), der z. B. in Haarshampoos enthalten ist. **Phosphorsäureester** kommen auch in der DNA vor, wo sie maßgeblich zur Stabilität des für die Erbinformation so zentralen Makromoleküls beitragen.

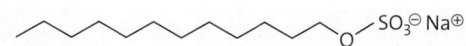

03 Natriumlaurylsulfat – ein Ester, der als Tensid wirkt

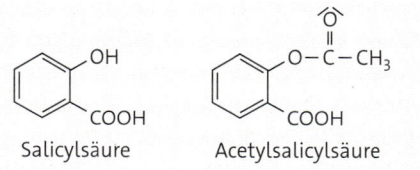

04 Bienenwachs enthält einen langkettigen Ester.

Salicylsäure   Acetylsalicylsäure

05 Salicylsäure – eine Carbonsäure und Acetylsalicylsäure (Aspirin) – ein Ester

Auch das bekannte Schmerzmittel **Aspirin**, also **Acetylsalicylsäure**, ist ein Ester (↑ **05**). An feuchter Luft zersetzt es sich nach einiger Zeit und riecht säuerlich – ein Hinweis, dass sich Essigsäure bildet.

Bienenwachs besteht hauptsächlich aus Estern langkettiger Carbonsäuren wie Palmitinsäure (Hexadecansäure, $CH_3–(CH_2)_{14}–COOH$) mit langkettigen Alkoholen, z. B. Myricylakohol $CH_3–(CH_2)_{29}–OH$. Die Molekülformel des Bienenwachsesters lautet $CH_3–(CH_2)_{14}–(CO)O–(CH_2)_{29}–CH_3$ (↑ **04**).
Auch andere Wachse, die viele Pflanzen als Schutzschicht für Blätter, Blüten oder Früchte bilden, sind ähnlich aufgebaut. Wachse werden auch Pflegemitteln von Böden, Möbeln oder Schuhen zugesetzt.

Ein Ester der Salpetersäure ist der Trisalpetersäureglycerinester, besser bekannt unter dem Namen **Nitroglycerin**. In reinem Zustand ist dieser Stoff hochexplosiv. Erst die Forschungen von ALFRED NOBEL führten dazu, dass es in Form von Dynamit gefahrlos transportiert werden konnte. Nitroglycerin hat aber auch Bedeutung in der Medizin, wo es beispielsweise zur Behandlung von Herzerkrankungen wie der „Brustenge" Angina pectoris eingesetzt wird.

1 ▷ Begründen Sie die Verwendung von Ethansäureethylester im Nagellackentferner.
2 ▷ Formulieren Sie für Propansäuremethylester und Palmitinsäuremyricylester jeweils die Reaktionsgleichung für
   a die Bildung der Ester
   b die Hydrolyse der Ester. Nehmen Sie dazu Stellung, ob diese in beiden Fällen abläuft.
3 ▷ Stellen Sie eine Reaktionsgleichung für die Reaktion von Phosphorsäure mit zwei Molekülen Methanol auf.

3.11 Aromastoffe

01 Ohne Aroma kein Genuss

Wie sehr Duft- oder Aromastoffe unser Leben bereichern, merken wir erst, wenn wir sie nicht oder nur eingeschränkt wahrnehmen können, z. B. bei einer Erkältung. Ein frisch gebrühter Kaffee schmeckt nur gut, wenn wir seinen Duft wahrnehmen können. Andererseits können Gerüche auch vor verdorbenen Lebensmitteln und damit vor Gefahr warnen. Sprichwörtlich drücken Gerüche aus, „ob man jemanden gut riechen kann" oder „ob uns etwas stinkt" und haben damit direkten Einfluss auf unsere Emotionen.

EINTEILUNG UND FUNKTION Als **Aromastoffe** (lat. *aroma:* Wohlgeruch) oder **Duftstoffe** werden einzelne Verbindungen mit geruchs- oder geschmacksgebenden Eigenschaften bezeichnet. Man unterscheidet sie nach ihrer Flüchtigkeit, d. h., wie leicht sie vom flüssigen in den gasförmigen Zustand übergehen. Aromastoffe sind leicht flüchtig und werden über die Nase wahrgenommen. **Geschmacksstoffe** dagegen sind schwer oder nicht flüchtig und sprechen neben den Riech- auch die Geschmacksrezeptoren auf der Zunge an.

Die meisten Düfte enthalten jedoch keine einzelnen Verbindungen, sondern eine komplexe Mischung verschiedener Aromastoffe, die zusammen das **Aroma** bilden. Das charakteristische Aroma einer Frucht beispielsweise entsteht durch die Moleküle vieler verschiedener *Fruchtester* (Carbonsäureester).

3D-Molekül:-
Vanillin

Die Moleküle der Aromastoffe binden nach dem Schlüssel-Schloss-Prinzip entsprechend ihrer Molekülstruktur an Rezeptoren der Riechschleimhaut und lösen so ein Signal aus, das an das Gehirn weitergeleitet wird. An der *Geruchswahrnehmung* ist das limbische System beteiligt – ein Teil des Gehirns, der für die Verarbeitung von Emotionen sowie Instinkte und Gedächtnisbildung zuständig ist.

NATÜRLICH ODER KÜNSTLICH? In der Natur findet man Aromastoffe vorwiegend in Blüten, Früchten und Blättern von Pflanzen. Viele dieser Stoffe lassen sich den Stoffklassen der *Alkohole, Aldehyde, Ester* oder *Ketone* zuordnen. Die Moleküle der Aromastoffe enthalten oft mehrere funktionelle Gruppen sowie aromatische Molekülstrukturen (↑ 03; Übersicht ↑ S. 80).

Die in Lebensmitteln oder Kosmetikprodukten zugesetzten Aromastoffe können entweder natürlich gewonnen oder künstlich hergestellt werden. So enthält das aus Vanilleschoten gewonnene natürliche Vanilleextrakt etwa 200 Aromastoffe. Die wichtigste Verbindung in diesem Stoffgemisch ist das *Vanillin* (4-Hydroxy-3-methoxybenzaldehyd; ↑ 03A). Es kann als **natürlicher Aromastoff** aus dem Vanilleextrakt isoliert oder aber kostengünstig und in viel größeren Mengen synthetisch produziert werden.

Das synthetische Vanillin ist zwar chemisch rein, seine Moleküle entsprechen exakt dem des natürlichen Vanillins, weshalb man es **naturidentisch** nennen darf. Weil aber viele Begleitaromen fehlen, erinnert es nur entfernt an das Naturprodukt. Dies musste 1985 ein führender Cola-Hersteller erfahren, als in der Rezeptur für ein Colagetränk natürliches Vanilleextrakt durch synthetisch hergestelltes Vanillin ersetzt wurde. Aufgrund massiven Protests von vielen Tausend Konsumenten wurde nach drei Monaten wieder nach dem alten Rezept produziert. Oft wird Limonaden oder Gebäck statt des Vanillins der viermal intensiver schmeckende **künstliche Aromastoff** *Ethylvanillin* zugesetzt. Dessen Moleküle unterscheiden sich von den Vanillinmolekülen nur durch eine Ethylgruppe anstelle der Methylgruppe (↑ 03**B**). So kann preiswerter produziert werden, wobei das natürliche Aroma aber nicht erreicht wird.

Buttersäure-3-methylbutylester

Essigsäurepentylester

02 Zwei der am Aroma von Bananen beteiligten Fruchtester

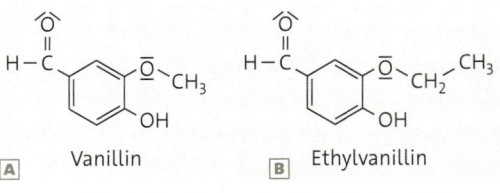

A Vanillin   B Ethylvanillin

03 **A** Vanillin, **B** künstliches Vanillin (Ethylvanillin)

GEWINNUNG Wichtige Aromaträger sind **ätherische Öle**, die in vielen Pflanzen oder Pflanzenteilen enthalten sind, beispielsweise in *Blättern* wie bei der Pfefferminze oder in *Blütenblättern* wie bei der Rose oder in *Fruchtschalen* wie bei der Orange. Ätherische Öle lösen sich nicht in Wasser, sondern nur in unpolaren Lösungsmitteln. Zur Gewinnung werden je nach Ausgangsmaterial verschiedene Trennverfahren angewendet.

Ein häufig verwendetes Verfahren ist die **Wasserdampfdestillation** (↑ 05). Dabei werden die Pflanzenteile zerkleinert und in einer Destillationsapparatur mit Wasser erhitzt. Obwohl die Siedetemperaturen der ätherischen Öle über der des Wassers liegen, werden die Öle von dem übertretenden Wasserdampf mitgerissen. Nach dem Abkühlen schwimmen sie aufgrund ihrer geringeren Dichte auf dem Destillat und können leicht abgetrennt werden. Dieses Verfahren kommt beispielsweise bei der Gewinnung von Lavendel- oder Rosenöl zum Einsatz.

Citrusöle werden direkt durch **Auspressen** der Schalen gewonnen. Möglich ist auch eine **Extraktion** mit einem geeigneten Lösungsmittel wie Ethanol. Anschließend kann das gewünschte Öl gewonnen werden, indem man das Lösungsmittel verdampfen lässt oder durch Destillation vom Öl trennt.

Eine heute selten verwendete Form der Extraktion ist die **Enfleurage**: Blütenblätter werden in einen mit Fett beschichteten Holzrahmen gedrückt (↑ 06). Dadurch gehen die fettlöslichen ätherischen Öle in das Fett über. Die Blüten werden nach einigen Tagen durch neue ausgetauscht. Nach etwa zwei Monaten wird das Fett in Ethanol gelöst und so die Duftstoffe gewonnen.

BILDUNG VON AROMASTOFFEN BEIM ERHITZEN
Aromastoffe sind nicht immer von Beginn an in Lebensmitteln enthalten, oft entstehen sie erst beim Erhitzen. Dabei ändert sich auch die Farbe der Lebensmittel. Beispiele dafür sind das Braten von Fleisch, das Rösten von Kaffee- oder Kakaobohnen und das Backen von Brot oder Keksen.

Hierbei laufen verschiedene chemische Reaktionen ab, bei denen sich die Aromastoffe, die **Reaktionsaromen** oder **Röstaromen**, erst bilden. Kakaobohnen beinhalten beispielsweise nach dem Rösten etwa 400 verschiedene Aromastoffe. Für die Bildung von Röstaromen sind Reaktionen von Aminosäuren mit Zuckern typisch. Sie werden als *Maillard-Reaktionen* bezeichnet.

Herkunft	Definition | Beispiel(e)
Natürliche Aromastoffe	aus pflanzlichen oder tierischen Ausgangsstoffen gewonnen, z. B. durch Extraktion oder Destillation | Vanillin aus Vanilleschoten, L-Menthol aus echter Minze
Naturidentische Aromastoffe	synthetisch hergestellt; ihre Moleküle sind identisch zu denen des entsprechenden natürlichen Aromastoffs | Vanillin, L-Menthol
Künstliche Aromastoffe	durch chemische Synthese hergestellt; kommen in der Natur nicht vor | Ethylvanillin
Reaktionsaromen	durch kontrolliertes Erhitzen einer Mischung aus verschiedenen Stoffen; dabei entstehen beim Backen und Braten Röstaromen

04 Einteilung der Aromastoffe. Nach der EU-Aromenverordnung (2011) gelten allerdings für die Kennzeichnung von Lebensmitteln vereinfachte Bezeichnungen.

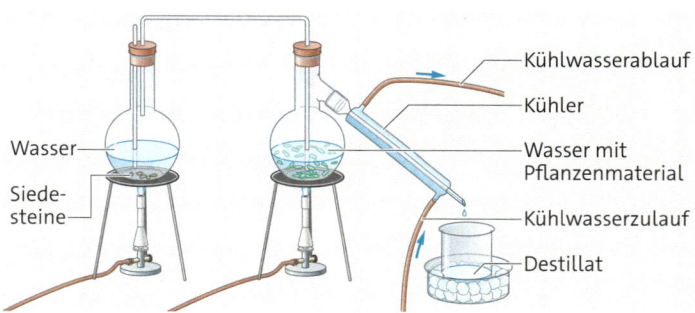

05 Apparatur zur Wasserdampfdestillation

Kühlwasserablauf
Kühler
Wasser mit Pflanzenmaterial
Kühlwasserzulauf
Destillat
Wasser
Siedesteine

06 Enfleurage

Wasserdampfdestillation

07 Von den Samen der Kakaofrucht zum aromatischen Kakaopulver

rösten

1 › Erklären Sie den Unterschied zwischen Aromastoff und Aroma.
2 › Recherchieren Sie das Verfahren „Mazeration" bei der Duftstoffherstellung.

Übersicht über Aromastoffe

Menthol (Alkohol)

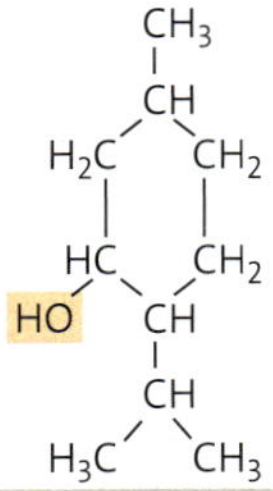

$$CH_3$$
$$CH$$
$$H_2C \quad CH_2$$
$$HC \quad CH_2$$
$$HO \quad CH$$
$$CH$$
$$H_3C \quad CH_3$$

Pfefferminzöl

Terpineol (Alkohol)

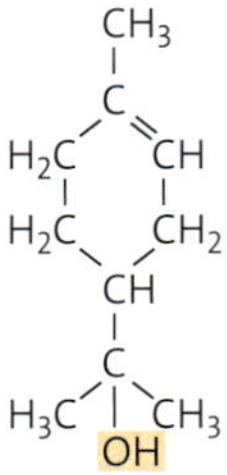

$$CH_3$$
$$C$$
$$H_2C \quad CH$$
$$H_2C \quad CH_2$$
$$CH$$
$$H_3C \quad CH_3$$
$$OH$$

Kiefernöl

Linalool (Alkohol)

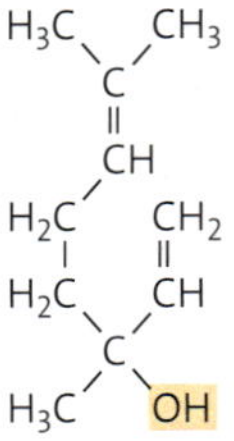

$$H_3C \quad CH_3$$
$$C$$
$$CH$$
$$H_2C \quad CH_2$$
$$H_2C \quad CH$$
$$C$$
$$H_3C \quad OH$$

Orangenöl, Lavendelöl

Eugenol (Ether)

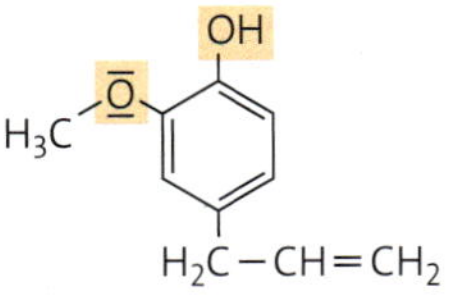

$$OH$$
$$H_3C-O$$
$$H_2C-CH=CH_2$$

Basilikumöl

Citronella (Aldehyd)

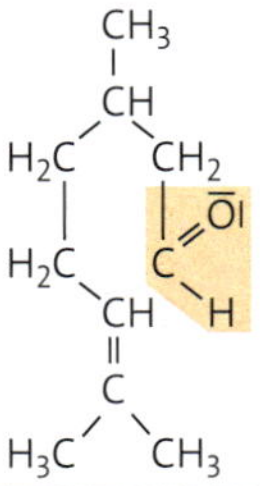

$$CH_3$$
$$CH$$
$$H_2C \quad CH_2$$
$$H_2C \quad C=O$$
$$C \quad H$$
$$H_3C \quad CH_3$$

Zitronenmelisse

Benzaldehyd (Aldehyd)

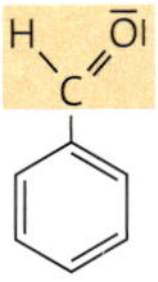

$$H-C=O$$

Bittermandelöl, Aprikosenkerne

Ethansäurebenzylester (Ester)

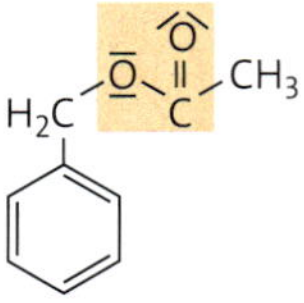

$$H_2C-O-C=O$$
$$CH_3$$

Jasmin

Ionon (Keton)

$$H_3C \quad CH_3$$
$$C$$
$$H_2C \quad C-CH=CH-C=O$$
$$H_2C \quad C \quad CH_3$$
$$CH_2 \quad CH_3$$

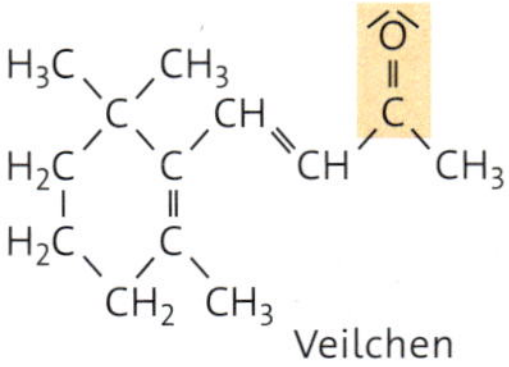

Veilchen

Heptan-2-on (Keton)

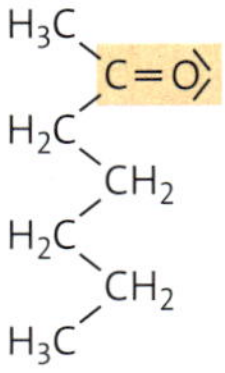

$$H_3C$$
$$C=O$$
$$H_2C$$
$$CH_2$$
$$CH_2$$
$$H_3C$$

Gewürznelkenöl

➕ Vom Duftstoff zum Parfüm

01 Ein Parfümeur „komponiert" einen Duft.

Ätherische Öle bilden die Grundlage jedes Parfüms. Doch ein Parfüm besteht nicht nur aus einem ätherischen Öl – es ist ein kleines Kunstwerk. Parfümeure stellen es virtuos aus etwa 3000 natürlichen und synthetischen Duftstoffen zusammen, ähnlich einem Maler beim Mischen der Farben oder einem Musiker beim Komponieren mit Noten.

Bei aller Kunstfertigkeit gibt es jedoch einen Grundaufbau, den jeder Parfümeur beachtet:

Die *Kopfnote* bestimmt den ersten Geruchseindruck des Parfüms. Sie besteht aus leichtflüchtigen Verbindungen, die oft erfrischend riechen. Sie werden z. B. aus der Schale von Zitrusfrüchten, Bergamotte oder Minze gewonnen.

Die *Herznote* besteht aus weniger flüchtigen Substanzen als die Kopfnote. Sie macht den eigentlichen Charakter eines Parfüms aus und entscheidet darüber, ob das Parfüm als blumig oder herb wahrgenommen wird. Ihre ätherischen Öle riechen beispielsweise nach Rose, Veilchen, Jasmin oder nach Gewürzen.

Die Komponenten der *Basisnote* treten erst nach etwa 30 Minuten in Erscheinung. Sie sind die am wenigsten flüchtigen Verbindungen. Auch nach einem Tag können sie noch wahrgenommen werden. Zum Einsatz kommen Düfte wie Sandelholz, Gewürze oder Vanille. Außerdem sorgen zugesetzte Fixateure dafür, dass auch die Komponenten der Kopf- und Herznote länger auf der Haut verbleiben. Fixateure sind neutral riechende Stoffe wie der schwerflüchtige Ether Dipropylenglycol (Oxydipropanol).

Kopf-note
Herznote
Basisnote

Praktikum

P Aromastoffe

EXP 3.16 Herstellung von Carbonsäureestern

Materialien 6 Reagenzgläser, Reagenzglasklammer, Reagenzglasständer, Spatel, Messpipetten, Pipettierhilfe, Heizplatte, Becherglas (400 ml), 6 Bechergläser (100 ml), Waage, Thermometer, konz. Schwefelsäure (w = 96 %; **5**), Methanol (**2, 6, 8**), Ethanol (**2, 7**), Butan-1-ol (**2, 5, 7**), Pentan-1-ol (**2, 7**), Methansäure (**2, 6, 5**), Ethansäure (**2, 5**), Butansäure (**5, 7**) bzw. Natriumsalz der Butansäure (**7**), Salicylsäure (**5, 7**)

Durchführung Füllen Sie das große Becherglas mit Wasser und erwärmen Sie es auf einer Heizplatte auf etwa 60 °C (Wasserbad). Füllen Sie die kleinen Bechergläser etwa zur Hälfte mit Wasser (Beschriftung A–F). Geben Sie die folgenden Stoffe in den angegebenen Mengen in je ein Reagenzglas (Beschriftung A–F):

RG	Alkohol	Säure
A	Methanol (2 ml)	Salicylsäure (0,5 g)
B	Ethanol (2 ml)	Ethansäure (2 ml)
C	Ethanol (2 ml)	Methansäure (2 ml)
D	Butan-1-ol (2 ml)	Ethansäure (2 ml)
E	Pentan-1-ol (2 ml)	Ethansäure (2 ml)
F	Ethanol (2 ml)	*Abzug!* Butansäure (1 ml)

Lassen Sie sich von Ihrer Lehrkraft jeweils 1 Tropfen konz. Schwefelsäure zugeben. Stellen Sie die Gemische nun für 5 min in das Wasserbad. Gießen Sie dann den Inhalt von Reagenzglas A in das mit Wasser gefüllte Becherglas A. Verfahren Sie mit Ansatz B–F ebenso. Führen Sie die Geruchsprobe bei den entstandenen Reaktionsprodukten durch.
Entsorgung: Lösungen in den Behälter für halogenfreie organische Abfälle geben.

Auswertung
1) Notieren Sie jeweils den Geruch des entstehenden Esters.
2) Stellen Sie fest, welche Ester wasserlöslich sind.
3) Notieren Sie die Strukturformeln und die Namen der entstehenden Ester.

EXP 3.17 Vereinfachte Wasserdampfdestillation der Aromastoffe von Gummibärchen

Materialien Erlenmeyerkolben (250 ml), durchbohrter Gummistopfen, Brenner, Dreifuß, Drahtnetz, Stativmaterial, gebogenes Glasrohr (als Destillationsbrücke), Becherglas, Reagenzglas, Küchenpapier, Mörser, Gummibärchen verschiedener Farben, Anissamen, Siedesteine, Eis, Wasser

Durchführung Geben Sie 7–8 Gummibärchen einer Farbe in den Erlenmeyerkolben. Füllen Sie diesen 3–4 cm hoch mit Wasser und geben Sie 3 Siedesteine hinzu. Stellen Sie den Erlenmeyerkolben auf den Dreifuß und befestigen Sie ihn mit einer Stativklemme. Bauen Sie den Rest der Apparatur gemäß der Skizze auf.

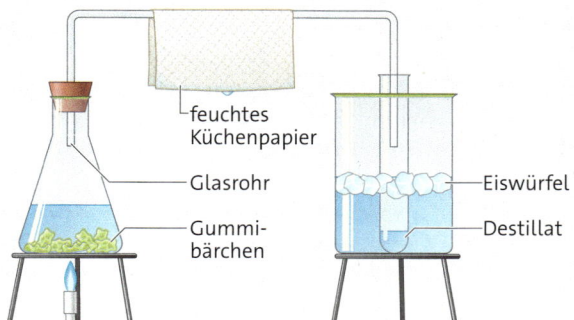

feuchtes Küchenpapier

Glasrohr

Gummibärchen

Eiswürfel

Destillat

Erhitzen Sie jetzt den Erlenmeyerkolben so lange, bis das Reagenzglas mindestens 1,5 cm hoch mit dem Destillat gefüllt ist. Kühlen Sie das Glasrohr während der Destillation mit feuchtem Küchenpapier. Riechen Sie an dem Destillat. Wiederholen Sie den Versuch mit Gummibärchen einer anderen Farbe. Alternative: Führen Sie den Versuch mit 10 g gut gemörserten Anissamen durch.
Entsorgung: Lösungen ins Abwasser geben.

Auswertung
1) Vergleichen Sie Ihre Geruchseindrücke mit den Angaben der Geschmacksrichtung auf der Verpackung.
2) Begründen Sie, welche Aromastoffe sich besonders gut mit der Wasserdampfdestillation gewinnen lassen.

EXP 3.18 Alkalische Esterspaltung (Rojahntest)

Materialien Reagenzglas, Stopfen, Wasserbad, Ethansäureethylester (**2, 5**), Ethanol (**2, 7**; als Lösungsvermittler), Natronlauge (w = 10 %; **5**), Phenolphthaleinlösung (**2, 8, 7**)

Durchführung *Schutzbrille!* Geben Sie in das Reagenzglas 1 ml Ethanol und 1 ml Ethansäureethylester sowie 3 Tropfen Phenolphthaleinlösung. Tropfen Sie unter ständigem Schütteln Natronlauge zu, bis eine Rosafärbung gerade eben bestehen bleibt. Stellen Sie das Reagenzglas in ein 40 °C warmes Wasserbad. Nach jeder Minute wird es kurz aus dem Wasserbad genommen und geschüttelt, bis eine Entfärbung eintritt oder max. 10 min beobachtet wurde.
Entsorgung: Reste in den Behälter für halogenfreie organische Abfälle geben.

Auswertung Notieren und deuten Sie Ihre Beobachtungen unter Verwendung von Reaktionsgleichungen..

3.12 Zusatzstoffe in Alltagsprodukten

01 Auswahl an Zusatzstoffen in Lebensmitteln

Konsumenten dürfen zu Recht erwarten, dass im Handel angebotene Lebensmittel und Kosmetika mit gleicher und einwandfreier Qualität, zu fairen Preisen und insbesondere gesundheitlich unbedenklich möglichst überall und jederzeit verfügbar sind. Dies erfordert industrielle Abläufe, z. B. die Produktion großer Mengen an wenigen Standorten, und damit häufig weite Wege bis zu den Verbrauchern. Um Qualität zu gewährleisten, werden oft **Zusatzstoffe** eingesetzt, die Haltbarkeit, Aussehen, Geschmack bzw. Geruch der Produkte verbessern (↑ **01**).

EINTEILUNG UND FUNKTION In Lebensmitteln ermöglichen **Konservierungsstoffe** eine langfristige Haltbarkeit und erlauben damit längere Transport- und Lagerungszeiten. Sie hemmen das Wachstum von Mikroorganismen wie Bakterien und Schimmelpilzen und schützen uns so vor Lebensmittelvergiftungen. Zur Konservierung eignen sich verschiedene Stoffklassen (↑ **02**). Für die konservierende Wirkung von z. B. **Carbonsäuren** ist Voraussetzung, dass die Lebensmittel selbst einen sauren pH-Wert aufweisen, damit die Carbonsäuren möglichst undissoziiert vorliegen. So können sie durch die Zellmembran in das Innere von Mikroorganismen eindringen und sie hemmen. Meist kommen nur schwache Säuren zum Einsatz.

Auch Kosmetika enthalten oft Konservierungsstoffe, weil alle Produkte, die Wasser und organische Verbindungen enthalten, einer mikrobiellen Kontamination, d. h., einer Belastung durch Bakterien, Hefen und Schimmelpilzen, ausgesetzt sind. Solche Verunreinigungen treten oft während des Gebrauchs auf, was als *Sekundärkontamination* bezeichnet wird – im Unterschied zur *Primärkontamination*, bei der die Verunreinigung des Produkts

schon bei der Produktion auftritt. Konservierungsstoffe in Kosmetika reduzieren also das Risiko von Infektionen der Haut. Aber auch durch die Konservierungsstoffe selbst kann die Gesundheit mitunter gefährdet werden: So weisen die oft verwendeten *Parabene* – das sind Ester der para-Hydroxybenzoesäure, sogenannte *PHB-Ester* – eine gute antimikrobielle Wirkung auf. Sie können sich aber im Organismus anreichern. Vom Bundesinstitut für Risikobewertung (BfR) werden die Methyl- und Ethylester der para-Hydroxybenzoesäure als unbedenklich eingeschätzt, während auf Propyl-, Butyl- und Pentylester aufgrund eines noch unklaren Gefährdungsrisikos verzichtet werden sollte.

Aroma- und Riechstoffe werden genutzt, um den Geschmack und Geruch von Lebensmitteln und Kosmetika zu verstärken – oder manchmal sogar erst zu erzeugen (↑ **02**). Sie sind essenziell für unser Geschmacks- und Geruchsempfinden.
Bekannt sind etwa 2 700 Aromastoffe, von denen bisher 2 100 durch ein Expertengremium der *Europäischen Behörde für Lebensmittelsicherheit* (EFSA) für die Verwendung in Lebensmitteln beurteilt wurden. Etwa 1 700 davon gelten als unbedenklich, 400 werden toxikologisch weiter untersucht. Viele dieser Aromastoffe kommen in Lebensmitteln natürlich vor. Einige davon sind jedoch als gesundheitsgefährdend eingestuft, z. B. das **Estragol**, ein Bestandteil ätherischer Öle aus Estragon und Basilikum. Sie dürfen daher nur in bestimmten Höchstmengen in Lebensmitteln enthalten sein.

In Kosmetika spielen Riechstoffe eine wichtige Rolle um die Attraktivität der Produkte durch Wohlgeruch zu verbessern. **Citral** ist beispielsweise der Hauptbestandteil von Lemongrasöl und besitzt einen intensiv frischen Zitronenduft, der vielen Deos und Aftershaves Frische verleiht. Das nach Zimt riechende **Cinnamal** (Zimtaldehyd) ist der Hauptaromastoff der Zimtrinde und wird in Lippenstiften, Mundwasser und Zahnpasta verwendet. Beide Aromastoffe kommen natürlich vor oder können synthetisch nachgebildet werden. Sie wirken sensibilisierend und besitzen das Potenzial, allergische Reaktionen auszulösen.

GESUNDHEITLICHE UNBEDENKLICHKEIT Alle verwendeten Zusatzstoffe müssen von den Aufsichtsbehörden der EU und der Länder als unbedenklich eingestuft und zugelassen werden. Zusatzstoffe in Lebensmitteln erhalten eine europaweit gültige **E-Nummer** und sind auf der Verpackung anzugeben. Sobald wissenschaftliche Erkenntnisse über das Risikopotenzial vorliegen, wird die Zulassung überprüft. Beispielsweise steht die oft verwendete Benzoesäure (E 210) und deren chemisch verwandte Verbindungen (E 210–219) im Verdacht, dass Menschen mit bestimmten Vorerkrankungen auf die Substanz reagieren.

Ähnlich wie bei verpackten Lebensmitteln müssen auch Kosmetika alle enthaltenen Stoffe deklarieren. So sollen Verbraucher überprüfen können, ob die Kosmetik kritische Stoffe enthält. Die Kennzeichnung erfolgt nach der **International Nomenclature of Cosmetic Ingredients** (INCI). Riech- und Aromastoffe haben mitunter ein besonderes Risiko, Allergien auszulösen. Deshalb gilt für 26 dieser Stoffe eine Kennzeichnungspflicht des jeweiligen Stoffs. Alle anderen Duftstoffe werden zusammengefasst als „Parfüm" in der INCI gekennzeichnet.

LÖSUNGSMITTEL Das wohl bekannteste Lösungsmittel ist Wasser. Wird es in Lebensmitteln und Kosmetika verwendet, so gehen keine Risiken davon aus. Von den organischen Stoffen zählen Alkohole wie Ethanol, n-Butanol, Isopropanol und Methanol, sowie Ether und Kohlenwasserstoffe zu den bedeutenden Lösungsmitteln.

Organische Lösungsmittel finden sich in Kosmetik, immer dann, wenn Bestandteile nicht wasserlöslich sind. Häufig wird **Ethanol** verwendet. In höherer Konzentration wirkt der Alkohol konservierend, zudem spürt man auf der Haut einen kühlenden Effekt, da Ethanol leicht verdunstet.
Sogenannte **Fettalkohole** dienen als Tenside, d. h. waschaktive Substanzen. Beispiele sind **Cetylalkohol** (Hexadecan-1-ol) und **Stearylalkohol** (Octadecan-1-ol). Fettalkohole sind langkettige Alkohole, die sich nicht in Wasser lösen, sondern als *Emulgatoren* wirken. Diese sind Hilfsstoffe, die zwei nicht miteinander mischbare Flüssigkeiten zu einem fein verteilten Gemisch, einer *Emulsion*, verbinden und das Gemisch stabilisieren. Zudem haben Fettalkohole rückfettende und feuchtigkeitsspendende Wirkung. Sie gelten als gesundheitlich unbedenklich.

In **Desinfektionsmitteln** findet sich neben Ethanol oft **Isopropanol** (Propan-2-ol) und **Propan-1-ol**. Handdesinfektionsmittel enthalten 60 bis 90 Vol.-% einer Mischung dieser Alkohole in Wasser. Die Alkohole führen dabei zum Austrocknen der Haut, da sie Hautfette lösen. Ein Zusatz von bis zu vier Vol.-% **Glycerin** (Propan-1,2,3-triol) wirkt hautschützend.

Zusatzstoffe…	in Lebensmitteln	in Kosmetika
Konservierungsstoffe	✓	✓
Stoffklassen	Carbonsäuren und ihre Salze; Schwefeldioxid und Sulfite; Nitrite und Nitrate	Ester, Sufite, Carbonsäuren, Alkohole
Beispiele	Benzoesäure, Gluconsäure, Natriumsulfit, Kaliumnitrat	PHB-Ester, Methansäure, Ammoniumsulfit, Pentan-1,2-diol
Emulgatoren	✓	✓
Stoffklassen	Ester	Alkohole
Beispiele	Mono- und Diester des Glycerins mit natürlich vorkommenden Fettsäuren, Lecithine	Cetylalkohol (Hexadecan-1-ol), Stearylalkohol (Octadecan-1-ol)
Aroma- und Riechstoffe	✓	✓
Stoffklassen	Alkohole, Aldehyde, Ketone, Ester	
Beispiele	Menthol, Vanillin, Ethylvanilin, Benzaldehyd	Geraniol, Campher, Carvon
Lösungsmittel	✓	✓
Stoffklassen	Wasser, Alkohole	
Beispiele	Wasser, Ethanol	Wasser, Isopropanol

02 Einige Zusatzstoffe in Lebensmitteln und Kosmetika

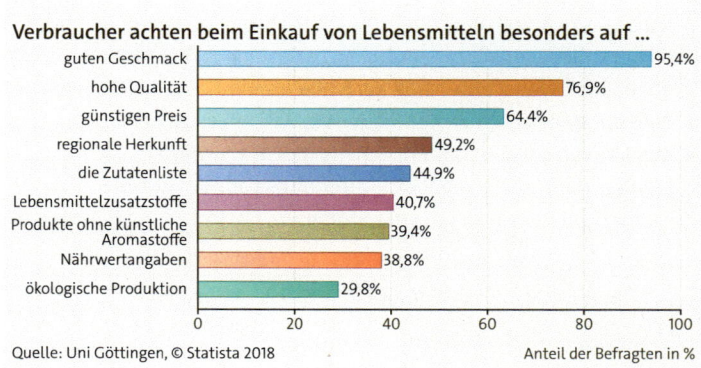

Verbraucher achten beim Einkauf von Lebensmitteln besonders auf …

guten Geschmack	95,4%
hohe Qualität	76,9%
günstigen Preis	64,4%
regionale Herkunft	49,2%
die Zutatenliste	44,9%
Lebensmittelzusatzstoffe	40,7%
Produkte ohne künstliche Aromastoffe	39,4%
Nährwertangaben	38,8%
ökologische Produktion	29,8%

Quelle: Uni Göttingen, © Statista 2018   Anteil der Befragten in %

03 Umfrage zum Verbraucherverhalten (Deutschland)

1❭ Diskutieren Sie die Verwendung von Zusatzstoffen in Lebensmitteln (↑ **03**).
2❭ Beurteilen Sie den Einsatz von Konservierungsstoffen in Lebensmitteln und Kosmetika.
3❭ Desinfektionsmittel für Oberflächen enthalten oft zusätzlich Wasserstoffperoxid (H_2O_2). Beurteilen Sie die Verwendung für Handdesinfektion.

Molekülmodelle im Vergleich

Molekülmodelle ermöglichen genaue Vorstellungen über den räumlichen Bau von Molekülen. Lange wurden dazu vorrangig Molekülbaukästen mit Kugeln, Stäbchen und Kalotten eingesetzt. Heute werden auch Computeranwendungen verwendet (↑ S. 46). Mit ihnen können virtuelle dreidimensionale Kugelstab- oder Kalottenmodelle von Molekülen erzeugt, in beliebige Richtungen gedreht und zusätzlich weitere Eigenschaften veranschaulicht werden. Kein Modell stimmt vollständig mit der Wirklichkeit überein, alle Modelle haben Grenzen. Sie sind jedoch sehr gute Hilfsmittel, um chemische Sachverhalte zu veranschaulichen und das Verständnis zu fördern. Molekülmodelle können nicht mit dem „Original" verglichen werden, da die Atome, aus denen Moleküle aufgebaut sind, nicht sichtbar gemacht werden können. Es sind Denkmodelle. Die jeweiligen Molekülmodelle eignen sich dabei unterschiedlich gut, um auf konkrete Fragestellungen Antworten zu finden.

KALOTTENMODELL Es eignet sich besonders gut, um die raumerfüllende Anordnung der Atome in einem Molekül zu veranschaulichen. Durch unterschiedliche Durchmesser der Kalotten können die Verhältnisse der Atomgrößen maßstabgetreu dargestellt werden (↑ 01, oben). Bindungsachsen zwischen den Atomen sind nicht sichtbar, wohl aber die Bindungswinkel im Molekül. Unterschiedliche Farben für die Atomarten erleichtern den Überblick. Üblicherweise wählt man Rot für Sauerstoff-, Schwarz für Kohlenstoff- und Weiß für Wasserstoffatome.

KUGEL-STAB-MODELL Beim Kugel-Stab-Modell werden die verschiedenen Atome als Kugeln unterschiedlicher Farbe abgebildet, wobei eine Farbe auch hier immer für dasselbe Element steht. Die Stäbchen stellen die Bindungen zwischen den Atomen dar (↑ 01, unten). So wird die Geometrie der Molekülstruktur gut erkennbar – allerdings weniger gut die raumerfüllende Verteilung der Atome.

COMPUTERMODELLE Zentraler Vorteil des digitalen Modells ist die Vielfalt der Darstellungsweisen. Aus der zweidimensionalen Strukturformel lassen sich dreidimensionale Kugel-Stab- und Kalottenmodelle erstellen.
Eine besondere Stärke der Computermodelle zeigt sich, wenn zusätzliche Werkzeuge eingesetzt werden, mit denen sich beispielsweise die **elektrische Potenzialoberfläche** (engl. *Molecular Electrostatic Potential Surface*, kurz: **MEP-Surface**) im Molekül veranschaulichen lässt. Grundlage ist die Berechnung der Elektronenverteilung im Molekül. Aus dieser kann die elektrische Potenzialoberfläche ermittelt werden, die farbig dargestellt wird. In der Anwendung MolView z. B. stellt man zuerst das Molekül im Kugel-Stab-Modell dar (↑ S. 46) und klickt dann im Menü unter „Jmol" die Auswahl „MEP Surface lucent" an. Oberflächenbereiche mit negativer Ladung werden in Rot, solche mit positiver Ladung in Blau und neutrale in Grün dargestellt (↑ 02).
Vergleicht man Strukturmodelle und deren elektrische Potenzialoberflächen verschiedener Moleküle wie Ethanol, Ethanal, Ethansäure und Ethansäuremethylester, so wird die unterschiedliche Polarität der Moleküle deutlich (↑ 03).

Butan-1-ol	2-Methylpropan-2-ol

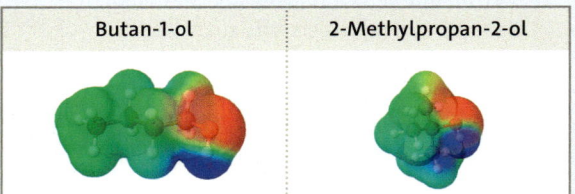

02 Elektrische Potenzialoberflächen isomerer Butanole

Ethanol	Ethanal

Ethansäure	Ethansäuremethylester

03 Elektrische Potenzialoberflächen für die Oxidationsreihe vom Ethanol zur Ethansäure sowie Ethansäuremethylester

1 › Erstellen Sie verschiedene Molekülmodelle von Methansäure und Propansäure. Stellen Sie die elektrische Potenzialoberfläche mit einem Computerprogramm dar und erläutern Sie dieses Modell.

Butan-1-ol	Butan-2-ol	2-Methyl-propan-2-ol

01 Molekülmodelle isomerer Butanole im Vergleich

Übersicht: Wichtige funktionelle Gruppen

Stoff-klasse	Halbstruktur-formel mit funktioneller Gruppe R: unpolare Alkylgruppe	Name der funktionellen Gruppe	Strukturmerkmale der funktionellen Gruppe	Nachweis der funktionellen Gruppe durch...	Elektrische Potenzial-oberfläche Farbcodierung der Oberflächenbereiche: Rot: negative Ladung Blau: positive Ladung Grün: neutral
Alkanole (Alkohole)	$R - \underline{\overline{O}} - H$ δ^- δ^+	Hydroxy-gruppe	polare Hydroxygruppe; intramolekulare Wasserstoffbrücken möglich	Cernitrattest (↑ S. 56)	
Alkanale (Aldehde)	$R - C \overset{\overline{O}l\ \delta^-}{\underset{H\ \delta^+}{}}$	Aldehyd-gruppe	stark polare Aldehydgruppe; keine intermolekularen Wasserstoffbrücken möglich	Fehling-Probe; Silberspiegelprobe (↑ S. 68)	
Alkanone (Ketone)	$R^1 - C - R^2$ $\overset{\overline{O}l\ \delta^-}{\underset{\delta^+}{}}$	Keto-gruppe	polare Carbonylgruppe; keine intermolekularen Wasserstoffbrücken möglich	Ausschlussverfahren: Fehling- und Silberspiegelprobe bleiben negativ	
Carbonsäuren	$R - C \overset{\overline{O}l\ \delta^-}{\underset{\overline{O} - H}{}}$ $\delta^-\ \delta^+$	Carboxy-gruppe	polare Carboxygruppe; bilden Dimere: Carbonsäure-Doppelmoleküle mit intermolekularen Wasserstoffbrücken	reagieren sauer (z. B. Universalindikator, pH-Papier); bilden mit Alkoholen Ester (↑ S. 81)	
Carbonsäureester	$R^1 - C \overset{\overline{O}l\ \delta^-}{\underset{\overline{O} - R^2}{}}$ δ^-	Ester-gruppe	geringe Polarität der Estergruppe; Carbonsäureestermoleküle sind schwache Dipole; keine intermolekularen Wasserstoffbrücken möglich	Rojahntest: alkalische Esterspaltung (↑ S. 81)	
Ether	$R^1 - \underline{\overline{O}} - R^2$ $\delta^+\ \delta^-\ \delta^+$	Ether-gruppe	geringe Polarität der Ethergruppe; Ethermoleküle sind Dipole.	indirekt: unlöslich in Wasser; charakteristischer Geruch	
Halogenalkane	$R - Hal$ $\delta^+\ \delta^-$ Hal: F, Cl, Br,	Halogenid-gruppe	polare Halogenidgruppe	Beilsteinprobe	

Klausurtraining

Material E Chemie in Vogelbeeren

E1.1 Vogelbeeren sind die Früchte der Eberesche (*Sorbus aucuparia*).

Die Früchte der Eberesche, die Vogelbeeren, sind eine beliebte Nahrung vieler Vogelarten. Obwohl dies oft behauptet wird, sind die Früchte nicht giftig, verursachen aber bei übermäßigem Verzehr Magenprobleme. Frische Vogelbeeren schmecken sauer und bitter. Der bittere Geschmack wird durch Parasorbinsäure verursacht, deren Gehalt im Verlauf der Fruchtreifung abnimmt. Als Reinstoff ist Parasorbinsäure eine ölige Flüssigkeit mit süßlich-aromatischem Geruch.

E1 Struktur von Parasorbinsäure

Parasorbinsäure ist ein *Lacton*, das bedeutet, dass die Moleküle als *intramolekulare cyclische Ester* beschrieben werden können. Die Esterbindung entsteht zwischen einer Hydroxy- und einer Carboxygruppe desselben Moleküls, wobei unter Austritt eines Wassermoleküls ein Ring gebildet wird. Mit Kenntnis der Struktur muss der Name Parasorbinsäure genau genommen als irreführend angesehen werden.

Parasorbinsäure, ein Lacton

E2 Bildung von Sorbinsäure

Aus Parasorbinsäure kann Sorbinsäure hergestellt werden. Ihr systematischer Name nach IUPAC lautet Hexa-2,4-diensäure. Die Bildungsreaktion erfolgt in zwei Schritten:
1. Schritt: Hydrolyse der Parasorbinsäure
2. Schritt: Dehydrierung (Abspaltung von Wasserstoff)
Das Reaktionsprodukt Sorbinsäure ist ein weißer, weitgehend geschmacks- und geruchsneutraler Feststoff, von dem sich bei 20 °C nur 1,6 g · l^{-1} in Wasser lösen lassen. Seine Löslichkeit in Ethanol und Aceton ist sehr gut.

E3 Als Konservierungsstoffe geeignet

Sorbinsäure hemmt das Wachstum von Hefen, Schimmelpilzen und einigen Bakterien. Sie hat jedoch keine keimtötende Wirkung, verlängert also lediglich die Haltbarkeit hygienisch einwandfreier Produkte.

Schokocreme-Brotaufstrich

Zutaten: Wasser, Schokolade (26 %; Kakaomasse, Zucker, Kakaobutter); **Emulgator:** Sojalecithin, natürliches Vanillearoma), Dextrose, Inuline, Zucker, Magermilchpulver, Salz; **Konservierungsstoff:** Kaliumsorbat; **Verdickungsmittel:** Carrageen, Säuerungsmittel: Milchsäure

E-Nummer	Stoff
E 200	Sorbinsäure
E 201*	Natriumsorbat
E 202	Kaliumsorbat
E 203	Calciumsorbat

E3.1 Liste einiger Zusatzstoffe in Lebensmitteln (* nicht mehr in der EU zugelassen)

AUFGABEN ZU E

1) Zeigen Sie, dass Parasorbinsäure ein Ester ist (↑ **E1**).

2) **a** Geben Sie ein Molekül an, aus dem sich dieser Ester gebildet haben könnte und formulieren Sie eine mögliche Reaktionsgleichung.
b Diskutieren Sie, ob Milchsäure (2 Hydroxypropansäure) ebenfalls ein Lacton bilden kann.

3) **a** Stellen Sie die Strukturformel von Sorbinsäure auf (↑ **E2**).
b Erläutern Sie, warum das Reaktionsprodukt Sorbinsäure ein Konstitutionsisomer (Strukturisomer) des Ausgangsstoffs Parasorbinsäure ist.

4) **a** Geben Sie unter Verwendung von Strukturformeln die Reaktionsgleichungen an, die ausgehend von der Parasorbinsäure zur Sorbinsäure führen (↑ **E2**).
b Geben Sie den Namen des Zwischenprodukts an, das durch die Hydrolyse entsteht.
c Nennen Sie die Stoffgruppe, zu der Sorbinsäure zu zählen ist.
d Geben Sie an, welches weitere von der Sorbinsäure abweichende Reaktionsprodukt bei der Dehydrierung noch entstanden sein könnte.

5) Geben Sie an, zu welcher Stoffklasse die Konservierungsstoffe E 201 bis E 203 gehören (↑ **E3.1**).

6) Formulieren Sie die Reaktionsgleichung für die Bildung von Kaliumsorbat aus Sorbinsäure.

7) **a** Formulieren Sie eine Hypothese, warum auch die Zusatzstoffe E 201 bis E 203 eine konservierende Wirkung haben, z. B. in Marmeladen und Säften.
b Schlagen Sie einen geeigneten Konservierungsstoff vor, der die Nachgärung von Wein verhindert.

Material F Ester bei Honigbienen, in Kosmetika, Bananen und Äpfeln

F1 Isoamylacetat in Kosmetika

In der Industrie werden nicht immer einheitliche Namen für chemische Verbindungen verwendet. So nutzen Kosmetikhersteller sog. INCI-Bezeichnungen. INCI ist die Abkürzung für engl. *International Nomenclature of Cosmetic Ingredients*. Hier findet sich auch der Stoff **Isoamylacetat** (engl.: *Isoamyl Acetate*), der in kosmetischen Produkten wie in Nagellackentferner und Sonnencreme verwendet wird. Andere systematische Namen für diese Verbindung lauten **Ethansäure-(3-methylbutyl)ester** bzw. **3-Methyl-1-butylacetat**.

F2 Isoamylacetat als Alarmpheromon

Isoamylacetat ist auch ein *Pheromon*, d.h., ein Botenstoff der Insekten zur Kommunikation mit ihren Artgenossen. Wenn eine Biene sticht, setzt sie dieses Pheromon in kleinsten Mengen frei, woraufhin andere Bienen in Alarmbereitschaft gesetzt werden. Bringt man den Stoff auf einem Wattebausch an den Eingang eines Bienenstocks, werden ankommende Bienen von den Wächterbienen im Stock zurückgedrängt.

F3 Aromastoffe in Bananen und Äpfeln

Isoamylacetat tritt als Naturstoff auch in der Bananenpflanze auf. Es weist ein derart charakteristisches fruchtiges Aroma auf, dass dieser Aromastoff allein ausreicht, um das Bananenaroma zu prägen. Daher wird es als künstliches Bananenaroma synthetisch hergestellt.

Anders ist das beim Apfel, wo mehrere Aromastoffe nötig sind, um das typische Apfelaroma hervorzurufen: 2-Methylbutansäureethylester (2-Methylbutylacetat), Hexanal, trans-2-Hexenal. Daneben kommen in Äpfeln auch Butansäureethylester (Ethylbutanoat), Ethansäure-2-methylbutylester (2-Methylbutylacetat), Ethansäurebutylester (Butylacetat) und Ethansäurehexylester (Hexylacetat) sowie Butan-1-ol, 2-Methylbutan-1-ol, Hexan-1-ol und 2-Hexen-1-ol vor.

Außerdem finden sich weitere Schlüsselaromastoffe wie α-Farnesen, ein Terpen, oder β-Damascenon, ein Keton. Während es für Banane und Apfel noch recht leicht ist, ein künstliches Aroma herzustellen, ist das für viele andere Früchte weitaus komplizierter, da erst eine große Anzahl von Verbindungen gemeinsam das typische Aroma prägen.

Name	Aromastoff in …	Siedetemperatur in °C
2-Methylbutansäure-ethylester	Äpfeln	133
Butansäureethylester	Äpfeln	121
Ethansäure-(3-methyl-butyl)ester	Bananen	142
Butansäure	−	163,7

F3.1 Siedetemperaturen einiger Stoffe

AUFGABEN ZU F

1) **a** Geben Sie die Strukturformel von Isoamylacetat an (↑ **F1**).
b Formulieren Sie die Reaktionsgleichung für die Herstellung von Isoamylacetat aus einem geeigneten Alkohol und einer Carbonsäure.
c Erklären Sie, warum die Verbindung nicht wasserlöslich ist, wohl aber in organischen Lösungsmitteln.

2) **a** Vergleichen Sie die Siedetemperaturen der beiden im Apfelaroma enthaltenen Butansäureester (2-Methylbutansäureethylester und Butansäureethylester, ↑ **F3.1**). Erläutern Sie, wie sich der Unterschied auf Molekülebene erklären lässt.
b Erläutern Sie zudem, wie sich der Unterschied der Siedetemperaturen der Butansäureester und Butansäure selbst auf Molekülebene erklären lässt.
c Stellen Sie Vermutungen an, ob sich ein mit Isoamylacetat getränkter Wattebauch über längere Zeit als Alarmpheromon für Bienen eignet (↑ **F2**).

3) Entscheiden Sie begründet, ob Isoamylacetat und 2-Methylbutansäureethylester Konstitutionsisomere sind.

4) **a** Geben Sie die Strukturformeln aller Aromastoffe des Apfels an (↑ **F3**).
b Stellen Sie begründet Hypothesen einschließlich Reaktionsgleichungen zu den nachfolgenden Fragen auf:
Könnten sich die angegebenen Alkohole im Apfel aus den Aromaestern gebildet haben?
Könnte sich einer der Butansäureester des Apfels aus einem der im Apfel enthaltenen Alkohole gebildet haben?

Auf einen Blick

▶ Alkohole (Alkanole)

Die funktionelle Gruppe der Alkohole ist die **Hydroxygruppe** (OH-Gruppe): $R{-}\overline{\underline{O}}{-}H$ (δ^- δ^+)

Alkohole, die sich von den Alkanen ableiten lassen und nur eine Hydroxygruppe im Molekül besitzen, werden als **Alkanole** bezeichnet.
Alkohole werden u. a. durch alkoholische Gärung gebildet.

Einteilung der Alkohole			
primärer Alkohol	sekundärer Alkohol	tertiärer Alkohol	mehrwertiger Alkohol, z. B. Diol
$R{-}\overset{H}{\underset{H}{C}}{-}OH$	$R{-}\overset{R}{\underset{H}{C}}{-}OH$	$R{-}\overset{R}{\underset{R}{C}}{-}OH$	$R{-}\overset{OH}{\underset{H}{C}}{-}\overset{H}{\underset{OH}{C}}{-}H$

Eigenschaften: Die Siedetemperaturen der Alkanole liegen höher als die vergleichbarer Alkane, was auf die Ausbildung von **Wasserstoffbrücken** zwischen den OH-Gruppen zurückzuführen ist. Außerdem beeinflusst die OH-Gruppe die Viskosität und das Löslichkeitsverhalten der Alkanole. Die Länge der Alkylgruppe sowie die Anzahl der Hydroxygruppen im Molekül entscheiden darüber, ob ein Alkohol lipophil oder eher hydrophil ist.

▶ Alkoholate

Salze der Alkohole;
Bildung durch Reaktion von Alkoholen mit Alkalimetallen unter Entstehung von Wasserstoff:
$2\,CH_3{-}CH_2{-}OH + 2\,Na \longrightarrow 2\,CH_3{-}CH_2{-}O^- + 2\,Na^+ + H_2$

Benennung: Name des Alkohols + Endung **-at** angehängt sowie vorangestellt der Name des Metalls, mit dem der Alkohol reagiert hat; *Beispiele:* **Natrium**methanol**at**, **Kalium**ethanol**at**

▶ Ether

Die funktionelle Gruppe der Ether ist die **Ethergruppe**: $R^1{-}\overline{\underline{O}}{-}R^2$

symmetrischer Ether: $\wedge\!\!\overset{\overline{\underline{O}}}{}\!\!\wedge$ unsymmetrischer Ether: $\wedge\!\!\overset{\overline{\underline{O}}}{}\!\!\wedge\!\!\vee$

Ether sind Funktionsisomere der Alkohole.
Bildung durch intermolekulare Abspaltung von Wasser aus Alkoholen:
$CH_3{-}OH + OH{-}CH_3 \longrightarrow CH_3{-}\overline{\underline{O}}{-}CH_3 + H_2O$

Eigenschaften: Die Siedetemperaturen der Ether liegen unter denen von isomeren Alkoholen, da ihre Moleküle untereinander keine Wasserstoffbrücken ausbilden können.

▶ Aldehyde (Alkanale)

Die funktionelle Gruppe der Aldehyde ist die **Aldehydgruppe** (CHO-Gruppe): $R{-}\overset{\delta^-}{\underset{H}{\overset{\overline{\underline{O}}}{C}}}{}_{\delta^+}$

Aldehyde, die aus primären Alkanolen gebildet werden, heißen **Alkanale**.
Bildung durch partielle (unvollständige) **Oxidation primärer Alkohole**; *Beispiel:*

$\overset{II}{Cu}O + CH_3{-}\overset{-I}{C}H_2{-}OH \longrightarrow \overset{0}{Cu} + CH_3{-}\overset{\overline{\underline{O}}}{\underset{H}{C}} + H_2O$

Auf der Oxidierbarkeit der Aldehyde beruhen die Nachweise durch **A** Fehling-Reagenz oder **B** Tollens-Reagenz.

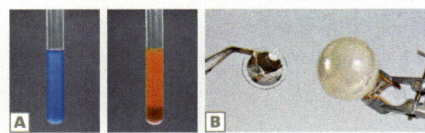

Eigenschaften: Zwischen den Molekülen der Alkanale wirken Dipol-Dipol-Kräfte, aber keine Wasserstoffbrücken. Deshalb liegen die Siedetemperaturen der Alkanale über denen vergleichbarer Alkane, aber unter denen der Alkanole.

Ketone (Alkanone)	Die funktionelle Gruppe der Ketone ist die **Ketogruppe** (C=O-Gruppe):

Ketone, die aus sekundären Alkanolen gebildet werden, heißen **Alkanone**.

Bildung durch (unvollständige) **Oxidation sekundärer Alkohole:**

$$CuO + CH_3-CH-CH_3 \longrightarrow Cu + CH_3-C-CH_3 + H_2O$$
$$\qquad\quad\ |\qquad\qquad\qquad\qquad\qquad \|$$
$$\qquad\quad\ OH\qquad\qquad\qquad\qquad\quad O$$

Ketone besitzen keine reduzierende Wirkung, sie können selbst nicht oxidiert werden.

Carbonsäuren (Alkansäuren)	Die funktionelle Gruppe der Carbonsäuren ist die **Carboxygruppe** (COOH-Gruppe):

Carbonsäuren, die sich von den Alkanen ableiten lassen und nur eine Carboxygruppe im Molekül besitzen, werden als **Alkansäuren** bezeichnet.

Einteilung der Carbonsäuren

Hydroxycarbonsäure	Dicarbonsäure	Aminosäure
Milchsäure (2-Hydroxypropansäure)	Oxalsäure (Ethandisäure)	Alanin (2-Aminopropansäure)

Bildung durch partielle (unvollständige) **Oxidation von Alkoholen oder Aldehyden**; *Beispiel:*

$$CH_3-CH_2-OH + O_2 \xrightarrow{Enzyme} CH_3-C \begin{smallmatrix} \overline{O}| \\ \\ OH \end{smallmatrix} + H_2O$$

Eigenschaften: Die Carboxygruppe bestimmt durch ihren stark polaren Charakter die Eigenschaften der Carbonsäuren. Ihre Moleküle bilden untereinander Wasserstoffbrücken aus. Dadurch entstehen stabile Doppelmoleküle. Die Siedetemperaturen liegen höher als die vergleichbarer Alkohole.
Acidität: In Wasser protolysieren Carbonsäuren in Carboxylat-Ionen und Oxonium-Ionen. Carbonsäuren reagieren sauer, weil das positiv polarisierte Wasserstoffatom der Carboxygruppe leicht abgespalten werden kann.

Carbonsäuremolekül	Wassermolekül	Carboxylat-Ion	Oxonium-Ion

Carbonsäureester	Die funktionelle Gruppe der Carbonsäureester ist die **Estergruppe:**

Bildung durch eine säurekatalysierte umkehrbare Reaktion aus Alkoholen und Carbonsäuren:

$$R^1-C \begin{smallmatrix} \overline{O}| \\ \\ OH \end{smallmatrix} + HO-R^2 \underset{Hydrolyse}{\overset{Kondensation}{\rightleftharpoons}} R^1-C \begin{smallmatrix} \overline{O}| \\ \\ \overline{O}-R^2 \end{smallmatrix} + H_2O$$

Die alkalische Esterhydrolyse wird auch **Verseifung** genannt.

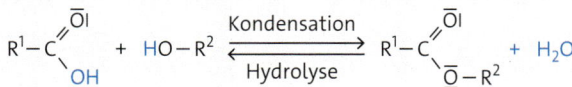

$$R^1-C \begin{smallmatrix} \overline{O}| \\ \\ \overline{O}-R^2 \end{smallmatrix} + OH^- \longrightarrow R^1-C \begin{smallmatrix} \overline{O}| \\ \\ \overline{O}|^- \end{smallmatrix} + R^2-OH$$

Ester aus kurzkettigen Alkanol- und Carbonsäuremolekülen sind flüchtige Verbindungen. Viele kommen als **Fruchtester** in Früchten vor. Es sind typische *Aromastoffe*.

Funktionelle Gruppe	Atomgruppe in einem Molekül, die die chemischen Eigenschaften einer organischen Verbindung wesentlich bestimmt.

Übungsaufgaben

1⟩ **a** Erläutern Sie den Einfluss der Hydroxygruppe auf die physikalischen Eigenschaften der Alkohole.
b Erklären Sie den Unterschied zwischen einem sekundären und einem zweiwertigen Alkohol.
c Erklären Sie, warum Natriumhydroxid (NaOH) nicht zu den Alkoholen gehört.

2⟩ Klassifizieren Sie die folgenden Alkohole und benennen Sie die gezeigten Moleküle:

a
$CH_3-CH_2-CH_2-CH_2-OH$

b
$CH_3-CH_2-\underset{\underset{OH}{|}}{CH}-CH_2-CH_3$

c
$CH_3-CH_2-CH_2-\underset{\underset{OH}{|}}{\overset{\overset{CH_3}{|}}{C}}-CH_3$

d
$CH_3-\underset{\underset{OH}{|}}{CH}-CH_2-\underset{\underset{OH}{|}}{CH}-CH_3$

e
$CH_3-\underset{\underset{CH_3}{|}}{\overset{\overset{CH_3}{|}}{C}}-CH_2-CH_2-OH$

f
$CH_3-CH_2-\underset{\underset{CH_3}{|}}{CH}-CH_2-OH$

3⟩ Geben Sie die Reaktionsgleichung für die Reaktion von Butan-1-ol mit Kalium an. Benennen Sie die Produkte.

4⟩ **a** Geben Sie die Reaktionsgleichung für die Verbrennung von Propan-1-ol an.
b Zeigen Sie, dass es sich um eine Redoxreaktion handelt.

5⟩ **a** Geben Sie die Strukturformeln der drei isomeren Verbindungen mit der Molekülformel C_3H_8O an und benennen Sie diese.
b Ordnen Sie den drei Isomeren begründet die Siedetemperaturen 97,2 °C, 82,3 °C und 7,6 °C zu.
c Zwei der Isomeren können mit Kaliumpermanganat oxidiert werden, wobei in einem Fall zwei unterschiedliche Reaktionsprodukte entstehen können. Erläutern Sie.

6⟩ Bioethanol als Kraftstoffzusatz für Ottomotoren hat eine geringere Energieausbeute als Benzin (Hexan). Gleichzeitig trägt es zu einer geringeren Belastung des Abgases mit Kohlenstoffdioxid bei.
a Stellen Sie die Reaktionsgleichung für die Verbrennug von Ethanol bzw. Hexan auf.
b Beurteilen Sie die obigen Aussagen begründet.

7⟩ **a** Erläutern Sie den Unterschied zwischen einem symmetrischen und einem unsymmetrischen Ether.
b Formulieren Sie einen Vorschlag zur Synthese von Diethylether.
c Geben Sie die Halbstrukturformeln von vier Verbindungen an, die Isomere zu Diethylether sind.

8⟩ Geben Sie jeweils die Reaktionsgleichung für die Umsetzung von Butan-1-ol, Butan-2-ol und tert-Butanol (2-Methylpropan-2-ol) mit Kupfer(II)-oxid an.

Bestimmen Sie die Oxidationszahlen der Kohlenstoffatome und Kupferteilchen.

9⟩ Leitet man Propanoldämpfe über ein heißes Platinnetz und führt die Produkte durch eine Kühlfalle, so entsteht eine farblose Flüssigkeit und ein Gas, das durch positive Knallgasprobe identifiziert werden kann.
a Formulieren Sie die Reaktionsgleichung.
b Bestimmen Sie alle Oxidationszahlen und markieren Sie Oxidation und Reduktion.

10⟩ In einem Labor sind die Etiketten von den Flaschen eines primären, eines sekundären und eines tertiären Alkohols abgefallen. Sie haben die Aufgabe, die Alkohole durch geeignete Experimente zu identifizieren. Es handelt sich um:
A: Ethanol, B: 3-Methylpentan-3-ol, C: Propan-2-ol.
Zur Verfügung stehen Ihnen neben den laborüblichen Geräten folgende Chemikalien, die Sie aber nicht alle benutzen müssen:
Natronlauge, Kupferbleche, Salzsäure, Fehling-Lösung I und II, Ammoniak, Kupfer(I)-oxid, Universalindikator.
a Stellen Sie zunächst ein Fließschema auf, das zeigt, wie Sie vorgehen müssen, um die einzelnen Alkohole zu identifizieren (ohne Reaktionsgleichungen!). Geben Sie jeweils die Beobachtungen an, die Sie zur Identifizierung benötigen.
b Geben Sie die zur Identifizierung notwendigen Reaktionsgleichungen an, notieren Sie dabei organische Stoffe in Strukturformeln. Kennzeichnen Sie in Redoxgleichungen alle Elektronenübergänge inklusive der Angabe „Oxidation" bzw. „Reduktion".
c Benennen Sie die organischen Reaktionsprodukte.

11⟩ Beschreiben Sie die strukturellen Unterschiede und Gemeinsamkeiten zwischen Aldehyden und Ketonen.

12⟩ Benennen Sie die folgenden Verbindungen:

a
$CH_3-CH_2-C\overset{\overset{\displaystyle \bar{O}|}{}}{\underset{\underset{\displaystyle H}{}}{}}$

b
$CH_3-\overset{\overset{\displaystyle \hat{O}}{||}}{C}-CH_3$

c
$CH_3-CH=CH-C\overset{\overset{\displaystyle \bar{O}|}{}}{\underset{\underset{\displaystyle H}{}}{}}$

d
$\overset{\overset{\displaystyle OH}{|}}{CH_2}-CH_2-C\overset{\overset{\displaystyle \bar{O}|}{}}{\underset{\underset{\displaystyle H}{}}{}}$

e
$CH_3-\overset{\overset{\displaystyle \hat{O}}{||}}{C}-\underset{\underset{\displaystyle O}{||}}{C}-CH_3$

f
$\underset{\underset{\displaystyle HO}{}}{\overset{\overset{\displaystyle |\bar{O}|}{||}}{C}}-CH_2-CH_2-CH_2-C\overset{\overset{\displaystyle \bar{O}|}{||}}{\underset{\underset{\displaystyle OH}{}}{}}$

13⟩ Zeichnen Sie die Halbstrukturformeln der folgenden Verbindungen: Pentansäure, Octadecansäure, Propandisäure, 2,4-Dimethylpentansäure, 2-Hydroxypropansäure, 2-Aminoethansäure, Hexa-2,4-diensäure.

23469

14 ⟩ Benennen Sie die folgenden Verbindungen:

15 ⟩ 5-Hydroxyhexansäure bildet einen cyclischen Ester, ein Lacton, während dies bei 3-Hydroxypropansäure nicht so leicht möglich ist.
  a Formulieren Sie eine Hypothese zur Begründung.
  b Geben Sie die Strukturformel des gebildeten Lactons an.
  c Stellen Sie Vermutungen an, ob dieser Ester in alkalischer Lösung stabil ist.

16 ⟩ Butansäure reagiert in saurer Lösung mit Methanol.
  a Geben Sie das Reaktionsprodukt an.
  b Formulieren Sie die Reaktionsgleichung in Strukturformeln.
  c Das organische Reaktionsprodukt wird anschließend mit Kalilauge umgesetzt. Formulieren Sie die Reaktionsgleichung und nennen Sie die Reaktionsart.

17 ⟩ a Geben Sie die Edukte für die Herstellung der folgenden Ester an: Ethansäureethylester, Propansäureethylester, Ethansäurepropylester, Methansäurehexylester.
  b Benennen Sie die Ester nach der IUPAC-Nomenklatur.

18 ⟩ Bei der Spaltung eines Esters entstehen Acetat-Ionen und Butanol. Geben Sie Namen und Strukturformel des Ausgangsstoffs an.

19 ⟩ Geben Sie an, welchen Stoffklassen viele Duft- und Aromastoffe zuzuordnen sind.

20 ⟩ Benennen Sie die funktionellen Gruppen in den Molekülen der Duftstoffe:

21 ⟩ Kamele sind an das Leben im Wüstenraum angepasst. Sie können lange ohne Wasser auskommen, da sie in der Lage sind, das im Höcker gespeicherte Fett vollständig zu oxidieren, wobei neben Kohlenstoffdioxid auch Wasser entsteht.
  a Geben Sie die Halbstruktur- und Molekülformel des Esters Triolein an, der aus Glycerin und drei Ölsäureresten (Octadec-9-ensäure) gebildet wird.
  b Formulieren Sie die Reaktionsgleichung für die vollständige Oxidation des Esters Triolein.
  c Berechnen Sie, wie viel Liter Wasser aus 1 kg Fett entstehen kann. *Hinweis:* Die molare Masse des Esters beträgt 884 g·mol⁻¹.

Mithilfe dieses Kapitels können Sie:	Aufgabe	Hilfe finden Sie auf Seite
• die Stoffklassen der organischen Sauerstoffverbindungen (Alkohole, Ether, Aldehyde, Ketone, Carbonsäuren, Ester) anhand ihrer Molekülstruktur und ihrer funktionellen Gruppen unterscheiden	1, 7a+c, 10a, 13, 14, 19, 20	52–53, 58, 60, 64, 69–70, 76
• die IUPAC-Nomenklatur zur Benennung von organischen Sauerstoffverbindungen anwenden und die Strukturformel des Moleküls entwickeln	2, 5a, 10c, 12, 13, 14, 15, 17b, 18, 21a	53, 60, 65, 70, 76
• Stoffeigenschaften und Reaktionsverhalten der organischen Sauerstoffverbindungen mit dem Einfluss der jeweiligen funktionellen Gruppen sowie dem Einfluss der zwischenmolekularen Wechselwirkungen erklären für:		
Alkohole und Ether	3, 4, 5b, 6, 7b, 8	54–55, 58, 60
Aldehyde und Ketone	11	66–67
Carbonsäuren und Ester	15, 16, 17a, 18	70–71, 76–77
• die schrittweise Oxidation der Alkohole als mehrstufigen Prozess beschreiben und Oxidationszahlen bestimmen	5c, 9, 10b, 21b–c	64–65, 69

Das Calciumcarbonat der Korallenriffe steht im dynamischen Gleichgewicht mit den Ionen im Meerwasser. Ob ein Korallenriff wächst, stabil bleibt oder sich im Wasser löst, hängt von den Konzentrationen verschiedener Ionen, der Temperatur und dem Gehalt an Kohlenstoffdioxid in der Atmosphäre ab. Eine chemische Reaktion so beeinflussen zu können, dass die Ausbeute des gewünschten Produkts möglichst groß wird, fordert Chemikerinnen und Chemiker immer wieder heraus.

Reaktionsgeschwindig-keit und chemisches Gleichgewicht

4

Verlauf und Dynamik chemischer Reaktionen

Reaktionsge-schwindigkeit

- Konzentrations-Zeit-Diagramme
- Stoßtheorie der chemischen Reaktion
- Aktivierungsenergie, Temperatur und Energieverteilung
- Katalyse und Katalysator

Chemisches Gleichgewicht

- Umkehrbarkeit physikalischer und chemischer Prozesse
- Kennzeichen dynamischer Gleichgewichte
- Chemisches Gleichgewicht als dynamisches Gleichgewicht
- Massenwirkungsgesetz

Störung des chemischen Gleichgewichts

- Beeinflussung des Gleichgewichts durch Temperatur, Druck und Konzentration
- Prinzip von Le Chatelier

Chemische Gleichgewichte in Natur und Technik

- Ammoniaksynthese nach dem Haber-Bosch-Verfahren
- Zusammenspiel von Temperatur, Reaktionsgeschwindigkeit und chemischem Gleichgewicht
- Löslichkeitsgleichgewichte

01 Korallenriffe – empfindliche Schönheiten tropischer Meere

4.1 Reaktionsgeschwindigkeit

01 **A** Blitzlicht durch Verbrennung von Magnesiumpulver, **B** Veränderung eines Kupfercents nach 13 Jahren

02 Beim Raketenstart werden in kurzer Zeit große Mengen Wasserstoff zu Wasser verbrannt.

LANGSAME UND SCHNELLE REAKTIONEN Anfang des 20. Jahrhunderts wurden Szenen für die Aufnahme von Fotos mit Magnesiumblitzen beleuchtet. Dabei wird Magnesiumpulver innerhalb von Bruchteilen einer Sekunde zu Magnesiumoxid unter Freisetzung von intensivem Licht oxidiert (↑ **01A**). Diese Reaktion muss schnell ablaufen, um die für den Blitz notwendige hohe Temperatur zu erreichen.
In anderen Fällen sind schnelle Oxidationen von Metallen aber nicht erwünscht. Münzen sollen beispielsweise beständig sein, da sie einen Wert darstellen. Bei der dunklen Schicht auf der älteren Münze im Bild ↑ **01B** handelt es sich um Kupferoxid. Eine Kupfermünze reagiert bei Raumtemperatur nur sehr langsam mit dem Sauerstoff der Luft und die Veränderung ist oft erst nach einigen Jahren zu erkennen.

> ▶ **Noch gewusst?** Bewegungen können subjektiv als langsam oder schnell empfunden werden. Durch die mittlere Geschwindigkeit $\bar{v}$ können Bewegungen objektiv bestimmt werden. Sie wird als Quotient aus zurückgelegtem Weg Δs und der dafür benötigten Zeit Δt definiert: $\bar{v} = \frac{\Delta s}{\Delta t}$.

Die Stöchiometriezahl gibt die Teilchenanzahl in einer chemischen Reaktion an.

$$\bar{v} = \frac{\Delta s}{\Delta t} = \frac{s_2 - s_1}{t_2 - t_1}$$

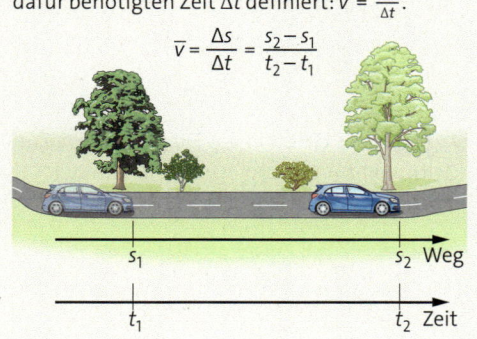

REAKTIONSGESCHWINDIGKEIT Für chemische Reaktionen lässt sich eine Geschwindigkeit definieren, die **Reaktionsgeschwindigkeit v**. In chemischen Reaktionen werden Stoffe ineinander umgewandelt, beispielsweise

$$A + B \longrightarrow 2\,C$$

Damit die Reaktionsgeschwindigkeit v nicht von der Größe des Systems abhängt, wird nicht die zeitliche Änderung der Teilchenzahl oder Stoffmenge, sondern die Konzentrationsänderung pro Zeit betrachtet. Wie beim Beispiel des Autos ist die mittlere Reaktionsgeschwindigkeit $\frac{\Delta c}{\Delta t}$. Außerdem muss berücksichtigt werden, dass die Konzentrationen von A und B abnehmen, während die von C zunimmt. Um einen positiven Wert für v zu erhalten, wird deshalb der Betrag der Konzentrationsänderung eingesetzt. Schließlich muss auch noch die Zahl der pro Formelumsatz verschwindenden und entstehenden Teilchen einbezogen werden. Aus einem A und einem B entstehen zwei C, d. h., die Konzentration von C steigt doppelt so schnell, wie die von A und B abnimmt. Der Betrag der Konzentrationsänderung $\Delta c(C)$ muss deshalb durch die zugehörige *Stöchiometriezahl*, hier 2, dividiert werden:

$$\bar{v} = \frac{|\Delta c(A)|}{\Delta t} = \frac{|\Delta c(B)|}{\Delta t} = \frac{1}{2}\frac{|\Delta c(C)|}{\Delta t}$$

Angewandt auf das konkrete Beispiel der bei einem Raketenstart genutzten Knallgasreaktion (↑ **02**),

$$2\,H_2(g) + O_2(g) \longrightarrow 2\,H_2O(g)$$

beträgt die Reaktionsgeschwindigkeit:

$$\bar{v} = \frac{1}{2}\frac{|\Delta c(H_2)|}{\Delta t} = \frac{|\Delta c(O_2)|}{\Delta t} = \frac{1}{2}\frac{|\Delta c(H_2O)|}{\Delta t}$$

Konzentrations-Zeit-Diagramme

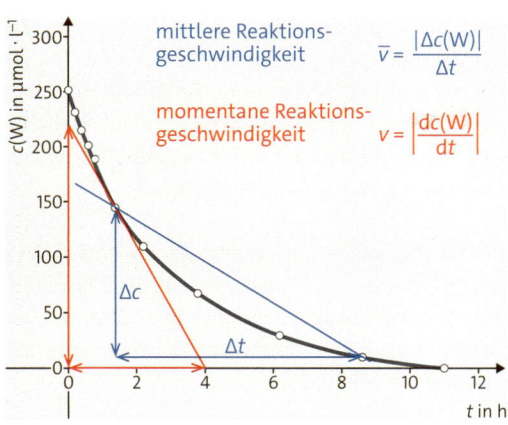

03 Zeitliche Veränderung der Konzentration eines Medikaments im Blutplasma

KONZENTRATIONSVERÄNDERUNGEN Für die Wirksamkeit eines Medikaments ist es wichtig, die zeitliche Veränderung seiner Konzentration im Blut zu kennen. Bei zu geringen Konzentrationen kommt es nicht zu den beabsichtigten Wirkungen, bei zu hohen Konzentrationen treten möglicherweise Nebenwirkungen auf. Bild ↑ **03** zeigt die Konzentration eines Wirkstoffs W im Blut nach dem Erreichen seines Maximalwerts. Die Abnahme von $c(W)$ ist auf die Umwandlung des Wirkstoffs W in sein Abbauprodukt A zurückzuführen: W $\longrightarrow$ A.

MITTLERE REAKTIONSGESCHWINDIGKEIT Mithilfe eines **Konzentrations-Zeit-Diagramms** lässt sich die Geschwindigkeit einer Reaktion bestimmen. Dabei ist die Steigung der blauen Geraden gleich dem Quotienten aus der Konzentrationsänderung Δc und dem gewählten Zeitintervall Δt. Aus ihr kann die **mittlere Reaktionsgeschwindigkeit** $\bar{v}$ ermittelt werden. Um die Steigung zu berechnen, konstruiert man ein Steigungsdreieck und dividiert die Konzentrationsänderung durch das Zeitintervall:

$$\frac{\Delta c(W)}{\Delta t} = \frac{(11 - 145)\,\mu mol \cdot l^{-1}}{(8{,}6 - 1{,}4)\,h} \approx -18{,}6\,\mu mol \cdot l^{-1} \cdot h^{-1}$$

Da die Stöchiometriezahl von W in der Reaktionsgleichung eins beträgt, gilt für die Reaktionsgeschwindigkeit im gewählten Intervall:

$$\bar{v} = \frac{|\Delta c(W)|}{\Delta t} \approx 18{,}6\,\mu mol \cdot l^{-1} \cdot h^{-1}$$

> Die mittlere Reaktionsgeschwindigkeit $\bar{v}$ ist definiert als Quotient aus dem Betrag der Konzentrationsänderung des jeweiligen Stoffs und dem benötigten Zeitintervall.
>
> $$\bar{v} = \frac{|\Delta c|}{\Delta t} = \frac{|c_2 - c_1|}{t_2 - t_1}$$

MOMENTANE REAKTIONSGESCHWINDIGKEIT Wenn die Größe des Zeitintervalls gegen den Wert null strebt ($\Delta t \longrightarrow dt$), dann wird aus einer Geraden, die die Kurve schneidet, eine Tangente (↑ **03**, rot). Ihre Steigung ist gleich der momentanen Änderungsrate der Konzentration, $\frac{dc}{dt}$.

Um die Steigung einer Tangente zu berechnen, ermittelt man ihre Schnittpunkte mit den Achsen. Die Achsenabschnitte entsprechen den Katheten im Steigungsdreieck. Für die Tangente an der Kurve zum Zeitpunkt $t = 1{,}4$ h gilt:

$$\frac{dc(W)}{dt} = \frac{(0 - 220)\,\mu mol \cdot l^{-1}}{(4 - 0)\,h} = -55\,\mu mol \cdot l^{-1} \cdot h^{-1}$$

$$v = \left|\frac{dc(W)}{dt}\right| = 55\,\mu mol \cdot l^{-1} \cdot h^{-1}$$

Mit zunehmender Zeit wird die Kurve flacher, d. h., die momentane Reaktionsgeschwindigkeit sinkt.

1〉 Chlorwasserstoff (HCl) wird aus Wasserstoff (H_2) und Chlor (Cl_2) synthetisiert.
a Erstellen Sie die Reaktionsgleichung.
b Erstellen Sie zwei Gleichungen für die Geschwindigkeit dieser Reaktion: einmal mit $\Delta c(Cl_2)$ und einmal mit $\Delta c(HCl)$ als Variable.
c In einem Kolben ($V = 1$ l) reagieren 0,01 mol Chlor und 0,01 mol Wasserstoff miteinander. Bereits 50 ms nach Beginn sind 50 % der Edukte verbraucht. Berechnen Sie die mittlere Reaktionsgeschwindigkeit zwischen 0 und 50 ms.
d Übertragen Sie das Diagramm. Ermitteln Sie mit der Tangentenmethode die momentane Reaktionsgeschwindigkeit bei $t = 50$ ms.

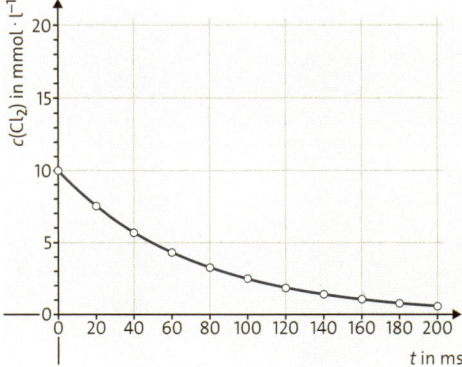

e Tragen Sie $c(HCl)$ in das Diagramm ein. Zum Zeitpunkt $t = 0$ ms ist $c(HCl) = 0\,mmol \cdot l^{-1}$.
2〉 Die Geschwindigkeit eines Körpers kann längere Zeit konstant sein. Begründen Sie, warum das nicht für die Reaktion aus **1c** gelten kann.
3〉 Recherchieren Sie Reaktionen, die besonders schnell bzw. besonders langsam verlaufen.

Animation: Ermittlung der Reaktionsgeschwindigkeit

Modell der wirksamen Stöße

Animation:
Stoßmodell

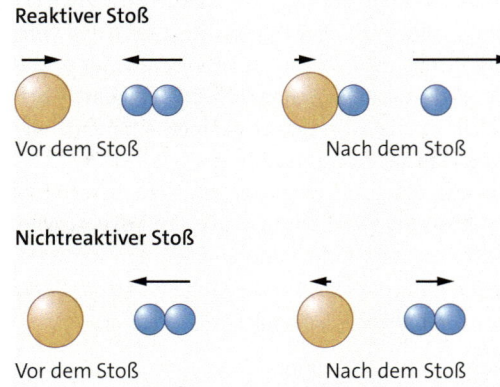

01 Reaktiver und nichtreaktiver Stoß im Modell.
Die Pfeile repräsentieren die Teilchengeschwindigkeit.

Avogadro-Konstante
$N_A = 6 \cdot 10^{23} \, mol^{-1}$

TEILCHEN MÜSSEN ZUSAMMENSTOSSEN Chemische Reaktionen haben ihre Ursache auf der Teilchenebene. Es kommt zur Übertragung von Elektronen oder zur Spaltung und Entstehung chemischer Bindungen. Dazu müssen Atome, Moleküle oder Ionen zusammenstoßen. Aber nicht jeder Stoß ist ein wirksamer, **reaktiver Stoß**. Es kommt neben der richtigen Orientierung vor allem darauf an, dass die kinetische Energie der Teilchen größer als die notwendige **Aktivierungsenergie E_A** ist.

> Für eine chemische Reaktion müssen Teilchen reaktive Stöße ausführen. Stoßhäufigkeit und kinetische Energie der Teilchen beeinflussen die Reaktionsgeschwindigkeit.

Animation:
Stoßzahl

TEILCHENDICHTE, STOSSZAHL UND REAKTIONS-GESCHWINDIGKEIT Zwischen der Anzahl der Teilchen in einem Raum, die sich unabhängig voneinander bewegen, und der Anzahl möglicher Stöße besteht ein anschaulicher Zusammenhang (↑ 02). In Bild A ist nur ein, in B sind drei und in C neun Stöße zwischen blauen und gelben Kugeln möglich. Mit der Verdreifachung der Anzahl gelber bzw. blauer Kugeln verdreifacht sich auch die Anzahl der möglichen Stöße. Die Stoßhäufigkeit einer Teilchensorte ist also proportional zur Anzahl N dieser Teilchen im Raum und damit zur *Teilchendichte $\frac{N}{V}$*.

Je häufiger Teilchen zusammenstoßen, umso wahrscheinlicher wird auch ein reaktiver Stoß erfolgen, d.h., die Reaktionsgeschwindigkeit v hängt mit der Stoßhäufigkeit und damit der Teilchendichte zusammen: $v \sim \frac{N}{V}$.

STOFFMENGENKONZENTRATION Ersetzt man die Teilchenanzahl N durch die Stoffmenge: $N = n \cdot N_A$, dann kann die Teilchendichte $\frac{N}{V}$ durch die Stoffmengenkonzentration $c = \frac{n}{V}$ ersetzt werden.
Für eine einfache Reaktion A + B $\longrightarrow$ 2 C ist die Stoßhäufigkeit zwischen den Teilchen von A und B und damit die Reaktionsgeschwindigkeit v proportional zum Produkt aus $c(A)$ und $c(B)$.

$$v \sim c(A) \cdot c(B)$$
$$v = k \cdot c(A) \cdot c(B)$$

k wird als **Geschwindigkeitskonstante** der Reaktion bezeichnet und hängt nicht von den Konzentrationen $c(A)$ und $c(B)$ ab, jedoch von der Temperatur (↑ S. 111).

DRUCK In der Gasphase ist der Druck p eine geeignete Messgröße. Je höher die Teilchendichte ist und je schneller sie sich bewegen, umso größer ist der Druck und umso häufiger stoßen sie nicht nur gegen die Gefäßwand, sondern auch aneinander. Bei konstanter Temperatur ist die Reaktionsgeschwindigkeit proportional zum Produkt aus $p(A)$ und $p(B)$.

ZERTEILUNGSGRAD Zinkpulver zeigt bei der Reaktion mit Salzsäure eine viel größere Reaktionsgeschwindigkeit als granuliertes Zink. Die Reaktion verläuft an der Phasengrenze, d.h. an der Oberfläche der Festkörper. Die Stoßhäufigkeit zwischen den Teilchen der Reaktionspartner und damit die Reaktionsgeschwindigkeit steigt mit der Größe der Grenzfläche, also mit dem **Zerteilungsgrad** der Stoffe. Ebenso gilt dies für Reaktionen in heterogenen Systemen, in denen Reaktionspartner in verschiedenen Phasen oder Aggregatzuständen vorliegen.
Geht man von würfelförmigen Partikeln aus, dann steigt die Gesamtoberfläche um den Faktor 10, wenn die Kantenlänge um den gleichen Faktor verkleinert und der Würfel in 1000 kleine Würfel zerteilt wird.

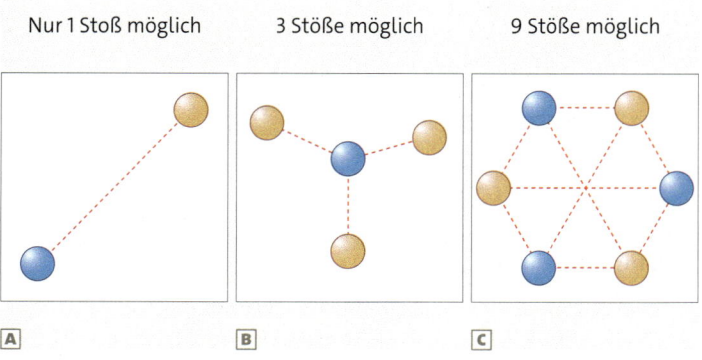

02 Modellhafte Darstellung der Veränderung der Stoßzahl mit der Teilchenanzahl

Energiediagramme

03 Je nach Bedarf: kühlen oder heizen

04 Energieverteilung nach MAXWELL: Bewegungsenergie der Teilchen bei niedriger (blau) und hoher (rot) Temperatur

TEMPERATUR UND REAKTIONSGESCHWINDIGKEIT
Gekühlte Lebensmittel sind länger genießbar, weil das Wachstum von Bakterien und Pilzen sowie die Oxidation von Fetten bei tiefen Temperaturen langsamer verlaufen als bei hohen. Chemische Synthesen werden häufig bei erhöhten Temperaturen durchgeführt. Dadurch können in gleicher Zeit größere Produktmengen erzeugt werden. Zwischen der Temperatur und der Reaktionsgeschwindigkeit besteht folgender experimentell gefundener Zusammenhang:

> Bei einer Temperaturerhöhung um 10 K verdoppelt bis vervierfacht sich die Geschwindigkeit vieler Reaktionen. Dieser Zusammenhang wird als Reaktionsgeschwindigkeits-Temperatur-Regel – kurz RGT-Regel – bezeichnet.

TEMPERATUR UND KINETISCHE ENERGIE Der Einfluss der Temperatur auf die Reaktionsgeschwindigkeit liegt an der Verteilung der Bewegungsenergie (kinetische Energie) auf die Teilchen (↑ 04). Bei der von JAMES C. MAXWELL gefundenen Energieverteilung ist die Fläche unter der Kurve in einem bestimmten Energieintervall ein Maß für den Anteil der Teilchen mit dieser Energie. Bei einer höheren Temperatur gibt es mehr Teilchen, deren Bewegungsenergie gleich oder größer als die notwendige Aktivierungsenergie E_A ist als bei niedriger Temperatur. Dadurch können mehr Teilchen reaktive Stöße miteinander ausführen und folglich erhöht sich mit der Temperatur auch die Geschwindigkeit vieler chemischer Reaktionen. Mathematisch steckt die Veränderung der Reaktionsgeschwindigkeit in der Veränderung der Geschwindigkeitskonstanten k.

ÜBERGANGSZUSTAND Die notwendige Aktivierungsenergie E_A einer Reaktion wird durch ihren **Übergangszustand** bestimmt. Seine Energie liegt um den Betrag von E_A über der der Edukte (↑ 05). Treffen z. B. ein Fluoratom und ein Wasserstoffmolekül mit einer Energie größer als E_A aufeinander, dann wird mit abnehmendem F⋯H-Abstand die H–H-Bindung gedehnt und geschwächt. Der Übergangszustand ist ein instabiles „H⋯H⋯F-Molekül", das schließlich in ein HF-Molekül und ein H-Atom zerfällt.

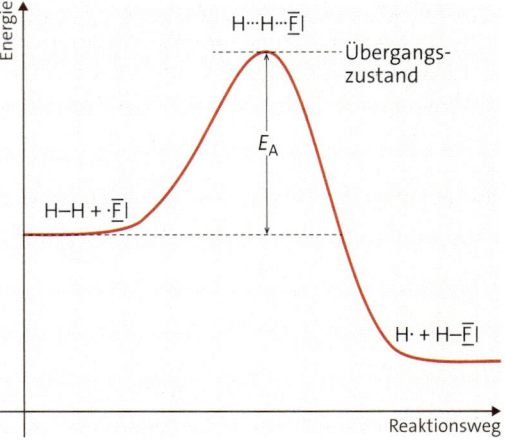

05 Energiediagramm einer exothermen Reaktion

1 ⟩ Die Geschwindigkeit einer Reaktion verdoppelt sich bei Erhöhung der Temperatur von 25 auf 35 °C. Bewerten Sie folgende Aussagen:
a Bei 45 °C ist die Reaktion viermal so schnell wie bei 25 °C.
b Bei 55 °C ist die Reaktion sechsmal so schnell wie bei 25 °C.

Katalyse

Platinwendel
über Methanol

ohne Pflanzenasche

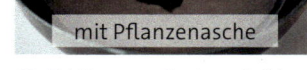

mit Pflanzenasche

01 Erhitzen von Zuckerwürfeln

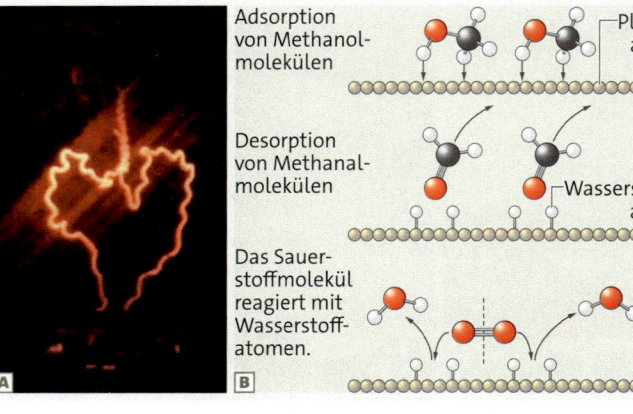

Adsorption von Methanolmolekülen — Platinatom

Desorption von Methanalmolekülen — Wasserstoffatom

Das Sauerstoffmolekül reagiert mit Wasserstoffatomen.

A Das „pulsierende Platinherz", **B** Reaktionsmechanismus im Modell

EIN ALTERNATIVER REAKTIONSWEG Zucker karamellisiert beim Erhitzen, brennt aber nicht. Gibt man Asche dazu, dann brennt er, d. h., er wird oxidiert. In unseren Körperzellen findet die Oxidation von Zucker bereits bei etwa 37 °C statt, ermöglicht durch **katalytisch** wirksame Enzyme.

Ein **Katalysator** ermöglicht einer Reaktion einen neuen Weg mit einer kleineren Aktivierungsenergie. Dadurch führen bei gleicher Temperatur mehr Teilchen reaktive Stöße aus, wodurch die Reaktionsgeschwindigkeit steigt. Bild ↑ **02** zeigt, dass es bei der katalysierten Reaktion zur Bildung eines neuen Teilchens zwischen Edukt- und Katalysatorteilchen kommt, das sich in einigen Fällen sogar durch analytische Methoden nachweisen lässt. Am Ende wird der Katalysator wieder zurückgebildet. Er wird deshalb nicht verbraucht und taucht in der Reaktionsgleichung nicht auf. In der Forschung spielt die Entwicklung effizienter Katalysatoren eine wichtige Rolle.

KATALYSE VERSTEHEN Um die Wirkungsweise eines Katalysators verstehen zu können, ist eine Vorstellung über den **Reaktionsmechanismus** notwendig, also über den Weg, der von den Teilchen der Edukte zu denen der Produkte führt.

Taucht man einen Platindraht in Methanoldampf (↑ **03**), dann kommen Methanolmoleküle (CH_3OH) in Kontakt mit den Platinatomen. Durch Bindungsspaltung und -neubildung entstehen ein Methanalmolekül (HCHO) und zwei platingebundene Wasserstoffatome (H). Diese reagieren exotherm mit einem Sauerstoffmolekül. Die Reaktionswärme bringt den Platindraht zum Glühen. Die hohe Temperatur zündet schließlich die Verbrennung von Methanol. Danach befinden sich kein Methanol und kein Sauerstoff mehr am Platin. Der Draht kühlt ab, bis der Vorgang durch Diffusion von Methanol- und Sauerstoffmolekülen erneut beginnt.

> Ein Katalysator ermöglicht einen alternativen Reaktionsweg mit verringerter Aktivierungsenergie und erhöhter Reaktionsgeschwindigkeit. Es kommt zur Wechselwirkung der Katalysatorteilchen mit den Eduktmolekülen. Da die Katalysatorteilchen wieder zurückgebildet werden, tauchen sie in der Reaktionsgleichung nicht auf.

HETEROGENE KATALYSE Wenn der Katalysator fest, die Edukte aber gasförmig oder flüssig sind, dann liegt eine **heterogene Katalyse** vor (↑ **03**). Ihr Vorteil ist die einfache Abtrennbarkeit der Reaktionsprodukte vom Katalysator. Nicht nur die Abgasreinigung am Verbrennungsmotor, sondern auch die meisten Herstellungsverfahren großtechnischer Produkte basieren auf heterogen katalysierten Reaktionen. Hierbei zeigt sich auch die Selektivität verschiedener Katalysatoren, die von den gleichen Edukten zu verschiedenen Produkten führt.

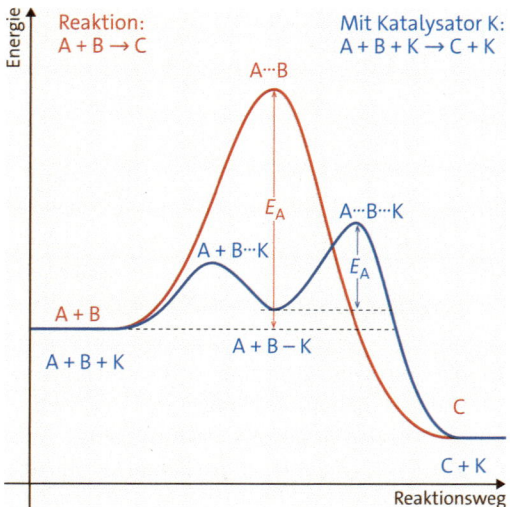

Reaktion: A + B → C

Mit Katalysator K: A + B + K → C + K

A···B

E_A

A + B···K

A···B···K

E_A

A + B

A + B − K

A + B + K

C

C + K

Energie

Reaktionsweg

02 Energiediagramme einer nichtkatalysierten (rot) und der zugehörigen katalysierten (blau) Reaktion

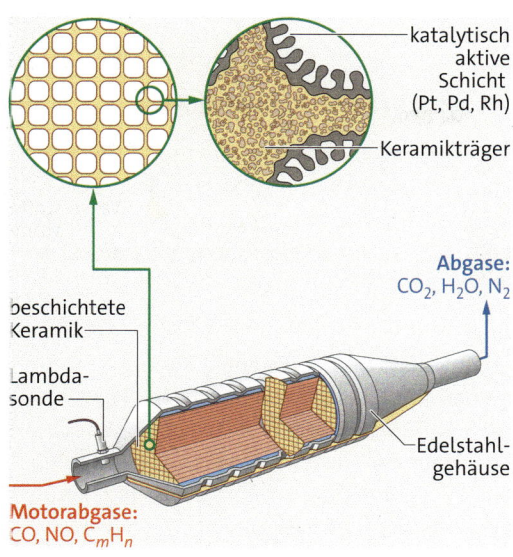

04 Querschnitt durch einen Autoabgaskatalysator

Querschnitt durch einen Autabgaskatalysator

mehr als einen Faktor 10^6 – und die hohe Spezifität bezüglich der Edukte, die hier **Substrate** heißen. Linus Pauling (Chemienobelpreis 1954) stellte die Hypothese auf, dass die Enzymmoleküle durch Form und funktionelle Gruppen in der Bindungsstelle des Substrats die Bildung des Übergangszustands begünstigen und so die Aktivierungsenergie absenken. Dies ist eine Weiterentwicklung des auf Emil Fischer (Chemienobelpreis 1902) zurückgehenden **Schlüssel-Schloss-Prinzips**.

AUTOKATALYSE Wenn ein Katalysator einer Reaktion durch die Reaktion selbst erzeugt wird, spricht man von **Autokatalyse** (griech. *autós*: selbst). So sind Mangan(II)-Ionen (Mn^{2+}) katalytisch aktive Produkte der Reaktion von Permanganat-Ionen (MnO_4^-) mit Oxalsäuremolekülen (HOOC–COOH).

$$2\,MnO_4^- + 5\,HOOC{-}COOH + 6\,H_3O^+$$
$$\longrightarrow 2\,Mn^{2+} + 10\,CO_2 + 14\,H_2O$$

Diese Reaktion findet Anwendung in der analytischen Bestimmung von Oxalsäure durch Titration mit einer Kaliumpermanganatlösung. Bild ↑ 06 zeigt den Vergleich des Verlaufs einer „normalen" katalysierten Reaktion mit dem einer Autokatalyse. Die Geschwindigkeit einer autokatalytischen Reaktion steigt zunächst an, weil die Katalysatorkonzentration zunimmt. Schließlich sinkt sie, wenn die Konzentration der Edukte klein wird.

HOMOGENE KATALYSE Bei der homogenen Katalyse liegen Katalysator und Edukte in einer Lösung oder in der Gasphase vor. Ihr Vorteil ist die gute Durchmischung von Katalysator und Reaktionspartnern. Bild ↑ 05 gibt eine Vorstellung vom Verlauf einer homogen katalysierten Reaktion, der säurekatalysierten Zersetzung von Methansäure. Durch die Anlagerung eines Wasserstoff-Ions H^+ an das Methansäuremolekül vergrößert sich die Teilladung des Kohlenstoffatoms. Dies ermöglicht die Abspaltung eines Wassermoleküls sowie eines Wasserstoff-Ions vom Kohlenstoffatom. Eine Säure HA ist somit als Katalysator der Methansäurezersetzung geeignet.

ENZYME UND BIOKATALYSE Enzyme sind Katalysatoren biologischer Systeme. Ihre beiden bemerkenswertesten Eigenschaften sind die hohe katalytische Aktivität – sie beschleunigen Reaktionen um

1 ⟩ Zeigen Sie an den Reaktionsgleichungen in Bild ↑ 05, dass die Säure HA kein Edukt, sondern ein Katalysator ist.
2 ⟩ Recherchieren Sie, welche Katalysatoren für die großtechnische Synthese von Ammoniak, Schwefeltrioxid und Polypropen verwendet werden.

Methansäure wird protoniert.

Zwischenprodukt: protonierte Methansäure

Produkte der Zersetzung: Kohlenstoffmonooxid, Wasser, Proton

05 Säurekatalysierte Zersetzung von Methansäure (Ameisensäure)

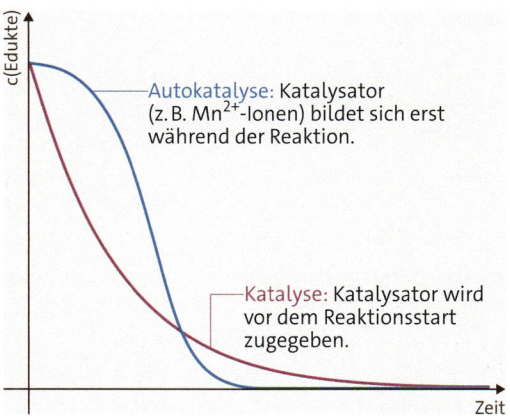

06 Konzentrations-Zeit-Diagramm der Eduktkonzentration einer katalysierten Reaktion

Praktikum

 P ## Reaktionsgeschwindigkeit

EXP 4.01 Konzentrations-Zeit-Diagramme

Materialien Reagenzglas mit seitlichem Ansatz und Stopfen, Schlauch, Kolbenprober (100 ml), Messzylinder (100 ml), großes Becherglas, Waage, Uhr, Stativmaterial, Salzsäure (c = 0,1 mol·l⁻¹; **5**), Magnesiumband (**2**), Wasser

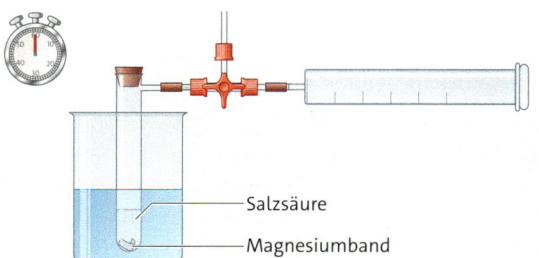

Salzsäure
Magnesiumband

Durchführung Füllen Sie 50 ml Salzsäure ins Reagenzglas, das ins Wasserbad taucht. Geben Sie ca. 0,1 g gefaltetes Magnesiumband hinzu. Setzen Sie sofort den Stopfen auf das Reagenzglas und starten Sie die Zeitmessung. Notieren Sie je 10 ml Volumenzunahme die Zeit.
Entsorgung: Überschüssiges Magnesium an die Lehrkraft geben, Lösung ins Abwasser geben.

Auswertung

1 ⟩ In der gegebenen Reaktion werden Oxonium-Ionen durch Magnesiumatome zu Wasserstoff- und Wassermolekülen reduziert. Die Magnesiumatome werden dabei zu Magnesium-Ionen oxidiert. Erstellen Sie die Reaktionsgleichung.

2 ⟩ Übertragen Sie unten stehende Tabelle. Tragen Sie die Zeit und die gemessene Volumenzunahme – also das Wasserstoffvolumen – in die Tabelle ein.

Berechnungshilfen:
$n(H_2) = \frac{V}{V_m}$ mit V_m = 24,1 l·mol⁻¹
$n(H_3O^+) = n_0(H_3O^+) - 2\,n(H_2)$; $n_0(H_3O^+)$ = 0,005 mol
$c(H_3O^+) = \frac{n(H_3O^+)}{V(\text{Lösung})}$; V(Lösung) = 50 ml

t in s	$V(H_2)$ in ml	$n(H_2)$ in mol	$n(H_3O^+)$ in mol	$c(H_3O^+)$ in mol·l⁻¹
0	0	0	0,005	0,100
...				

3 ⟩ Erstellen Sie aus den Daten in der Tabelle ein Konzentrations-Zeit-Diagramm.

4 ⟩ Bestimmen Sie die mittlere Reaktionsgeschwindigkeit zwischen $c(H_3O^+)$ = 0,08 mol·l⁻¹ und 0,06 mol·l⁻¹ sowie die momentane Reaktionsgeschwindigkeit bei $c(H_3O^+)$ = 0,1 mol·l⁻¹.

EXP 4.02 Fruchtzucker als „Tintenkiller"

Materialien 3 Reagenzgläser, 4 Messpipetten (10 ml, mit Pipettierhilfe), Becherglas (250 ml), Wasserkocher oder heißes Leitungswasser, Thermometer, Stoppuhr, Natronlauge (c = 0,5 mol·l⁻¹; **5**), Fruchtzuckerlösung (c = 0,5 mol·l⁻¹), Methylenblaulösung (c = 0,001 mol·l⁻¹), Wasser

Durchführung

A Temperieren Sie 2,0 ml Methylenblaulösung, 4,0 ml Natronlauge und 4,0 ml Fruchtzuckerlösung in 3 Reagenzgläsern auf ϑ = 20 °C. Vereinigen Sie die Lösungen und starten Sie nach Zugabe der letzten Lösung die Zeitmessung. Stoppen Sie die Zeit, sobald die Lösung farblos erscheint. Wiederholen Sie die Reaktion unter anderen Bedingungen:
B je 2,0 ml Natronlauge und Wasser statt 4,0 ml Natronlauge
C je 2,0 ml Fruchtzuckerlösung und Wasser statt 4,0 ml Fruchtzuckerlösung
D wie **B**, aber bei 30 °C
E wie **B**, aber bei 40 °C
Entsorgung: Lösungen mit reichlich Wasser verdünnt ins Abwasser geben.

Auswertung

Methylenblau (Met) wird durch die Reaktion mit Fruchtzucker (Fru) zu einem farblosen Stoff reduziert, Fruchtzucker wird entsprechend oxidiert. Die Hydroxid-Ionen der Natronlauge katalysieren diese Reaktion.

	ϑ in °C	$c_0(Fru)$ in $\frac{mol}{l}$	$c_0(NaOH)$ in $\frac{mol}{l}$	Δt in s	v in $\frac{mol}{l \cdot s}$
A	20	0,2	0,2		
...					

1 ⟩ Übertragen Sie die Tabelle. Berechnen Sie die Konzentrationen c_0(Fru) und c_0(NaOH) nach Vereinigung der drei Lösungen, aber bevor eine Reaktion eingesetzt hat. Tragen Sie die Konzentrationen und die Zeit Δt bis zur Entfärbung der Lösung ein.

2 ⟩ Bestimmen Sie die mittlere Reaktionsgeschwindigkeit aus dem Quotienten $\frac{\Delta c(Met)}{\Delta t} = \frac{c_0(Met)}{\Delta t}$.
Hinweis: Zu Beginn ist c_0(Met) = 0,0002 mol·l⁻¹, nach der Entfärbung ist c(Met) = 0.

3 ⟩ Stellen Sie mittels der Stoßtheorie eine Hypothese auf, wie sich die Reaktionsgeschwindigkeiten von **B** und **C** gegenüber **A** verändern. Vergleichen Sie die Hypothese mit Ihrer experimentellen Beobachtung.

4 ⟩ Erläutern Sie die unterschiedlichen Reaktionsgeschwindigkeiten für **B**, **D** und **E** mittels der RGT-Regel.

EXP 4.03 Auf die Größe kommt es an

Materialien großes Reagenzglas mit seitlichem Ansatz und Stopfen, Schlauch, Kolbenprober (100 ml), Messzylinder (10 ml), großes Becherglas, Waage, Uhr, Stativstange, Stativmuffen und -klemmen, Salzsäure ($c = 1 \, mol \cdot l^{-1}$), Zink (pulverförmig und fein granuliert; 2, 9), Wasser

Durchführung Bauen Sie eine Apparatur wie in Exp. 4.01 auf. Geben Sie 0,3 g Zinkpulver und 5,0 ml Salzsäure ins Reagenzglas, verschließen Sie es sofort mit dem Stopfen und starten Sie die Zeitmessung. Notieren Sie je 10 ml Volumenzunahme die Zeit. Wiederholen Sie die Reaktion mit der gleichen Masse an granuliertem Zink.
Entsorgung: Reste in Behälter für giftige anorganische Abfälle geben.

Auswertung

1 ⟩ Erstellen Sie zunächst die Reaktionsgleichung. *Hinweis:* analog zu Exp. 4.01, Zn und Zn^{2+} statt Mg und Mg^{2+}

2 ⟩ Erstellen Sie für beide Experimente jeweils eine Tabelle wie in Exp. 4.01 mit V(Lösung) = 5 ml.

3 ⟩ Erstellen Sie aus den Daten der Tabellen Konzentrations-Zeit-Diagramme.

4 ⟩ Bestimmen Sie die momentanen Reaktionsgeschwindigkeiten für beide Reaktionen bei $c(H_3O^+) = 0{,}80 \, mol \cdot l^{-1}$ und erklären Sie den Unterschied.

EXP 4.04 Edukt oder Katalysator?

Materialien großes Reagenzglas mit seitlichem Ansatz, Stopfen, Schlauch, Kolbenprober (100 ml), Messzylinder (10 ml), großes Becherglas, Waage, Uhr, Stativmaterial, Wasserstoffperoxidlösung ($w = 3\%$), Mangandioxid (3, 7)

Aufgabenstellung Es wird behauptet, dass Mangandioxid (MnO_2) die Zersetzung von Wasserstoffperoxid (H_2O_2) zu Wasser und Sauerstoff katalysiert und nicht als Edukt mit ihm reagiert:

$$2 \, H_2O_2(aq) \xrightarrow{MnO_2} 2 \, H_2O(l) + O_2(g)$$

Überlegen Sie, wie Sie über Volumen-Zeit-Diagramme und durch Variation der Menge des verwendeten Mangandioxids diese Hypothese überprüfen können. Verwenden Sie für ein Experiment genau 10 ml der Wasserstoffperoxidlösung.

Auswertung

1 ⟩ Beschreiben und erläutern Sie Ihre Vorgehensweise.

2 ⟩ Vergleichen Sie die Volumen-Zeit-Diagramme und stellen Sie Gemeinsamkeiten und Unterschiede fest.

3 ⟩ Ziehen Sie aus Ihren Ergebnissen einen Schluss bezüglich der Hypothese.

4 ⟩ Erläutern Sie, wie Sie die Hypothese auch durch Wiegen des Feststoffs überprüfen können.

EXP 4.05 Homogene und heterogene Katalyse

Materialien großes Reagenzglas mit seitlichem Ansatz, Stopfen, Schlauch, Kolbenprober (100 ml), Messzylinder (10 ml), großes Becherglas, Waage, Uhr, Stativmaterial, Wasserstoffperoxidlösung ($w = 3\%$; $c \approx 0{,}9 \, mol \cdot l^{-1}$), Mangandioxid (3, 7), Kaliumiodid

Aufgabenstellung Vergleichen Sie die katalytische Aktivität von Mangandioxid (MnO_2; heterogene Katalyse) und Kaliumiodid (KI; homogene Katalyse) auf die folgende Reaktion:

$$2 \, H_2O_2(aq) \longrightarrow 2 \, H_2O(l) + O_2(g)$$

Stellen Sie eine begründete Vermutung darüber auf, welcher der beiden Katalysatoren die Reaktionsgeschwindigkeit mehr erhöht.
Orientieren Sie sich bei Durchführung und Auswertung an Exp. 4.01. Verwenden Sie für ein Experiment genau 10 ml der Wasserstoffperoxidlösung und 1 mmol des Katalysators. Lösen Sie Kaliumiodid vor der Zugabe in ca. 1 ml Wasser.
Entsorgung: Manganhaltige Reste in Behälter für giftige anorganische Abfälle, übrige Lösungen ins Abwasser geben.

Auswertung

1 ⟩ Beschreiben und erläutern Sie Ihre Vorgehensweise.

2 ⟩ Vergleichen Sie anhand geeigneter Messwerte die mittleren Reaktionsgeschwindigkeiten für die verschiedenen Katalysatoren und bewerten Sie die katalytische Wirkung von Mangandioxid und Kaliumiodid.

EXP 4.06 Autokatalyse – beschleunigte Reaktion

Materialien kleines Becherglas, Blatt weißes Papier, Stoppuhr, 3 Tropfpipetten, Kaliumpermanganatlösung ($c = 0{,}1 \, mol \cdot l^{-1}$), Oxalsäurelösung ($c = 0{,}1 \, mol \cdot l^{-1}$), verdünnte Schwefelsäure

Durchführung Geben Sie 25 Tropfen der Oxalsäurelösung und 2 Tropfen der Schwefelsäurelösung ins Becherglas. Stellen Sie das Glas auf das Papier. Geben Sie die Kaliumpermanganatlösung tropfenweise zu und schwenken Sie das Becherglas dabei. Messen und notieren Sie für jeden Tropfen der Kaliumpermanganatlösung die Zeit bis zur Entfärbung. Das Experiment ist beendet, wenn sich die Lösung nicht mehr entfärbt.
Entsorgung: Restliche Lösungen in Behälter für giftige anorganische Abfälle geben.

Auswertung

1 ⟩ Tragen Sie grafisch die Zeit für die Entfärbung gegen die Tropfenzahl auf.

2 ⟩ Stellen Sie einen Zusammenhang zwischen dem Ergebnis und der Veränderung der Reaktionsgeschwindigkeit für eine autokatalytische Reaktion her.

4.2 Umkehrung von Vorgängen

01 Eiszapfen und Taschenwärmer

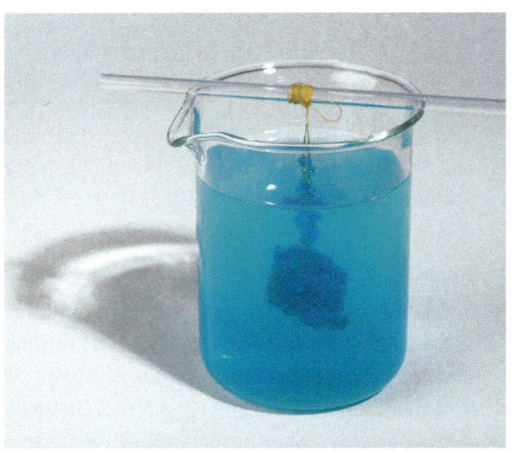

03 Entstehung eines Kupfersulfat-Kristalls aus einer gesättigten wässrigen Lösung

Viele physikalische Vorgänge, bei denen sich die Ordnung von Teilchen verändert, sind umkehrbar, sie sind *reversibel*. Das ist für Prozesse, die in der Natur ablaufen, genauso wichtig wie für Alltagsvorgänge.

SCHMELZEN UND ERSTARREN Das Schmelzen von Eis durch Wärmezufuhr lässt sich umkehren, wenn flüssigem Wasser Wärme entzogen wird. Die Entstehung von Eiszapfen beruht auf der Kombination beider Vorgänge (↑ 01). Ein Taschenwärmer nutzt die Freisetzung von Wärme beim Erstarren des Inhaltsstoffs. Dabei handelt es sich um einen exothermen Vorgang, der durch Wärmezufuhr wieder umgekehrt werden kann.
Aufgrund der Energieerhaltung muss zum Schmelzen einer bestimmten Menge eines Stoffs gleich viel Energie zugeführt werden, wie beim Erstarren der Schmelze frei wird. Gleiches gilt auch für das Umkehrpaar Verdampfen und Kondensieren. Das endotherme Verdampfen einer Flüssigkeit wird durch das exotherme Kondensieren umgekehrt.

LÖSEN UND KRISTALLISIEREN Nicht nur die Änderung des Aggregatzustands ist reversibel. Ein Feststoff, der sich in einem Lösemittel löst, kristallisiert aus, wenn es verdampft oder die Temperatur verändert wird (↑ 03). So können Salze in der Natur gelöst und über weite Strecken transportiert werden, ehe sie beispielsweise in Salzlagerstätten wieder kristallisieren.

UMKEHRUNG CHEMISCHER REAKTIONEN Auch chemische Reaktionen können in zwei Richtungen ablaufen. Ammoniak und Chlorwasserstoff reagieren exotherm zum Salz Ammoniumchlorid. Durch Energiezufuhr wird diese Reaktion umgekehrt:

$$NH_3(g) + HCl(g) \longrightarrow NH_4Cl(s) \qquad | \text{ exotherm}$$

$$NH_4Cl(s) \xrightarrow{\text{erhitzen}} NH_3(g) + HCl(g) \qquad | \text{ endotherm}$$

An der Färbung des pH-Papiers ist die Umkehrung erkennbar (↑ 02). Die blaugrüne Färbung beruht auf der Reaktion mit Ammoniak, die rote Färbung auf der Reaktion mit Chlorwasserstoff.

> Physikalische Vorgänge und chemische Reaktionen in nicht isolierten Systemen sind prinzipiell umkehrbar.

1⟩ Wenn Natriumhydroxid in Wasser gelöst wird, dann steigt die Temperatur der Lösung, beim Lösen von Kaliumaluminiumsulfat sinkt sie. Ordnen Sie die Begriffe exotherm und endotherm dem jeweiligen Lösungs- und dem Kristallisationsvorgang zu.

2⟩ Recherchieren Sie zwei Beispiele für chemische Reaktionen in der Natur und in der Technik, die in beiden Richtungen ablaufen.

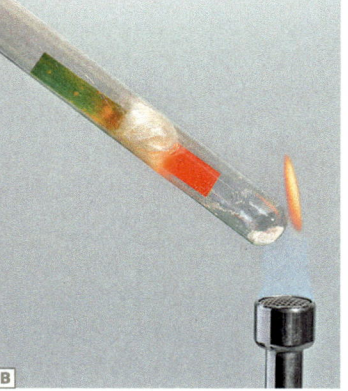

02 **A** Bildung von Ammoniumchlorid, **B** Zersetzung von Ammoniumchlorid

Dynamisches Gleichgewicht

VERTEILUNGSGLEICHGEWICHT Es gibt zahlreiche unvollständig verlaufende Vorgänge. So wissen wir aus dem Kunstunterricht, dass sich aus einem farbverschmutzten Pinsel, der in ein geeignetes Lösemittel eintaucht, ein großer Teil der Farbe löst – ein kleiner Teil bleibt aber am Pinsel haften.

Anhand eines Modellexperiments (↑ Exp. 4.08, S. 112) sollen unvollständig verlaufende Vorgänge genauer betrachtet werden. Eine Iod-Kaliumiodidlösung wird mit dem gleichen Volumen Heptan überschichtet. Gleichzeitig wird eine Kaliumiodidlösung mit einer Lösung von Iod in Heptan überschichtet (↑ **04A**). Nach dem Mischen der Phasen durch kurzzeitiges Schütteln sind die Inhalte der beiden Reagenzgläser nicht mehr zu unterscheiden (↑ **04B**).

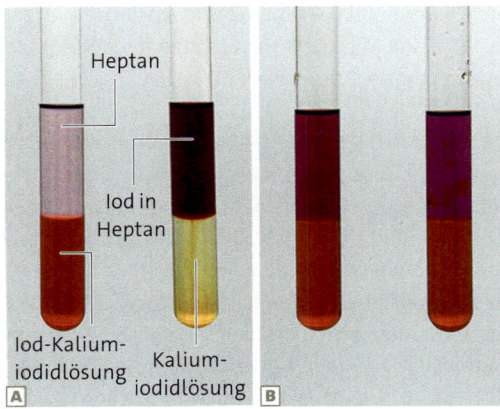

04 Iodverteilung zwischen Kaliumiodidlösung und Heptan: **A** vor dem Mischen, **B** nach dem Mischen

Die Beobachtungen ermöglichen zwei Schlüsse:
- Die Vorgänge verlaufen unvollständig. Das Iod wird weder von der Kaliumiodidlösung noch vom Heptan vollständig aufgenommen.
- Es ist für den erreichten Zustand gleichgültig, in welchem Lösemittel das Iod anfangs gelöst war. In beiden Fällen stellt sich das gleiche **Gleichgewicht** ein.

DYNAMISCHES GLEICHGEWICHT Wechseln die Iodmoleküle im Gleichgewicht nicht mehr von einer Phase in die andere? Ersetzt man im Gleichgewicht einen Teil des Iods aus der Heptanlösung durch das radioaktive Iod-131, dann findet man dieses Iodisotop nach dem Mischen auch in der Kaliumiodidlösung. Das beweist, dass die Iodmoleküle auch im Gleichgewicht die Phasengrenze überqueren. Da sich die Konzentrationen nicht mehr verändern, folgt daraus, dass im Gleichgewicht pro Zeitraum gleich viele Iodmoleküle in die jeweils andere Phase gelangen. Man

spricht von einem **dynamischen Gleichgewicht**. Die Geschwindigkeiten von Hin- und Rückvorgang sind gleich groß, die resultierende Geschwindigkeit ist gleich null.

$$v = v_{Hin} - v_{Rück} = 0$$

> **Im dynamischen Gleichgewicht laufen Hin- und Rückvorgang mit gleicher Geschwindigkeit ab.**

Die Iodkonzentration ist in den beiden Phasen unterschiedlich. In der Kaliumiodidlösung ist sie bei 20 °C etwa doppelt so groß wie in der Heptanlösung. Dies liegt daran, dass die Wahrscheinlichkeit für ein Iodmolekül, die Phasengrenze in Richtung der Kaliumiodidlösung zu überschreiten, etwa doppelt so groß ist wie in Richtung der Heptanphase.

Der „Tannenzapfenkonflikt" ist ein anschaulicher Vergleich zur Einstellung eines dynamischen Gleichgewichts. Der Junge kann schneller laufen und gleich viele Zapfen pro Zeitraum über den Zaun werfen wie der Mann, auch wenn sie weiter voneinander entfernt sind (↑ **05**). Deshalb liegen im Gleichgewicht weniger Zapfen auf der Seite des Jungen als auf der des Mannes.

Der Zusammenhang $v = v_{Hin} - v_{Rück} = 0$ gilt insbesondere auch für Gleichgewichtsreaktionen.

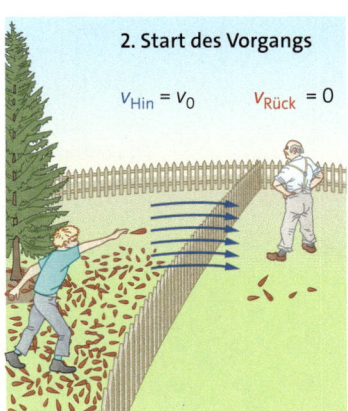

05 Der „Tannenzapfenkonflikt"

4.3 Chemisches Gleichgewicht

EINE REAKTION WIRD NICHT FERTIG Ein Chemiekurs soll die Geschwindigkeit der Reaktion von Methansäure und Methanol zu Methansäuremethylester und Wasser, einer *Veresterung*, bestimmen:

Veresterung ↑ S. 76

$$HCOOH + CH_3OH \longrightarrow HCOOCH_3 + H_2O$$

Dazu wird eine Lösung aus gleichen Stoffmengen Methansäure und Methanol und einer kleinen Menge eines Katalysators hergestellt. Im Abstand von 5 Minuten werden Proben entnommen und über eine Säure-Base-Titration die Stoffmengenkonzentration der noch vorhandenen Methansäure bestimmt. Nach 60 Minuten zeigt eine Schülerin der Lehrkraft die grafische Darstellung ihrer Ergebnisse (↑ **01**) und meint: „Die Reaktion wird nicht fertig."

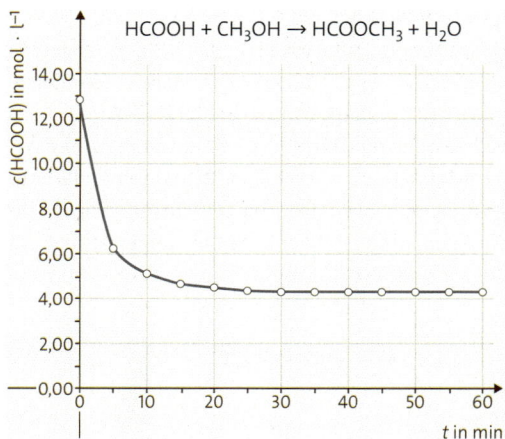

01 Zeitliche Veränderung von c(HCOOH) bei der Reaktion von Methansäure mit Methanol

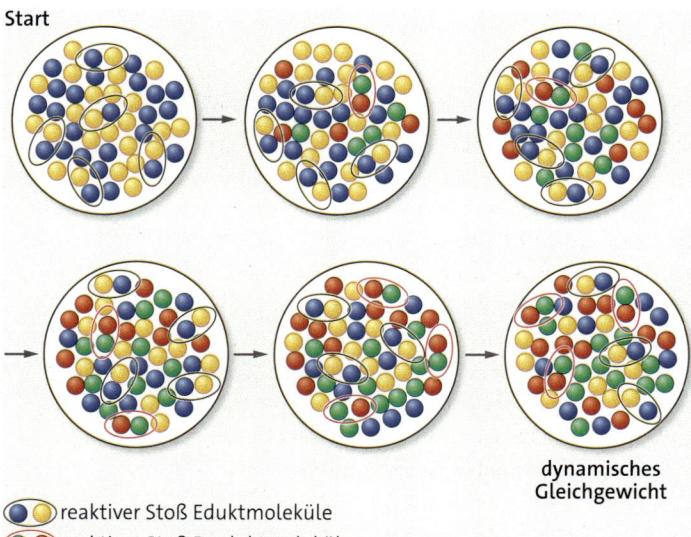

○ reaktiver Stoß Eduktmoleküle
○ reaktiver Stoß Produktmoleküle

02 Modellhafte Darstellung für das Erreichen eines dynamischen Gleichgewichts: Edukte (blau und gelb); Produkte (rot und grün). Die jeweils eingekreisten Paare führen reaktive Stöße aus.

DIE RÜCKREAKTION SPIELT EINE ROLLE Die Konzentration der Methansäure erreicht nach kurzer Zeit einen konstanten Wert. Bild ↑ **02** zeigt am Modell, wie die **Rückreaktion** dafür sorgt, dass die Konzentration der Methansäure niemals auf null sinkt.

Zunächst reagieren Säure- und Alkoholmoleküle zu Ester- und Wassermolekülen. Schon im zweiten Bild kommt es aber zwischen einem Ester- und einem Wassermolekül zu einem reaktiven Stoß, wodurch wieder ein Säure- und ein Alkoholmolekül entstehen. Mit fortschreitender Reaktionsdauer nimmt die Anzahl der Produktmoleküle zu und die der Eduktmoleküle ab. Dadurch gibt es mehr reaktive Stöße, die wieder zu Eduktmolekülen führen, und weniger, bei denen Produktmoleküle gebildet werden. Schließlich werden in jedem Schritt gleich viele Estermoleküle gebildet und wieder gespalten. Es liegt eine Mischung von Edukten und Produkten mit konstanter Zusammensetzung vor.

DYNAMISCHES GLEICHGEWICHT In der Mischung konstanter Zusammensetzung laufen Hin- und Rückreaktion immer noch ab, allerdings mit gleicher Geschwindigkeit. Die Situation ist in der Iodverteilung und im Tannenzapfenkonflikt (↑ S. 103) ähnlich: Es liegt ein **dynamisches Gleichgewicht** vor. Mit instrumentellen analytischen Methoden oder durch radioaktive Markierung der Ausgangsstoffe lassen sich Hin- und Rückreaktion im dynamischen Gleichgewicht nachweisen.

Die Synthese des Esters ist auch umkehrbar. Über die Umkehrreaktion, die *Esterhydrolyse*, gelangt man zur gleichen Mischung wie bei der Estersynthese, wenn für die Startkonzentrationen von Methansäuremethylester und Wasser wiederum gleiche Stoffmengenkonzentrationen gewählt werden:

$$HCOOCH_3 + H_2O \longrightarrow HCOOH + CH_3OH$$

Erreicht eine chemische Reaktion ein dynamisches Gleichgewicht, dann spricht man von einem **chemischen Gleichgewicht**. Es wird wie folgt formuliert:

$$HCOOH + CH_3OH \underset{\text{Rückreaktion}}{\overset{\text{Hinreaktion}}{\rightleftarrows}} HCOOCH_3 + H_2O$$

Der Gleichgewichtspfeil ⇄ kennzeichnet eine chemische Reaktion, die sich im dynamischen Gleichgewicht befindet.

> **Das chemische Gleichgewicht ist ein dynamisches Gleichgewicht. In ihm laufen Hin- und Rückreaktion mit gleicher Geschwindigkeit ab.**

	S	A	E	W
Vor der Reaktion				
c_0 in mol · l^{-1}	12,8	12,8	0,0	0,0
Im chemischen Gleichgewicht				
c in mol · l^{-1}	4,3	4,3	8,5	8,5

03 Ergebnisse des Versuchs zur Estersynthese; beteiligte Stoffe S, A, E und W siehe Text.

KONZENTRATIONEN IM GLEICHGEWICHT In Tabelle ↑ 03 sind die Konzentrationen von Methansäure (S), Methanol (A), Methansäuremethylester (E) und Wasser (W) vor der Reaktion (c_0) und im Gleichgewicht (c) angegeben. Es fällt auf, dass die Konzentrationen der Edukte und Produkte im Gleichgewicht nicht gleich sind. Auch bei der Iodverteilung waren die Gleichgewichtskonzentrationen in beiden Phasen verschieden. Die folgende Modellbetrachtung soll veranschaulichen, warum das möglich ist.

STOSSMODELL Im Gleichgewicht verlaufen Hin- und Rückreaktion gleich schnell, weil die Anzahl der reaktiven Stöße pro Zeit in beiden Reaktionsrichtungen gleich ist. Die reaktiven Stöße machen aber nur einen Teil aller Stöße zwischen den Teilchen aus. Die Geschwindigkeitskonstante k ist ein Maß für diesen Anteil der reaktiven Stöße. Dieser Anteil kann für Hin- und Rückreaktion unterschiedlich groß sein. Bei einer kleinen Aktivierungsenergie E_A ist er aufgrund der *Energieverteilung* größer als bei einer großen. Damit es trotzdem zu gleich vielen reaktiven Stößen in beiden Richtungen kommt, sind für die Reaktion mit der größeren Aktivierungsenergie mehr Stöße und damit mehr Teilchen notwendig.
Bild ↑ 04 geht beispielsweise von einem reaktiven Stoß in jede Richtung und E_A(Hin) < E_A(Rück) aus.

$$S + A \rightleftarrows E + W$$
$$E_A(\text{Hin}) < E_A(\text{Rück})$$

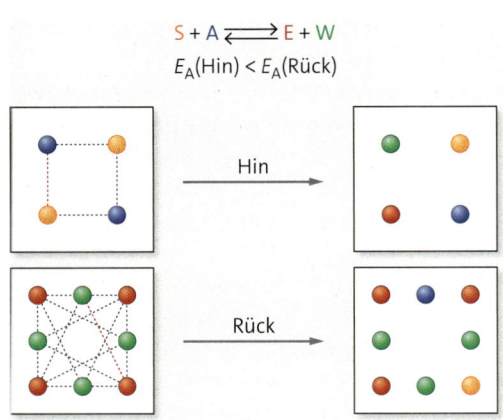

04 Unterschiedliche Anteile reaktiver Stöße für Hin- und Rückreaktion

Für die Hinreaktion (↑ 04, oben) soll einer von 2 · 2 = 4 möglichen Stößen reaktiv sein. Bei der Rückreaktion (↑ 04, unten) soll das nur für einen von 4 · 4 = 16 möglichen Stößen gelten. Damit im Gleichgewicht in beiden Richtungen gleich viele reaktive Stöße pro Zeitraum stattfinden, müssen E und W also viermal so häufig zusammenstoßen wie S und A, weshalb die Anzahl der Teilchen von E und W doppelt so groß sein muss wie die Anzahl der Teilchen von S und A. Damit sind auch die Gleichgewichtskonzentrationen c(E) und c(W) doppelt so groß wie c(S) und c(A).

EINFLUSS DES KATALYSATORS Die Wirkungsweise eines Katalysators auf den Verlauf einer chemischen Reaktion wurde bereits erläutert (↑ S. 98 f.). Wenn die Energie des Übergangszustands kleiner wird, sinken die Aktivierungsenergien von Hin- und Rückreaktion. Ein Katalysator beschleunigt deshalb beide Reaktionen gleichermaßen. Mit einem Katalysator wird das Gleichgewicht also schneller erreicht. Auf die Konzentrationen im Gleichgewicht und damit die Lage des Gleichgewichts hat er keinen Einfluss.

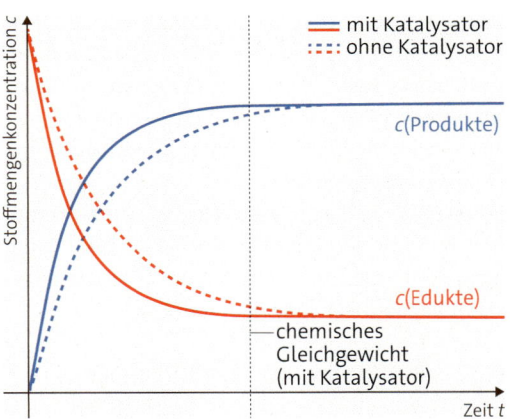

05 Konzentrations-Zeit-Diagramme für eine Reaktion A ⇌ B

1 ⟩ Übertragen Sie das Diagramm aus Bild ↑ 01.
   a Zeichnen Sie den von der Schülerin erwarteten Verlauf (↑ Text links) von c(HCOOH) ein.
   b Zeichnen Sie den messbaren Verlauf von c(CH$_3$OH), c(HCOOCH$_3$) und c(H$_2$O) ein.
2 ⟩ Erläutern Sie über die Zahl der reaktiven Stöße bei Hin- und Rückreaktion und deren Abhängigkeit von den jeweiligen Konzentrationen, wie sich ein chemisches Gleichgewicht einstellt.
3 ⟩ Begründen Sie die Auswirkung einer Halbierung der Katalysatorkonzentration auf den zeitlichen Verlauf der Methansäurekonzentration bei der Veresterungsreaktion.

4.4 Massenwirkungsgesetz

GLEICHGEWICHTSKONSTANTE K_C Die Geschwindigkeiten von Hin- und Rückreaktion hängen von den Konzentrationen der Reaktionsteilnehmer ab. Für die Estersynthese bzw. -hydrolyse bedeutet dies:

$$v_{Hin} = k_{Hin} \cdot c(HCOOH) \cdot c(CH_3OH)$$
$$v_{Rück} = k_{Rück} \cdot c(HCOOCH_3) \cdot c(H_2O)$$

Im chemischen Gleichgewicht sind beide Geschwindigkeiten gleich:

$$k_{Hin} \cdot c(HCOOH) \cdot c(CH_3OH) = k_{Rück} \cdot c(HCOOCH_3) \cdot c(H_2O)$$

Durch Äquivalenzumformung folgt:

$$\frac{k_{Hin}}{k_{Rück}} = \frac{c(HCOOCH_3) \cdot c(H_2O)}{c(HCOOH) \cdot c(CH_3OH)}$$

Der Quotient der beiden Konstanten wird als **Gleichgewichtskonstante K_C** bezeichnet. Sie hängt nicht von den Konzentrationen der beteiligten Stoffe ab, sondern nur von der Temperatur.

$$K_C = \frac{c(HCOOCH_3) \cdot c(H_2O)}{c(HCOOH) \cdot c(CH_3OH)}$$

Diese Gleichung heißt **Massenwirkungsgesetz (MWG)** des zugehörigen Gleichgewichts. Es wurde erstmals 1867 von CATO GULDBERG und PETER WAAGE beschrieben. Vereinbarungsgemäß stehen die Eduktkonzentrationen im Nenner und die der Produkte im Zähler. Mithilfe des MWG lassen sich die Gleichgewichtskonzentrationen aller Reaktionspartner berechnen (↑ Kasten, rechte Seite).
Wenn das Produkt der Gleichgewichtskonzentrationen der Edukte kleiner ist als das der Produkte, dann ist $K_C > 1$. In diesem Fall sagt man: „Das Gleichgewicht liegt auf der Seite der Produkte."

Für Reaktionen des Typs

$$A + B \rightleftharpoons C + D$$

kann man sagen, dass sie zu über 99 % verlaufen, wenn $K_C > 10^4$, und zu weniger als 1 %, wenn $K_C < 10^{-4}$ (↑ **03**).

A	B	C	D	K_C
$H_2(g)$	$CO_2(g)$	$H_2O(g)$	$CO(g)$	10^5
$HF(aq)$	$H_2O(l)$	$F^-(aq)$	$H_3O^+(aq)$	10^{-5}
HCOOH	CH_3OH	$HCOOCH_3$	H_2O	3,9

03 Einige Gleichgewichtskonstanten K_C für Reaktionen vom Typ A + B $\rightleftharpoons$ C + D ($\vartheta = 25\,°C$)

KONZENTRATIONSQUOTIENT Das MWG macht eine wichtige Aussage: Wenn eine Seite der Gleichung konstant ist (K_C), dann muss auch der Konzentrationsquotient auf der anderen Seite konstant sein. Es ist daher nicht möglich, im Gleichgewicht nur die Konzentration eines Reaktionspartners zu verändern. Weicht der Wert des Konzentrationsquotienten von K_C ab, dann sind die Geschwindigkeiten von Hin- und Rückreaktion nicht gleich. Das Gleichgewicht muss sich erneut einstellen, indem sich die Konzentrationen durch entsprechende Reaktionen verändern.

IODWASSERSTOFF-GLEICHGEWICHT Das chemische Gleichgewicht zwischen gasförmigem Iod (I_2), Wasserstoff (H_2) und Iodwasserstoff (HI) wurde intensiv erforscht. Reiner Iodwasserstoff zersetzt sich in einem geschlossenen Gefäß teilweise zu Wasserstoff und Iod. Unter den gleichen Bedingungen entsteht aus Wasserstoff und Iod aber auch Iodwasserstoff (↑ **01**):

$$H_2(g) + I_2(g) \rightleftharpoons 2\,HI(g)$$

Für unterschiedliche Ausgangskonzentrationen c_0 findet man die in Tabelle ↑ **02** angegebenen Gleichgewichtskonzentrationen c.
Da in der Reaktionsgleichung der Rückreaktion zwei HI-Moleküle vorkommen, wird das Produkt von zwei gleichen Konzentrationen eingesetzt, $c(HI)$ muss also quadriert werden. So erhält man die Gleichgewichtskonstante K_C der Reaktion. Als Mittelwert findet man:

$$K_C(490\,°C) = \frac{c^2(HI)}{c(H_2) \cdot c(I_2)} \approx 45,6$$

Das Gleichgewicht liegt bei dieser Temperatur also auf der Seite des Iodwasserstoffs. Der Konzentrationsquotient nimmt diesen Wert auch dann an, wenn die Gleichgewichtskonzentrationen der Edukte nicht gleich sind (↑ **02**).

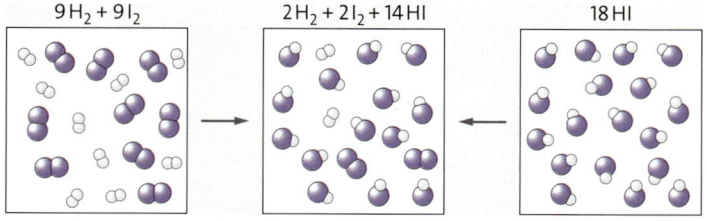

$9\,H_2 + 9\,I_2$ · · · $2\,H_2 + 2\,I_2 + 14\,HI$ · · · $18\,HI$

01 Modell zum Iodwasserstoff-Gleichgewicht

Ausgangskonzentrationen in mol · l^{-1}			Gleichgewichtskonzentrationen in mol · l^{-1}			K_C
$c_0(H_2)$	$c_0(I_2)$	$c_0(HI)$	$c(H_2)$	$c(I_2)$	$c(HI)$	
1,000	1,000	0,000	0,228	0,228	1,544	45,86
0,000	0,000	1,000	0,114	0,114	0,771	45,74
1,000	0,000	1,000	1,020	0,020	0,960	45,18

02 Iodwasserstoff-Gleichgewicht, experimentelle Ergebnisse (bei $\vartheta = 490\,°C$)

MASSENWIRKUNGSGESETZ Die Betrachtungen zum chemischen Gleichgewicht am Beispiel der Veresterung oder der Iodwasserstoffsynthese können für beliebige Reaktionen verallgemeinert werden. Lautet die Reaktionsgleichung

$$a\,A + b\,B \rightleftharpoons c\,C + d\,D,$$

so gilt für das zugehörige **Massenwirkungsgesetz**:

$$K_C = \frac{c^c(C) \cdot c^d(D)}{c^a(A) \cdot c^b(B)}$$

Werden die Konzentrationen in der Einheit $mol \cdot l^{-1}$ angegeben, dann hat K_C die Einheit $(mol \cdot l^{-1})^{(c+d-a-b)}$.

> Im chemischen Gleichgewicht ist der Quotient aus dem Produkt der Produktkonzentrationen und dem Produkt der Eduktkonzentrationen eine (temperaturabhängige) Konstante. Dieser Zusammenhang wird als Massenwirkungsgesetz bezeichnet.

UMKEHRREAKTION Für die Umkehrreaktion der Iodwasserstoffsynthese, die Iodwasserstoffzersetzung, werden Reaktionsgleichung und Massenwirkungsgesetz wie folgt formuliert:

$$2\,HI(g) \rightleftharpoons H_2(g) + I_2(g)$$

$$K_C = \frac{c(H_2) \cdot c(I_2)}{c^2(HI)}$$

Die Gleichgewichtskonstante der Iodwasserstoffzersetzung ist somit der Kehrwert von K_C der Iodwasserstoffsynthese.

> Die Gleichgewichtskonstanten von Reaktion und Umkehrreaktion sind Kehrwerte voneinander.

1〉 Eine Mischung enthält Methansäure ($c = 3,9$ $mol \cdot l^{-1}$), Methanol ($c = 5,8$ $mol \cdot l^{-1}$), Wasser ($c = 7,7$ $mol \cdot l^{-1}$) und Methansäuremethylester ($c = 7,7$ $mol \cdot l^{-1}$); $K_C = 3,9$ (↑ **03**). Erläutern Sie, ob sich die Mischung im chemischen Gleichgewicht befindet.

2〉 Im Haber-Bosch-Verfahren wird Wasserstoff mit Stickstoff in einer Gleichgewichtsreaktion zu Ammoniak umgesetzt.
  a Stellen Sie die Reaktionsgleichung und das Massenwirkungsgesetz auf.
  b Bestimmen Sie die Einheit von K_C, wenn die Konzentrationen in $mol \cdot l^{-1}$ angegeben werden.

3〉 Die Gleichgewichtskonstante K_C für die Veresterung von Ethansäure mit Ethanol beträgt 4.
  a Bestimmen Sie die Gleichgewichtskonzentrationen aller Stoffe für die Ausgangskonzen-

---

Berechnung von Gleichgewichtskonzentrationen

Aufgabe: Berechnen Sie die Gleichgewichtskonzentrationen der Veresterung von Methansäure mit $c_0(HCOOH) = 2,0$ $mol \cdot l^{-1}$ und Methanol mit $c_0(CH_3OH) = 1,0$ $mol \cdot l^{-1}$. Die Gleichgewichtskonstante ist $K_C = 3,9$.

Gegeben: $K_C = 3,9$; $c_0(HCOOH) = 2,0$ $mol \cdot l^{-1}$; $c_0(CH_3OH) = 1,0$ $mol \cdot l^{-1}$; $c_0(HCOOCH_3) = c_0(H_2O) = 0$

Gesucht: Gleichgewichtskonzentrationen aller Reaktionsteilnehmer

Lösung:

1. Säure + Alkohol $\rightleftharpoons$ Ester + Wasser

2. $K_C = \dfrac{c(HCOOCH_3) \cdot c(H_2O)}{c(HCOOH) \cdot c(CH_3OH)}$

3. Für jedes Säure- und jedes Alkoholmolekül, das durch die Reaktion verschwindet, entstehen jeweils ein Ester- und ein Wassermolekül:

	Säure	Alkohol	Ester	Wasser
c_0 in $mol \cdot l^{-1}$	2	1	0	0
c in $mol \cdot l^{-1}$	$2-x$	$1-x$	x	x

4. $3,9 = \dfrac{x \cdot x}{(2-x) \cdot (1-x)}$ Werte aus 3. wurden eingesetzt.

$3,9 = \dfrac{x^2}{x^2 - 3x + 2}$ Schrittweises Auflösen in die Normalform: $x^2 + px + q = 0$

$3,9 \cdot (x^2 - 3x + 2) = x^2$

$3,9x^2 - 11,7x + 7,8 = x^2$

$2,9x^2 - 11,7x + 7,8 = 0$

$x^2 - 4,03x + 2,69 = 0$ Lösen mit der pq-Formel

$x_{1/2} = \dfrac{4,03}{2} \pm \sqrt{\left(\dfrac{4,03}{2}\right)^2 - 2,69}$

$x_1 \approx 3,19 \quad x_2 \approx 0,84$

Nur x_2 ist eine sinnvolle Lösung, da sich für x_1 negative Konzentrationswerte ergeben. Damit folgt für die Gleichgewichtskonzentrationen:

$c(HCOOH) = (2-x)$ $mol \cdot l^{-1} = (2-0,84)$ $mol \cdot l^{-1} = 1,16$ $mol \cdot l^{-1}$

$c(CH_3OH) = (1-x)$ $mol \cdot l^{-1} = (1-0,84)$ $mol \cdot l^{-1} = 0,16$ $mol \cdot l^{-1}$

$c(HCOOCH_3) = c(H_2O) = x$ $mol \cdot l^{-1} = 0,84$ $mol \cdot l^{-1}$

---

trationen $c_0(CH_3COOH) = 4$ $mol \cdot l^{-1}$ und $c_0(C_2H_5OH) = 2$ $mol \cdot l^{-1}$.
  b Beschreiben Sie zuerst qualitativ die Veränderungen der Gleichgewichtskonzentrationen der Produkte, wenn man die Ausgangskonzentration der i) Ethansäure bzw. ii) des Ethanols verdoppelt. Berechnen Sie die Werte im Anschluss.

Methode

M ▸ Rechnen mit dem Massenwirkungsgesetz

Mit dem Massenwirkungsgesetz (MWG) einer Reaktion können die Gleichgewichtskonstante K_C und die Gleichgewichtskonzentrationen c der Reaktionspartner berechnet oder die Gleichgewichtslage des Systems überprüft werden.

Schrittfolge beim Rechnen mit dem MWG	
1. RGl	Reaktionsgleichung erstellen
2. MWG	MWG aufstellen
3. ⇌	Beziehungen zwischen (unbekannten) Gleichgewichtskonzentrationen und den Ausgangskonzentrationen unter Berücksichtigung der Reaktionsgleichung aufstellen
4. Ber	Gesuchte Größen berechnen

AUFGABE 1 ▸ Bei 490 °C liegen im chemischen Gleichgewicht als Edukte vor: $c(I_2) = 8{,}92$ mmol·l^{-1}, $c(H_2) = 4{,}88$ mmol·l^{-1}; als Produkt: $c(HI) = 44{,}49$ mmol·l^{-1}. Ermitteln Sie die Gleichgewichtskonstante K_C.

Gegeben: $c(H_2) = 4{,}88$ mmol·l^{-1}; $c(I_2) = 8{,}92$ mmol·l^{-1}, $c(HI) = 44{,}49$ mmol·l^{-1}

Gesucht: Gleichgewichtskonstante K_C

Lösung:

1. RGl $H_2(g) + I_2(g) \rightleftharpoons 2\,HI(g)$

2. MWG $K_C = \dfrac{c^2(HI)}{c(H_2) \cdot c(I_2)}$

3. ⇌   Die Gleichgewichtskonzentrationen können ins MWG eingesetzt werden.

4. Ber $K_C = \dfrac{(44{,}49\ \text{mmol·l}^{-1})^2}{4{,}88\ \text{mmol·l}^{-1} \cdot 8{,}92\ \text{mmol·l}^{-1}} \approx 45{,}5$

Antwort: Die Gleichgewichtskonstante der Iodwasserstoffsynthese beträgt $K_C = 45{,}5$. Sie hat die Einheit „eins".

AUFGABE 2 ▸ Stellen Sie fest, ob sich die Reaktion für die gegebenen Werte im Gleichgewicht befindet.

Gegeben: $c(H_2) = 5{,}0$ mmol·l^{-1}; $c(I_2) = 10{,}0$ mmol·l^{-1}, $c(HI) = 40{,}0$ mmol·l^{-1}, $K_C = 45{,}5$; $\vartheta = 490$ °C

Gesucht: Wert des Konzentrationsquotienten

Lösung:

1. RGl $H_2(g) + I_2(g) \rightleftharpoons 2\,HI(g)$

2. MWG $K_C = \dfrac{c^2(HI)}{c(H_2) \cdot c(I_2)}$

3. ⇌   Überprüfen, ob K_C gleich dem Konzentrationsquotienten ist.

4. Ber $\dfrac{(40{,}0\ \text{mmol·l}^{-1})^2}{5{,}0\ \text{mmol·l}^{-1} \cdot 10{,}0\ \text{mmol·l}^{-1}} = 32 \neq 45{,}5$

Antwort: Das System befindet sich nicht im Gleichgewicht.

AUFGABE 3 ▸ Berechnen Sie aus den Anfangskonzentrationen die Gleichgewichtskonzentrationen aller Reaktionsteilnehmer.

Gegeben: $c_0(H_2) = 5$ mmol·l^{-1}; $c_0(I_2) = 10$ mmol·l^{-1}, $c_0(HI) = 40$ mmol·l^{-1}, $K_C = 45{,}5$; $\vartheta = 490$ °C

Gesucht: alle Gleichgewichtskonzentrationen

Lösung:

1. RGl $H_2(g) + I_2(g) \rightleftharpoons 2\,HI(g)$

2. MWG $K_C = \dfrac{c^2(HI)}{c(H_2) \cdot c(I_2)}$

3. ⇌   Bei der Bildung von 2 HI-Molekülen werden 1 I_2-Molekül und 1 H_2-Molekül vernichtet. Die Zunahme von $c(HI)$ ist deshalb doppelt so groß wie die Abnahme von $c(H_2)$ und $c(I_2)$.

	H_2	I_2	HI
c_0 in mmol·l^{-1}	5	10	40
c in mmol·l^{-1}	$5 - x$	$10 - x$	$40 + 2x$

4. Ber $45{,}5 = \dfrac{(40 + 2x)^2}{(5 - x) \cdot (10 - x)}$

$45{,}5 = \dfrac{4x^2 + 160x + 1600}{x^2 - 15x + 50}$ Normalform: $x^2 + px + q = 0$

$45{,}5 \cdot (x^2 - 15x + 50) = 4x^2 + 160x + 1600$

$45{,}5x^2 - 682{,}5x + 2275 = 4x^2 + 160x + 1600$

$41{,}5x^2 - 842{,}5x + 675 = 0$

$x^2 - 20{,}30x + 16{,}27 = 0$

$x_{1/2} = \dfrac{20{,}30}{2} \pm \sqrt{\left(\dfrac{20{,}30}{2}\right)^2 - 16{,}27}$

$x_1 \approx 19{,}46 \qquad x_2 \approx 0{,}84$

Nur x_2 ist sinnvoll, da x_1 zu negativen Konzentrationen führt. Für die Gleichgewichtskonzentrationen folgt:

$c(HI) = (40 + 2x)$ mmol·l$^{-1} \approx 41{,}67$ mmol·l^{-1}

$c(H_2) = (5 - x)$ mmol·l$^{-1} \approx 4{,}17$ mmol·l^{-1}

$c(I_2) = (10 - x)$ mmol·l$^{-1} \approx 9{,}17$ mmol·l^{-1}

Antwort: Die Gleichgewichtskonzentrationen für das Iod-Wasserstoff-Gleichgewicht bei 490 °C sind: $c(HI) \approx 41{,}67$ mmol·l^{-1}; $c(H_2) \approx 4{,}17$ mmol·l^{-1} und $c(I_2) \approx 9{,}17$ mmol·l^{-1}.

1 ▸ Schwefeldioxid (SO_2) und Sauerstoff (O_2) reagieren in einer Gleichgewichtsreaktion zu Schwefeltrioxid (SO_3). $c(SO_2) = 1{,}20$ mol·l^{-1}, $c(O_2) = 1{,}10$ mol·l^{-1}, $c(SO_3) = 3{,}15$ mol·l^{-1}. Berechnen Sie K_C.

2 ▸ Distickstofftetraoxid (N_2O_4) zerfällt in einer Gleichgewichtsreaktion zu Stickstoffdioxid (NO_2). Die Gleichgewichtskonstante beträgt bei 25 °C $K_C = 0{,}174$ mol·l^{-1}. Berechnen Sie die Gleichgewichtskonzentrationen, wenn $c_0(N_2O_4) = 0{,}5$ mol·l^{-1} und $c_0(NO_2) = 0$ mol·l^{-1}.

Methode

M **Simulation chemischer Gleichgewichte**

AUFGABE Simulieren Sie die Einstellung des chemischen Gleichgewichts für die Reaktion A $\rightleftarrows$ B.

Tabellenkalkulationsprogramme ermöglichen es, die Einstellung chemischer Gleichgewichte zu simulieren. Dazu werden die Konzentrationsänderungen in kleinen Zeitintervallen berechnet. Bei gegebenen Ausgangskonzentrationen $c_0(A)$, $c_0(B)$ usw. und Geschwindigkeitskonstanten für Hin- und Rückreaktion, k_{Hin} und $k_{Rück}$, können die Konzentrationen zu verschiedenen Zeitpunkten berechnet und in einem Diagramm dargestellt werden. Die Methode erläutert und veranschaulicht die prinzipielle Vorgehensweise an einer einfachen Gleichgewichtsreaktion:

$$A \rightleftarrows B$$

1. **Berechnen der Konzentrationsänderungen $\Delta c(A)$ und $\Delta c(B)$ im Zeitintervall Δt:** Die Geschwindigkeiten der Hin- und der Rückreaktion, $\frac{\Delta c(A)}{\Delta t}$ und $\frac{\Delta c(B)}{\Delta t}$, hängen beide sowohl von $c(A)$ als auch von $c(B)$ ab:

A entsteht, wenn B zu A reagiert, und wird verbraucht, wenn A zu B reagiert:

$$\frac{\Delta c(A)}{\Delta t} = k_{Rück} \cdot c(B) - k_{Hin} \cdot c(A)$$

$\Rightarrow \Delta c(A) = [k_{Rück} \cdot c(B) - k_{Hin} \cdot c(A)] \cdot \Delta t$

B entsteht, wenn A zu B reagiert, und B wird verbraucht, wenn B zu A reagiert:

$$\frac{\Delta c(B)}{\Delta t} = k_{Hin} \cdot c(A) - k_{Rück} \cdot c(B)$$

$\Rightarrow \Delta c(B) = [k_{Hin} \cdot c(A) - k_{Rück} \cdot c(B)] \cdot \Delta t$

k_{Hin} und $k_{Rück}$ sind die Geschwindigkeitskonstanten der Hin- und der Rückreaktion. Bei Annäherung ans Gleichgewicht nähert sich die Differenz $k_{Rück} \cdot c(B) - k_{Hin} \cdot c(A)$ dem Wert null.

2. **Berechnen der Konzentrationen $c(A)$ und $c(B)$ zu einem bestimmten Zeitpunkt:** Aus einer Anfangskonzentration c_0 kann die Konzentration c_1 aus der Konzentrationsänderung Δc im Intervall Δt berechnet werden.

$c_1(A) = c_0(A) + \Delta c(A) = c_0(A) + [k_{Rück} \cdot c_0(A) - k_{Hin} \cdot c_0(A)] \cdot \Delta t$
$c_1(B) = c_0(B) + \Delta c(B) = c_0(B) + [k_{Hin} \cdot c_0(A) - k_{Rück} \cdot c_0(B)] \cdot \Delta t$

3. **Umsetzen der Gleichungen mit einem gängigen Tabellenkalkulationsprogramm:**

	A	B	C	D	E	F
1	Zeit in s	c(A) in mol/L	c(B) in mol/L		k$_{hin}$	0,004
2	0	1,000	0,000		k$_{rück}$	0,001
3	10	0,960	0,040		Δt	10
4	20	0,922	=C3 + (F$1*B3-F$2*C3)*F$3			
5	30	0,886	0,114			
6	40	0,852	0,148			

01 Umsetzung der Konzentrationsberechnung mit einem Tabellenkalkulationsprogramm

Im Feld C4 wird die Konzentration $c_1(B)$ zum Zeitpunkt $t = 20$ s aus den Konzentrationen $c_0(A)$ und $c_0(B)$ zum Zeitpunkt $t = 10$ s berechnet. Aus dem Vergleich der Formeln ist das leichter ersichtlich:

$= C3 + (F\$1 * B3 - F\$2 * C3) * F\$3$
$c_1(B) = c_0(B) + [k_{Hin} \cdot c_0(A) - k_{Rück} \cdot c_0(B)] \cdot \Delta t$

Die Formel im Feld C5, mit der $c(B)$ zum Zeitpunkt $t = 30$ s berechnet wird, ist der in Feld C4 ähnlich. Es sind C3 durch C4, B3 durch B4 ersetzt.

Die Werte für k_{Hin} und $k_{Rück}$ und Δt stehen in den Feldern F1, F2 und F3. Auf sie wird in jedem Feld Bezug genommen, was durch die Schreibweise „F$1", „F$2" und „F$3" verdeutlicht wird.

4. **Erstellen des Diagramms:** Die Konzentrationen werden als x-y-Punkt-Diagramm eingefügt.

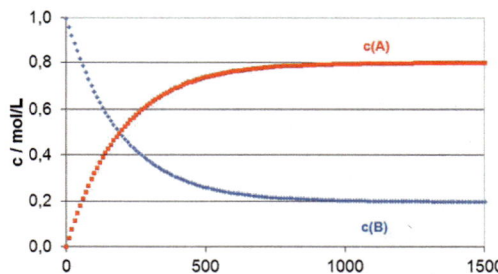

02 Verlauf von $c(A)$ und $c(B)$ von $t = 0$ bis $t = 1000$ s

5. **Prüfen auf Gleichgewichtszustand:** Bei $t = 1000$ s haben $c(A) = 0,20$ mol·L^{-1} und $c(B) = 0,80$ mol·L^{-1} nahezu konstante Werte erreicht. Zur Berechnung von K_C werden diese Werte ins MWG eingesetzt.

$$K_C = \frac{c(B)}{c(A)} = \frac{0,80 \text{ mol} \cdot \text{L}^{-1}}{0,20 \text{ mol} \cdot \text{L}^{-1}} = 4$$

Das entspricht $K_C = \frac{k_{Hin}}{k_{Rück}}$; d. h., die Reaktion befindet sich nach 1000 s im Gleichgewicht.

1〉 Berechnen Sie mit Schritt 2 und einem Tabellenkalkulationsprogramm $c(A)$ und $c(B)$ für 100 Zeitpunkte zwischen 0 und 1000 s. Stellen Sie die Reaktion in einem Diagramm dar (↑ **02**): $c_0(A) = 1,0$ mol·L^{-1}, $c_0(B) = 0,0$ mol·L^{-1}, $k_{Hin} = 0,008$ s^{-1}, $k_{Rück} = 0,004$ s^{-1}.

2〉 Wiederholen Sie Aufgabe 1 mit veränderten Geschwindigkeitskonstanten:

a $k_{Hin} = 0,008$ s^{-1}, $k_{Rück} = 0,002$ s^{-1}
b $k_{Hin} = 0,008$ s^{-1}, $k_{Rück} = 0,001$ s^{-1}

Beschreiben und erklären Sie mit Bezug auf das Gleichgewicht die Veränderungen gegenüber dem Diagramm aus Aufgabe 1.

4.5 Störung des chemischen Gleichgewichts

01 Spritziges Wasser nur aus vollen Flaschen

03 Farbänderung durch Konzentrationsänderung

STILLES WASSER STATT SPRUDEL Wasser aus einer frisch geöffneten Sprudelflasche schmeckt aufgrund des darin gelösten Kohlenstoffdioxids erfrischend und spritzig. Bleibt nur ein kleiner Rest in der wieder verschlossenen Flasche, dann schmeckt er nach einiger Zeit fast wie stilles Wasser.

In der ungeöffneten Sprudelflasche liegt ein Gleichgewicht vor. Pro Zeitraum gelangen gleich viele CO_2-Moleküle aus dem Mineralwasser in die Gasphase wie umgekehrt aus der Gasphase in die wässrige Lösung (↑ **02**). Beim Ausgießen des Wassers gelangt Luft in die Flasche, wodurch die Konzentration an Kohlenstoffdioxid in der Gasphase geringer wird. Damit liegt eine **Störung des Gleichgewichts** vor. Es gelangen weniger CO_2-Moleküle pro Zeitraum in die Lösung wie umgekehrt in die Gasphase. Folglich nimmt die Konzentration des Kohlenstoffdioxids im Mineralwasser ab und in der Gasphase zu. Dies passiert, bis das Gleichgewicht wieder erreicht ist. Hat die Gasphase ein großes Volumen, dann bleibt nur noch wenig Kohlenstoffdioxid im Mineralwasser.

STÖRUNG ÜBER KONZENTRATIONSÄNDERUNG
In einer Lösung, die Eisen(III)-Ionen (Fe^{3+}) und Thiocyanat-Ionen (SCN^-) enthält, liegt folgendes chemische Gleichgewicht vor:

$$Fe^{3+}(aq) + SCN^-(aq) \rightleftharpoons [Fe(SCN)]^{2+}(aq)$$

Die $[Fe(SCN)]^{2+}$-Ionen verursachen die rote Farbe der Lösung. Gibt man eine farblose Lösung, die SCN^--Ionen enthält, hinzu, so wird die rote Farbe intensiver (↑ **03**). Diese Beobachtung ist zunächst überraschend und kann wie folgt erklärt werden:

Die Erhöhung der Stoffmengenkonzentration $c(SCN^-)$ sorgt für eine Zunahme reaktiver Stöße der Hinreaktion, die dadurch schneller verläuft als die Rückreaktion. Dadurch werden mehr $[Fe(SCN)]^{2+}$-Ionen gebildet und ihre Konzentration und damit auch die Farbintensität steigen.

STÖRUNG UND DRUCKÄNDERUNG Rotbraunes, gasförmiges Stickstoffdioxid (NO_2) steht im Gleichgewicht mit dem farblosen Distickstofftetraoxid (N_2O_4; ↑ **05**):

$$2\,NO_2(g) \rightleftharpoons N_2O_4(g)$$

Wird das Volumen durch Druckerhöhung geringer, so steigt die Zahl der Zusammenstöße, die zu einem N_2O_4-Molekül führen, stärker an als die, bei denen es zerfällt. Dadurch übersteigt die Geschwindigkeit der Hinreaktion die der Rückreaktion und das chemische Gleichgewicht verschiebt sich so, dass mehr N_2O_4- und weniger NO_2-Moleküle als vor der Druckerhöhung vorliegen.

Diese **Verschiebung des Gleichgewichts** senkt den Druck, weil die Anzahl der Teilchen in der Gasphase abnimmt, wenn jeweils zwei NO_2-Moleküle zu einem N_2O_4-Molekül reagieren. Druckminderung durch Volumenvergrößerung hat den gegenteiligen Effekt.

Gas über
der Lösung

Wasser mit
gelöstem
Kohlenstoffdioxid

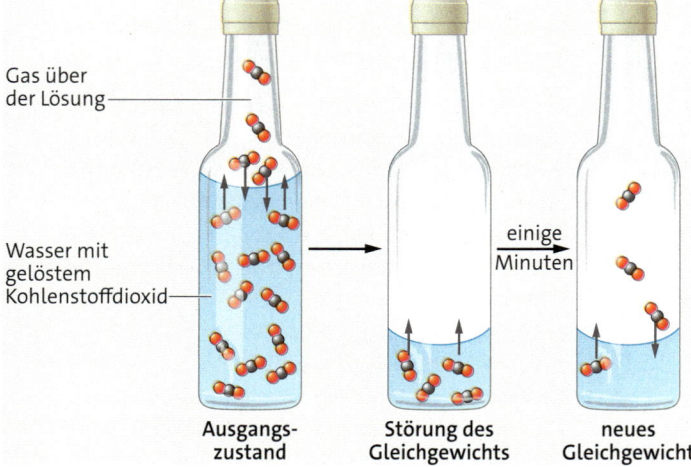

einige
Minuten

Ausgangs-
zustand

Störung des
Gleichgewichts

neues
Gleichgewicht

02 Störung und Einstellung des Gleichgewichts im Modell

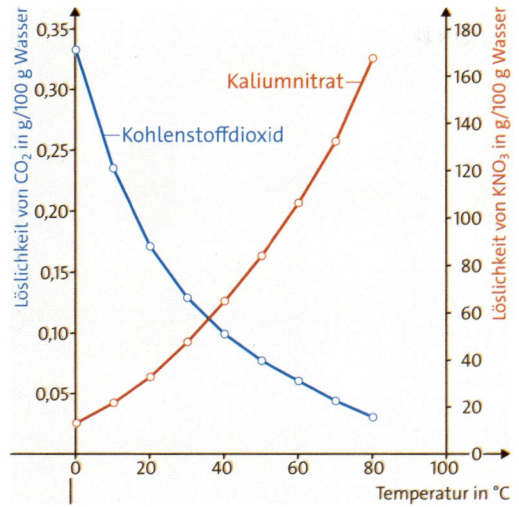

04 Temperaturabhängige Löslichkeit von Kohlenstoffdioxid und Kaliumnitrat in Wasser

TEMPERATURABHÄNGIGKEIT Zur Herstellung von Sprudel wird Kohlenstoffdioxid in Wasser gelöst. Dieser Vorgang ist exotherm:

$$CO_2(g) \rightleftharpoons CO_2(aq) \qquad | \text{ exotherm}$$

Erhöht man die Temperatur und öffnet dann die Sprudelflasche, so ist die Lautstärke des Zischens ein Hinweis darauf, dass mehr Kohlenstoffdioxid entweicht als bei tiefen Temperaturen. Die Löslichkeit von Kohlenstoffdioxid in Wasser sinkt mit steigender Temperatur (↑ 04), d. h., das Gleichgewicht wird nach links verschoben.

Wird dagegen Kaliumnitrat in Wasser gelöst, so kühlt sich die Lösung ab. Dieser Vorgang ist endotherm.

$$KNO_3(s) \rightleftharpoons K^+(aq) + NO_3^-(aq) \qquad | \text{ endotherm}$$

Kühlt man eine gesättigte Lösung ab, so kristallisiert sogar festes Kaliumnitrat aus, d. h., seine Löslichkeit sinkt mit fallender Temperatur (↑ 04).

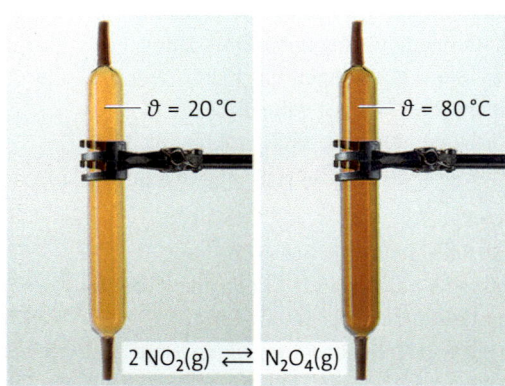

05 Mischung von Stickstoffdioxid und Distickstofftetraoxid bei verschiedenen Temperaturen

TEMPERATUR UND CHEMISCHES GLEICHGEWICHT
Die Bildung von Distickstofftetraoxid aus Stickstoffdioxid ist eine exotherme chemische Reaktion. Mit steigender Temperatur nimmt der Anteil an rotbraunem Stickstoffdioxid zu (↑ 05), das Gleichgewicht verschiebt sich also auf die Seite des Stickstoffdioxids.

PRINZIP VON LE CHATELIER Die Art, wie dynamische Gleichgewichte auf Störungen reagieren, wurde von Henry Le Chatelier und Ferdinand Braun im „Prinzip des kleinsten Zwangs" (1888) formuliert:

> Übt man auf ein im dynamischen Gleichgewicht befindliches System durch Änderung von Druck, Temperatur oder Konzentrationen einen Zwang aus, dann verschiebt sich das Gleichgewicht so, dass dieser Zwang verkleinert wird.

Für die genannten Variablen bedeutet das:
Erhöht bzw. erniedrigt man den **Druck**, dann verschiebt sich das Gleichgewicht so, dass die Zahl der Teilchen in der Gasphase kleiner bzw. größer wird. Erhöht bzw. erniedrigt man die **Konzentration** eines Reaktionspartners, dann verschiebt sich das Gleichgewicht so, dass der Reaktionspartner verbraucht bzw. erzeugt wird.

Erhöht bzw. vermindert man die **Temperatur**, dann verschiebt sich das Gleichgewicht in Richtung der endothermen bzw. der exothermen Reaktion. Dabei verändert sich auch die Gleichgewichtskonstante K. Sie hängt bei exothermen bzw. endothermen Reaktionen von der Temperatur ab.

Bei einer exothermen Reaktion ist die Rückreaktion endotherm – und umgekehrt.

1 › Entwickeln Sie eine Hypothese, was geschieht, wenn bei einer Veresterung das Wasser aus dem Reaktionsgemisch entfernt wird.

2 › Erstellen Sie eine Hypothese, wie sich die Farbe eines Gasgemischs aus Stickstoffdioxid und Distickstofftetraoxid verändert, nachdem das Volumen spontan verdoppelt wurde.

3 › Erläutern Sie, warum es für die Produktion von Sprudel günstig ist, kaltes Wasser und Kohlenstoffdioxid bei erhöhtem Druck einzusetzen.

4 › Betrachten Sie folgendes Gleichgewicht:
$Fe^{3+}(aq) + SCN^-(aq) \rightleftharpoons [Fe(SCN)]^{2+}(aq)$
Je höher die Konzentration der $[Fe(SCN)]^{2+}$-Ionen, umso intensiver rot wird die Lösung. Erhöht man die Temperatur, so sinkt die Intensität der Farbe. Ziehen Sie eine Schlussfolgerung aus dieser Beobachtung.

Praktikum

P Verteilungsgleichgewicht

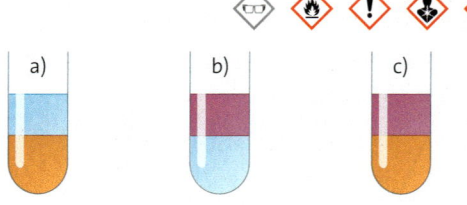

EXP 4.08 Einstellung und Störung des Iod-Verteilungsgleichgewichts

Materialien Reagenzgläser mit Stopfen, Reagenzglasständer, 4 Messpipetten (5 ml), Tropfpipetten, kleines Becherglas, Bürette, Thermometer;
Kaliumiodidlösung ($c(I^-)$ = 0,10 mol · l^{-1}), Heptan (**2**, **8**, **7**, **9**)
Lösung I: Iod-Kaliumiodidlösung ($c(I^-)$ = 0,10 mol · l^{-1}; $c(I_2)$ = 0,01 mol · l^{-1}; **7**)
Lösung II: Lösung von Iod in Heptan ($c(I_2)$ = 0,01 mol · l^{-1}; **2**, **8**, **7**, **9**)
Für die Titration: Natriumthiosulfatlösung ($c(S_2O_3^{2-})$ = 0,01 mol · l^{-1}), Stärkelösung (w = 0,5 %), verdünnte Salzsäure

Ziel: Es soll die Einstellung und Störung des Iod-Verteilungsgleichgewichts zwischen einer Kaliumiodidlösung und Heptan untersucht werden.

Allgemeine Vorgehensweise für die Stationen 1–3: Füllen Sie die angegebenen Volumina der Stoffe in ein Reagenzglas. Verschließen Sie es mit einem Stopfen und mischen Sie die Phasen durch Schütteln, bis Sie keine Farbveränderung mehr feststellen.

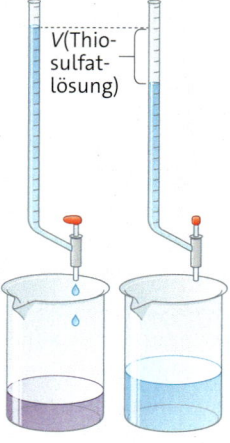

Entnehmen Sie aus einer Phase eine Probe von 4,0 ml, dies entspricht V(Iodlösung). Setzen Sie einen Tropfen Salzsäure und drei Tropfen Stärkelösung zu. Falls Sie eine Heptanphase titrieren, beschleunigen Sie die Reaktion durch Zugabe von 5,0 ml Kaliumiodidlösung. Titrieren Sie das Iod mit der Natriumthiosulfatlösung. Wenn Iod vollständig reagiert hat, wird die zuvor blau-violette Lösung farblos.

Bei der Titration läuft folgende Reaktion ab:
$$2 S_2O_3^{2-} + I_2 \longrightarrow S_4O_6^{2-} + 2 I^-$$

Bis zum Äquivalenzpunkt wurden für jedes I_2-Molekül in der Lösung zwei $S_2O_3^{2-}$-Ionen zugesetzt, daraus folgt:
$n(S_2O_3^{2-})$ = 2 · $n(I_2)$ bzw.
$c(S_2O_3^{2-})$ · V(Thiosulfatlösung) = 2 · $c(I_2)$ · V(Iodlösung)

Setzen Sie die bekannten Werte ein und berechnen Sie $c(I_2)$.

Station 1: Einstellung des Gleichgewichts. Mischen Sie:
a) 5,0 ml Lösung I mit 5,0 ml Heptan
b) 5,0 ml Kaliumiodidlösung mit 5,0 ml Lösung II
c) 5,0 ml Lösung I mit 5,0 ml Lösung II

	a)	b)	c)
$c(I_2)$ in der KI-Lösung			
$c(I_2)$ in Heptan			
$\dfrac{c(I_2)\ \text{in KI-Lösung}}{c(I_2)\ \text{in Heptan}}$			

Auswertung Tragen Sie die Versuchsergebnisse in die Tabelle ein. Beschreiben Sie Unterschiede und Gemeinsamkeiten zwischen den Ansätzen a, b und c.

Station 2: Störung des Gleichgewichts durch Konzentrationsänderung. Mischen Sie:
a) 5,0 ml Kaliumiodidlösung und 5,0 ml Lösung II
b) 5,0 ml Kaliumiodidlösung mit 5,0 ml Lösung II
Ersetzen Sie nach dem Mischen die iodhaltige Kaliumiodidlösung durch 5,0 ml Kaliumiodidlösung. Mischen Sie erneut und entnehmen Sie dann die Proben zur Titration.
c) 5,0 ml Kaliumiodidlösung mit 5,0 ml Lösung II
Ersetzen Sie nach dem Mischen die iodhaltige Kaliumiodidlösung durch 5,0 ml Lösung I. Mischen Sie erneut und entnehmen Sie dann die Proben zur Titration.

Auswertung
1) Erstellen Sie eine Tabelle wie in Station 1.
2) Begründen Sie, ob der Vergleich der Konzentrationsquotienten der Tabelle Ihren Erwartungen entspricht.
3) Erklären Sie Veränderungen von $c(I_2)$ im Ansatz b und c gegenüber a mit dem Prinzip von Le Chatelier.

Station 3: Störung des Gleichgewichts durch Temperaturänderung. Mischen Sie:
a) 5,0 ml Kaliumiodidlösung und 5,0 ml Lösung II
b) 5,0 ml Kaliumiodidlösung mit 5,0 ml Lösung II
Temperieren Sie die Lösungen ca. 10 min auf 0 °C und mischen Sie die Phasen anschließend.
c) 5,0 ml Kaliumiodidlösung mit 5,0 ml Lösung II
Erwärmen Sie die Lösungen für etwa 10 min auf 40 °C.

Auswertung
1) Erstellen Sie eine Tabelle wie in Station 1.
2) Beschreiben Sie die Veränderungen der Konzentrationsquotienten mit der Temperatur.
3) Ziehen Sie aus der Beobachtung einen Schluss, ob der Übergang von Iod aus der Kaliumiodidlösung in die Heptanlösung exotherm oder endotherm ist.

Praktikum

Chemisches Gleichgewicht

EXP 4.09 **Störung des Löslichkeitsgleichgewichts durch Druckänderung**

Materialien Spritze aus Kunststoff mit Hahn oder Kolbenprober mit Hahn, kohlensäurehaltiges Mineralwasser, Becherglas (250 ml), Universalindikator

Durchführung
Füllen Sie etwa 50 ml Mineralwasser ins Becherglas und geben Sie Universalindikator hinzu, bis Sie eine deutliche Färbung der Lösung erkennen können.

Ziehen Sie etwas von der Lösung in die Spritze.

Entfernen Sie so weit wie möglich die Luft aus der Spritze und verschließen Sie sie dann.

Ziehen Sie nun den Stempel bis zum Anschlag heraus und beobachten Sie die Farbe der Indikatorlösung.

Drücken Sie danach den Stempel wieder in die Spritze hinein und beobachten Sie erneut die Farbe der Lösung.

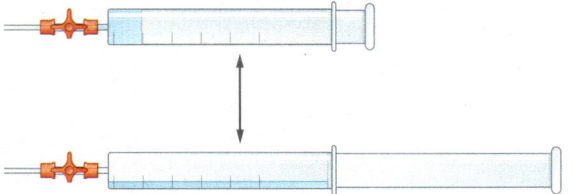

Auswertung Kohlenstoffdioxid reagiert mit Wasser zu Kohlensäure, die zu einer sauren wässrigen Lösung führt. Erklären Sie mithilfe des Prinzips von Le Chatelier die Veränderung der Farbe der Indikatorlösung.

EXP 4.10 **Störung des chemischen Gleichgewichts**

Materialien Reagenzgläser, Tropfpipetten, Messzylinder (10 ml), Becherglas (250 ml), Eisen(III)-chloridlösung ($c(Fe^{3+})$ = 0,02 mol·l^{-1}), Kaliumthiocyanatlösung ($c(SCN^-)$ = 0,02 mol·l^{-1}), Natronlauge ($c(OH^-)$ = 0,1 mol·l^{-1}), Ascorbinsäure, Wasser, heißes Leitungswasser, Eis, Thermometer

Ziel: Der Einfluss von Konzentrationen und Temperatur auf das chemische Gleichgewicht
$$Fe^{3+}(aq) + SCN^-(aq) \rightleftarrows [Fe(SCN)]^{2+}(aq)$$
soll untersucht werden. Je größer $c([Fe(SCN)]^{2+})$ ist, umso intensiver ist die rote Farbe der Lösung.

Erstellen Sie zunächst eine Hypothese über die Verschiebung des Gleichgewichts und machen Sie eine Vorhersage über die zu erwartende Beobachtung.

Vorbereitung: Geben Sie je 2,0 ml der Kaliumthiocyanat- und der Eisen(III)-chloridlösung in ein Reagenzglas und verdünnen Sie mit Wasser auf 20 ml. Verteilen Sie diese Lösung gleichmäßig auf 7 Reagenzgläser (Beschriftung A–G). Reagenzglas G dient zum Farbvergleich.

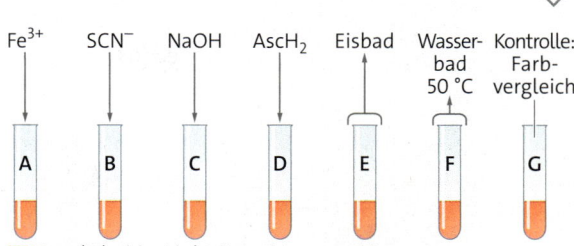

■ Eisen(III)-chlorid-/Kaliumthiocyanatlösung

Station 1: Störung des chemischen Gleichgewichts durch Zugabe von Fe^{3+}- bzw. SCN^--Ionen

a) Geben Sie zu Reagenzglas A tropfenweise Eisen(III)-chloridlösung.

b) Geben Sie zu Reagenzglas B tropfenweise Kaliumthiocyanatlösung.

Notieren Sie Ihre Beobachtungen.

Auswertung
1〉 Bewerten Sie Ihre Hypothesen.
2〉 Erklären Sie die Beobachtungen mit dem Prinzip von Le Chatelier.

Station 2: Störung des chemischen Gleichgewichts durch chemische Reaktion der Fe^{3+}-Ionen

a) Geben Sie zu Reagenzglas C tropfenweise Natronlauge.

b) Geben Sie zu Reagenzglas D wenige Kristalle Ascorbinsäure.

Notieren Sie Ihre Beobachtungen.

Auswertungshilfen
Die OH^--Ionen der Natronlauge bilden mit den Fe^{3+}-Ionen einen schwerlöslichen Feststoff:
$$Fe^{3+}(aq) + 3\,OH^-(aq) \rightleftarrows Fe(OH)_3(s)$$

Ascorbinäure ($AscH_2$) reduziert Fe^{3+}-Ionen zu Fe^{2+}-Ionen und wird dabei selbst zu Asc oxidiert:
$$AscH_2 + 2\,H_2O + 2\,Fe^{3+} \rightleftarrows 2\,Fe^{2+} + Asc + 2\,H_3O^+$$

Auswertung
1〉 Bewerten Sie Ihre Hypothesen.
2〉 Erklären Sie die Beobachtungen mit dem Prinzip von Le Chatelier.

Station 3: Störung des chemischen Gleichgewichts durch Temperaturänderung

a) Stellen Sie Reagenzglas E für 5 min in ein Eiswasserbad.

b) Stellen Sie Reagenzglas F für 5 min in ein Wasserbad mit einer von Temperatur ϑ = 50 °C.

Auswertung Ziehen Sie aus der Beobachtung mit dem Prinzip von Le Chatelier einen Schluss, ob die Bildungsreaktion von $[Fe(SCN)]^{2+}$ exotherm oder endotherm ist.

4.6 Haber-Bosch-Verfahren

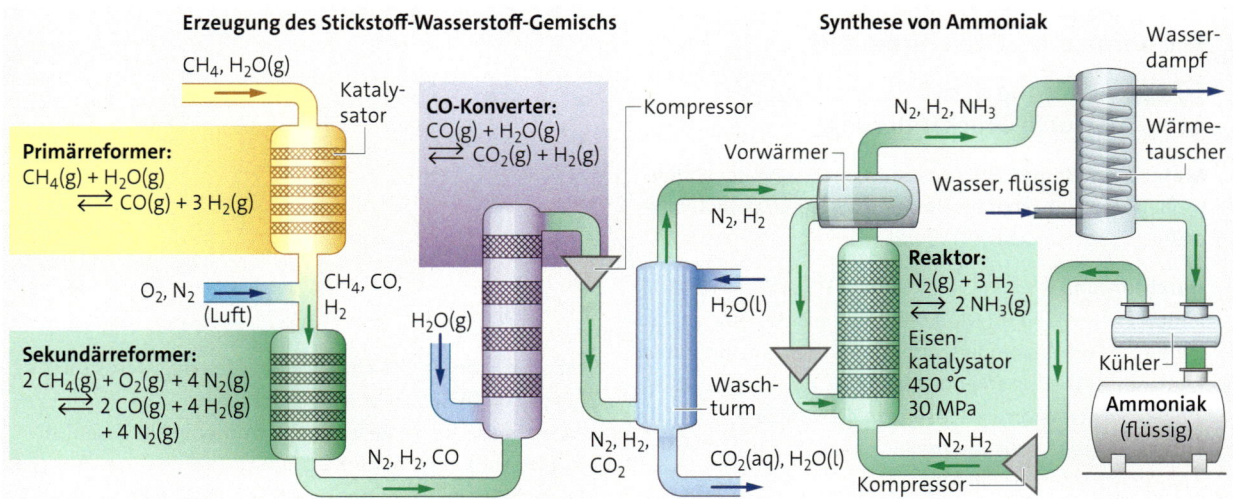

01 Technische Herstellung von Ammoniak nach dem Haber-Bosch-Verfahren (Schema)

NITRATHALTIGE NATURDÜNGER UND SPRENG-STOFFE Guano, versteinerter Dung pazifischer Seevögel, war im 19. Jahrhundert ein begehrtes Produkt. Er enthält vor allem Natriumnitrat ($NaNO_3$) und Kaliumnitrat (KNO_3), die als Düngemittel verwendet werden. Die Versorgung der wachsenden Weltbevölkerung mit Lebensmitteln konnte jedoch mit Guano als Dünger nicht mehr gesichert werden. Außerdem wurden zur Herstellung von Dynamit und Schwarzpulver ebenfalls Kalium- und Natriumnitrat benötigt. Aus ökonomischen sowie militärischen Gründen wurden deshalb viele Anstrengungen unternommen, Nitratsalze im großen Maßstab synthetisch herzustellen.

REAKTIONSTRÄGER STICKSTOFF Der Syntheseweg zu den Nitratsalzen führt über die Salpetersäure (HNO_3), die wiederum durch Oxidation aus Ammoniak (NH_3) zugänglich ist. Ammoniak kann direkt aus den Elementen synthetisiert werden:

$$N_2(g) + 3\,H_2(g) \rightleftharpoons 2\,NH_3(g) \qquad | \text{ exotherm}$$

Der Stickstoff stammt aus der Luft. Der Wasserstoff wird im Primär- und Sekundärreformer sowie im CO-Konverter katalytisch durch Reaktion von Methan (CH_4) mit Wasserdampf bzw. Sauerstoff erzeugt. Das dabei entstehende Kohlenstoffdioxid wird im Waschturm entfernt (↑ **01**).

Das Stickstoffmolekül ist wegen der starken Dreifachbindung, die bei der Ammoniakbildung gespalten werden muss, reaktionsträge. Eine Erhöhung der Reaktionsgeschwindigkeit durch Temperaturerhöhung vermindert aber die Ausbeute an Ammoniak. Der Grund hierfür ist nach dem Prinzip von Le Chatelier die Verschiebung des Gleichgewichts der exother-

men Reaktion auf die Seite der Ausgangsstoffe. Ein Ausweg aus diesem Dilemma lässt sich durch einen geeigneten Katalysator und durch eine Erhöhung des Drucks erreichen (↑ **02**): Im Jahr 1909 gelang es dem Chemiker FRITZ HABER, bei einem Druck von 20 MPa und mit einem Eisenkatalysator bei 450 °C Ammoniak in guter Ausbeute zu gewinnen. In der großtechnischen Anlage läuft die Ammoniaksynthese im Reaktor ab, mit leicht veränderten Bedingungen. Durch nachfolgende Abkühlung wird das Ammoniak kondensiert und aus dem System entfernt. Aus dem Restgas bildet sich gemäß dem Prinzip von Le Chatelier im Reaktor erneut Ammoniak.

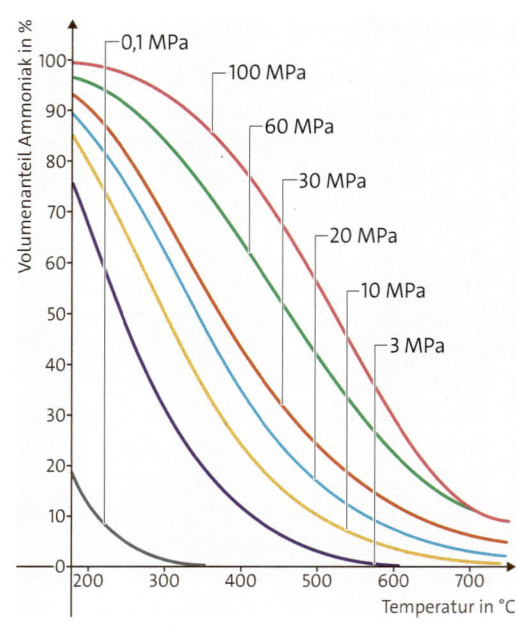

02 Abhängigkeit des Volumenanteils an Ammoniak von Druck und Temperatur

DRUCK UND MASSENWIRKUNGSGESETZ Bei der Bildung von zwei Molekülen Ammoniak aus drei Wasserstoffmolekülen und einem Stickstoffmolekül verringert sich die Zahl der Teilchen in der Gasphase. Gemäß dem Prinzip von Le Chatelier kann das Gleichgewicht demzufolge durch Druckerhöhung auf die Seite des Ammoniaks verschoben werden.

Der Einfluss des Drucks und der Konzentration lässt sich auch mit dem Massenwirkungsgesetz verstehen (↑ **03**).

$$K_C = \frac{c^2(NH_3)}{c^3(H_2) \cdot c(N_2)}$$

 Wasserstoffmolekül  Stickstoffmolekül

Ammoniakmolekül

 A

Gleichgewicht bei niedrigem Druck

$c(H_2) = 6, c(N_2) = 2, c(NH_3) = 2$

$$K_C = \frac{2^2}{6^3 \cdot 2} = \frac{1}{108}$$

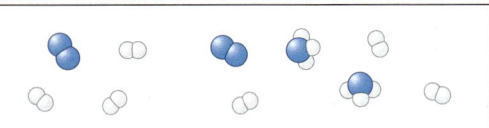

B

Druckerhöhung durch Zugabe von N_2 und H_2

$c_0(H_2) = 21, c_0(N_2) = 7, c_0(NH_3) = 2$

$$K_C > \frac{2^2}{21^3 \cdot 7} = \frac{4}{64\,827}$$

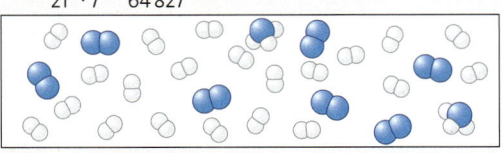

C

Neu eingestelltes Gleichgewicht

$c(H_2) = 12, c(N_2) = 4, c(NH_3) = 8$

$$K_C = \frac{8^2}{12^3 \cdot 4} = \frac{1}{108}$$

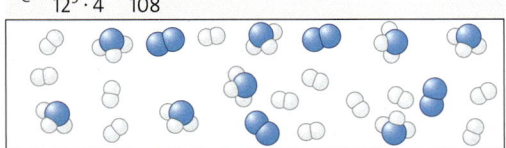

03 Auswirkung einer Druckerhöhung auf die Ammoniakausbeute. Die Einheiten für die Konzentrationen sind willkürlich und werden nicht genannt.

Bei niedrigem Druck ist das System im Gleichgewicht und ein Drittel der Stickstoff- und Wasserstoffatome ist in Ammoniakmolekülen gebunden (↑ **03A**). Eine Druckerhöhung durch Zugabe von Stickstoff und Wasserstoff bringt das System zunächst aus dem Gleichgewicht (↑ **03B**):

Das Gleichgewicht wird wieder erreicht, wenn Stickstoff- und Wasserstoffmoleküle zu Ammoniakmolekülen reagieren. Dadurch verringert sich die Anzahl von 30 Molekülen in Bild ↑ **03B** auf 24 Moleküle in Bild ↑ **03C** und der Druck sinkt wieder. Nun ist jedes zweite Stickstoff- und Wasserstoffatom in einem Ammoniakmolekül gebunden, die Ammoniakausbeute wurde erhöht.

EIN GENIALER INGENIEUR Die großtechnische Umsetzung der Ammoniaksynthese im Jahr 1913 war wesentlich die Leistung von CARL BOSCH, der Hochdruckapparaturen von bis dahin unbekannter Größe konstruierte. Das Verfahren drohte zu scheitern, weil der Wasserstoff bei dem hohen Druck in den Stahl der Apparatur diffundierte und dort mit dem enthaltenen Kohlenstoff reagierte. Dadurch wurden die Hochdrucköfen instabil und platzten. BOSCH löste dieses Problem, indem er im Innern der Apparatur kohlenstofffreies Eisen einsetzte, das er mit einem Stahlmantel umgab. In diesen Mantel wurden Löcher gebohrt, durch die der Wasserstoff entweichen konnte und so nicht mehr mit dem Stahl reagierte.

1⟩ a Erläutern Sie das Schema in Bild ↑ **01**.
b Erklären Sie die Funktion des Primär-, Sekundärreformers und des CO-Konverters (↑ **01**).
c Interpretieren Sie Bild ↑ **02** bezüglich des Einflusses von Druck und Temperatur auf die Ammoniakausbeute.
d Finden Sie einen Grund dafür, warum die Ammoniaksynthese bei 450 °C durchgeführt wird, obwohl der Volumenanteil an Ammoniak im Gleichgewicht bei kleinerer Temperatur größer ist (↑ **02**).
e Bewerten Sie folgende Aussage: „Eine Steigerung der Gleichgewichtskonzentration von Ammoniak im Haber-Bosch-Verfahren ist durch einen anderen Katalysator möglich."
2⟩ Die Weltjahresproduktion von Ammoniak beträgt derzeit etwa 125 000 000 t.
a Bestimmen Sie die Pro-Kopf-Produktion. Vergleichen Sie den Wert mit dem Pro-Kopf-Konsum von Ethanol, der bei 5 kg/Jahr liegt.
b Recherchieren Sie fünf Alltagsstoffe, in deren Synthesekette Ammoniak auftritt. Belegen Sie die Präsenz von Stickstoffatomen in diesen Produkten durch Molekül- oder Lewis-Formel.

✚ Der lange Schatten des FRITZ HABER

Nobelpreisträger des Jahres 1918 und Namensgeber von Straßen in deutschen Städten sowie des renommierten Fritz-Haber-Instituts in Berlin: Nur wenigen Forschern ist so viel Ehre zuteilgeworden wie FRITZ HABER (1868–1934). Seine grundlegenden Arbeiten zur Umwandlung von Stickstoff und Wasserstoff in Ammoniak haben dessen Verwendung als großtechnischen Ausgangsstoff zur Herstellung von Düngemitteln, Explosiv-, Farb- und Kunststoffen sowie Medikamenten erst ermöglicht. In Zahlen gefasst sind die Auswirkungen seiner wissenschaftlichen Erkenntnisse sehr beeindruckend: Von den global jährlich etwa 350 Millionen Tonnen atmosphärischen Stickstoffs, der in Stickstoffverbindungen umgewandelt wird, stammt bereits ein Drittel aus dem Haber-Bosch-Verfahren, die übrigen zwei Drittel werden in Bakterien und durch Blitze umgesetzt. Die Ernteerträge würden ohne synthetisch gewonnenen Ammoniak weltweit stark zurückgehen und Hungersnöte für einen großen Teil der Menschheit erschienen wahrscheinlich.

„Für Untersuchungen chemischer Reaktionen an Festkörperoberflächen", so lautete die Begründung des Komitees zur Vergabe des Nobelpreises für Chemie (2007) an GERHARD ERTL. Es sind genau diese Vorgänge, die für das Verständnis der Ammoniaksynthese nach dem *Haber-Bosch-Verfahren* wichtig sind: Die Bindung der H_2- und N_2-Moleküle an die Atome auf der Oberfläche des Katalysators, ihre Spaltung in Atome und deren Neuanordnung zu NH_3-Molekülen. ERTL hat mit modernen instrumentellen Methoden wie der Beugung langsamer Elektronen und der Rastertunnelmikroskopie diese chemischen Reaktionen erforscht. Eine Steigerung der Ausbeute oder eine mögliche Senkung der Reaktionstemperatur bedeuten bei den erzeugten Mengen an Ammoniak Gewinne oder Einsparungen von vielen Millionen Euro. Somit haben die grundlegenden Arbeiten von HABER eine seit 100 Jahren anhaltende, intensive Forschung zur Ammoniaksynthese ausgelöst.

CLARA IMMERWAHR (1870 – 1915), die erste in Deutschland promovierte Chemikerin, und HABER heirateten 1901. Trotz ihrer wissenschaftlichen Leistungen zur „Löslichkeitsbestimmung schwerlöslicher Salze des Quecksilbers, Kupfers, Bleis, Cadmiums und Zinks" erhielt sie keine Anstellung an einer Universität. In der Ehe fiel ihr die Rolle der repräsentierenden Professorengattin zu. Wissenschaftlich verschwand sie im Schatten von HABER, dem 1909 der Durchbruch bei der Ammoniaksynthese gelang. An ihren akademischen Lehrer, RICHARD ABEGG, schrieb IMMERWAHR im gleichen Jahr: „Was Fritz in diesen acht Jahren gewonnen hat, das – und noch mehr – habe ich verloren, und was von mir übrig ist, erfüllt mich mit der tiefsten Unzufriedenheit." Die Ehe der HABERs ist da bereits tief zerrüttet.

Im Friede für die Menschheit, im Krieg fürs Vaterland ist kurz gefasst die Maxime von HABERs Bestrebungen 1914. Die Ammoniaksynthese ermöglicht die Herstellung großer Mengen an Munition für die deutsche Armee im Ersten Weltkrieg. Daneben treibt HABER den Einsatz von Chlorgas als chemischem Kampfstoff voran. Bei einem Test im Januar 1915 kommt es darüber zum offenen Konflikt zwischen CLARA, die die Erforschung chemischer Kampfstoffe für eine „Perversion der Wissenschaft" hält, und FRITZ, der ihr realitätsfremden Idealismus vorwirft. Für den ersten kriegerischen Giftgaseinsatz am 22.4.1915 in Belgien bei Ypern mit über 1000 Toten auf gegnerischer Seite wird HABER zum Hauptmann befördert. In der Nacht nach den Feierlichkeiten zur Beförderung erschießt sich IMMERWAHR mit der Dienstwaffe von HABER. Ob sie sich wegen des Engagements von HABER für den Einsatz chemischer Waffen umgebracht hat, ist unter Historikern dennoch umstritten, da ihre Aufzeichnungen und der Abschiedsbrief bald nach ihrem Tod vernichtet wurden.

1) Nehmen Sie zur Biografie von CLARA IMMERWAHR Stellung.

01 Forschung für die Ammoniaksynthese: **A** FRITZ HABER, **B** GERHARD ERTL (vor dem Fritz-Haber-Institut in Berlin)

02 A CLARA IMMERWAHR – Wissenschaftlerin und Gegnerin des Einsatzes chemischer Waffen; **B** Soldaten mit Gasmasken im Schützengraben (1917). Eine Taube wird zum Test auf Gas fliegen gelassen.

+ Heterogene Gleichgewichte im Alltag und in der Natur

01 Mit Gipsverband sollte man nicht baden.

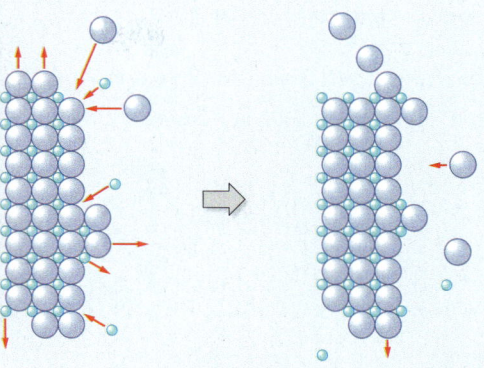

02 Löslichkeitsgleichgewicht – ein dynamisches Gleichgewicht

In einigen Gleichgewichtssystemen liegen die beteiligten Stoffe in unterschiedlichen Phasen vor, beispielsweise in einer festen und einer flüssigen Phase. In diesem Fall spricht man von **heterogenen Gleichgewichten**.

GIPS LÖST SICH IN WASSER Calciumsulfat, umgangssprachlich Gips genannt, wird für Verbände verwendet. Wasserkontakt sollte vermieden werden, da Gips wasserlöslich ist. Mischt man festes Calciumsulfat und Wasser, dann geht so viel Calciumsulfat in Lösung, bis sie gesättigt ist.

$$\underset{\text{Bodenkörper}}{CaSO_4(s)} \longrightarrow \underset{\text{Ionen in Lösung}}{Ca^{2+}(aq) + SO_4^{2-}(aq)}$$

Die Konstanz der Ionenkonzentration über einem festen Bodenkörper kann durch Messung der elektrischen Leitfähigkeit der Lösung nachgewiesen werden.
Aus Lösungen von Schwefelsäure (H_2SO_4) und Calciumhydroxid ($Ca(OH)_2$) kristallisiert nach dem Mischen Calciumsulfat aus:

$$Ca^{2+}(aq) + SO_4^{2-}(aq) \longrightarrow CaSO_4(s)$$

Sind $c(SO_4^{2-})$ und $c(Ca^{2+})$ gleich, dann sinkt die Leitfähigkeit auf den gleichen Wert wie beim Lösen von Calciumsulfat in Wasser. Die Oxonium-Ionen und Hydroxid-Ionen bilden Wasser-Moleküle. Der gleiche Zustand, der von verschiedenen Seiten erreicht wird, deutet auf ein **dynamisches Löslichkeitsgleichgewicht** (↑ **02**). In ihm laufen Lösen und Kristallisieren mit gleicher Geschwindigkeit ab.

Das Löslichkeitsgleichgewicht von Calciumsulfat kann wie folgt formuliert werden:

$$CaSO_4(s) \rightleftarrows Ca^{2+}(aq) + SO_4^{2-}(aq)$$

Auch das Löslichkeitsgleichgewicht von anderen Salzen wie Magnesiumsulfat ($MgSO_4$) lässt sich so ausdrücken:

$$MgSO_4(s) \rightleftarrows Mg^{2+}(aq) + SO_4^{2-}(aq)$$

Die Gleichgewichtskonzentration der Magnesium-Ionen über festem Magnesiumsulfat ist größer als über festem Calciumsulfat, d.h., die Löslichkeit von Magnesiumsulfat ist größer als die von Calciumsulfat.

CALCIUMCARBONAT IST DER BAUSTOFF DER KORALLEN-RIFFE Riffbildende Korallen wie beim Great Barrier Reef vor der Nordostküste Australiens finden sich nur im warmen, flachen Wasser tropischer Meere. Korallen sind keine Pflanzen, sondern Nesseltiere, die Skelette aus Calciumcarbonat ($CaCO_3$) besitzen (↑ S. 133). Dieses Skelett bietet den Korallen Schutz und Stabilität. Das schwerlösliche Calciumcarbonat ist nicht nur die Basis von Korallenskeletten. Es ist auch der Hauptbestandteil von Muschel- und Eierschalen sowie von Schneckenhäusern.

Zwischen den gelösten Ionen und festem Calciumcarbonat besteht ein Löslichkeitsgleichgewicht:

$$CaCO_3(s) \rightleftarrows Ca^{2+}(aq) + CO_3^{2-}(aq)$$

Damit Calciumcarbonat aus einer Lösung kristallisiert, müssen $c(Ca^{2+})$ und $c(CO_3^{2-})$ so groß sein, dass das Löslichkeitsgleichgewicht auf die linke Seite verschoben wird. Unter diesen Bedingungen kann das Skelett einer Koralle wachsen.

03 Steinkorallen bilden Skelette aus Calciumcarbonat.

Klausurtraining

Material A Zwischenfall im Labor

Anleitung zur Synthese von Farbstoff A

Reaktion: X + T → A + E
Die Reaktion verläuft stark exotherm und wird
durch E katalysiert.
X langsam zugeben und Apparatur kühlen.

Reaktionsprotokoll
Uhrzeit Tätigkeit
12:03   Stoff T eingefüllt
12:05   T wird in 2 Liter Lösemittel L
         (Siedetemperatur: 45 °C) gelöst
12:10   X wird zugegeben
12:11   Temperatur: 25 °C
12:12   Temperatur: 25,5 °C
12:13   Temperatur: 45 °C

A1.1 Aufzeichnungen des Mitarbeiters

Unfallbericht: „Im Forschungslabor der Firma *Fast Reactions* kam es gestern kurz vor 12:15 Uhr zu einem Zwischenfall. Ein Mitarbeiter sollte den neuen Farbstoff A der Firma synthetisieren. Dabei kam es zu einer plötzlichen Verdampfung fast des gesamten Lösemittels L. Dadurch wurde der Inhalt der Apparatur im kompletten Labor verteilt. Das Labor wurde sofort evakuiert und muss nun vom gut haftenden Farbstoff A befreit werden. Die Aufzeichnung des Mitarbeiters wurde von der Firmenleitung sichergestellt."

AUFGABEN ZU A

1 〉 a Erläutern Sie Möglichkeiten, wie eine Reaktion, die in einer Lösung abläuft, beschleunigt werden kann.
b Geben Sie die RGT-Regel wieder und erläutern Sie, warum sie im geschilderten Vorfall eine Rolle gespielt hat.
c Erklären Sie die Notwendigkeit der Kühlung der Reaktionslösung.
2 〉 a Definieren Sie „Katalysator" und „Autokatalyse".
b Erklären Sie, warum die Autokatalyse eine Reaktion unter Umständen schwer kontrollierbar macht.
c Erläutern Sie, wie es bei dieser Reaktion zu einem plötzlichen Temperaturanstieg und dem schlagartigen Verdampfen des Lösemittels kam und welche Effekte sich dabei gegenseitig verstärkten.
3 〉 a Nennen und erklären Sie die Fehler, die der Mitarbeiter gemacht hat.
b Beschreiben Sie, wie Sie vorgehen würden, um diese Reaktion durchzuführen.
c Die Temperatur kann nicht höher liegen als die Siedetemperatur des Lösemittels. Begründen Sie, welche Vor- und Nachteile die Verwendung eines Lösemittels mit einer Siedetemperatur von 95 °C gehabt hätte.

Material B Deacon-Verfahren

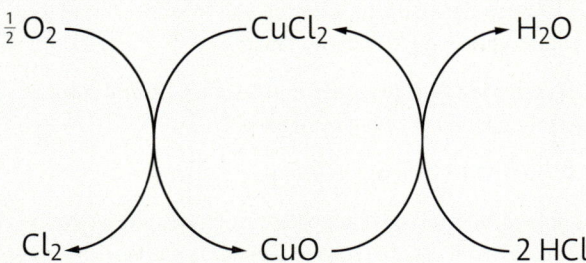

B1.1 Deacon-Verfahren (Schema)

Chlor ist ein wichtiger Ausgangsstoff für viele Synthesen, es kommt auf der Erde aber nicht elementar vor. Der englische Chemiker HENRY DEACON entwickelte 1868 ein Verfahren zur Chlorherstellung. Dabei findet bei 430 °C zwischen den gasförmigen Stoffen eine exotherme Gleichgewichtsreaktion nach folgendem Schema statt:

Sauerstoff + Chlorwasserstoff $\rightleftharpoons$ Wasser + Chlor

Um die Ausbeute an Chlor zu erhöhen, wird doppelt so viel Sauerstoff eingesetzt, wie nach der Reaktionsgleichung notwendig wäre.

AUFGABEN ZU B

1 〉 a Erklären Sie die Funktion des Gemischs aus $CuCl_2$ und CuO, das unverändert aus der Reaktion hervorgeht.
b Erstellen Sie die Reaktionsgleichung der Gleichgewichtsreaktion, auf der das Deacon-Verfahren beruht. Verwenden Sie nur ganzzahlige Stöchiometriezahlen.
c Erstellen Sie das Massenwirkungsgesetz der Reaktion und geben Sie eine mögliche Einheit für K_C an.
2 〉 Zu Beginn der Reaktion war $c_0(HCl) = \frac{4}{100}$ mol · l^{-1} und $c_0(O_2) = \frac{2}{100}$ mol · l^{-1}.
a Erklären Sie, warum hierbei doppelt so viel Sauerstoff verwendet wird wie notwendig, obwohl die Konzentration $c_0(O_2)$ nur halb so groß ist wie $c_0(HCl)$.
b Im Gleichgewicht ist $c(HCl) = \frac{4}{300}$ mol · l^{-1}. Berechnen Sie die übrigen Gleichgewichtskonzentrationen und die Gleichgewichtskonstante.
c Erläutern Sie, ob sich die Ausbeute an Chlor durch Druck- und Temperaturänderung steigern lässt. Begründen Sie, warum die Reaktionstemperatur deutlich über der Raumtemperatur liegt.
d Nennen Sie weitere Möglichkeiten, die Ausbeute an Chlor zu erhöhen, ohne dass die Ausgangskonzentrationen verändert werden.

Material C Isomerengleichgewicht

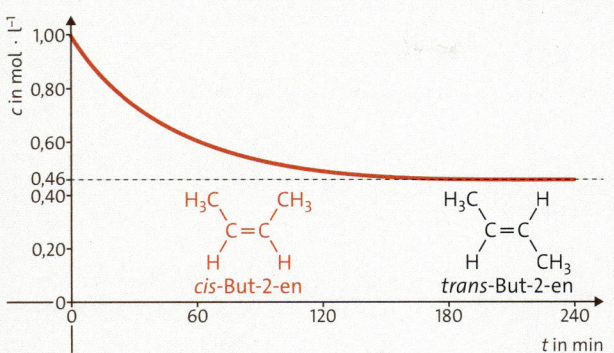

C1.1 Veränderung der Konzentration von reinem *cis*-But-2-en beim Bestrahlen mit UV-Licht

Von der Verbindung But-2-en gibt es zwei Isomere: *cis*-But-2-en und *trans*-But-2-en (↑ **C1.1**). Beide sind bei Standardbedingungen gasförmig. Wird reines *cis*-But-2-en mit UV-Licht bestrahlt, dann entsteht in einer exothermen Reaktion *trans*-But-2-en. Die Konzentration von *cis*-But-2-en sinkt dabei bis zu einem Grenzwert.

AUFGABEN ZU C

1⟩ Übertragen Sie das Diagramm in Ihr Heft.
   a Erläutern Sie den Verlauf der Kurve in ↑ **C1.1** und begründen Sie, warum die Konzentration von *cis*-But-2-en gegen einen von null verschiedenen Wert strebt.
   b Bestimmen Sie aus ↑ **C1.1** die durchschnittliche Reaktionsgeschwindigkeit im Verlauf der ersten Stunde.
   c Zeichnen Sie den zeitlichen Verlauf der Konzentration von *trans*-But-2-en ein.
2⟩ **a** Erstellen Sie das Massenwirkungsgesetz und berechnen Sie die Gleichgewichtskonstante K_C.
   b Begründen Sie, wie sich K_C verändert, wenn die Temperatur sinkt.
   c Erläutern Sie die Möglichkeit, das Gleichgewicht durch Druckänderung zu beeinflussen.
   d Zum Zeitpunkt t = 240 min wird die Konzentration von *cis*-But-2-en auf c_0 = 1,46 mol·l⁻¹ erhöht. Berechnen Sie die Konzentrationen von *cis*- und *trans*-But-2-en, die nach Einstellung des Gleichgewichts erreicht werden.

Material D Halogenlampen

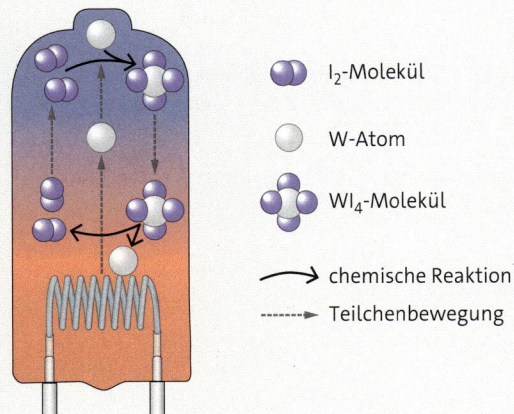

D1.1 Vorgänge in einer Halogenlampe

In Glüh- und in Halogenlampen besteht die Glühwendel meist aus dem Metall Wolfram. Je höher die Betriebstemperatur (ϑ > 1500 °C), umso heller ist die Lampe, aber umso mehr Wolfram verdampft und schlägt sich auf dem kälteren Glas nieder. Glühlampen erscheinen deshalb nach einiger Zeit weniger hell und außerdem wird der Glühfaden dünner. Im Glaskolben von Halogenlampen sind Spuren von gasförmigem Iod (I_2) enthalten. Es reagiert mit dem Wolfram auf dem Glas merklich ab einer Temperatur von 450 bis 500 °C zu Wolframtetraiodid:

$$W(s) + 2\,I_2(g) \rightleftharpoons WI_4(g)$$

An der Glühwendel zerfällt Wolframtetraiodid wieder in der Elemente. Das Iod bleibt in der Gasphase, und das Wolfram scheidet sich als Feststoff auf der Glühwendel ab und verstärkt sie wieder.

AUFGABEN ZU D

1⟩ **a** Begründen Sie den Namen „Halogenlampe".
   b Erläutern Sie, warum Halogenlampen eine höhere Betriebstemperatur haben, heller sind und länger halten als Glühlampen.
2⟩ **a** Erklären Sie die Bedeutung des verwendeten Pfeils in der Reaktionsgleichung.
   b Begründen Sie, ob die Synthese von Wolframtetraiodid aus den Elementen exo- oder endotherm ist.
   c Im Vergleich zu Glühlampen gleicher Lichtstärke ist der Glaskolben von Halogenlampen sehr klein. Erklären Sie mithilfe des Konzepts der Reaktionsgeschwindigkeit, dass der Rücktransport bei großen Glaskolben nicht funktionieren würde.
3⟩ Um aus Roh-Titan, das mit Magnesium verunreinigt ist, reines Titan herzustellen, wird es in exothermen Reaktionen mit gasförmigem Iod zunächst in Titantetraiodid und Magnesiumiodid umgewandelt. Titantetraiodid siedet bei 380 °C, Magnesiumiodid schmilzt bei 630 °C.
   a Erklären Sie, wie sich reines Titan gewinnen lässt.
   b Skizzieren Sie einen möglichen Reaktor.

Auf einen Blick

▸ **Reaktionsgeschwindigkeit**	Die mittlere Reaktionsgeschwindigkeit $\bar{v}$ kann über die Änderung der Konzentration der Reaktionsteilnehmer über ein bestimmtes Zeitintervall gemessen werden. Für eine Reaktion $\quad 2\,A \longrightarrow B \quad$ gilt: $\quad \bar{v} = -\dfrac{1}{2}\dfrac{\Delta c(A)}{\Delta t} = \dfrac{\Delta c(B)}{\Delta t}$ **RGT-Regel:** Bei einer Temperaturerhöhung um 10 K verdoppelt bis vervierfacht sich die Geschwindigkeit vieler Reaktionen.

▸ **Energiediagramm**

Ein Energiediagramm gibt die Energie zwischen den reaktiven Teilchen im Verlauf der Reaktion wieder.
Die Maxima heißen Übergangszustände.
Mit deren Energie steigt die Aktivierungsenergie der Reaktion.
Katalysatoren eröffnen einer Reaktion neue Wege mit geringerer Aktivierungsenergie.

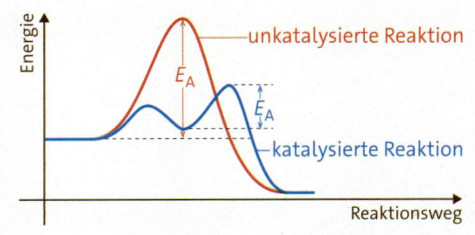

▸ **Dynamisches Gleichgewicht**

Der Zustand eines Systems verändert sich nicht, wenn Vorgang und Umkehrvorgang mit gleicher Geschwindigkeit verlaufen: Die Vorgänge verlaufen unvollständig und bei gegebener Temperatur wird der gleiche Zustand von beiden Seiten aus erreicht.

Gleichgewicht	Vorgang	Umkehrvorgang
Löslichkeitsgleichgewicht	Lösen	Kristallisation
Verdampfungsgleichgewicht	Verdampfen	Kondensation
Verteilungsgleichgewicht zwischen nichtmischbaren Phasen	Übergang von Phase 1 in Phase 2	Übergang von Phase 2 in Phase 1
Chemisches Gleichgewicht	Hinreaktion	Rückreaktion

▸ **Chemisches Gleichgewicht**

Ein chemisches Gleichgewicht liegt vor, wenn Hin- und Rückreaktion mit gleicher Geschwindigkeit verlaufen: $v_{Hin} = v_{Rück}$. Es wird durch einen Gleichgewichtspfeil $\rightleftharpoons$ gekennzeichnet.
Beispiel: $A + 2\,B \rightleftharpoons 2\,C$

Das **Massenwirkungsgesetz** besagt, dass der Konzentrationsquotient im Gleichgewicht konstant ist:

$$K_C = \frac{c^2(C)}{c(A) \cdot c^2(B)}$$

Die Gleichgewichtskonstante K_C hängt von der Temperatur ab.

▸ **Prinzip von Le Chatelier (Prinzip des kleinsten Zwangs)**

Ein Gleichgewicht kann von Temperatur, Stoffmengenkonzentration und Druck beeinflusst werden.

Temperaturanstieg bzw. -abfall	begünstigt endotherme bzw. exotherme Reaktion
Zunahme bzw. Abnahme von $c(A)$	begünstigt Verbrauch bzw. Bildung von A
Zunahme bzw. Abnahme des Drucks	begünstigt Abnahme bzw. Zunahme der Teilchenanzahl in der Gasphase

▸ **Haber-Bosch-Verfahren**

Verbindungen, die Nitrat-Ionen enthalten, sind wichtig für die Produktion von Düngemitteln und Sprengstoffen. Zu ihrer industriellen Herstellung ist **Ammoniak** notwendig, der großtechnisch im Haber-Bosch-Verfahren aus den Elementen hergestellt wird:

$$N_2(g) + 3\,H_2(g) \rightleftharpoons 2\,NH_3(g) \qquad | \text{ exotherm}$$

Durch einen geeigneten Katalysator gelingt es, Ammoniak in guter Ausbeute bei einer Temperatur von 500 °C und einem Druck von 20 MPa (200 bar) zu synthetisieren.

Übungsaufgaben

1) Ethanol (C_2H_5OH) wird im menschlichen Körper in Folgeprodukte umgewandelt. Eine Faustregel sagt, dass der Massenanteil an Ethanol im Blut dabei um 0,14 ‰ pro Stunde abnimmt.

a Berechnen Sie die Stoffmengenkonzentration von Ethanol im Blut, wenn sein Massenanteil w(Ethanol) 1,0 ‰ beträgt. *Hinweis:* Dichte(Blut) = 1,06 kg·l^{-1}

b Berechnen Sie die Abbaugeschwindigkeit von Ethanol im Blut in der Einheit mol·l^{-1}·h^{-1}.

c Berechnen Sie mit dem Ergebnis aus Aufgabenteil **b** näherungsweise die Zeit, in der im menschlichen Körper mit V(Blut) = 5 l so viele Ethanolmoleküle umgewandelt werden, wie es Menschen gibt (7 Mrd.).

2) Die Zersetzung von Wasserstoffperoxid in Lösung verläuft nach folgender Reaktionsgleichung:
$$2\ H_2O_2(aq) \longrightarrow 2\ H_2O(l) + O_2(g)$$

a Nennen Sie zwei Möglichkeiten, eine chemische Reaktion in Lösung zu beschleunigen.

b Die Konzentration $c(H_2O_2)$ sinkt in 10 min von 0,1 mol·l^{-1} auf 0,01 mol·l^{-1}. Berechnen Sie die mittlere Reaktionsgeschwindigkeit mit der Einheit mol·l^{-1}·s^{-1}.

c Ermitteln Sie die Reaktionsgeschwindigkeit, wenn die Temperatur um 30 K erhöht wird.

3) a Nennen Sie Beispiele für Vorgänge, bei denen sich ein dynamisches Gleichgewicht einstellt.

b Zählen Sie Gemeinsamkeiten und Unterschiede zwischen den verschiedenen Vorgängen auf.

c Erklären Sie den Unterschied zwischen dynamischem und statischem Gleichgewicht.

4) a Formulieren Sie die Bildung von Schwefeltrioxid (SO_3) aus Schwefeldioxid (SO_2) und Sauerstoff (O_2) als Gleichgewichtsreaktion und stellen Sie das zugehörige Massenwirkungsgesetz (MWG) auf.

b Im Gleichgewicht betragen $c(SO_3)$ = 0,9 mol·l^{-1}, $c(SO_2)$ = 0,1 mol·l^{-1} und $c(O_2)$ = 0,05 mol·l^{-1}.

Berechnen Sie K_C für die Bildung sowie für die Zersetzung von Schwefeltrioxid.

c Begründen Sie, warum es die Ausbeute an Schwefeltrioxid begünstigt, wenn $c(O_2)$ erhöht wird. Berechnen Sie das Verhältnis
$$\frac{c(SO_3)}{c(SO_2)} \text{ für } c(O_2) = 0,80\ mol·l^{-1}.$$

5) Die Funktion eines Taschenwärmers basiert auf folgendem Gleichgewicht:

Salz(fest) $\rightleftarrows$ Salz(gelöst)

Die Kristallisation des Salzes aus der Lösung muss dabei ein exothermer Vorgang sein.

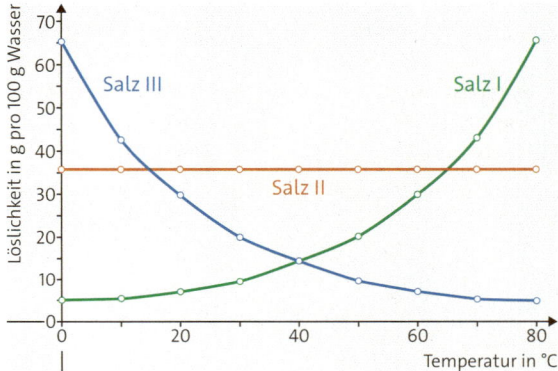

a Begründen Sie anhand der Löslichkeits-Temperatur-Kurven, welches Salz sich exotherm, endotherm bzw. ohne Wärmetönung löst.

b Erläutern Sie, welches der Salze sich für einen Taschenwärmer eignen könnte.

6) Erläutern Sie, wie sich Temperatur- bzw. Druckänderung auf die folgenden Gleichgewichtsreaktionen des Stickstoffs auswirken:

a $N_2(g) + O_2(g) \rightleftarrows 2\ NO(g)$ | endotherm
b $N_2(g) + 3\ H_2(g) \rightleftarrows 2\ NH_3(g)$ | exotherm

Mithilfe dieses Kapitels können Sie:	Aufgabe	Hilfe finden Sie auf Seite
• aus Konzentrations-Zeit-Daten die mittlere Geschwindigkeit einer chemischen Reaktion berechnen	1, 2	94–95
• den Einfluss der Temperatur auf die Reaktionsgeschwindigkeit berechnen	2	97
• Kennzeichen eines dynamischen Gleichgewichts erläutern und verschiedene Vorgänge damit erklären	3	103–105
• das Massenwirkungsgesetz einer Reaktion aufstellen und damit Gleichgewichtskonstanten und Konzentrationen berechnen	4	106–107
• mit dem Prinzip von Le Chatelier den Einfluss von Temperatur, Druck und Konzentration auf die Lage eines Gleichgewichts vorhersagen	5, 6	110–111

Die Kalksinterterrassen von Pamukkale entstanden durch Verdunstung des heißen, kalkhaltigen Thermalwassers der Quellen, aus denen auch heute noch kohlensäurehaltiges und calciumreiches Wasser fließt. Im Kalk (Calciumcarbonat) ist Kohlenstoff gebunden. Kohlensäure entsteht, indem sich das Kohlenstoffdioxid der Luft im Regenwasser löst – Kohlenstoffkreislauf und Kalkkreislauf greifen hier ineinander. Der durch den Menschen verursachte Treibhauseffekt beeinflusst beide Kreisläufe in hohem Maße.

Kohlenstoffkreislauf und Klima 5

Wichtige Stoffkreisläufe in der Umwelt

Oxide des Kohlenstoffs

- Kohlenstoffmonooxid
- Kohlenstoffdioxid
- Bildung
- Eigenschaften
- Reaktionen

Kohlenstoffkreislauf

- Natürlicher Treibhauseffekt
- Anthropogener Treibhauseffekt
- Globaler Kohlenstoffkreislauf
- Natürlicher und technischer Kalkkreislauf
- Versauerung der Ozeane

Nachhaltige Entwicklung

- Nachhaltigkeit
- Erneuerbare Energien
- CO_2-Fußabdruck
- Verbraucherverhalten
- Kontroversen um Treibstoffe

Stickstoff in der Umwelt

- Biologischer Stickstoffkreislauf
- Anthropogene Einflüsse
- Düngung
- Nitratbelastung des Trinkwassers

01 Pamukkale bedeutet so viel wie „Watteburg" und liegt in Denizli im Südwesten der Türkei. Die Kalksinterterrassen stehen zusammen mit der nahegelegen antiken griechische Stadt Hierapolis auf der Liste des Weltkulturerbes der UNESCO.

5.1 Oxide des Kohlenstoffs

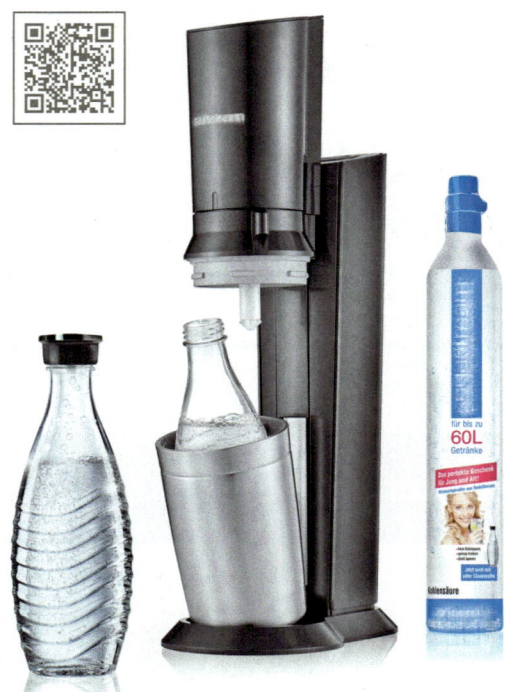

01 Herstellung von Sprudelwasser

SPRUDELNDES WASSER Die erfrischende Wirkung von sprudelndem Mineralwasser beruht auf dem leicht säuerlichen, prickelnden Geschmack. Mithilfe eines Wassersprudlers kann man selbst aus Leitungswasser Sprudelwasser herstellen (↑ **01**). In dem Gerät ist eine Gasflasche untergebracht, die mit Kohlenstoffdioxid (CO_2) gefüllt ist. Eine Glasflasche mit Leitungswasser wird im Gerät befestigt. Durch Betätigung des Knopfes wird das Kohlenstoffdioxid in die Flasche eingeleitet.

Eigenschaft	Kohlenstoffmonooxid (CO)	Kohlenstoffdioxid (CO_2)
Aggregatzustand bei 20 °C	gasförmig	gasförmig
Farbe	farblos	farblos
Geruch	geruchlos	geruchlos
Brennbarkeit	brennbar	nicht brennbar
Wirkung auf den Organismus	sehr giftig	erstickend
Dichte im Vergleich zur Dichte von Luft	kleiner	größer

02 Einige Eigenschaften von Kohlenstoffmonooxid und Kohlenstoffdioxid

VORKOMMEN UND ENTSTEHUNG VON KOHLENSTOFFDIOXID Kohlenstoffdioxid lässt sich durch chemische Reaktion aus Kohlenstoff und Sauerstoff darstellen.

$$C(s) + O_2(g) \longrightarrow CO_2(g) \qquad | \text{exotherm}$$

Kohlenstoffdioxid entsteht auch bei der Atmung, dem biologischen Abbau von Stoffen sowie durch Verbrennung fossiler Brennstoffe wie Holz, Kohle, Erdöl und Erdgas. 0,04 % der Luft der Erdatmosphäre bestehen aus Kohlenstoffdioxid. Menschen atmen es ständig ein und aus. Der Anteil des Kohlenstoffdioxids an der ausgeatmeten Luft beträgt 4 %. Jeder Mensch produziert in 24 Stunden durchschnittlich 350 Liter Kohlenstoffdioxid.

VERWENDUNG VON KOHLENSTOFFDIOXID Kohlenstoffdioxid ist als Feuerlöschmittel geeignet, weil es den Zutritt von Luft verhindert. Es hat eine größere Dichte als Luft und sammelt sich am Boden von Räumen und Gefäßen (↑ **02**). Kohlenstoffdioxid reichert sich auch in Gärkellern an. Ein Kellermeister geht deshalb mit einer brennenden Kerze durch den Keller. Erlischt die Kerze, so besteht akute Erstickungsgefahr und der Keller muss sofort verlassen werden. Festes Kohlenstoffdioxid ist als sogenanntes **Trockeneis** im Handel erhältlich. Es schmilzt nicht, sondern sublimiert bei −79 °C (↑ **03A**).

NACHWEIS VON KOHLENSTOFFDIOXID Kohlenstoffdioxid lässt sich mit Calciumhydroxidlösung (Kalkwasser) nachweisen. Dabei entsteht ein weißer Niederschlag aus schwerlöslichem Calciumcarbonat. Das Kalkwasser trübt sich. Diesen Nachweis bezeichnet man auch als Kalkwasserprobe (↑ **03B**; ↑ S. 37, Exp. 2.02).

$$Ca^{2+}(aq) + 2\,OH^-(aq) + CO_2(g) \longrightarrow CaCO_3(s) + H_2O(l)$$

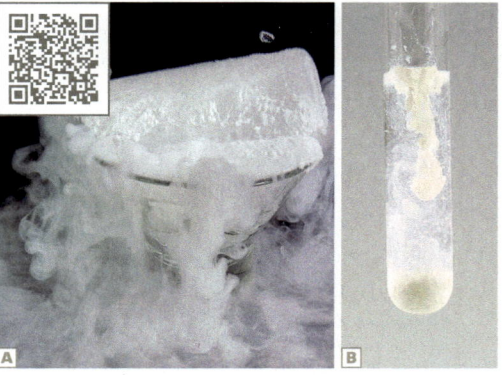

03 **A** Sublimierendes Trockeneis, **B** CO_2-Nachweis

LÖSLICHKEIT VON KOHLENSTOFFDIOXID IN WAS-
SER Bei 15 °C und Normdruck löst sich etwa ein Liter Kohlenstoffdioxid in einem Liter Wasser. Lässt man eine Mineralwasserflasche in der prallen Sonne stehen, besteht die Gefahr, dass sie platzt. Bei hohen Temperaturen ist die Löslichkeit von Kohlenstoffdioxid in Wasser wie bei allen Gasen erheblich geringer. Die Löslichkeit von Kohlenstoffdioxid in Wasser ist demnach vom Druck und von der Temperatur abhängig (↑ **04**). In einem Wassersprudler wird das Kohlenstoffdioxid unter einem Druck von etwa 14 bar zugeführt. Der hohe Druck ermöglicht, dass sich eine große Menge des Gases in dem Wasser löst.

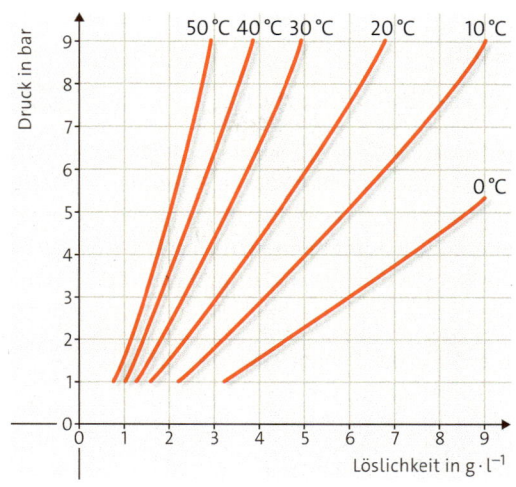

04 Löslichkeit von Kohlenstoffdioxid in Wasser

BILDUNG VON KOHLENSÄURE
Wird Kohlenstoffdioxid in Wasser gelöst, entsteht eine saure Lösung. Dabei spielen mehrere Gleichgewichte eine Rolle. Zunächst steht gasförmiges Kohlenstoffdioxid $CO_2(g)$ im Gleichgewicht mit in Wasser gelöstem Kohlenstoffdioxid $CO_2(aq)$.

$$CO_2(g) \rightleftharpoons CO_2(aq) \qquad | \text{ exotherm}$$

Der Lösevorgang ist exotherm. Gelöstes Kohlenstoffdioxid reagiert mit Wasser langsam zu gelöster Kohlensäure $H_2CO_3(aq)$ (↑ Exp. 5.02, S. 126).

$$CO_2(aq) + H_2O(l) \rightleftharpoons H_2CO_3(aq)$$

Bei 25 °C kommt im Gleichgewicht ein $H_2CO_3(aq)$-Molekül auf ca. 600 $CO_2(aq)$-Moleküle. Nur etwa 0,1 % der $CO_2(aq)$-Moleküle reagieren demnach mit Wasser zu Kohlensäure. Das Gleichgewicht liegt daher stark auf der linken Seite.
Das Kohlensäuremolekül reagiert gegenüber Wasser als Säure:

$$H_2CO_3(aq) + H_2O(l) \rightleftharpoons HCO_3^-(aq) + H_3O^+(aq)$$
$$HCO_3^-(aq) + H_2O(l) \rightleftharpoons CO_3^{2-}(aq) + H_3O^+(aq)$$

Auch bei diesen Reaktionen liegt das Gleichgewicht jeweils sehr stark auf der linken Seite. Oxonium-Ionen (H_3O^+), Hydrogencarbonat-Ionen (HCO_3^-) und Carbonat-Ionen (CO_3^{2-}) liegen nur in sehr geringer Konzentration vor. Damit ist die Lösung nicht so sauer, wie sie es wäre, wenn die gesamte Säure mit Wasser reagiert hätte.

Dies ist auch der Grund dafür, dass sprudelndes Mineralwasser nur einen leicht sauren Geschmack aufweist. Weil einige Kohlensäuremoleküle als Säure reagieren, wird das Löslichkeitsgleichgewicht von gasförmigem zu gelöstem Kohlenstoffdioxid verschoben (↑ Exp. 5.03, S. 126). In der Folge löst sich gemäß dem *Prinzip von Le Chatelier* etwas mehr Kohlenstoffdioxid im Wasser.

KOHLENSTOFFMONOOXID
Beim Verbrennen von Kohle entsteht neben Kohlenstoffdioxid auch immer in geringen Mengen Kohlenstoffmonooxid (CO), das bei ausreichender Sauerstoffzufuhr sofort zu Kohlenstoffdioxid weiteroxidiert. Bei der Verbrennung von Kohlenstoff unter *unzureichender Sauerstoffzufuhr* bildet sich jedoch vermehrt Kohlenstoffmonooxid. Es findet sich deshalb in fast allen Abgasen, beispielsweise Auspuffgasen von Kraftfahrzeugen, und sogar im Zigarettenrauch.

Versauerung der Ozeane ↑ S. 132 f.

Kohlenstoffmonooxid besteht wie Kohlenstoffdioxid aus Molekülen. Es blockiert die Fähigkeit des Hämoglobins, Sauerstoff anzulagern und im Körper zu transportieren. Es ist sehr giftig und besonders tückisch, da es geruchlos ist (↑ **03**). So sind viele Unglücke mit schlecht belüfteten Öfen oder Feuern auf eine Vergiftung mit Kohlenstoffmonooxid zurückzuführen.

1 › Formulieren Sie jeweils die Reaktionsgleichung für die Bildung von Kohlenstoffmonooxid aus Kohlenstoff sowie für die Weiteroxidation von Kohlenstoffmonooxid zu Kohlenstoffdioxid.
2 › Erläutern Sie die Löslichkeit von Kohlenstoffdioxid in Wasser.
3 › Manche Mineralwässer enthalten von Natur aus eine hohe Menge an Kohlenstoffdioxid. Man bezeichnet sie auch als „natürliche" Mineralwässer. Sie entstehen tief im kalten Boden unter erhöhtem Druck. In der Praxis werden das Wasser und das Kohlenstoffdioxid getrennt gefördert. Danach wird das Wasser mit dem Gas angereichert. Begründen Sie, warum die direkte Förderung von sprudelndem Mineralwasser problematisch ist.

Störung des chemischen Gleichgewichts ↑ S. 110 f.

Praktikum

P Stoffkreisläufe

EXP 5.01 Bildung von Calciumcarbonat

Materialien Erlenmeyerkolben (300 ml), passender Stopfen mit Bohrung, kurzes Glasrohr, Gummischläuche, Waschflasche, Stativmaterial, Brenner, stark kohlensäurehaltiges Mineralwasser (alternativ: Brausetabletten in Wasser geben), Kalkwasser (gesättigte Lösung von Calciumhydroxid in Wasser; **5**, **7**)

Durchführung Füllen Sie in den Erlenmeyerkolben 250 ml Mineralwasser. Verschließen Sie den Kolben mit einem durchbohrten Stopfen mit Schlauchansatz. Spannen Sie den mit 250 ml Mineralwasser gefüllten Erlenmeyerkolben in das Stativ ein.
Geben Sie 50 ml des Kalkwassers in die Waschflasche und befestigen Sie diese ebenfalls mit einem Stativ.
Verbinden Sie den Erlenmeyerkolben und die Waschflasche mit einem Schlauch. Erhitzen Sie nun das Mineralwasser mit dem Brenner.
Entsorgung: Lösungen ins Abwasser geben.

Auswertung

1 〉 Notieren Sie Ihre Beobachtungen und deuten Sie diese.
2 〉 Entwickeln Sie die entsprechenden Reaktionsgleichungen.
3 〉 An den Reaktionen des natürlichen Kalkkreislaufs ist Kohlenstoffdioxid beteiligt. Erläutern Sie, unter welchen Bedingungen das hier untersuchte System weiterreagiert und zur Bildung von Kalk führt.

EXP 5.02 Lösen von Kohlenstoffdioxid in Wasser

Materialien Rundkolben (500 ml), passender Stopfen, Verbrennungslöffel, Messzylinder, schmale Kerze, Universalindikatorlösung, destilliertes bzw. abgekochtes Wasser

Durchführung Geben Sie in einen Rundkolben 20 ml des destillierten bzw. abgekochten Wassers und etwa fünf Tropfen Universalindikatorlösung.
Setzen Sie eine Kerze auf einen Verbrennungslöffel und zünden Sie diese an. Befüllen Sie den Rundkolben mithilfe der brennenden Kerze mit Kohlenstoffdioxid.
Verschließen Sie den Rundkolben mit einem Stopfen und schütteln Sie den Rundkolben für etwa 1 min kräftig.
Öffnen Sie danach den Stopfen und senken Sie die brennende Kerze erneut in den Rundkolben.
Entsorgung: Lösungen ins Abwasser geben.

Auswertung

1 〉 Notieren Sie Ihre Beobachtungen und deuten Sie diese.
2 〉 Entwickeln Sie die entsprechenden Reaktionsgleichungen.

EXP 5.03 Einfluss des pH-Werts auf das CO₂/H₂CO₃-Gleichgewichtssystem

Materialien Erlenmeyerkolben (100 ml), Stopfen mit Bohrung, Einwegspritzen (10 ml) mit Kanülen, Zange zum Durchstechen des Stopfens mit der Kanüle, Kolbenprober mit Hahn, Magnetrührer mit Rührfisch, kurzes gewinkeltes Glasrohr, Schlauchmaterial, Stativmaterial, stark kohlensäurehaltiges Mineralwasser, Natronlauge ($c = 0,5 \text{ mol} \cdot \text{l}^{-1}$; **5**), Salzsäure ($c = 0,5 \text{ mol} \cdot \text{l}^{-1}$; **7**), Universalindikatorlösung, Kohlenstoffdioxid

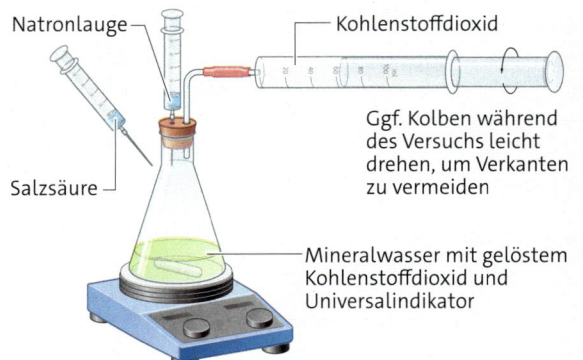

Durchführung

1. Stechen Sie die Kanüle mithilfe der Zange vorsichtig durch den Gummistopfen (*Achtung:* Verletzungsgefahr!).
2. Füllen Sie 10 ml des kohlensäurehaltigen Mineralwassers sowie einige Tropfen Universalindikatorlösung in den Erlenmeyerkolben und geben Sie den Rührfisch hinein.
3. Füllen Sie den Kolbenprober mit 100 ml Kohlenstoffdioxid und spülen Sie den Bereich des Erlenmeyerkolbens über der Lösung mit Kohlenstoffdioxid. Verschließen Sie den Erlenmeyerkolben mit dem Stopfen, schließen Sie den Kolbenprober an und befestigen Sie Erlenmeyerkolben und Kolbenprober mithilfe von Stativmaterial. Öffnen Sie den Hahn und starten Sie den Magnetrührer.
4. Geben Sie mit einer Spritze durch die Kanüle 10 ml Natronlauge hinzu und drehen Sie den Stempel des Kolbenprobers so lange, bis keine Veränderung mehr eintritt.
5. Geben Sie mit der zweiten Spritze 10 ml der Salzsäure hinzu und drehen Sie den Stempel des Kolbenprobers ebenfalls so lange, bis keine Veränderung mehr eintritt.
Wiederholen Sie die Schritte 4 und 5 mehrmals.

Auswertung

1 〉 Notieren Sie Ihre Beobachtungen.
2 〉 Werten Sie das Experiment mithilfe geeigneter Reaktionsgleichungen unter Bezug auf das Prinzip von Le Chatelier aus.

EXP 5.04 Einfluss des Drucks auf das CO₂/H₂CO₃-Gleichgewichtssystem

Materialien Kolbenprober mit Hahn, Becherglas (250 ml), Pipette, Kohlenstoffdioxid, Universalindikatorlösung, Leitungswasser, stark verdünnte Ammoniaklösung (7)

Durchführung Geben Sie in das Becherglas 100 ml Leitungswasser und etwa 2 ml Universalindikatorlösung, sodass die Lösung kräftig grün gefärbt ist. Gegebenenfalls muss das Wasser mit Ammoniaklösung eingestellt werden, bis der Indikator eine grüne Farbe zeigt.
Saugen Sie in den Kolbenprober 10 ml Kohlenstoffdioxid ein. Ziehen Sie aus dem Becherglas 20 ml der grün gefärbten Lösung in den Kolbenprober auf. Achten Sie darauf, dass keine Luft eingesaugt wird.
Schließen Sie den Hahn und schütteln Sie den Kolbenprober kräftig. Drücken Sie dann den Kolben kräftig hinein. Ziehen Sie anschließend den Kolben kräftig heraus, sodass ein Unterdruck im Kolbenprober entsteht.

Auswertung

1⟩ Notieren Sie Ihre Beobachtungen.
2⟩ Werten Sie das Experiment mithilfe geeigneter Reaktionsgleichungen unter Bezug auf das Prinzip von Le Chatelier aus.

EXP 5.05 Einfluss der Temperatur auf das CO₂/H₂CO₃-Gleichgewichtssystem

Materialien 2 Erlenmeyerkolben (300 ml), 2 Luftballons, Wanne mit Eis, Bunsenbrenner, Universalindikatorlösung, stark kohlensäurehaltiges Mineralwasser

Durchführung

1. Befüllen Sie die beiden Erlenmeyerkolben mit je 100 ml Mineralwasser und geben Sie einige Tropfen der Indikatorlösung hinzu. Dehnen Sie die Luftballons vor. Verschließen Sie die beiden Erlenmeyerkolben mit den Luftballons.
2. Erhitzen Sie einen der beiden Kolben vorsichtig über der Brennerflamme (Kolben dabei leicht schwenken).
3. Lassen Sie den erhitzten Kolben etwas abkühlen und stellen Sie ihn anschließend in das Eisbad.
4. Wiederholen Sie ggf. die Schritte 2 und 3.
5. Der andere Ansatz wird zum Vergleich bei Raumtemperatur aufbewahrt.

Auswertung

1⟩ Notieren Sie Ihre Beobachtungen und deuten Sie diese.
2⟩ Begründen Sie anhand der Ergebnisse zu diesem Experiment die Verteilung von Kohlenstoffdioxid in den Ozeanen.

EXP 5.06 Modellexperiment zum Treibhauseffekt

Materialien Halogenglühlampe mit Fassung (250 W), Glaswanne, PE-Flasche mit seitlicher Öffnung (700 ml, z. B. leere Sprudelflasche, deren Hals mit einem Küchenmesser abgeschnitten wurde), Stativmaterial, Styroporgefäß, Digitalthermometer mit Messfühler, Pappkarton (schwarz), PE-Folie, Knetmasse oder biegsames Wachs, Leitungswasser, Kohlenstoffdioxid

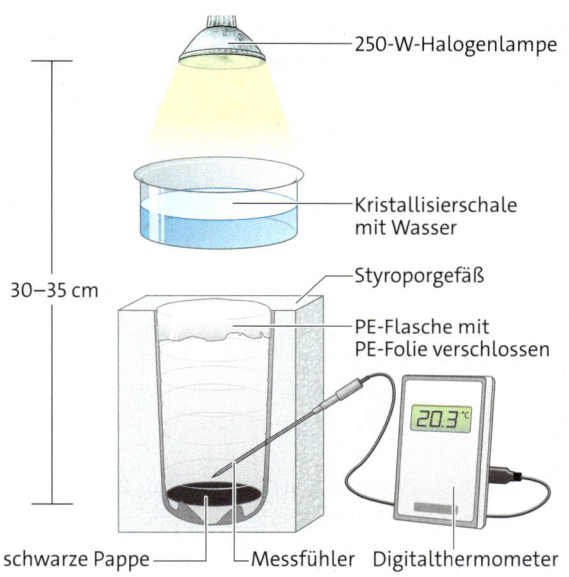

250-W-Halogenlampe

Kristallisierschale mit Wasser

30–35 cm

Styroporgefäß

PE-Flasche mit PE-Folie verschlossen

20,3 °C

schwarze Pappe — Messfühler — Digitalthermometer

Durchführung

1. Bauen Sie das Experiment entsprechend der Skizze auf.
2. Verschließen Sie die Kunststoffflasche mit PE-Folie und stellen Sie die Flasche zur zusätzlichen Isolierung in einen Styroporbehälter. Der Messfühler des Thermometers wird durch die seitliche Öffnung eingeführt, sodass sich der Messfühler mit seiner Spitze etwa 1–2 cm oberhalb der schwarzen Pappe befindet. Die seitliche Öffnung wird mit Knetmasse abgedichtet.
3. Schalten Sie die Lampe ein und ermitteln Sie den Temperaturanstieg in der Flasche während 5 min jeweils alle 30 s.
4. Füllen Sie danach Kohlenstoffdioxid in die Kunststoffflasche und wiederholen Sie die Messung genau wie in Schritt 3.

Auswertung

1⟩ Notieren Sie Ihre Beobachtungen und deuten Sie diese.
2⟩ Erläutern Sie Analogien zwischen den Bauteilen der Apparatur und der Erdatmosphäre. Überlegen Sie, warum zwischen Halogenstrahler und Messbereich die Schale mit Wasser eingebracht wird.
3⟩ Werten Sie das Experiment unter Verwendung der zentralen Begriffe Absorption, Emission und Reflexion aus.

5.2 Belastungen der Atmosphäre

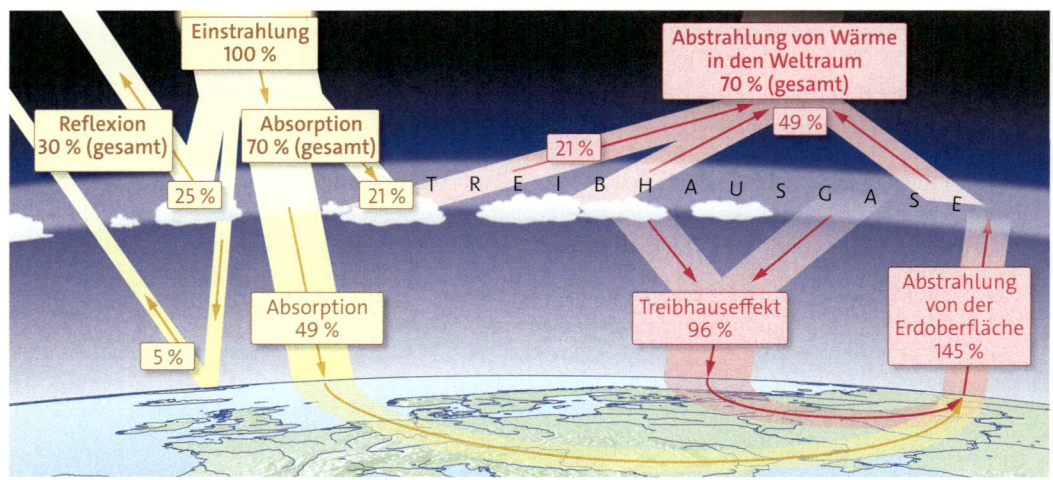

01 Schematische Darstellung des Treibhauseffekts

Die ersten Erdölfelder sind bereits leer. Fossile Brennstoffe werden seit Beginn der Industrialisierung in immer größerem Umfang genutzt. Während die Reserven abnehmen, reichert sich Kohlenstoffdioxid in der Atmosphäre an, sodass nun erhebliche Klimaänderungen drohen. Welche Zusammenhänge bestehen zwischen der durch den Menschen verursachten Freisetzung von Gasen und unserem Klima?

NATÜRLICHER TREIBHAUSEFFEKT Die Erde gibt ständig Wärmestrahlung an das Weltall ab. Wasserdampf, Kohlenstoffdioxid und andere Spurengase besitzen die Eigenschaft, diese Abstrahlung zu vermindern (↑ Exp. 5.06, S. 127). Sie lassen die kurzwellige Strahlung der Sonne nahezu ungehindert passieren, nehmen aber die langwellige, infrarote Strahlung (IR-Strahlung: Wärmestrahlung) der Erdoberfläche auf und erwärmen sich.

Dadurch wird ähnlich wie beim Glas eines Treibhauses die Energieabgabe der Erde verzögert und ein Wärmestau erzeugt. Die Auswirkung dieser treibhauswirksamen Gase, ohne die es auf der Erde um etwa 33 Kelvin kälter wäre, bezeichnet man als **natürlichen Treibhauseffekt**. Bliebe die Zusammensetzung der Atmosphäre konstant, so würde sich ein Gleichgewicht in der Strahlungsbilanz einstellen.

ANTHROPOGENER TREIBHAUSEFFEKT Durch Eingriffe des Menschen wie dem massiven Einsatz von fossilen Brennstoffen, der Brandrodung von Wäldern und der Erzeugung treibhauswirksamer Spurengase haben die Konzentrationen mehrerer Treibhausgase seit Beginn der Industrialisierung kontinuierlich zugenommen. Dadurch hat sich die globale mittlere Oberflächentemperatur seit 1901 um 0,8 K erhöht, was man als anthropogenen **Treibhauseffekt** bezeichnet. Im März 2015 wurden laut der amerikanischen Wetterbehörde *National Oceanic and Atmospheric Administration* (NOAA) erstmals mehr als 400 ppm (parts per million, Teilchen pro Million) Kohlenstoffdioxid in der Atmosphäre gemessen (↑ 06). Zum Vergleich: Der vorindustrielle Wert betrug 280 ppm Kohlenstoffdioxid.

Die Konzentration eines Treibhausgases ist jedoch nicht der alleinige Faktor für seinen Beitrag zum anthropogenen Treibhauseffekt. Jedes Treibhausgas besitzt ein spezifisches **Erwärmungspotenzial** (**GWP**; ↑ 04). Unter den künstlich hergestellten leisten die sogenannten *F-Gase*, die *fluorierten Treibhausgase*, den größten Beitrag. Dazu zählen die vollhalogenierten Fluorkohlenwasserstoffe (kurz: FKW), die teilhalogenierten Fluorkohlenwasserstoffe (kurz: HFKW), Schwefelhexafluorid (SF_6) und Stickstofftrifluorid (NF_3). Sie besitzen ein hohes Erwärmungspotenzial

Treibhausgas	Anteil in der Atmosphäre (2019)	Beitrag zum natürlichen Treibhauseffekt in Kelvin	Anteil am anthropogenen Treibhauseffekt
H_2O (Wasserdampf)	0,25–4 % (regional stark unterschiedlich)	20,6	positive Rückkopplung bei Temperaturanstieg
CO_2	411 ppm	7,2	50–60 %
CH_4	1,88 ppm	0,8	18–20 %
N_2O	0,331 ppm	1,4	5–6 %
Ozon und weitere Spurengase	– (keine Angabe)	3,0	6–10 %

02 Anteil verschiedener Gase am Treibhauseffekt

und ihr Anteil steigt kontinuierlich an, beispielsweise durch das bei der Herstellung von Solarzellen und Flüssigkristallbildschirmen freigesetzte Stickstofftrifluorid.

Da die Treibhausgase IR-Strahlung aufnehmen, kann man durch **Infrarotspektroskopie** die genauen Absorptionsbereiche einzelner Treibhausgase bestimmen. Dabei fällt auf, dass das IR-Spektrum von Wasserdampf einige Bereiche aufweist, in denen keine IR-Strahlung absorbiert wird, sondern passieren kann (↑ 05). Die Treibhausgase wie Kohlenstoffdioxid absorbieren nun genau in den Bereichen, die der Wasserdampf offen lässt, den sogenannten atmosphärischen Fenstern. Dies erklärt die Effektivität der Treibhausgase, selbst bei vergleichsweise niedrigen Konzentrationen in der Atmosphäre. Die Strahlungsabsorption durch Kohlenstoffdioxid ist bereits nahezu vollständig. Eine Konzentrationserhöhung bewirkt nur in den Randbereichen eine noch stärkere Absorption der IR-Strahlung. Die Absorption von IR-Strahlung durch die übrigen Treibhausgase ist jedoch konzentrationsbedingt noch nicht vollständig. Durch die Zunahme ihrer Konzentration kann sich der Treibhauseffekt daher noch erheblich verstärken.

Genaue Klimaprognosen sind dennoch kaum möglich, denn unter anderem nehmen folgende Faktoren Einfluss:

- Durch den Treibhauseffekt wird sich die Wolken-, Schnee- oder Eisbedeckung des Planeten ändern. Dies wirkt sich wiederum auf die Strahlungsbilanz aus.
- Aerosole wie Rußpartikel oder Sand können ebenfalls Strahlung reflektieren oder aufnehmen. Ihre Konzentration hängt u. a. vom Einbau von Filteranlagen oder von der Anzahl von Sandstürmen ab und lässt sich schlecht vorhersagen.

> **Der anthropogene Treibhauseffekt wird durch vermehrte Freisetzung von Treibhausgasen und verstärkte Absorption von Wärmestrahlung in der Atmosphäre hervorgerufen.**

1 ⟩ Recherchieren Sie das IR-Spektrum von Distickstoffoxid und analysieren Sie die Klimawirksamkeit dieses Gases.

2 ⟩ Nennen Sie weitere Gründe, weshalb präzise Klimaprognosen schwierig sind.

3 ⟩ Interpretieren Sie Tabelle ↑ 04.

4 ⟩ Informieren Sie sich über geplante Maßnahmen zur unterirdischen Speicherung von Kohlenstoffdioxid und diskutieren Sie deren Eignung für den Klimaschutz.

Treibstoffverbrauch von 1 l	Masse an entstehendem CO_2 in kg
Autogas	1,8–2,0
Benzin	2,3
Diesel	2,7

03 Freisetzung von Kohlenstoffdioxid

Treibhausgas	GWP, bezogen auf 100 Jahre	Atmosphärische Verweilzeit in Jahren
CO_2	1	120
CH_4	25	9–15
N_2O	298	114
NF_3	17 200	740
SF_6	23 500	3200

04 Globales Erwärmungspotenzial (GWP, engl. *global warming potential*) einiger Gase. Es kennzeichnet die Auswirkung der einzelnen Gase auf den Treibhauseffekt, normiert auf CO_2 mit dem Wert 1.

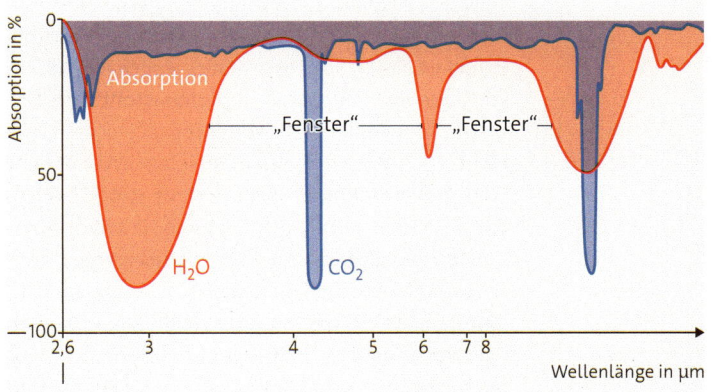

05 IR-Spektrum von Wasserdampf und Kohlenstoffdioxid

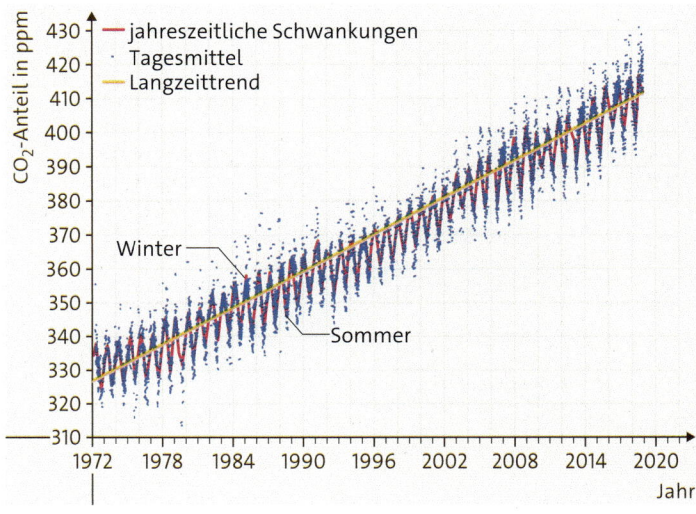

06 Anstieg des Volumenanteils an Kohlenstoffdioxid in der Atmosphäre

5.3 Globaler Kohlenstoffkreislauf

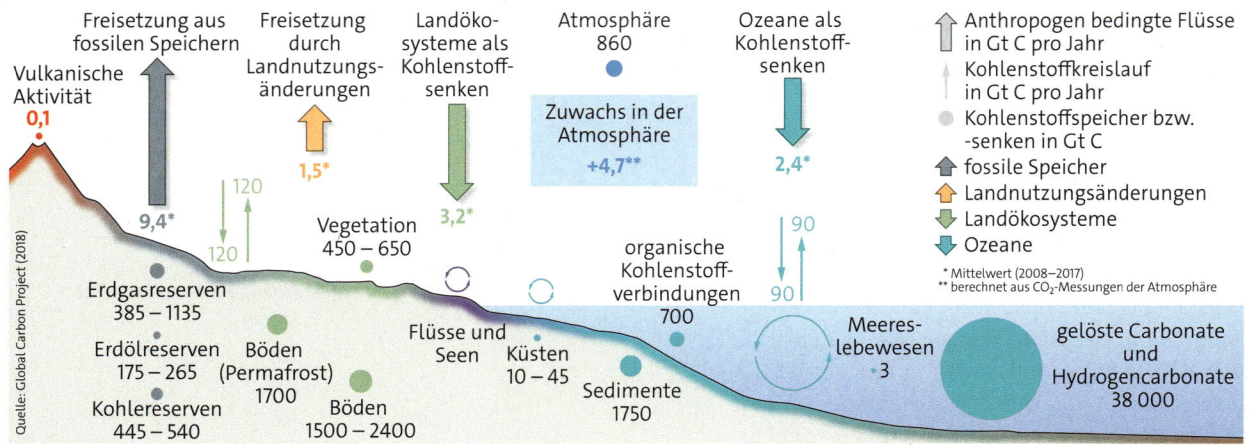

01 Globaler Kohlenstoffkreislauf. Kohlenstoffspeicher und -flüsse in Gigatonnen (1 Gt = 10^9 Tonnen) Kohlenstoff

KOHLENSTOFFFLÜSSE UND -SENKEN Der Gesamtkohlenstoffgehalt auf der Erde kann als konstant angesehen werden. In jedem Teilsystem der Erde, der Atmosphäre, der Biosphäre mit Pflanzen und Tieren, den Gewässern, den Gesteinen und Böden ist ein Teil des Gesamtkohlenstoffgehalts gespeichert. Sie bilden zusammen die *Kohlenstoffspeicher* der Erde. Zwischen diesen Speichern gibt es jedoch Austauschvorgänge von Kohlenstoff, die **Kohlenstoffflüsse**. Der Umsatz des Kohlenstoffs verläuft dabei nicht in eine Richtung, sondern in einem Kreislauf. Man spricht vom **globalen Kohlenstoffkreislauf** (↑ 01). Böden, Wälder, Ozeane und auch Gesteine sind dabei **Kohlenstoffsenken**, d. h, sie nehmen vorübergehend Kohlenstoff auf und speichern ihn.

Sämtliche tierische und pflanzliche Biomasse wie Laubblätter und Holz besteht überwiegend aus Verbindungen mit dem Element Kohlenstoff. Pflanzen an Land und Algen im Meer nehmen ihn in Form von Kohlenstoffdioxid aus der Atmosphäre oder aus dem Wasser auf und wandeln ihn während der Fotosynthese in energiereiche Moleküle wie Zucker (Glucose) und Stärke um. Ebenso wird Kohlenstoffdioxid durch die Zellatmung oder andere Abbauprozesse wieder freigesetzt. Kohlenstoff kann dabei fest in Materie eingebunden werden oder er steigt als Kohlenstoffdioxid in die Atmosphäre auf.

Das Meer speichert wie die belebte Umwelt große Mengen Kohlenstoff (↑ 01). Noch größere Mengen an Kohlenstoff sind in der Lithosphäre, den Gesteinen der Erde, gebunden, beispielsweise in Form von Kalk (Calciumcarbonat, $CaCO_3$). Man unterscheidet deshalb zwischen dem **geologischen Kohlenstoffkreislauf**, der sich auf die unbelebte Umwelt bezieht und zum Beispiel die Kalkbildung und den Kalkabbau umfasst und dem **biologischen Kohlenstoffkreislauf**, der die belebte Natur betrifft.

BEEINTRÄCHTIGUNG DURCH DEN MENSCHEN Viele Jahrtausende blieb der Anteil an Kohlenstoffdioxid in der Atmosphäre in etwa konstant. Kohlenstoffquellen und Kohlenstoffsenken waren weitgehend gleich groß. Seit Beginn der Industrialisierung steigt der Kohlenstoffdioxidanteil jedoch stetig an. Pro Jahr gelangen durch Verbrennen fossiler Energieträger ca. 9,4 Gigatonnen und durch Brandrodungen der Wälder ca. 1,5 Gigatonnen Kohlenstoff in die Atmosphäre (↑ 01). Da diese Mengen aus der Atmosphäre nicht vollständig wieder gebunden werden, steigt der Kohlenstoffdioxidgehalt in der Atmosphäre seit Beginn der Industrialisierung an (↑ 02).

1 ⟩ Beschreiben Sie die Abbildungen ↑ 01 und ↑ 02. Gehen Sie dabei auch auf die Veränderungen der Kohlenstoffquellen und -senken ein.

2 ⟩ Beurteilen Sie die Aussage, dass sich der vorindustrielle Kohlenstoffkreislauf weitgehend im Gleichgewicht mit der Atmosphäre befand.

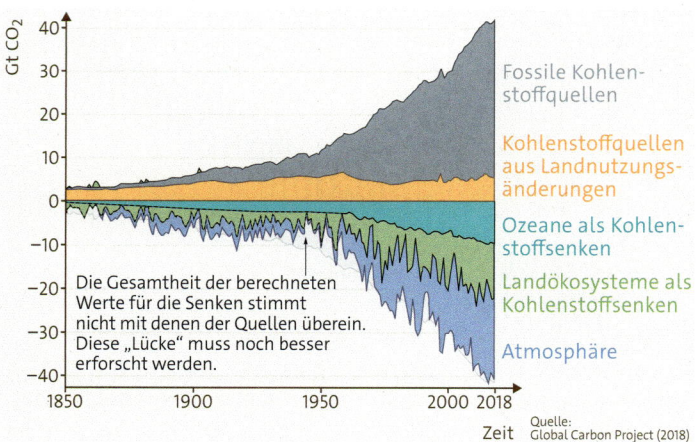

02 Balance der Kohlenstoffquellen und -senken im zeitlichen Verlauf

Kalkkreislauf

03 Tropfsteinhöhle

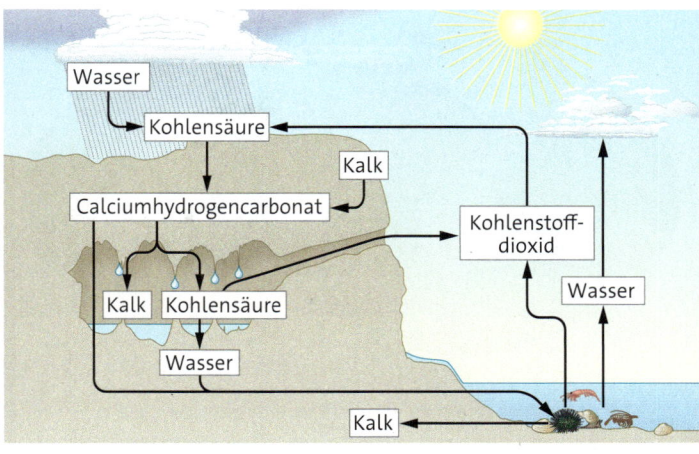

04 Natürlicher Kalkkreislauf

TROPFSTEINBILDUNG Tropfsteine (↑ 03) bestehen hauptsächlich aus **Calciumcarbonat** ($CaCO_3$), einem Calciumsalz der Kohlensäure. Calciumcarbonat ist aus Calcium-Ionen (Ca^{2+}) und Carbonat-Ionen (CO_3^{2-}) aufgebaut und ist in Wasser schwer löslich. In sauren Lösungen, z.B. einer Lösung mit Kohlensäure, löst es sich dagegen sehr gut. Regenwasser enthält gelöste Kohlensäure. Kommt das Regenwasser in Kontakt mit Kalkfelsen, findet eine chemische Reaktion zwischen der gelösten Kohlensäure und dem Calciumcarbonat statt.

$$CaCO_3(s) + H_2CO_3(aq) \rightleftharpoons Ca^{2+}(aq) + 2\,HCO_3^-(aq)$$

Sickert das mit Calcium-Ionen und Hydrogencarbonat-Ionen angereicherte harte Wasser in Höhlen ein, so entstehen dort Tropfsteine aus Calciumcarbonat. Das Wasser verdunstet und die gelöste Kohlensäure zerfällt. Aus den gelösten Hydrogencarbonat-Ionen bilden sich neues Calciumcarbonat und Kohlensäure.

$$Ca^{2+}(aq) + 2\,HCO_3^-(aq) \rightleftharpoons CaCO_3(s) + H_2CO_3(aq)$$

Diese Vorgänge sind Teil des **natürlichen Kalkkreislaufs** (↑ 04). Kalkaufbauende und kalkabbauende Prozesse finden prinzipiell auch im Meer statt (↑ S. 130 f.).

TECHNISCHER KALKKREISLAUF Calciumcarbonat ist auch ein nahezu unerschöpflicher Rohstoff für die Bauindustrie. Es wird in einer als Kalkbrennen bezeichneten endothermen Reaktion zu Calciumoxid (Branntkalk) und Kohlenstoffdioxid umgesetzt (↑ 05):

$$CaCO_3(s) \longrightarrow CaO(s) + CO_2(g)$$

Mit Wasser wird Calciumoxid in einer exothermen Reaktion zu Calciumhydroxid (Löschkalk) umgewandelt:

$$CaO(s) + H_2O(l) \longrightarrow Ca(OH)_2(s)$$

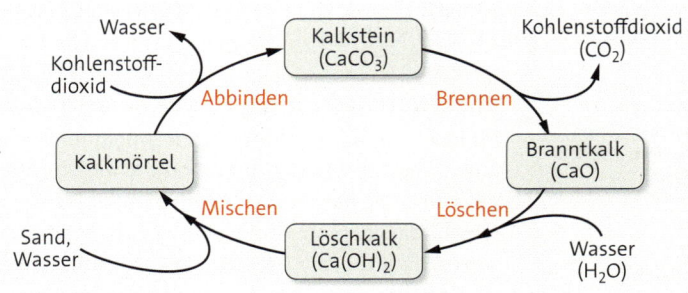

05 Technischer Kalkkreislauf

Kalkmörtel, eine Mischung aus Calciumhydroxid und Sand, wird zum Verputzen verwendet. Dabei läuft durch Kontakt des Kalkmörtels mit der Luft eine weitere chemische Reaktion ab (↑ 05).
Beim Abbinden reagiert das Calciumhydroxid mit dem Kohlenstoffdioxid der Luft, wodurch wieder Calciumcarbonat gebildet wird. Calciumcarbonat ist härter als Calciumhydroxid, dadurch erhält der Kalkmörtel nach dem Abbinden an der Luft seine mechanische Stabilität.

Kalkstein reagiert mit Säure

Störung des chemischen Gleichgewichts ↑ S. 110 f.

1 〉 Beschreiben Sie den natürlichen Kalkkreislauf anhand der Abbildung ↑ 04.
2 〉 a Entscheiden Sie, ob es sich bei den einzelnen Vorgängen des natürlichen Kalkkreislaufs in ↑ 04 um chemische Reaktionen handelt.
b Formulieren Sie sämtliche Reaktionsgleichungen.
3 〉 Erläutern Sie die Bildung von Tropfsteinhöhlen mithilfe des chemischen Gleichgewichts.
4 〉 Formulieren Sie für alle Vorgänge des technischen Kalkkreislaufs die jeweilige Reaktionsgleichung (↑ 05).
5 〉 Vergleichen Sie den technischen Kalkkreislauf (↑ 05) mit dem natürlichen Kalkkreislauf (↑ 04).

5.4 Ozeane als Kohlenstoffsenken – Versauerung der Ozeane

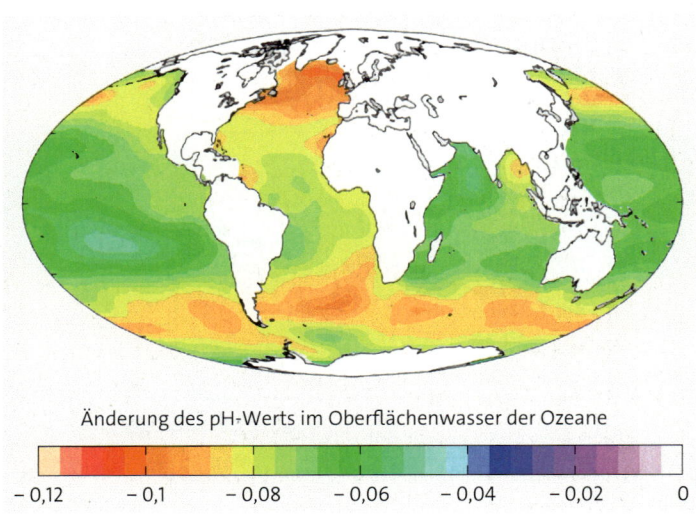

Änderung des pH-Werts im Oberflächenwasser der Ozeane

| – 0,12 | – 0,1 | – 0,08 | – 0,06 | – 0,04 | – 0,02 | 0 |

01 Verringerung des pH-Werts an der Meeresoberfläche durch anthropogenes Kohlenstoffdioxid in der Atmosphäre seit 1700

Störung des chemischen Gleichgewichts ↑ S. 110 f.

Bildung von Kohlensäure ↑ S. 125

KOHLENSTOFFDIOXID UND DER pH-WERT DER MEERE Durch die in den letzten 100 Jahren stark angestiegenen Mengen an verbranntem Erdöl, Erdgas und Kohle hat sich der Volumenanteil von Kohlenstoffdioxid in der Atmosphäre deutlich erhöht: von 0,03 % (1900) auf über 0,04 % (2020), d. h., heute ist ein Drittel mehr Kohlenstoffdioxid in der Atmosphäre als zu Beginn des 20. Jahrhunderts. Eine unmittelbare Folge ist der Einfluss auf den pH-Wert der Meere: Er sinkt (↑ 01). Vor Beginn der Industrialisierung lag der durchschnittliche pH-Wert des Meerwassers bei pH = 8,16, also im leicht alkalischen Bereich.

Bis zum Beginn der ozeanischen Versauerung infolge der einsetzenden Industrialisierung im 18. Jahrhundert und des steigenden Kohlenstoffdioxidausstoßes blieb dieser Wert weitgehend konstant. Heute entspricht der durchschnittliche pH-Wert des Meerwassers einem pH-Wert von 8,05. Der pH-Wert ist infolge des zunehmenden Kohlenstoffdioxidgehalts der Luft um 0,11 pH-Einheiten gesunken. Das entspricht einem Anstieg der Konzentration an Oxonium-Ionen (H_3O^+) um etwa 30 %.

OZEANE ALS KOHLENSTOFFSENKEN Die Aufnahme von Kohlenstoffdioxid aus der Atmosphäre in das Oberflächenwasser findet dauerhaft statt, da Ozeane offene Systeme sind. Dabei diffundiert das gelöste Kohlenstoffdioxid kontinuierlich in das Tiefenwasser. Außerdem wird es durch die Fotosynthese von Phytoplankton und anderen Wasserpflanzen chemisch gebunden. Messungen haben gezeigt, dass der Großteil des Kohlenstoffdioxids im Mittel-

und Tiefenwasser der Ozeane zu finden ist. Unter derzeitigen Bedingungen sind Ozeane **Kohlenstoffsenken** für atmosphärisches Kohlenstoffdioxid, da sie den Kohlenstoff langfristig in der Tiefsee binden können. Beispielsweise fixieren Kalk- und Kieselalgen Kohlenstoff durch Fotosynthese und Kalkbildung. Nach dem Absterben sinken sie auf den Meeresboden und gelangen so in das Sediment. Das Meer speichert insgesamt mehr Kohlenstoff als die Atmosphäre und die Pflanzen und Tiere der Landbiosphäre. Noch größere Mengen an Kohlenstoff sind allerdings in der Lithosphäre, den Gesteinen der Erde, u. a. in Kalkstein gebunden.

Ob das Wasser der Ozeane mehr Kohlenstoffdioxid aufnimmt als abgibt, hängt unter anderem vom Kohlenstoffdioxidgehalt der Luft und des Wassers sowie von der Temperatur des Meerwassers ab ↑ Exp. 5.04 und 5.05, S. 127). Durch die Zunahme des Kohlenstoffdioxids in der Atmosphäre wird das Löslichkeitsgleichgewicht von Kohlenstoffdioxid in Wasser in Richtung der Bildung von Kohlensäure verschoben. Die Versauerung der Ozeane ist wegen der geringeren Wassertemperaturen in den gemäßigten Breiten der Nord- und Südhalbkugel größer als in Äquatornähe.

Da die Ozeane einen großen Teil des anthropogen gebildeten Kohlenstoffdioxids aufnehmen können, spielen sie eine zentrale Rolle im globalen Kohlenstoffkreislauf. Pro Jahr nehmen sie gegenwärtig etwa 30 % des anthropogen gebildeten Kohlenstoffdioxids auf. Das Kohlenstoffdioxid dringt jedoch extrem langsam in das Tiefenwasser vor, weil sich die Ozeane nur sehr träge durchmischen. Die durch den Ozean bedingten Änderungen des atmosphärischen Kohlenstoffgehalts erstrecken sich deshalb über Jahrhunderte. In erdgeschichtlichen Dimensionen ist das schnell – aktuell gesehen erscheint es jedoch zu langsam, um den Klimawandel abzufangen.

> Ozeane sind Kohlenstoffsenken und nehmen eine zentrale Stellung im globalen Kohlenstoffkreislauf ein.

1 › Beschreiben Sie die Verringerung des pH-Werts an der Meeresoberfläche durch anthropogenes Kohlenstoffdioxid in der Atmosphäre in ↑ 01.

2 › Begründen Sie mithilfe des Prinzips von Le Chatelier, weshalb die Versauerung der Ozeane in den gemäßigten Breiten der Nord- und Südhalbkugel größer ist, als in Äquatornähe (↑ 01).

DAS MARINE FÖRDERBAND Der Golfstrom im Atlantik ist für das gemäßigte Klima in Europa verantwortlich (↑ 02). Er befördert warmes Wasser aus Äquatornähe in Richtung des Nordpols, wobei Wärme an die Umgebung abgegeben wird. Im Nordatlantik sinkt die Wassertemperatur stark ab. Durch die Abkühlung des Wassers kann sich mehr Kohlenstoffdioxid im Wasser lösen, das kalte Wasser enthält daher einen großen Anteil an gelöstem Kohlenstoffdioxid (↑ Exp. 5.05, S. 126).

Ein weiterer Effekt der Abkühlung ist die zunehmende Dichte des Wassers, was dazu führt, dass das kalte Wasser im Nordatlantik in die Tiefe sinkt. Es handelt sich um das riesige Volumen von etwa 17 Millionen Kubikmeter Wasser pro Sekunde – das ist etwa 20-mal so hoch wie das gesamte Wasservolumen aller Flüsse der Erde. Durch die Zunahme des Drucks in der Tiefe des Ozeans bleibt das gelöste Kohlenstoffdioxid im Wasser gespeichert.

Es wird infolge der langsam fließenden, kalten Tiefenströmung in entgegengesetzter Richtung des Golfstroms transportiert. Im Indischen Ozean und im Pazifik steigt das Wasser wieder an die Oberfläche, wenn es auf die Kontinente trifft. Da die Tiefenströmung ca. 100 Meter pro Tag beträgt, gelangt das im Nordatlantik gespeicherte Kohlenstoffdioxid nach ungefähr 1000 Jahren wieder in flacheres Wasser. Dadurch verschiebt sich das Löslichkeitsgleichgewicht und das Kohlenstoffdioxid wird wieder in die Atmosphäre freigesetzt.

SCHÄDIGUNG VON MEERESLEBEWESEN Eine der Folgen der Versauerung für das Ökosystem Meer ist die Schädigung der Korallen und anderer Meereslebewesen, deren Gehäuse aus schwerlöslichem Calciumcarbonat $CaCO_3$ bestehen. Bei der Schädigung der Kalkgehäuse spielen mehrere Gleichgewichtsreaktionen eine Rolle, von denen die beiden ersten bereits bekannt sind (↑ S. 125). Meerwasser enthält durch Kontakt zur Luft gelöstes Kohlenstoffdioxid (1). Es reagiert mit Wasser zu Kohlensäure (2):

$$CO_2(g) \rightleftharpoons CO_2(aq) \qquad\qquad (1)$$
$$CO_2(aq) + H_2O(l) \rightleftharpoons H_2CO_3(aq) \qquad (2)$$

Für die Gleichgewichtslage müssen auch die Gleichgewichte (3) und (4) berücksichtigt werden, bei denen die Kohlensäure mit Wasser weiterreagiert:

$$H_2CO_3(aq) + H_2O(l) \rightleftharpoons HCO_3^-(aq) + H_3O^+(aq) \qquad (3)$$
$$HCO_3^-(aq) + H_2O(l) \rightleftharpoons CO_3^{2-}(aq) + H_3O^+(aq) \qquad (4)$$

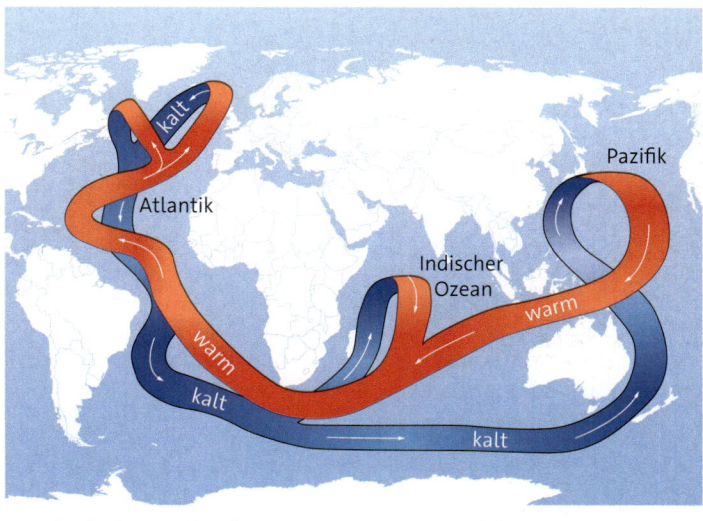

02 Oberflächen- und Tiefenwasserströmungen des globalen marinen Förderbands

03 Steinkorallen bilden Skelette aus Calciumcarbonat.

Animation des Golfstroms

Durch die an der Reaktion beteiligten Oxonium-Ionen ist die Gleichgewichtslage pH-abhängig. Das heißt, durch den Anstieg von Oxonium-Ionen infolge der Ozeanversauerung wird das Gleichgewicht (5) auf die rechte Seite verschoben:

$$CaCO_3(s) + H_3O^+ \rightleftharpoons Ca^{2+}(aq) + HCO_3^-(aq) + H_2O \quad (5)$$

So wird deutlich, dass sich die Kalkskelette der Korallen und anderer Meereslebewesen im saurer werdenden Wasser auflösen können. Zusätzlich sinkt die Konzentration der Carbonat-Ionen im Meerwasser, was sich wiederum auf die Bildung der Kalkskelette negativ auswirkt.

Kalkkreislauf ↑ S. 131

1 › Erläutern Sie den Einfluss des globalen maritimen Förderbandes auf die Rolle des Ozeans als Kohlenstoffsenke.

2 › Erklären Sie mithilfe der Gleichgewichte (1) bis (5), weshalb eine Versauerung des Ozeans zur Schädigung von Korallen und Meeresbewohnern führt, deren Gehäuse aus Kalk besteht.

5.5 Nachhaltige Entwicklung und der CO_2-Fußabdruck

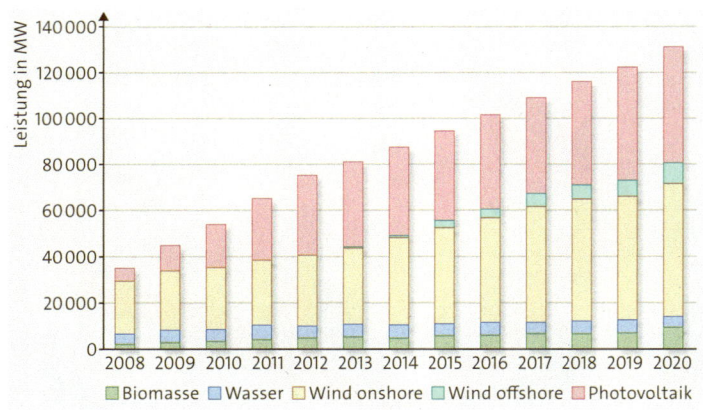

01 Jährlicher Zubau erneuerbarer Energieträger (2020: Planwerte)

02 Windkraftanlagen onshore

NACHHALTIGE ENTWICKLUNG Mit der starken Zunahme der Weltbevölkerung sowie wachsendem Lebensstandard in vielen Regionen der Welt geht ein stark steigender Energiebedarf einher: Die Prognosen für den weltweiten Energieverbrauch bis 2030 im Vergleich zu heute weisen Steigerung von 11 bis zu 50 % aus. Bisher wurde der steigende Energiebedarf hauptsächlich durch die Verwendung der fossilen Energieträger Erdöl, Kohle und Gas gedeckt. Diese Energieträger, aber auch alle anderen Rohstoffe, Luft und Wasser sind **natürliche Ressourcen**, die nur begrenzt zur Verfügung stehen und deren bedenkenlose wirtschaftliche Verwertung gravierende ökologische Probleme nach sich ziehen.

Um dem entgegen zu wirken, ist **nachhaltige Entwicklung** auf nationaler wie internationaler Ebene erforderlich. Sie beschreibt das Bestreben, die Bedürfnisse der heutigen Generation zu befriedigen, ohne die der zukünftigen Generationen zu gefährden. Nachhaltiges Wirtschaften umfasst deshalb Produktionsmethoden, die einen schonenden Umgang mit den Ressourcen gewährleisten. Besonders wichtig ist dabei, die Energieversorgung nachhaltig zu gestalten, z. B. durch Senken des Primärenergieverbrauchs sowie durch Steigerung des Anteils erneuerbarer Energien am Endenergieverbrauch.

BEISPIEL WINDENERGIE Windenergie zählt zu den erneuerbaren Energien, da Wind genau wie Sonnenstrahlung keine endliche Ressource darstellt und damit nicht verbraucht wird.
In Windkraftanlagen wird die Energie des Winds in Rotationsenergie umgewandelt. Diese wird dann mit einem Generator in elektrischen Strom umgewandelt und in das Stromnetz eingespeist (↑ 02).

Einige Vorteile:
- Bei der Energieerzeugung durch Wind werden keine begrenzten Ressourcen verbraucht.
- Im Vergleich zur Verbrennung von fossilen Energieträgern, ist bei Windkraftanlagen nur bei deren Herstellung ein einmaliger Schadstoffausstoß vorhanden.
- Wind ist an den richtigen Standorten fast immer kostenfrei verfügbar.

Einige Nachteile:
- Eine Windkraftanlage kann nur dann Strom liefern, wenn sie vom Wind bewegt wird. Die Energiebereitstellung erfolgt daher nicht zuverlässig.
- Wind ist als Energieträger nicht speicherbar. Er muss direkt in Strom umgewandelt werden. Es sind sehr viele Windkraftanlagen notwendig, um ein bestimmtes Gebiet versorgen zu können.
- Der Bau von Windkraftanlagen im Meer oder auf den Bergen, wo der Wind besonders stark ist, ist technisch sehr aufwendig und daher teuer.
- In der Nähe von Wohngegenden können Geräusche sowie Schattenwurf zum Problem werden.

1 ⟩ Beschreiben Sie den jährlichen Zubau der erneuerbaren Energieträger anhand von Bild ↑ 01.
2 ⟩ Recherchieren Sie mithilfe des Internets Vor- und Nachteile von Solarenergie und von Energie aus Biomasse. Stellen Sie diese in einer Tabelle dar.
3 ⟩ Entwickeln Sie anhand von Bild ↑ 01 eine Hypothese für die weitere Entwicklung der Stromerzeugung bei erneuerbaren Energieträgern.
4 ⟩ Beurteilen Sie, ob die Nutzung der Windenergie als nachhaltige Alternative zu fossilen Energieträgern angesehen werden kann. Gehen Sie auch auf die Speicherung der Energie ein.

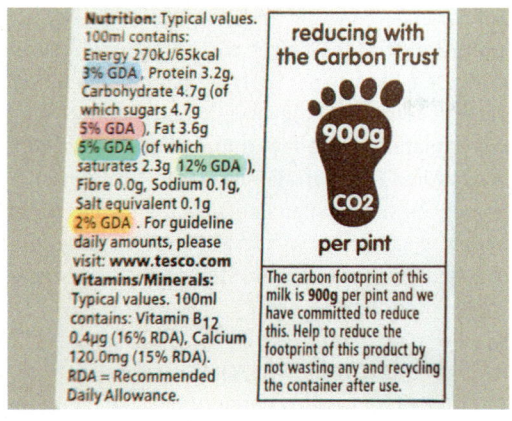

03 CO₂-Fußabdruck auf einer Milchpackung (Herkunft: Großbritannien; 1 pint = 0,57 Liter)

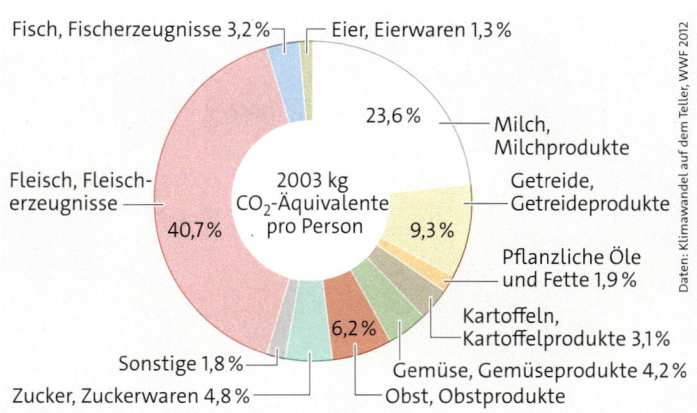

04 Direkte ernährungsbedingte Emissionen in CO₂-Äquivalenten pro Person in Deutschland

CO₂-FUSSABDRUCK Er stellt bildlich dar, wie groß die CO₂-Emissionen sind, die durch den Konsum eines Produkts entstehen (↑ 03). Ein kleiner Fußabdruck bedeutet, dass wenig Kohlenstoffdioxid durch den Konsum des Produkts freisetzt wurde. Ein großer Fußabdruck zeigt dagegen, dass dieses Produkt in Bezug auf die CO₂-Emissionen vergleichsweise umweltschädlich ist. Schätzungen besagen, dass jeder Mensch pro Jahr im Mittel nur etwa zwei Tonnen Kohlenstoffdioxid durch sein gesamtes Konsumverhalten freisetzen sollte, damit der Treibhauseffekt nicht verstärkt wird. Die tatsächliche Emission pro Kopf liegt aber um mehr als das Sechsfache höher: 13 Tonnen CO₂ produziert jeder Mensch pro Jahr.

KLIMASCHUTZ AUF DEM TELLER Am Beispiel der Ernährung kann der Einfluss des Verbraucherverhaltens auf die Umwelt und das Klima verdeutlicht werden: Das Sortiment von Supermärkten besteht oft aus Produkten mit sehr weiten Transportwegen, z. B. Früchten aus den Tropen, und nichtsaisonalem Gemüse, z. B. Erdbeeren im Winter.

Mit dem *Klimaschutzplan 2050* sind die nationalen Klimaschutzziele für Deutschland präzisiert worden. Bis 2050 soll Deutschland weitgehend treibhausgasneutral werden. Deshalb muss die bei Herstellung, Transport und Entsorgung von Lebensmitteln anfallende Freisetzung von Treibhausgasen für jedes Produkt bewertet werden (↑ 04, 05). Werden z. B. *saisonale Produkte aus der Region gekauft*, wird in der Regel weniger Energie für das Beheizen von Gewächshäusern und den Transport aufgewendet. Insgesamt muss bei allen Maßnahmen aber sichergestellt werden, dass möglicherweise geringere Erträge, z. B. aufgrund von ökologischem Anbau, oder begrenzte Anbauflächen in Deutschland die Versorgung der Bevölkerung nicht gefährden.

Nahrungsmittel	CO₂-Äquivalent in g/kg	
	konventionell	ökologisch
Rindfleisch	13 303	11 371
Rindfleisch, tiefgekühlt	14 331	12 398
Gemüse, frisch	150	127
Gemüse, Konserve	509	477
Kartoffeln, frisch	197	136
Pommes frites, tiefgekühlt	5714	5555
Geflügel	3491	3033
Geflügel, tiefgekühlt	4519	4061
Butter	23 781	22 085
Tomaten, frisch	327	226

05 CO₂-Äquivalente für Produkte nach Anbauweise

1⟩ Beschreiben Sie die direkten ernährungsbedingten Treibhausgasemissionen in Deutschland (↑ 04).

2⟩ Vergleichen Sie den Treibhausgasausstoß bei konventioneller und ökologischer Produktion anhand von Tabelle ↑ 05.

3⟩ Ermitteln Sie mithilfe eines CO₂-Rechners im Internet oder mithilfe einer CO₂-App auf Ihrem Smartphone Ihre persönliche CO₂-Bilanz. Vergleichen Sie die Ergebnisse innerhalb Ihres Kurses.

4⟩ Erläutern Sie, wie sich das Nachhaltigkeitsmotto „Global denken – lokal handeln" auf das Ernährungsverhalten anwenden lässt.

5⟩ Entwickeln Sie verschiedene Möglichkeiten, Ihr Verbraucherverhalten zu verändern. Beurteilen Sie die Wirksamkeit der möglichen Verhaltensänderungen im Hinblick auf die Nachhaltigkeit Ihres Verbraucherverhaltens.

Ein CO₂-Äquivalent ist eine Maßeinheit zur Vereinheitlichung der Klimawirkung eines Produkts unter Berücksichtigung seiner Herstellung inkl. Transport und Vermarktung.

Sie wird auch dafür genutzt, eine Vergleichbarkeit der unterschiedlichen Treibhausgase zu ermöglichen.

5.6 Energieversorgung und nachwachsende Rohstoffe

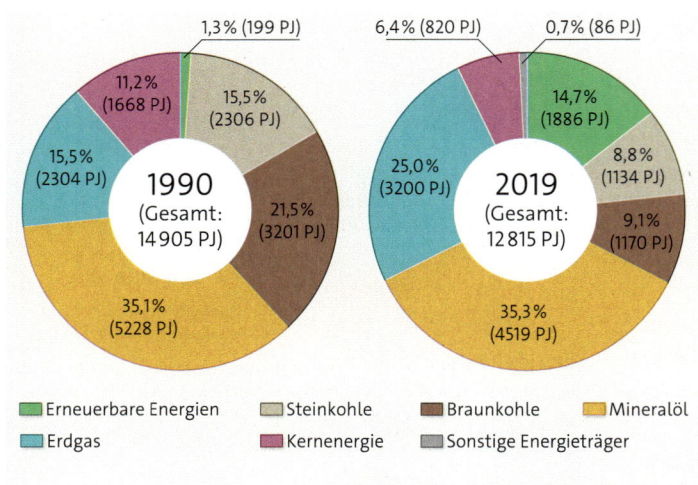

04 Primärenergieverbrauch in Deutschland in den Jahren 1990 und 2019 (PJ = Petajoule; 1 Petajoule = 10^{15} Joule)

ENERGIETRÄGER – ENERGIEVERBRAUCH In den fossilen Energieträgern Erdöl, Erdgas, Stein- und Braunkohle sind große Mengen Sonnenenergie früherer Zeiten in Form von chemischer Energie gespeichert. Bei der Verbrennung wird diese chemische Energie direkt in thermische Energie oder in Lichtenergie umgewandelt. Daher gehört beispielsweise Erdöl zu den **Primärenergieträgern**. Zu den **erneuerbaren Energien** zählen Wasserkraft, Windenergie, Solarenergie und Biomasse.

Seit 1990 ist der **Primärenergieverbrauch** – dies umfasst den Endenergieverbrauch und die Verluste, die bei der Erzeugung der Endenergie aus der Primärenergie auftreten – leicht zurückgegangen (↑ 01). Außerdem hat sich der Energieträgermix zugunsten der erneuerbaren Energien verändert. Dennoch wird der Primärenergiebedarf immer noch zu etwa 80 % von fossilen Energieträgern gedeckt (↑ 01). Eine Abhängigkeit von fossilen Energieträgern stellt unter anderem ein großes wirtschaftliches Risiko dar, zumal Deutschland einen Großteil der Primärenergieträger importieren muss.

NACHWACHSENDE ROHSTOFFE Eine bedeutsame Alternative für fossile Energieträger sind die **nachwachsenden Rohstoffe**. So bezeichnet man organische Stoffe pflanzlichen oder tierischen Ursprungs, die ganz oder in Teilen als Energieträger oder als Rohstoffe für die Industrie genutzt werden. Im Vergleich zu den fossilen Rohstoffen erneuern sie sich meist in überschaubaren Zeiträumen. Außerdem ermöglichen sie im Prinzip einen geschlossenen Kohlenstoffdioxidkreislauf. Gründe für ihren zunehmenden Einsatz sind vor allem Umweltprobleme (z. B. Treibhauseffekt oder steigende Abfallmengen) sowie knapper werdende fossile Rohstoffe. Nachwachsende Rohstoffe bilden mittlerweile auch die Grundlage für eine Vielzahl unterschiedlicher Produktlinien in der Industrie. Daher werden Pflanzen, die nachwachsende Rohstoffe für die Industrie liefern, als **Industriepflanzen** bezeichnet. Dienen die Pflanzen vorwiegend der Energiegewinnung, spricht man von **Energiepflanzen**. Sie können zur Extraktion von Pflanzenöl, zur Vergärung zu Alkohol oder für die direkte Verbrennung genutzt werden (↑ 02).

BIOETHANOL Ethanol ist ein leichtflüchtiger Alkohol, der mit Luft explosive Gasgemische bildet. Daher eignet er sich zur Verbrennung in Ottomotoren. Wie herkömmliches Benzin verbrennt Ethanol vollständig zu Wasser und Kohlenstoffdioxid. Ethanol ist das Hauptprodukt bei der Vergärung von in Pflanzen enthaltenen Zuckern. Das auf diese Weise gewonnene Produkt, das ausschließlich aus Biomasse hergestellt wurde und für die Verwendung als Biokraftstoff bestimmt ist, wird als **Bioethanol** bezeichnet. In den USA werden vor allem Mais, in Brasilien Zuckerrohr und in Deutschland Zuckerrüben als Rohstoff eingesetzt. Bioethanol wird in Deutschland als Reinkraftstoff nicht angeboten. Er ist als Additiv mit bis zu 5 % im E5-Kraftstoff bzw. mit zu 10 % im E10-Kraftstoff enthalten. Die Verwendung von Bioethanol erfordert korrosionsbeständige Ventile aus besonders gehärtetem Material. Ethanol reagiert mit Gummi und Kunststoffen und darf des-

Industriepflanzen	Rohstoffe	Produkte
Raps, Lein, Sonnenblume, Mohn	Pflanzenöl	Kosmetika, Schmierstoffe, Motoröle, Farben, Lacke
Weizen, Kartoffeln, Mais	Stärke	Leime, Papier, Pappe, Folien, Verpackungen, Textilien
Flachs, Schilf, Hanf, Baumwolle	Fasern	Textilien, Papier, Seile, Garn, Zellstoff, Bremsbeläge
Energiepflanzen	**Rohstoffe**	**Produkte**
Zuckerrüben, Kartoffeln, Mais, Getreide	Zucker, Stärke	Bioethanol (Kraftstoff), Additive
Raps	Rapsöl	Biodiesel, Rapsöl (Brennstoff)
Holz, Gräser, Stroh, Getreidepflanzen	Stückholz, Hackschnitzel	Wärme, Dampf, Strom

02 Industrie- und Energiepflanzen – Rohstoffe und Produkte

halb nur in speziell ausgerüsteten Fahrzeugen verwendet werden.

Ethanol hat pro Liter einen um etwa 35 % geringeren Gehalt an chemischer Energie als gewöhnlicher Ottokraftstoff. Daher muss man eine entsprechend größere Menge tanken. Gegenüber ethanolfreien Kraftstoffen weist Bioethanol eine Verminderung der Emissionen von Kohlenwasserstoffen und anderen Schadstoffen auf. Aufgrund des erhöhten Aldehydanteils in den Abgasen sind ethanolhaltige Kraftstoffe aber dennoch gesundheitlich problematisch.

KONTROVERSEN UM TREIBSTOFFE Für die Bewertung von Treibstoffen ist u. a. der Anteil an Kohlenstoffdioxid in den Abgasen relevant. Wasserstoff ist in dieser Hinsicht ideal, denn er reagiert bei der Verbrennung vollständig zu Wasser. Kohlenstoff (Kohle) ist sehr nachteilig, da bei der Verbrennung hauptsächlich Kohlenstoffdioxid entsteht. Biotreibstoffe haben den Vorteil, dass bei ihrer Verbrennung gerade so viel Kohlenstoffdioxid entsteht, wie die Pflanze bei der Fotosynthese gebunden hat.

Um aber eine objektive Aussage zur Klimabilanz eines Treibstoffs zu treffen, muss der Gesamtbetrag an Kohlenstoffdioxidemissionen, der direkt oder indirekt beim Anbau, Transport und Verarbeitung bzw. Herstellung eines Treibstoffs verursacht wird, betrachtet werden:

- Anbau, Herstellung und Transport von Biotreibstoffen erfordern Energie – und diese stammt bislang meist aus fossilen Quellen.
- Die heimische Landwirtschaft kann unseren Energiebedarf nicht komplett decken. Dazu müsste Biomasse importiert werden, z. B. Palmöl aus Indonesien. Palmölplantagen liefern aber nur bei Düngung die gewünschten Erträge. Dadurch wird Distickstoffoxid freigesetzt, das ein viel stärkeres Treibhausgas als Kohlenstoffdioxid ist.
- In Ländern wie Indonesien und Malaysia werden riesige Teile des noch vorhandenen Regenwalds für den Anbau von Palmölplantagen zur Biodieselherstellung unwiederbringlich vernichtet. Durch Brandrodung werden nicht nur enorme Mengen an Kohlenstoffdioxid freigesetzt, diese Flächen entfallen zukünftig auch als Kohlenstoffdioxidspeicher.

1❭ Beurteilen Sie, ob es sich bei Bioethanol um einen klimaneutralen Treibstoff handelt.

2❭ Erläutern Sie die Zusammenhänge, die in Bild ↑ 04 dargestellt sind.

Bioethanol in E5- bzw. E10-Kraftstoffen

Rohstoffe: Getreide, Zuckerrüben, Mais

Hektarertrag: 2800 l/ha (zuzüglich 2,2 t Futtermittel) für Ethanol aus Weizen

Kraftstoffäquivalent: 1 l Ethanol ersetzt etwa 0,66 l Ottokraftstoff.

Treibhausgasemissionen:
- 44 g CO_2-Äq/MJ für Ethanol aus Weizen
- Vergleichskraftstoff Benzin: 83,8 g CO_2-Äq/MJ
- Reduktion der Treibhausgase: 48 %

Auswirkung auf Kraftstoffverbrauch:
- Der geringere Energiegehalt des Ethanols führt bei E10 zu einem Mehrverbrauch von 1,5 bis 3 %, bei E5 von 0,5 bis 1,5 %.
- Je nachdem, wie gut die Motorentechnik die positiven Effekte einer höheren Oktanzahl ausnutzen kann, lassen sich die Nachteile im Kraftstoffverbrauch ausgleichen.

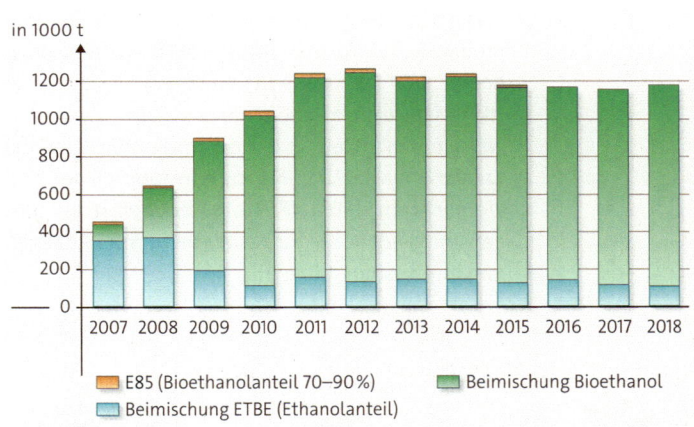

03 Bioethanolabsatz in Deutschland

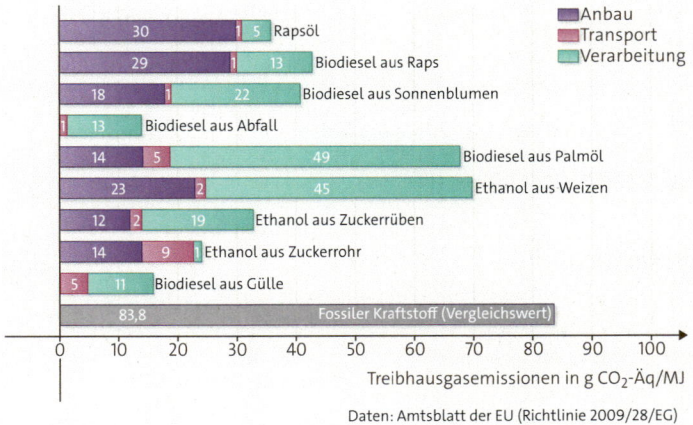

Daten: Amtsblatt der EU (Richtlinie 2009/28/EG)

04 Treibhausgasemissionen für Treibstoffe, angegeben in Gramm Kohlenstoffdioxidäquivalenten (CO_2-Äq) pro Megajoule (MJ) Heizwert

5.7 Stickstoffkreislauf und Landwirtschaft

01 **A** Stangenbohne, **B** Knöllchen an Wurzeln der Bohnenpflanze

KNÖLLCHENBAKTERIEN Bohnen, Erbsen, Klee und anderen Pflanzen aus der Gruppe der Leguminosen besitzen eine Besonderheit an ihren Wurzeln – knöllchenartige Verdickungen (↑ **01B**). Der niederländische Botaniker MARTINUS W. BEIEJERINCK entdeckte 1888 in diesen Wurzelknöllchen bestimmte Bakterien, die als *Knöllchenbakterien* bezeichnet werden. Kurze Zeit später erkannte man, dass die Knöllchenbakterien den Hauptbestandteil der Luft, elementaren Stickstoff (N_2), in Stickstoffverbindungen umwandeln, die für das Wachstum der Pflanzen notwendig sind.

STICKSTOFFFIXIERUNG UND AMMONIFIKATION Die meisten Pflanzen können den in der Luft enthaltenen Stickstoff nicht direkt nutzen. Sie nehmen Stickstoff in der Form von Ammonium-Ionen (NH_4^+) oder Nitrat-Ionen (NO_3^-) auf (↑ **02**). Die Umwandlung des in der Luft enthaltenen Stickstoffs in andere Stickstoffverbindungen wird allgemein als **Stickstofffixierung** bezeichnet. Der bakterielle Abbau von totem organischen Material, das Stickstoffverbindungen enthält, lässt zunächst Ammoniak (NH_3) entstehen – ein Vorgang der als **Ammonifikation** bezeichnet wird. Ammoniak löst sich in Wasser, wobei Ammonium-Ionen gebildet werden, die in den Boden gelangen und von den Pflanzen für den Aufbau von Eiweißstoffen (Proteinen) genutzt werden können.

$$NH_3 + H_2O \rightarrow NH_4^+ + OH^-$$

Bei einem Gewitter entstehen in Blitzen so hohe Temperaturen, dass der reaktionsträge Stickstoff der Luft mit Sauerstoff reagiert. Dabei entstehen zunächst Stickoxide (z. B. NO), die mit Wasser und Luftsauerstoff weiterreagieren und Salpetersäure (HNO_3) bilden. So gelangen im Regenwasser gelöst schließlich Nitrat-Ionen in den Boden.

NITRIFIKATION UND DENITRIFIKATION Bakterien der Gattung *Nitrosomonas* oxidieren Ammonium-Ionen zu Nitrit-Ionen. *Nitrobacter*-Bakterien oxidieren anschließend Nitrit-Ionen zu Nitrat-Ionen. Diese Vorgänge verlaufen über mehrere Stufen und heißen **Nitrifikation** (↑ **02**). Sie können zusammenfassend wie folgt beschrieben werden:

$$NH_3 + 2\,O_2 \rightarrow NO_3^- + H^+ + H_2O$$

Das gebildete Nitrat kann von den Pflanzenwurzeln aufgenommen werden oder es kann unter anaeroben Bedingungen die **Denitrifikation** durchlaufen. Dabei reduzieren Bakterien das Nitrat zu elementarem Stickstoff, der wieder in die Atmosphäre gelangt.

DÜNGUNG Durch landwirtschaftliche Nutzung werden dem Boden die für das Pflanzenwachstum essenziellen Elemente entzogen. Um den Verlust auszugleichen wird Dünger ausgebracht, der vor allem Stickstoffverbindungen, aber auch Mineralsalze mit Phosphat-, Kalium-, Calcium- und Magnesium-Ionen enthält. Die richtige Zusammensetzung und Menge des Düngers sind dabei von größter Wichtigkeit, damit das Pflanzenwachstum optimiert und Gewässer durch Auswaschung der Mineralsalze möglichst wenig belastet werden.

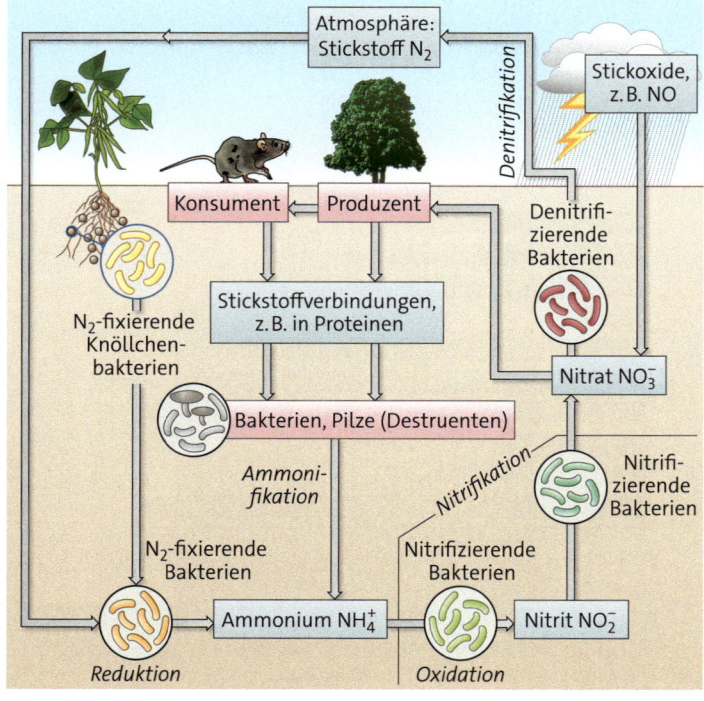

02 Stickstoffkreislauf in der Natur

ANTHROPOGENER STICKSTOFFEINTRAG Ungebremster Stickstoffeintrag zählt neben dem Klimawandel und dem Verlust biologischer Vielfalt zu den weltweiten Umweltproblemen. In den letzten zwei Jahrhunderten haben Stickstoffdünger und Stickoxide aus fossilen Brennstoffen den in der Biosphäre vorhandenen Stickstoff mehr als verdoppelt. Stickstoffverbindungen reichern sich in den Böden und in der Atmosphäre an und dringen in die Grundwasserspeicher vor. Dies hat Veränderungen der Ökosysteme und eine Beeinträchtigung der Wasser- und Luftqualitäten sowie des Klimas zur Folge.

Wegen oft nicht bedarfsgerechter Düngung durch eine zu hohe Dosierung des Mineraldüngers oder durch zusätzlichen Gülleeintrag gelangt bei starken Niederschlägen das leicht wasserlösliche Nitrat mit dem Oberflächenwasser in die Flüsse und in die Ozeane. In Wasserökosystemen wie der Baltischen See (Ostsee) hat der hohe Stickstoffeintrag die dort lebende Flora und Fauna bereits verändert (↑ **04**). Die zusätzlichen Stickstoffgaben führen zu einem starken Zuwachs stickstoffliebender Pflanzen wie bestimmter Algenarten, die dadurch weniger stickstofftolerante Organismen verdrängen.

NITRAT IM TRINKWASSER Mit dem Trinkwasser nehmen wir Nitrat-Ionen auf, die im Darm zu Nitrit-Ionen umgewandelt werden. Nitrit ist giftig für den Menschen. Es bindet z. B. an das Hämoglobin des Bluts, sodass nur noch eingeschränkt Sauerstoff im Blut transportiert wird. Für Babys ist dies lebensbedrohlich. Nitrit-Ionen können auch im Körper mit Aminen der Eiweißstoffe zu *Nitrosaminen* reagieren werden, die krebserregend wirken.

Deshalb gilt für Leitungswasser und Mineralwasser in Deutschland ein Grenzwert von 50 mg Nitrat pro Liter, für die Zubereitung von Babynahrung liegt er bei 10 mg/l. Im Jahr 2018 wiesen in Deutschland rund 27 % der Trinkwassermessstellen Nitratbelastungen von mehr als 50 mg pro Liter auf. Die höchsten Nitratkonzentrationen werden in Messstellen unter landwirtschaftlichen Nutzungseinflüssen gemessen. In vielen Fällen ist dies auf hohe Stickstoffeinträge aus Düngung zurückzuführen. Deshalb muss in fast allen Landkreisen Deutschlands der Stickstoffeintrag gemindert werden, damit ein Zielwert von 37,5 mg Nitrat pro Liter im Grundwasser erreicht werden kann (↑ **05**). Dieser gegenüber dem Grenzwert (50 mg/l) verminderte Zielwert von 37,5 mg/l dient dabei als Sicherheitspuffer, da Einwaschungen von Salzen bis ins Grundwasser über einen langen Zeitraum verlaufen.

01 **A** Algenblüte in der Baltischen See bei der Insel Gotland (Satellitenaufnahme), **B** Algenblüte am Ufer

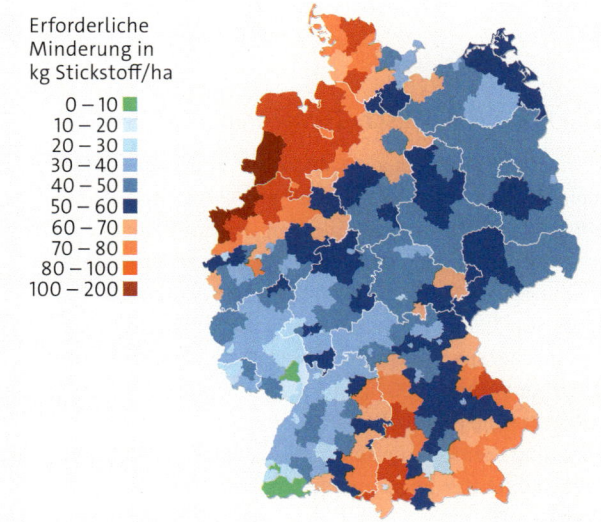

Erforderliche Minderung in kg Stickstoff/ha

- 0 – 10
- 10 – 20
- 20 – 30
- 30 – 40
- 40 – 50
- 50 – 60
- 60 – 70
- 70 – 80
- 80 – 100
- 100 – 200

05 Erforderliche Verringerung des Stickstoffgehalts auf landwirtschaftlichen Nutzflächen für einen Nitrat-Zielwert von 37,5 mg/l

1⟩ Beschreiben Sie den Stickstoffkreislauf in der Natur (↑ **02**).

2⟩ Entwickeln Sie anhand von Bild ↑ **02** einen Kreislauf, der auch die anthropogenen Einflüsse berücksichtigt.

3⟩ Entwickeln Sie Reaktionsgleichungen, die die Entstehung von Salpetersäure bei einem Blitzschlag bis hin zur Bildung der Nitrat-Ionen beschreiben.

4⟩ Erläutern Sie die Gründe für den Einsatz von Nitraten in der Landwirtschaft und die damit verbundenen Gefahren.

5⟩ Begründen Sie anhand Bild ↑ **05** die unterschiedliche erforderliche Verringerung des Stickstoffgehalts auf landwirtschaftlichen Nutzflächen. Nutzen Sie hierfür auch einen Atlas.

Klausurtraining

Material A Grüner Wasserstoff – eine Hilfe für kalkbildende Muscheln?

A1 Informationen zu grünem Wasserstoff

Um die globale Erwärmung auf maximal 1,5 °C zu begrenzen, will Deutschland bis zum Jahr 2050 weitestgehend klimaneutral werden. Gelingen kann das nur mithilfe erneuerbarer Energien. Das heißt: Sonnenenergie, Wind- und Wasserkraft müssen fossile Rohstoffe ablösen. Dazu wird aus diesen Quellen erneuerbarer Strom gewonnen. Strom allein kann allerdings Erdgas, Öl und Benzin nicht vollständig ersetzen. Vor allem in der Industrie und im Verkehr braucht es Alternativen. Eine davon ist Wasserstoff. Wasserstoff kann mit Elektrolyse aus Wasser hergestellt werden. Wenn bei der Elektrolyse ausschließlich Strom aus erneuerbaren Quellen zum Einsatz kommt, wird das eigentlich farblose Gas als „grüner Wasserstoff" bezeichnet, denn die Produktion erfolgt CO_2-frei (↑ A1.1).

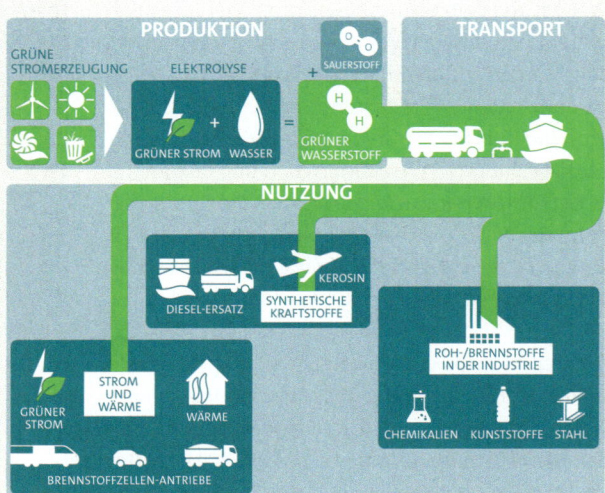

A1.1 Produktion, Transport und Nutzung von grünem Wasserstoff

A2 Die Rolle von Muschelschalen als CO_2-Senke

Muscheln und ihre Schalen aus Kalk spielen eine bedeutende Rolle bei der Funktion von Ozeanen als Kohlenstoffsenke. Muschelschalen bestehen aus Calciumcarbonat ($CaCO_3$). Sie werden vom Mantel, einer Hautfalte der Muschel, gebildet. Für die Bildung der Muschelschalen nehmen Muscheln Calcium-Ionen (Ca^{2+}) direkt aus dem Meerwasser auf und transportieren sie über spezielle Proteine zur Schale. Dort reagieren sie mit Carbonat-Ionen (CO_3^{2-}) aus dem Meerwasser zu Calciumcarbonat – die Muschelschale wächst.

Kalksteine und Kreidefelsen sind z. B. aus den fossilen Überresten von Kalkschalen abgestorbener Muscheln gebildet worden. Da sich Calciumcarbonat im leicht alkalischen Meerwasser nicht löst, bieten Kalkschalen den Muscheln einen guten Schutz. Die Bildung der Muschelschalen ist im Oberflächenwasser, in dem die Muscheln leben, unproblematisch, da das Wasser genügend Calcium-Ionen und Carbonat-Ionen enthält. Die Carbonat-Ionen bilden sich hier durch den schrittweisen Zerfall von Kohlensäure (H_2CO_3).

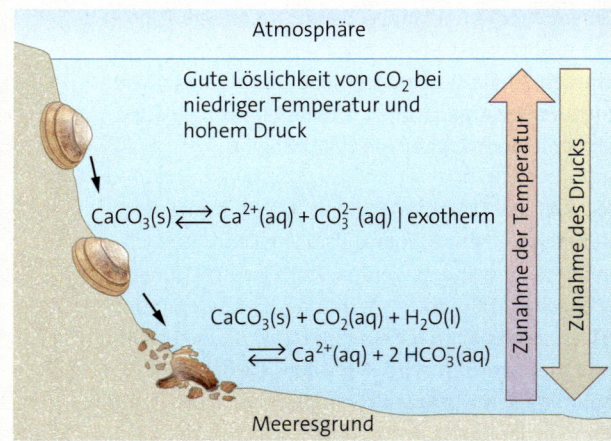

A2.1 Chemische Reaktionen im Meerwasser am Beispiel von Muschelschalen

A3 Abbau von Muschelschalen am Ozeanboden

Am Ozeanboden herrschen im Tiefenwasser völlig andere Bedingungen als im Oberflächenwasser. Die Schalen von abgestorbenen Muscheln sinken zu Boden. Muschelschalen findet man jedoch nur in Küstennähe und niemals auf dem Boden der tiefen Ozeane, wo sich die Kalkschalen gelöst haben. Dort weist das Wasser infolge von biologischen Abbauprozessen eine besonders hohe Konzentration an gelöstem Kohlenstoffdioxid CO_2(aq) auf (↑ A2.1). Kalksteine und Kreidefelsen können sich daher nicht im tiefen Ozean gebildet haben. Sie müssen entstanden sein, als sich die heutigen Landmassen vor Urzeiten unter flachem Meereswasser befunden haben.

AUFGABEN ZU A

1 ⟩ Beschreiben Sie die Produktion, den Transport und die Nutzung von grünem Wasserstoff (↑ A1).

2 ⟩ a Erläutern Sie unter Bezug auf die Löslichkeitsgleichgewichte von Kohlensäure in Wasser, warum sich Muschelschalen in dem leicht alkalischen, oberflächennahen Meerwasser nicht lösen (↑ A2).
b Begründen Sie, warum die Versauerung der Meere die Schalenbildung bei Muscheln erschwert.

3 ⟩ Begründen Sie mithilfe des Prinzips von Le Chatelier, weshalb am Boden des Ozeans keine Muschelschalen zu finden sind (↑ A3).

4 ⟩ Beurteilen Sie, ob die Nutzung von grünem Wasserstoff sich langfristig positiv auf kalkbildende Muscheln auswirkt (↑ A1).

Klausurtraining

Material B Methanhydrate – gefährliche Energieträger

B1 Vorkommen und Förderung von Methanhydrat

Bis 1971 hatte noch niemand von Methanhydraten gehört. Heute gelten sie als größte bekannte noch ungenutzte fossile Energiereserve der Welt. Methanhydrate sind weiße, feste, eisähnliche Verbindungen, die aus Methan und Wasser bestehen. Die Methanmoleküle sind dabei in kleinen „Käfigen" eingelagert, die aus Wassermolekülen aufgebaut sind (↑ **B1.1**). Diese als Clathrate bezeichneten Einlagerungsverbindungen sind nur unter hohem Druck von mehr als 35 bar und niedrigen Temperaturen stabil (↑ **B1.2**). Solche idealen Bedingungen sind vorwiegend an den Kontinentalrändern der Ozeane gegeben. Ein Liter Methanhydrat kann etwa 168 Liter Methan freisetzen. Man schätzt die weltweiten Vorkommen an Methanhydraten auf mehr als 10^{13} Tonnen. Darin wäre mehr Kohlenstoff gebunden als in allen Vorräten anderer fossiler Brennstoffe der Erde.

Von Methanhydraten geht aber auch eine große Gefahr aus. Wenn sich das Wasser der Ozeane auch in der Tiefe erwärmt, würden die Methanhydrate schlagartig zerfallen. Dabei würde massenhaft Methangas (CH_4) freigesetzt, das ein viel wirksameres Treibhausgas als Kohlenstoffdioxid (CO_2) ist. Aufgrund des zunehmenden Energiebedarfs und steigender Erdölpreise wird die Förderung von Methanhydraten trotz der damit verbundenen Risiken zunehmend interessant.

Das Geomar-Institut in Kiel entwickelt mit dem Projekt „Sugar" ein besonders innovatives Verfahren zum Abbau (↑ **B1.3**). Danach soll Methan aus dem „Hydratkäfig" gegen Kohlenstoffdioxid ausgetauscht werden. Gelänge dies, würden zwei positive Effekte auf einmal erreicht: Man würde energiereiches Methan gewinnen und klimaschädliches Kohlenstoffdioxid sicher speichern. Diese CO_2-Lagerung ist zudem viel sinnvoller als die Speicherung an Land, denn Kohlenstoffdioxidhydrate sind vielfach stabiler als Methanhydrate. Eine Erwärmung am Meeresboden kann ihnen nichts anhaben.

AUFGABEN ZU B

1› Beschreiben Sie den Bau von Methanhydraten anhand von ↑ **B1.1**.

2› Diskutieren Sie anhand von ↑ **B1.2** die grundsätzlichen Gefahren bei der Förderung von Methanhydraten aus der Tiefsee.

3› Begründen Sie anhand von ↑ **B1.2**, weshalb es durch die Klimaveränderung zu einer Freisetzung des Methanhydrats kommt und warum man in diesem Zusammenhang von einem sich selbst verstärkenden Prozess spricht.

4› Erläutern und bewerten Sie anhand von ↑ **B1.3** die innovative Förderung von Methanhydrat.

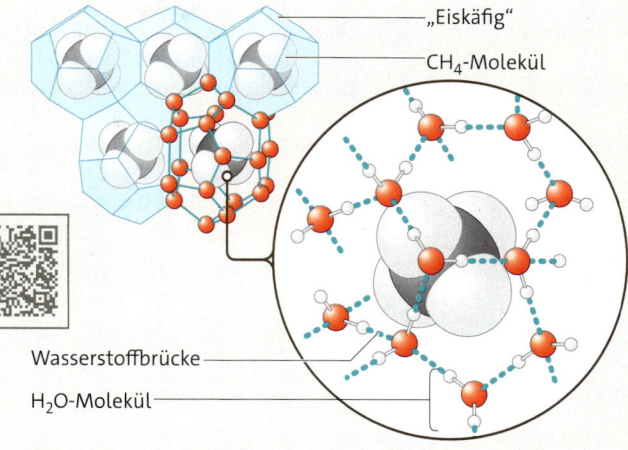

B1.1 Bau von Methanhydraten

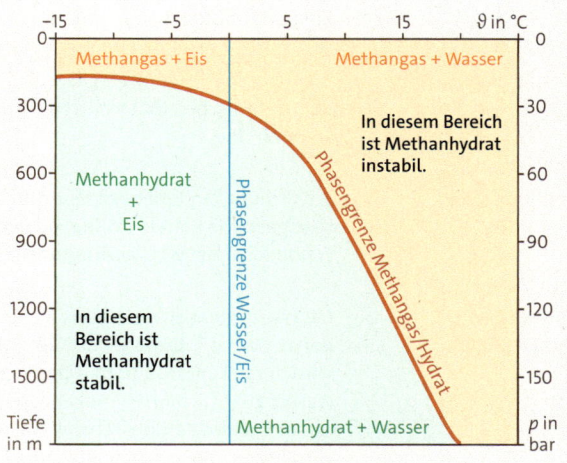

B1.2 Stabilität von Methanhydraten

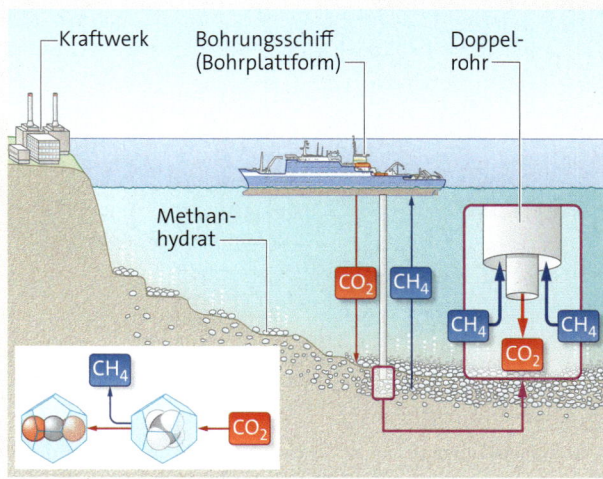

B1.3 Innovative Förderung von Methanhydrat

Auf einen Blick

Oxide des Kohlenstoffs	**Kohlenstoffmonooxid** CO und **Kohlenstoffdioxid** CO_2 entstehen bei der Verbrennung von Kohlenstoff. Kohlenstoffdioxid ist gut in Wasser löslich.
Kohlensäure	anorganische Säure mit der chemischen Formel H_2CO_3. Sie ist das Reaktionsprodukt von Kohlenstoffdioxid und Wasser. Die Reaktion ist von Druck und Temperatur abhängig. Gelöstes Kohlenstoffdioxid steht dabei in wässriger Lösung im Gleichgewicht mit gelöster Kohlensäure: $$CO_2(aq) + H_2O(l) \rightleftharpoons H_2CO_3(aq)$$ Das Kohlensäuremolekül reagiert gegenüber dem Wassermolekül als Säure: $$H_2CO_3(aq) + H_2O(l) \rightleftharpoons HCO_3^-(aq) + H_3O+(aq)$$ $$HCO_3^-(aq) + H_2O(l) \rightleftharpoons CO_3^{2-}(aq) + H_3O+(aq)$$
Carbonate und Hydrogencarbonate	Salze der Kohlensäure. Carbonat-Ion: CO_3^{2-}, Hydrogencarbonat-Ion: HCO_3^- Einige dieser Salze können thermisch sowie durch Einwirkung von Säurelösungen zersetzt werden, z. B. Calciumcarbonat $CaCO_3^{2-}$. Dabei entsteht Kohlenstoffdioxid.
Globaler Kohlenstoffkreislauf	Im globalen Kohlenstoffkreislauf gibt es vier unterschiedlich große Speicher: die Atmosphäre, die Biosphäre (Pflanzen, Tiere und Böden), die Lithosphäre (Gesteine, fossile Brennstoffe) und die Hydrosphäre (vorwiegend Ozeane). Zwischen diesen Speichern kann durch unterschiedliche Prozesse ein Kohlenstoffaustausch stattfinden. Diese vier Speicher können sowohl **Kohlenstoffsenken** als auch **Kohlenstoffquellen** darstellen.
Fossile Brennstoffe	Brennstoffe wie Erdöl, Erdgas, Kohle, die vor 200 bis 300 Millionen Jahren in langsamen Prozessen aus dem organischen Material abgestorbener Pflanzen und Tiere unter Ausschluss von Sauerstoff entstanden sind.
Treibhauseffekt	Erwärmung der Erdoberfläche durch Absorption von Infrarot-Strahlung (IR-Strahlung) durch Treibhausgase wie Kohlenstoffdioxid und Methan. Der durch menschliches Handeln bewirkte Anteil am Treibhauseffekt wird **anthropogener Treibhauseffekt** genannt.
Natürlicher Kalkkreislauf	Der hauptsächlich aus Kalk (Calciumcarbonat, $CaCO_3^{2-}$) bestehende Kalkstein wird durch kohlensäurehaltiges Regenwasser zu löslichem Hydrogencarbonat zersetzt. Beim Verdunsten des Wassers wird festes Calciumcarbonat zurückgebildet.
Technischer Kalkkreislauf	
Stickstoffkreislauf	beschreibt die stetige Wanderung und Umsetzung des Elements Stickstoff in der Atmosphäre, in Gewässern, in Böden und in Biomasse. Wesentliche Teilprozesse des natürlichen Stickstoffkreislaufs sind Stickstofffixierung, Nitrifikation, Denitrifikation, Ammonifikation, Stickstoffassimilation.

Übungsaufgaben

1 › Bioethanol aus nachwachsenden Rohstoffen gilt als Kraftstoff mit Zukunftspotenzial.
a Erläutern Sie, inwiefern die Verbrennungsprodukte fossiler Kraftstoffe eine die Umwelt schädigende Wirkung haben.
b Nehmen Sie begründet Stellung zu der Aussage, es handle sich bei Bioethanol um einen CO_2-neutralen Kraftstoff.

2 › Ein Auto verbraucht auf 100 Kilometer 6,2 Liter Benzin. Verwenden Sie für die folgenden Berechnungen als Treibstoff reines Octan (Dichte: 0,7 g/ml) anstelle von Benzin.
a Berechnen Sie die Masse an benötigtem Sauerstoff zur vollständigen Verbrennung sowie die Masse an entstehendem Kohlenstoffdioxid auf 100 km.
b Vergleichen Sie diese Werte mit den Tageswerten Ihrer Atmung (durchschnittlich etwa 500 g Sauerstoff und 1000 g Kohlenstoffdioxid).
c Berechnen Sie den Kohlenstoffdioxidausstoß des Fahrzeugs mit einer durchschnittlichen Fahrleistung von 32 000 km pro Jahr.
d Entscheiden Sie, ob ein solches Fahrzeug entsprechend der ab 2021 für Neuwagenmodelle vorgeschriebenen Flottenemission von maximal 95 g Kohlenstoffdioxid pro km (EU-Emissionsgesetz) erreichen würde.

3 › **a** Eine Mitschülerin behauptet, Kalkablagerungen könnten durch Sprudelwasser entfernt werden. Erläutern Sie ihre Behauptung mithilfe geeigneter Gleichgewichtsreaktionen.
b Wenden Sie dieses Beispiel auf einen Vorgang in der Natur an.

4 › **a** Begründen Sie qualitativ, warum der pH-Wert der Oberflächengewässer sinkt, wenn $c(CO_2, aq)$ steigt.

b Begründen Sie, warum die Löslichkeit von Kohlenstoffdioxid in Wasser mit steigender Temperatur abnimmt.

5 › **a** Beschreiben Sie die Einflüsse des Menschen auf den globalen Kohlenstoffkreislauf.
b Geben Sie Senken an, die diese Einflüsse abmildern.

6 › **a** Beschreiben Sie die Ursachen und Folgen des natürlichen und des anthropogen erzeugten Treibhauseffekts.
b Erläutern Sie, warum man beim Gewächshaus von einem Modell für den Treibhauseffekt sprechen kann. Fertigen Sie hierzu eine Tabelle an, in der die Bestandteile des Gewächshauses den Aspekten des natürlichen Treibhauseffekts zugeordnet werden.
c Die Vernichtung tropischer Wälder durch Brandrodung verstärkt den Treibhauseffekt in doppelter Hinsicht. Begründen Sie diese Aussage.
d Beurteilen Sie die Aussage, dass Treibhausgase schädlich sind.
e Nehmen Sie Stellung zum Ziel des Pariser Klimaschutzabkommens, den Anstieg der globalen Durchschnittstemperatur auf unter 2 °C zu begrenzen.

7 › **a** Erläutern Sie unter Zuhilfenahme von Reaktionsgleichungen, wie es zum Absinkung des pH-Werts der Ozeane kommt.
b Erklären Sie, weshalb der Eintrag von Kohlenstoffdioxid in die Ozeane eine Gefahr für Muscheln und Kalkriffe darstellt.
c Begründen Sie, ob der Anstieg der Durchschnittstemperatur der Ozeane durch die globale Erderwärmung das Absinken des pH-Werts im Ozeanwasser weiter verstärkt.

Mithilfe dieses Kapitels können Sie:	Aufgabe	Hilfe finden Sie auf Seite
▸ zwischen dem natürlichen und dem anthropogen erzeugten Treibhauseffekt unterscheiden und ausgewählte Ursachen und ihre Folgen beschreiben	1, 6	128–129
▸ Gleichgewichtsreaktionen zur Bildung der Kohlensäure sowie ihrer Reaktionen mit Calciumcarbonat formulieren und mit diesen argumentieren	3, 4, 7	124–125, 131, 133
▸ das Problem des Verbleibs und des Einflusses anthropogen erzeugten Kohlenstoffdioxids exemplarisch unter Einbezug von Gleichgewichtsreaktionen erläutern	4, 7	125, 130–133
▸ die Beeinflussung natürlicher Stoffkreisläufe erläutern	3b, 5, 6c	128–130, 138–139
▸ Möglichkeiten und Chancen der Verminderung des Kohlenstoffdioxidausstoßes aufzeigen und politische und gesellschaftliche Argumente und ethische Maßstäbe in ihre Bewertung einbeziehen	1, 2, 5b, 6c–e	134–137

Lösungen der Übungsaufgaben

Kapitel 2: Organische Stoffklassen – Kohlenwasserstoffe (↑ S. 49)

1) Fluorwasserstoff: $\Delta EN(HF) = 1{,}9 \Rightarrow$ lineares Molekül und starker Dipol

Stickstoff: $\Delta EN(N_2) = 0 \Rightarrow$ lineares, unpolares Molekül aus zwei gleichen Bindungspartnern

Schwefelkohlenstoff: $\Delta EN(CS_2) = 0 \Rightarrow$ lineares, unpolares Molekül

$$\overset{\delta^+}{H}-\overset{\delta^-}{\underline{\overline{F}}}| \qquad |N\equiv N| \qquad \langle\underline{\overline{S}}=C=\underline{\overline{S}}\rangle$$

2)
a Blausäure (HCN): lineare Anordnung der H–C-Einfachbindung und der C–N-Dreifachbindung

b Ethanol (CH_3–CH_2–OH). CH_3-Gruppe: C-Atom mit vier Bindungspartnern (3 H-Atome, 1 C-Atom) $\Rightarrow$ tetraedrische Struktur. CH_2-Gruppe: C-Atom mit vier Bindungspartnern (2 H-Atome, 1 C-Atom, 1 O-Atom) $\Rightarrow$ tetraedrische Struktur. Durch die freien Elektronenpaare am Sauerstoffatom besteht mehr Raumbedarf, daher ist der C–O-Bindungswinkel kleiner.

OH-Gruppe: Zwei Bindungspartner (1 C-Atom, 1 H-Atom) und zwei freie Elektronenpaare $\Rightarrow$ gewinkelte Struktur.

3)
a Methan: Vier Bindungen zwischen zentralem C-Atom und vier H-Atomen $\Rightarrow$ tetraedrische Struktur. Geringe Elektronegativitätsdifferenz zwischen C- und H-Atom; das Molekül ist kein Dipol, da sich die Dipolmomente aufgrund der tetraedrische Struktur aufheben. Daher wirken nur schwache Van-der-Waals-Kräfte zwischen den Molekülen $\Rightarrow$ niedrige Siedetemperatur.

Methylchlorid: Ein H-Atom des Methanmoleküls ist durch ein Chloratom ersetzt, die C–Cl-Bindung ist polar: $\Delta EN = 0{,}5$. Das deutlich größere Chloratom benötigt mehr Raum als ein Wasserstoffatom. $\Rightarrow$ Methylchlorid ist ein Dipol. Neben Van-der-Waals-Kräften treten auch Dipol-Dipol-Kräfte auf. $\Rightarrow$ Daher ist die Siedetemperatur im Vergleich zu Methan aufgrund der stärkeren zwischenmolekularen Anziehungskräfte höher.

Hinweis: Chlor-Atome haben eine deutlich größere Masse als Wasserstoffatome $\Rightarrow M$(Methylchlorid) $= 50{,}45$ g·mol^{-1}, M(Methan) $= 16$ g·mol^{-1}. Die fast dreifach größere Molare Masse erhöht ebenfalls die Siedetemperatur des Methylchlorids im Vergleich zum Methan.

b Wasser: Zwei polare O–H-Bindungen, zwei freie Elektronenpaare am O-Atom, starker Dipol $\Rightarrow$ zwischen den Wassermolekülen wirken Wasserstoffbrücken. Dies sind sehr starke zwischenmolekulare Kräfte (stärker als die bei Methylchlorid und viel stärker als die bei Methan wirkenden Kräfte). $\Rightarrow$ Wasser hat die im Vergleich höchste Siedetemperatur.

4) Wasser: aus Molekülen aufgebaut; bei Raumtemperatur flüssig, weil zwischen den Molekülen starke Wasserstoffbrücken wirken
Schwefelwasserstoff: aus Molekülen aufgebaut, zwischen diesen Molekülen können sich keine Wasserstoffbrücken bilden. Deshalb ist Schwefelwasserstoff bei Raumtemperatur gasförmig.

5) Mithilfe von mesomeren Grenzformeln lassen sich Moleküle darstellen, die delokalisierte Elektronen besitzen und deren tatsächliche Elektronenverteilung nicht eindeutig beschrieben werden kann. Beispiel Nitrat-Ion: Es sind drei mesomere Grenzformeln möglich; die Valenzelektronen sind über das ganze Ion delokalisiert; die drei N–O-Bindungen sind gleichwertig.

$$\left[\begin{array}{c}|\overline{\underline{O}}|\\|\overline{\underline{O}}|\overset{\ominus}{\underset{\ominus}{\underset{\oplus}{N}}}-\overline{\underline{O}}|\end{array}\right] \longleftrightarrow \left[\begin{array}{c}|\overline{\underline{O}}|\\|\overline{\underline{O}}|\overset{\ominus}{\underset{\oplus}{N}}=\overline{\underline{O}}\end{array}\right] \longleftrightarrow \left[\begin{array}{c}|\overline{\underline{O}}|\\\overset{\oplus}{\underset{|\underline{O}|}{N}}-\overline{\underline{O}}|\\\ominus\end{array}\right]$$

6) He ($-269\,°C$) < Ne ($-246\,°C$) < Ar ($-186\,°C$) < Kr ($-152\,°C$) < Xe ($-108\,°C$)

Zwischen den Atomen der Edelgase wirken aufgrund von spontanen und induzierten Dipolen Van-der-Waals-Kräfte. Mit zunehmender Atommasse und zunehmender Elektronenanzahl der Edelgasatome steigen die Van-der-Waals-Kräfte und damit die Siedetemperaturen innerhalb der VIII. Hauptgruppe von oben nach unten an.

7)
a CH_4, C_2H_6: unpolare Moleküle; es wirken nur schwache Van-der-Waals-Kräfte

b HCl, HF: Moleküle mit polaren Elektronenpaarbindungen, $\Delta EN(HCl) = 0{,}9$, $\Delta EN(HF) = 1{,}9$; es wirken starke Wasserstoffbrücken zwischen den Molekülen

c CH_3Cl, C_2H_5Cl: Moleküle mit polarer C–Cl Bindung; es wirken Dipol-Dipol-Kräfte, zudem schwache Van-der-Waals-Kräfte im Bereich der unpolaren Alkylgruppen

d Van-der-Waals-Kräfte < Dipol-Dipol-Kräfte < Wasserstoffbrücken

8)
a 3-Ethyl-2-methylheptan, Molekülformel: $C_{10}H_{22}$

$$\begin{array}{c}CH_3\\|\\CH_3-CH-CH-CH_2-CH_2-CH_2-CH_3\\|\\CH_2\\|\\CH_3\end{array}$$

2,2,3-Trimethylpentan, Molekülformel: C_8H_{18}

$$\begin{array}{c}CH_3\ CH_3\\|\quad\ |\\CH_3-C-CH-CH_2-CH_3\\|\\CH_3\end{array}$$

4,6-Diethyl-5-methyldecan, Molekülformel: $C_{15}H_{32}$

$$\begin{array}{c}CH_3\\|\\CH_2\\|\\CH_3-CH_2-CH_2-CH-CH-CH-CH_2-CH_2-CH_2-CH_3\\|\qquad\ |\\CH_2\ \ CH_3\\|\\CH_3\end{array}$$

b 4-Ethyl-2,3,8-trimethylnonan; 2,4,4-Trimethylhex-2-en; 2,2-Dibrom-1,3-dichlor-3-methylpentan

9)

	Alkane	Alkene
Beispiel	Ethan CH_3–CH_3	Ethen CH_2=CH_2
C–C-Bindung	Einfachbindung; jedes C-Atom hat genau 4 Bindungspartner: gesättigte KW	Doppelbindung; die an dieser Bindung beteiligten C-Atome haben weniger als 4 Bindungspartner: ungesättigte KW
H–C–C-Bindungswinkel	109,5°	120°

- Geringe Elektronegativitätsdifferenz ($\Delta EN = 0{,}4$) zwischen H- und C-Atomen $\Rightarrow$ die C–H-Bindung ist nur schwach polar. Aufgrund der Molekülgeometrie fallen die positiven und negativen Teilladungen zusammen $\Rightarrow$ die Moleküle sind keine Dipole, die Verbindungen damit unpolar.
- Zwischen den unpolaren Molekülen wirken als zwischenmolekulare Kräfte nur Van-der-Waals-Kräfte.
- Van-der-Waals-Kräfte steigen mit der Größe (Kettenlänge) der Moleküle und deren molarer Masse $\Rightarrow$ steigende Schmelz- und Siedetemperaturen innerhalb der jeweiligen homologen Reihe der Alkane und Alkene.
- Mit steigender Kettenlänge nimmt die Viskosität innerhalb der homologen Reihen der Alkane und Alkene zu.
- Alkane und Alkene sind untereinander in jedem Mischungsverhältnis löslich, ebenso in lipophilen Stoffen wie Fetten. Die Löslichkeit beruht darauf, dass zwischen den Molekülen ähnliche zwischenmolekulare Kräfte wirken.
- Alkane sind allgemein reaktionsträge; typische Reaktion: Verbrennungen (Reaktion mit Sauerstoff).

- Alkene sind wegen der hohen Elektronendichte an den Doppelbindungen ihrer Moleküle reaktionsfreudiger als Alkane; typische Reaktion: Addition.

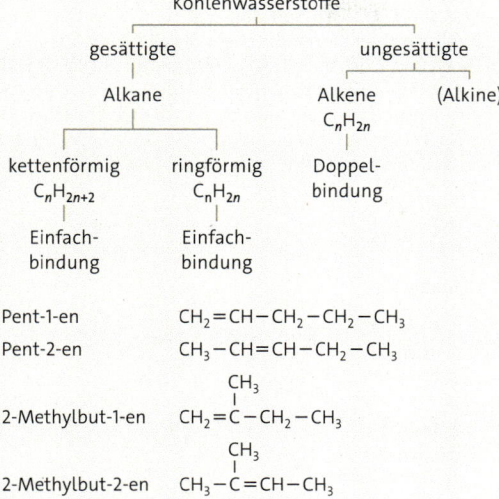

Kohlenwasserstoffe

gesättigte — ungesättigte

Alkane — Alkene (Alkine)
C_nH_{2n}

kettenförmig C_nH_{2n+2} — ringförmig C_nH_{2n} — Doppelbindung

Einfachbindung — Einfachbindung

10 ⟩ a Pent-1-en $CH_2=CH-CH_2-CH_2-CH_3$

Pent-2-en $CH_3-CH=CH-CH_2-CH_3$

2-Methylbut-1-en
$$CH_2=\overset{\overset{\textstyle CH_3}{|}}{C}-CH_2-CH_3$$

2-Methylbut-2-en
$$CH_3-\overset{\overset{\textstyle CH_3}{|}}{C}=CH-CH_3$$

3-Methylbut-1-en
$$CH_2=CH-\overset{\overset{\textstyle CH_3}{|}}{C}H-CH_3$$

b Pent-2-en kann als cis- oder trans-Isomer vorliegen. Durch die π-Bindung ist die freie Drehbarkeit um die C=C-Bindungsachse bei Alkenen nicht mehr gegeben. Daher existieren zwei verschiedene Isomere: Bei Pent-2-en-Molekülen kann die Methylgruppe und die Ethylgruppe entweder auf der gleichen Seite oder an verschiedenen Seiten der Doppelbindung angeordnet sein.

cis-Pent-2-en   trans-Pent-2-en

11 ⟩ Cis-trans-Isomere sind nicht dargestellt.

Hex-1-en
$CH_2=CH-CH_2-CH_2-CH_2-CH_3$

Hex-2-en
$CH_3-CH=CH-CH_2-CH_2-CH_3$

Hex-3-en
$CH_3-CH_2-CH=CH-CH_2-CH_3$

2-Methylpent-1-en
$$CH_2=\overset{\overset{\textstyle CH_3}{|}}{C}-CH_2-CH_2-CH_3$$

2-Methylpent-2-en
$$CH_3-\overset{\overset{\textstyle CH_3}{|}}{C}=CH-CH_2-CH_3$$

3-Methylpent-1-en
$$CH_2=CH-\overset{\overset{\textstyle CH_3}{|}}{C}H-CH_2-CH_3$$

3-Methylpent-2-en
$$CH_3-CH=\overset{\overset{\textstyle CH_3}{|}}{C}-CH_2-CH_3$$

4-Methylpent-2-en
$$CH_3-CH=CH-\overset{\overset{\textstyle CH_3}{|}}{C}H-CH_3$$

2-Ethylbut-1-en
$$CH_2=\overset{\overset{\textstyle C_2H_5}{|}}{C}-CH_2-CH_3$$

2,3-Dimethylbut-1-en
$$CH_2=\overset{\overset{\textstyle CH_3}{|}}{C}-\underset{\underset{\textstyle CH_3}{|}}{C}H-CH_3$$

3,3-Dimethylbut-1-en
$$CH_2=CH-\overset{\overset{\textstyle CH_3}{|}}{\underset{\underset{\textstyle CH_3}{|}}{C}}-CH_3$$

2,3-Dimethylbut-2-en
$$CH_3-\overset{\overset{\textstyle CH_3}{|}}{C}=\underset{\underset{\textstyle CH_3}{|}}{C}-CH_3$$

4-Methylpent-1-en
$$CH_2=CH-CH_2-\overset{\overset{\textstyle CH_3}{|}}{C}H-CH_3$$

12 ⟩ Beim Sprühen bilden die gasförmigen bzw. leicht flüchtigen Alkane Luft-Gas-Gemische. Wenn der Anteil des Alkans in solch einer Mischung eine kritische Grenze überschreitet, sind diese Gemische explosiv. Der Sauerstoff in der Luft fördert die Verbrennung. Dabei entstehen Kohlenstoffdioxid und Wasser:
$2\ C_5H_{12}(g) + 11\ O_2(g) \longrightarrow 10\ CO_2(g) + 12\ H_2O(g)$
Da die Rektion sehr schnell verläuft und sich die Anzahl der Gasteilchen von 13 auf 22 erhöht, vergrößert sich das Volumen. Dadurch kommt es zu einem explosionsartigen Verlauf der Reaktion

13 ⟩ Alkene addieren Brom unter Bildung von Dibromalkanen.
Bromierung von Propen:

Vom Reaktionsprodukt 1,2-Dibrompropan existieren keine Isomere.
Bromierung von Buta-1-3-dien:

Vom Reaktionsprodukt 1,2-Dibrombut-3-en existieren keine Isomere, die Addition von Brom an der zweiten Doppelbindung führt zum gleichen Produkt. Es kann jedoch durch Addition von zwei Brommolekülen auch 1,2,3,4-Tetrabrombutan entstehen.

Kapitel 3: Vom Alkohol zum Aromastoff (↑ S. 90–91)

1 ⟩ a Die Hydroxygruppe (OH-Gruppe) bestimmt als funktionelle Gruppe der Alkohole Eigenschaften wie die Löslichkeit und die Schmelz- und Siedetemperaturen dieser Stoffgruppe. Die Eigenschaften werden zusätzlich durch die unterschiedlich langen Alkylgruppen beeinflusst. Bei kurzkettigen Alkoholen überwiegt der Einfluss der hydrophilen OH-Gruppe, deswegen sind Alkohole bis Butanol recht gut wasserlöslich. Je länger die Alkylgruppe ist, desto mehr überwiegt der hydrophobe Anteil und desto weniger wasserlöslich ist der entsprechende Alkohol. Innerhalb der homologen Reihe der Alkohole nimmt die Löslichkeit in Wasser also ab, und die Löslichkeit in unpolaren Lösungsmitteln wie Benzin steigt an. Die Siedetemperaturen der Alkohole liegen deutlich über denen der Alkane mit vergleichbaren molaren Massen. Grund ist die Ausbildung von Wasserstoffbrücken zwischen den Alkoholmolekülen, was dazu führt, dass mehr Energie aufgewendet werden muss, um sie voneinander zu trennen, damit der Alkohol in einen anderen Aggregatzustand übergeht. Mit zunehmender Länge der Alkylgruppe nimmt auch die Siedetemperatur zu. Dies liegt wie bei den unpolaren Alkanen an den größer werdenden Van-der-Waals-Kräften.

b Zweiwertiger Alkohol: Zwei OH-Gruppen im Molekül gebunden; sekundärer Alkohol: das C-Atom, an dem sich die OH-Gruppe befindet, ist mit zwei weiteren C-Atomen verbunden.

c Festes Natriumhydroxid (NaOH) besteht aus Ionenkristallen, die aus Na^+- und OH^--Ionen aufgebaut sind. In Alkoholen ist die Hydroxygruppe über eine Elektronenpaarbindung an den Alkylrest des Moleküls gebunden. NaOH dissoziiert in Wasser in OH^--Ionen und Na^+-Ionen, diese Lösung reagiert alkalisch. Das ist bei der Lösung eines Alkohols in Wasser nicht zu beobachten.

2› **a** primärer Alkohol: Butan-1-ol
b sekundärer Alkohol: Pentan-3-ol
c tertiärer Alkohol: 2-Methylpentan-2-ol
d zweiwertiger Alkohol: Pentan-2,4-diol
e primärer Alkohol: 3,3-Dimethylbutan-1-ol
f primärer Alkohol: 2-Methylbutan-1-ol

3› $2\ CH_3{-}CH_2{-}CH_2{-}CH_2{-}OH + 2\ K \longrightarrow$
$\qquad\qquad 2\ CH_3{-}CH_2{-}CH_2{-}CH_2{-}O^- + 2\ K^+ + H_2$
Reaktionsprodukte: Kaliumbutanolat und Wasserstoff

4› **a** und **b**

$$\overset{\text{Oxidation}}{\underset{\text{Reduktion}}{2\ \overset{-I}{C}H_3{-}CH_2{-}\overset{0}{C}H_2{-}OH + 9\ O_2 \longrightarrow 6\ \overset{IV}{C}\overset{-II}{O_2} + 8\ H_2O}}$$

5› **a** Es existieren drei isomere Verbindungen zur Molekülformel C_3H_8O:

Propan-1-ol

$$\begin{array}{ccc} & H & H & H \\ & | & | & | \\ H{-}C{-}&C{-}&C{-}\underline{O}{-}H \\ & | & | & | \\ & H & H & H \end{array}$$

Propan-2-ol

$$\begin{array}{ccc} & H & H & H \\ & | & | & | \\ H{-}C{-}&C{-}&C{-}H \\ & | & | & | \\ & H & |\underline{O}| & H \\ & & | & \\ & & H & \end{array}$$

Ethylmethylether

$$\begin{array}{ccc} & H & & H & H \\ & | & & | & | \\ H{-}C{-}&\underline{O}{-}&C{-}&C{-}H \\ & | & & | & | \\ & H & & H & H \end{array}$$

b

Siedetemperatur in °C	Isomeres
7,6	Ethylmethylether
82,3	Propan-2-ol
97,2	Propan-1-ol

Die polare OH-Gruppe der Alkanolmoleküle wie im Propan-1-ol und Propan-2-ol ermöglicht Wasserstoffbrücken zwischen den Molekülen, die weit stärker sind als die schwachen Van-der-Waals-Kräfte, die zwischen den unpolaren Ethylmethylethermolekülen wirken. Daher haben die Alkanole eine höhere Siedetemperatur als der Ether. Propan-1-ol hat im Vergleich zu Propan-2-ol eine größere Moleküloberfläche, daher können insgesamt mehr Van-der-Waals-Kräfte wirken und die Siedetemperatur liegt bei Propan-1-ol höher als bei Propan-2-ol.
c Primäre Alkanole wie das Propan-1-ol können zu Alkanalen und weiter zu Carbonsäuren oxidiert werden. Eine Oxidation von Propan-1-ol ergibt also als Reaktionsprodukte Propanal und Propansäure:
Propan-1-ol $\xrightarrow{\text{Oxidation}}$ Propanal $\xrightarrow{\text{Oxidation}}$ Propansäure
Sekundäre Alkanole wie das Propan-2-ol werden zu Alkanonen oxidiert. Eine Oxidation von Propan-2-ol ergibt also nur ein Reaktionsprodukt Propanon:
Propan-2-ol $\xrightarrow{\text{Oxidation}}$ Propanon

6› **a** Verbrennen von Ethanol:
$CH_3CH_2OH + 3\ O_2 \longrightarrow 2\ CO_2 + 3\ H_2O$
bzw.:
$3\ CH_3CH_2OH + 9\ O_2 \longrightarrow 6\ CO_2 + 9\ H_2O$
Verbrennen von Hexan:
$2\ C_6H_{14} + 19\ O_2 \longrightarrow 12\ CO_2 + 14\ H_2O$
b Das Ethanolmolekül enthält zwei Kohlenstoffatome, das Hexanmolekül sechs. Drei Ethanolmoleküle enthalten ebenso sechs Kohlenstoffatome wie ein Hexanmolekül. Bezogen auf die gleiche Anzahl der Kohlenstoffatome entstehen bei der vollständigen Verbrennung von drei Ethanolmolekülen ebenso sechs Kohlenstoffdioxidmoleküle wie bei der Verbrennung von einem Hexanmolekül. Insofern ist die Aussage auf den ersten Blick falsch.

Bei der Verwendung von Bioethanol als Kraftstoff wird jedoch nur so viel CO_2 ausgestoßen, wie die Pflanze zuvor aus der Atmosphäre gebunden hat. Insofern ist die Aussage richtig, allerdings ohne Berücksichtigung der CO_2-Bilanz der Verarbeitung des Kraftstoffs, des Transports etc.

7› **a** Allgemeiner Bau eines Ethermoleküls: $R^1{-}\underline{O}{-}R^2$
Wenn $R^1 = R^2$ ist, dann liegt ein symmetrischer Ether vor, z. B. Diethylether. Wenn sich R^1 von R^2 unterscheidet, dann liegt ein unsymmetrischer Ether vor, z. B. Methylbutylether.
b Synthese aus Ethanol in Gegenwart von konzentrierter Schwefelsäure als Katalysator unter Wasserabspaltung:
$2\ CH_3CH_2OH \xrightarrow{H_2SO_4} CH_3CH_2{-}O{-}CH_2CH_3 + H_2O$
c Butan-1-ol $\qquad CH_3{-}CH_2{-}CH_2{-}CH_2{-}OH$

Butan-2-ol
$$\begin{array}{c} OH \\ | \\ CH_3{-}CH{-}CH_2{-}CH_3 \end{array}$$

2-Methyl-propan-1-ol
$$\begin{array}{c} CH_3 \\ | \\ CH_3{-}CH{-}CH_2{-}OH \end{array}$$

2-Methyl-propan-1-ol (tert-Butanol)
$$\begin{array}{c} CH_3 \\ | \\ CH_3{-}C{-}OH \\ | \\ CH_3 \end{array}$$

Methyl-propylether $\qquad CH_3{-}O{-}CH_2{-}CH_2{-}CH_3$

8› Reaktion mit Butan-1-ol:
$$CH_3{-}CH_2{-}CH_2{-}\overset{-I}{C}H_2{-}OH + \overset{II}{C}uO$$
$$\longrightarrow CH_3{-}CH_2{-}CH_2{-}\overset{I}{C}\overset{0}{H}O + Cu + H_2O$$
$$\text{Butanal}$$
Reaktion mit Butan-2-ol:
$$CH_3{-}CH_2{-}\overset{0}{C}H({-}OH){-}CH_3 + \overset{II}{C}uO$$
$$\longrightarrow CH_3{-}CH_2{-}\overset{II}{C}\overset{0}{O}{-}CH_3 + Cu + H_2O$$
$$\text{Butanon}$$

Die Reaktion mit tert-Butanol ist nicht möglich, da am C-Atom, das die OH-Gruppe trägt, kein weiteres H-Atom gebunden ist, das abgespalten werden kann. Eine (partielle) Oxidation eines tertiären Alkohols ist deshalb nicht möglich.

9› **a** und **b**

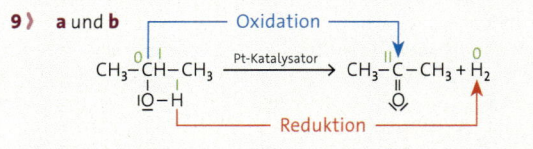

Propan-2-ol $\qquad\qquad$ Propanon $\quad$ Wasserstoff

10› **a**

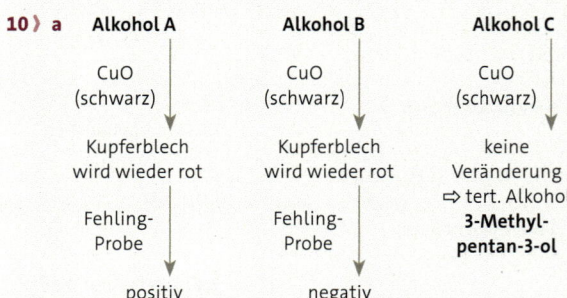

b Nachweis Ethanol

I)

Oxidation 2e⁻

$$CuO + H-\overset{\overset{H}{|}}{\underset{\overset{|}{H}}{C}}-\overset{\overset{H}{|}}{\underset{\overset{|}{H}}{C}}-OH \longrightarrow Cu + H-\overset{\overset{H}{|}}{\underset{\overset{|}{H}}{C}}-\overset{\overline{O}|}{\underset{H}{C}} + H_2O$$
(schwarz) → (rot)

Reduktion 2e⁻

II)

Oxidation 2e⁻

$$2\,Cu^{2+} + H-\overset{\overset{H}{|}}{\underset{\overset{|}{H}}{C}}-\overset{\overline{O}|}{\underset{H}{C}} + 5\,OH^- \longrightarrow Cu_2O + H-\overset{\overset{H}{|}}{\underset{\overset{|}{H}}{C}}-\overset{\overline{O}|}{\underset{\overline{O}|^-}{C}} + 3\,H_2O$$

Reduktion 2e⁻

Nachweis Propan-2-ol

Oxidation 2e⁻

$$CuO + H-\overset{\overset{H}{|}}{\underset{\overset{|}{H}}{C}}-\overset{\overset{H}{ol}}{\underset{\overset{|}{OH}}{C}}-\overset{\overset{H}{|}}{\underset{\overset{|}{H}}{C}}-H \longrightarrow Cu + H-\overset{\overset{H}{|}}{\underset{\overset{|}{H}}{C}}-\overset{O}{\underset{O}{C}}-\overset{\overset{H}{|}}{\underset{\overset{|}{H}}{C}}-H + H_2O$$

Reduktion 2e⁻

c Organische Reaktionsprodukte bei der schrittweisen Oxidation von Ethanol: I) Ethanal (Acetaldehyd); II) Acetat-Ion
Organisches Reaktionsprodukt bei der Oxidation von Propan-2-ol: Propanon (Aceton)

11〉 Gemeinsamkeit: Carbonylgruppe –CO–;
Unterschiede: In Aldehydmolekülen befindet sich die Carbonylgruppe stets endständig und ist mit einem H-Atom verknüpft: Aldehydgruppe –CHO.
In Ketonen steht die Carbonylgruppe nicht endständig, sondern ist mit zwei Alkylresten verknüpft und wird Ketogruppe genannt.

12〉 a Propanal; **b** Propanon; **c** But-2-enal; **d** 3-Hydroxypropanal;
e 2,3-Dihydroxypropanal; **f** Pentandisäure (Glutarsäure)

13〉 Pentansäure: $CH_3-CH_2-CH_2-CH_2-COOH$
Octadecansäure: $CH_3-(CH_2)_{16}-COOH$
Propandisäure: $HOOC-CH_2-COOH$
2,4-Dimethylpentansäure: $HOOC-CH(-CH_3)-CH_2-CH(-CH_3)-CH_3$
2-Hydroxypropansäure: $HOOC-CH(-OH)-CH_3$
2-Aminoethansäure: NH_2-CH_2-COOH
Hexa-2,4-diensäure: $CH_3-CH=CH-CH=CH-COOH$

14〉 I) Butandisäure (Bernsteinsäure); II) Methansäure (Ameisensäure); III) 2-Amino-3-hydroxypropansäure (Serin); IV) Heptadecansäure

15〉 a Die beiden kettenförmigen Ausgangsmoleküle weisen zwischen den Kohlenstoffatomen den idealen und damit spannungsfreien Tetraederwinkel von 109,5° auf. Bei 5-Hydroxyhexanansäure als Ausgangsstoff für das Lacton bildet sich ein Ringsystem aus sechs Atomen, ein Sechsring. Die Bindungswinkel zwischen den Atomen betragen annähernd 120°, sodass der Sechsring ebenfalls spannungsfrei ist.
Bei 3-Hydroxypropansäure als Ausgangsstoff für das Lacton würde ein Vierring mit Bindungswinkeln von annähernd 90° zwischen den Atomen entstehen. Diese weichen viel stärker von den Tetraederwinkeln ab, sodass der Vierring nicht sehr stabil ist und unter Spannung steht.

b

Ausgangsstoff	5-Hydroxy-hexansäure	3-Hydroxy-propansäure
gebildetes Lacton als Reaktionsprodukt	δ-Lacton	β-Lacton

c Ester können in alkalischer Lösung gespalten werden (alkalische Hydrolyse). Weil es sich bei Lactonen um innermolekulare Ester handelt, kann man vermuten, dass auch die Lactone in alkalischer Lösung nicht stabil sind.

16〉 a Butansäuremethylester (Methylbutanoat)
b Säurekatalysierte Esterbildung:

$$H-\overset{\overset{H}{|}}{\underset{\overset{|}{H}}{C}}-\overset{\overset{H}{|}}{\underset{\overset{|}{H}}{C}}-\overset{\overset{H}{|}}{\underset{\overset{|}{H}}{C}}-\overset{\overline{O}|}{\underset{\overline{O}H}{C}} + OH-\overset{H}{\underset{H}{C}}-H$$

$$\longrightarrow H-\overset{\overset{H}{|}}{\underset{\overset{|}{H}}{C}}-\overset{\overset{H}{|}}{\underset{\overset{|}{H}}{C}}-\overset{\overset{H}{|}}{\underset{\overset{|}{H}}{C}}-\overset{\overline{O}|}{\underset{\overline{O}-\overset{H}{\underset{H}{C}}-H}{C}} + H-\overset{O}{\underset{H}{\cdot}}$$

c Alkalische Hydrolyse (Verseifung):

$$H-\overset{\overset{H}{|}}{\underset{\overset{|}{H}}{C}}-\overset{\overset{H}{|}}{\underset{\overset{|}{H}}{C}}-\overset{\overset{H}{|}}{\underset{\overset{|}{H}}{C}}-\overset{\overline{O}|}{\underset{\overline{O}-\overset{H}{\underset{H}{C}}-H}{C}} + K^+ + OH^-$$

$$\longrightarrow H-\overset{\overset{H}{|}}{\underset{\overset{|}{H}}{C}}-\overset{\overset{H}{|}}{\underset{\overset{|}{H}}{C}}-\overset{\overset{H}{|}}{\underset{\overset{|}{H}}{C}}-\overset{\overline{O}|}{\underset{\overline{O}|^-}{C}} + K^+ + H-\overset{H}{\underset{H}{C}}-\overline{\underline{O}}-H$$

17〉 a Ethansäureethylester: Ethansäure, Ethanol
Propansäureethylester: Propansäure, Ethanol
Ethansäurepropylester: Ethansäure, Propan-1-ol
Methansäurehexylester: Methansäure, Hexan-1-ol
In allen Fällen wird Schwefelsäure als Katalysator eingesetzt.
b Namen nach IUPAC:
Ethansäureethylester: Ethylethanoat
Propansäureethylester: Ethylpropanoat
Ethansäurepropylester: Propylethanoat
Methansäurehexylester: Hexylmethanoat

18〉 Ethansäurebutylester (Butylethanoat):

$$H-\overset{H}{\underset{H}{C}}-\overset{\overline{O}|}{\underset{\overline{O}-\overset{\overset{H}{|}}{\underset{\overset{|}{H}}{C}}-\overset{\overset{H}{|}}{\underset{\overset{|}{H}}{C}}-\overset{\overset{H}{|}}{\underset{\overset{|}{H}}{C}}-\overset{\overset{H}{|}}{\underset{\overset{|}{H}}{C}}-H}{C}}$$

19〉 Aromastoffe kommen bei den Stoffklassen der Alkohole, Aldehyde, Ester und Ketone vor.

20〉 Menthol: Hydroxygruppe; Vanillin: Aldehydgruppe, Ethergruppe, Hydroxygruppe; Geraniol: Hydroxygruppe, C=C-Doppelbindung

21〉 a Halbstruktur- und Strukturformel von Triolein:

$$CH_2O-\overset{O}{\overset{||}{C}}(CH_2)_7CH=CH(CH_2)_7CH_3$$
$$HCO-\overset{O}{\overset{||}{C}}(CH_2)_7CH=CH(CH_2)_7CH_3$$
$$CH_2O-\overset{O}{\overset{||}{C}}(CH_2)_7CH=CH(CH_2)_7CH_3$$

bzw.:

b Reaktionsgleichung:

$C_{57}H_{104}O_6 + 80\,O_2 \longrightarrow 57\,CO_2 + 52\,H_2O$

c Molare Masse: $M(\text{Triolein}) = 884\ \text{g}\cdot\text{mol}^{-1}$

$n(\text{Triolein}) = \dfrac{m}{M} = \dfrac{1000\ \text{g}}{884\ \text{g}\cdot\text{mol}^{-1}} = 1{,}13\ \text{mol}$

Aufgrund der vollständigen Oxidation gilt:

$n(H_2O) = 52 \cdot n(\text{Triolein}) = 58{,}76\ \text{mol}$

Für die Volumenbestimmung von Wasser ist die Dichte von Wasser mit $\varrho(H_2O) = 1\ \text{g}\cdot\text{ml}^{-1}$ heranzuziehen:

$V(H_2O) = \dfrac{m(H_2O)}{\varrho(H_2O)}$

Mit

$m(H_2O) = n(H_2O)\cdot M(H_2O)$ und $M(H_2O) = 18\ \text{g}\cdot\text{mol}^{-1}$ ist

$V(H_2O) = \dfrac{58{,}76\ \text{mol}\cdot 18\ \text{g}\cdot\text{mol}^{-1}}{1\ \text{g}\cdot\text{ml}^{-1}}$

$= 58{,}76 \cdot 18\ \text{ml} = 1057{,}7\ \text{ml} = 1{,}0577\ \text{l}$

Bei der vollständigen Oxidation von 1 kg Triolein werden 1,0577 l Wasser gebildet.

Kapitel 4: Reaktionsgeschwindigkeit und chemisches Gleichgewicht (↑ S. 121)

1) **a** $c(C_2H_5OH) = \dfrac{n(C_2H_5OH)}{V(\text{Blut})}$ $n(C_2H_5OH) = \dfrac{m(\text{Ethanol})}{M(C_2H_5OH)}$

$V(\text{Blut}) = \dfrac{m(\text{Blut})}{\varrho(\text{Blut})}$

$c(C_2H_5OH) = \dfrac{m(\text{Ethanol})}{m(\text{Blut})} \cdot \dfrac{\varrho(\text{Blut})}{M(C_2H_5OH)} = \dfrac{w(\text{Ethanol})\cdot\varrho(\text{Blut})}{M(C_2H_5OH)}$

$c(C_2H_5OH) = \dfrac{0{,}001 \cdot 1060\ \text{g}\cdot\text{l}^{-1}}{46\ \text{g}\cdot\text{mol}^{-1}} = 0{,}023\ \text{mol}\cdot\text{l}^{-1}$

b $1\text{\textperthousand}\cdot\text{h}^{-1} \mathrel{\hat=} v = 0{,}023\ \text{mol}\cdot\text{l}^{-1}\cdot\text{h}^{-1}$

$0{,}14\text{\textperthousand}\cdot\text{h}^{-1} \mathrel{\hat=} v \approx 0{,}0032\ \text{mol}\cdot\text{l}^{-1}\cdot\text{h}^{-1}$

c Zahl der pro Stunde abgebauten Ethanolmoleküle:

$N(C_2H_5OH) = N_A \cdot c(C_2H_5OH) \cdot V(\text{Blut})$
$\qquad\qquad = 6 \cdot 10^{23}\ \text{mol}^{-1} \cdot 0{,}0032\ \text{mol}\cdot\text{l}^{-1} \cdot 5\ \text{l}$
$\qquad\qquad = 9{,}6 \cdot 10^{21}$

$N(C_2H_5OH) = 9{,}6 \cdot 10^{21} \mathrel{\hat=} t = 1\ \text{h}$
$N(C_2H_5OH) = 7 \cdot 10^{9} \mathrel{\hat=} t = x$

$x = \dfrac{7{,}3 \cdot 10^{9}\ \text{h}}{9{,}6 \cdot 10^{21}} \approx 7{,}3 \cdot 10^{-13}\ \text{h} = 2{,}6 \cdot 10^{-9}\ \text{s}$

2) **a** Durch Erhöhung der Temperatur und durch Verwendung eines Katalysators.

b $v = -\dfrac{1}{2} \cdot \dfrac{\Delta c(H_2O_2)}{\Delta t}$

$\qquad = -\dfrac{1}{2} \cdot \dfrac{(0{,}01 - 0{,}1)}{600}\ \text{mol}\cdot\text{l}^{-1}\cdot\text{s}^{-1}$

$\qquad = 7{,}5 \cdot 10^{-5}\ \text{mol}\cdot\text{l}^{-1}\cdot\text{s}^{-1}$

c Wenn die Geschwindigkeit v bei $\Delta T = 10\ \text{K}$ verdoppelt wird:

$v(+30\ \text{K}) = 2^3 \cdot v$
$\qquad\qquad = 8 \cdot v = 6 \cdot 10^{-4}\ \text{mol}\cdot\text{l}^{-1}\cdot\text{s}^{-1}$

Wenn die Geschwindigkeit v bei $\Delta T = 10\ \text{K}$ vervierfacht wird:

$v(+30\text{K}) = 4^3 \cdot v$
$\qquad\qquad = 64 \cdot v = 4{,}8 \cdot 10^{-3}\ \text{mol}\cdot\text{l}^{-1}\cdot\text{s}^{-1}$

3) **a** Chemische Reaktionen in Lösung: Hinreaktion wird langsamer und Rückreaktion schneller, bis beide mit gleicher Geschwindigkeit verlaufen.

Verdunsten von Wasser in einem geschlossenem Gefäß: Wassermoleküle gehen von flüssigem Wasser in Gasphase. Dadurch steigt die Zahl der Wassermoleküle in der Gasphase und auch die Zahl der Übergänge von der Gasphase in die flüssige Phase. Nach einiger Zeit verlaufen beide Vorgänge mit gleicher Geschwindigkeit.

Lösen eines Salzes in Wasser: Aus dem Salzkristall diffundieren Ionen zwischen die Wassermoleküle und es lagern sich Ionen aus der Lösung wieder an den Salzkristall an.

b Gemeinsamkeit: Im Gleichgewicht sind Hin- und Rückprozess gleich schnell.

Unterschied: Chemische Reaktion: Nur eine Phase; Verdunsten und Löslichkeitsgleichgewicht: zwei Phasen.

c Dynamisches Gleichgewicht: Vorgänge, die zum Gleichgewicht geführt haben, verlaufen auch im Gleichgewicht noch. Konzentrationen verändern sich nicht mehr, es finden gleich viele reaktive Stöße für Hin- und Rückprozess statt. Bei Störung eines dynamischen Gleichgewichts reagiert das System so, dass ein neues Gleichgewicht erreicht wird.

Statisches Gleichgewicht: Vorgänge, die zum Gleichgewicht geführt haben, verlaufen nicht mehr. Wenn ein statisches Gleichgewicht (z. B. eine Balkenwaage) gestört wird, erreicht das System keinen neuen Gleichgewichtszustand.

4) **a** $2\,SO_2(g) + O_2(g) \rightleftharpoons 2\,SO_3(g)$

$K_C = \dfrac{c^2(SO_3)}{c^2(SO_2) \cdot c(O_2)}$

b $K_C(\text{Bildung}) = \dfrac{(0{,}9\ \text{mol}\cdot\text{l}^{-1})^2}{(0{,}1\ \text{mol}\cdot\text{l}^{-1})^2 \cdot 0{,}05\ \text{mol}\cdot\text{l}^{-1}}$

$\qquad\qquad\qquad = 1620\ \text{l}\cdot\text{mol}^{-1}.$

$K_C(\text{Zersetzung}) = \dfrac{1}{K_C(\text{Bildung})} = 6{,}17 \cdot 10^{-4}\ \text{mol}\cdot\text{l}^{-1}$

c Eine Erhöhung von $c(O_2)$ beschleunigt die Bildungsreaktion von Schwefeltrioxid. Bis sich das Gleichgewicht wiedereingestellt hat, nimmt daher $c(SO_2)$ ab und $c(SO_3)$ zu.

$K_C(\text{Bildung}) = \dfrac{c^2(SO_3)}{c^2(SO_2) \cdot c(O_2)}$

$\dfrac{c(SO_3)}{c(SO_2)} = \sqrt{K_C \cdot c(O_2)} = \sqrt{1620\ \text{l}\cdot\text{mol}^{-1} \cdot 0{,}80\ \text{mol}\cdot\text{l}^{-1}} = 36$

5) **a** Bei Salz I steigt die Löslichkeit mit der Temperatur, d. h., das Gleichgewicht wird dabei auf die Seite des gelösten Salzes verschoben. Nach dem Prinzip von Le Chatelier muss es sich beim Lösevorgang um einen endothermen Vorgang handeln.

Für Salz III folgt mit analoger Argumentation, dass der Lösevorgang exotherm ist. Die Löslichkeit von Salz II hängt nicht von der Temperatur ab, d. h., es löst sich weder exotherm noch endotherm.

b Die Kristallisation ist der Umkehrvorgang zur Lösung mit einer entgegengesetzten Wärmetönung. Da die Kristallisation beim Taschenwärmer exotherm sein muss, eignet sich nur Salz I, das sich endotherm löst.

6) **a** $N_2(g) + O_2(g) \rightleftharpoons 2\,NO(g)$ $\qquad\qquad$ | endotherm

Reaktion ist endotherm, d. h., eine Temperaturerhöhung führt zu einer Neueinstellung des Gleichgewichts mit einem höheren Produktanteil. Da sich die Zahl der Teilchen in der Gasphase in der Reaktion nicht verändert, hat der Druck keinen Einfluss auf die Lage des Gleichgewichts.

b $N_2(g) + 3\,H_2(g) \rightleftharpoons 2\,NH_3(g)$ $\qquad\qquad$ | exotherm

Reaktion ist exotherm, d. h., eine Temperatursenkung führt zu einer Neueinstellung des Gleichgewichts mit einem höheren Produktanteil. Da die Zahl der Teilchen in der Gasphase mit der Hinreaktion abnimmt, wird das Gleichgewicht durch steigenden Druck auf die rechte Seite verschoben.

Kapitel 5: Kohlenstoffkreislauf und Klima (↑ S. 143)

1) **a** Fossile Kraftstoffe enthalten Kohlenstoff, der schon vor Millionen von Jahren von Pflanzen gebunden wurde. Beim Verbrennen fossiler Brennstoffe werden große Mengen dieses langfristig fixierten Kohlenstoffs als Kohlenstoffdioxid wieder freigesetzt. Dieses zusätzliche Kohlenstoffdioxid kann von den Pflanzen nicht vollständig aufgenommen werden, sodass es sich in der Atmosphäre anreichert, der Kohlenstoffdioxidgehalt in der Atmosphäre steigt an. Eine Verstärkung des Treibhauseffekts ist die Folge.
Eine weitere Auswirkung des ansteigenden Kohlenstoffdioxidgehalts ist die Versauerung der Ozeane. Die Aufnahme von Kohlenstoffdioxid aus der Atmosphäre in das Oberflächenwasser der Ozeane findet dauerhaft statt, da Ozeane offene Systeme sind. Gelöstes Kohlenstoffdioxid steht dabei in wässriger Lösung im Gleichgewicht mit gelöster Kohlensäure. Eine der Folgen der Versauerung für das Ökosystem Meer ist die Schädigung der Korallen und anderer Meereslebewesen, deren Gehäuse aus schwerlöslichem Calciumcarbonat bestehen.
b Die Aussage scheint vordergründig richtig zu sein, berücksichtigt aber nicht alle Faktoren. Sie ist daher nicht korrekt. Bioethanol wird aus pflanzlichen Quellen gewonnen. Daher wird bei seiner Verbrennung nur so viel Kohlenstoffdioxid frei, wie zuvor in den Pflanzen gebunden war. Allerdings fallen auch bei der Produktion von Bioethanol Treibhausgase an. Diese entstehen schon beim Anbau der Pflanzen, dem Transport und vor allem bei der Verarbeitung der Pflanzen zu Bioethanol. Ein wirklich klimaneutraler Treibstoff dürfte innerhalb der gesamten Produktionskette kein zusätzliches Kohlenstoffdioxid verursachen. Das ist nur möglich, wenn z.B. die Energie, die zur Verarbeitung notwendig ist, selbst aus regenerativen Quellen stammt. Auch der Transport und Anbau müsste nur mit Energie aus regenerativen Quellen abgedeckt werden.

2) **a**
Gegeben: $V(C_8H_{18})$ = 6,2 l pro 100 km, $\varrho(C_8H_{18})$ = 0,7 g/ml, $M(C_8H_{18})$ = 114 g/mol, $M(O_2)$ = 32 g/mol, $M(CO_2)$ = 44 g/mol
Gesucht: $m(O_2)$ pro 100 km, $m(CO_2)$ pro 100 km

Lösung:

1. Reaktionsgleichung aufstellen:
$2\ C_8H_{18}(l) + 25\ O_2(g) \longrightarrow 16\ CO_2(g) + 18\ H_2O(g)$ | exotherm

2. Berechnen der verbrauchten Masse an Octan.
$m(C_8H_{18}) = \varrho(C_8H_{18}) \cdot V(C_8H_{18}) = 0,7\ g/ml \cdot 6200\ ml$
$= 4340\ g = 4,34\ kg$

6,2 l Octan haben eine Masse von 4,34 kg.

3. Berechnen der verbrauchten Masse an Sauerstoff:
$$m(O_2) = \frac{n(O_2)}{n(C_8H_{18})} \cdot \frac{M(O_2)}{M(C_8H_{18})} \cdot m(C_8H_{18})$$
$$= \frac{25\ mol}{2\ mol} \cdot \frac{32\ g/mol}{114\ g/mol} \cdot 4340\ g$$
$$= 15228\ g\ (pro\ 100\ km)$$

4. Berechnen der gebildeten Masse an Kohlenstoffdioxid:
$$m(CO_2) = \frac{n(CO_2)}{n(C_8H_{18})} \cdot \frac{M(CO_2)}{M(C_8H_{18})} \cdot m(C_8H_{18})$$
$$= \frac{16\ mol}{2\ mol} \cdot \frac{44\ g/mol}{114\ g/mol} \cdot 4340\ g$$
$$= 13400\ g\ (pro\ 100\ km)$$

Antwort: Bei der Verbrennung von 4340 g (6,2 l) Octan werden 15,23 kg Sauerstoff verbraucht und 13,4 kg Kohlenstoffdioxid gebildet.
b Der Mensch benötigt durchschnittlich etwa 0,5 kg Sauerstoff pro Tag. Der Pkw verbraucht pro 100 km Fahrstrecke 15,23 kg. Das entspricht in etwa dem 30,5-fachen täglichen Sauerstoffbedarf des Menschen.
Der Mensch produziert durchschnittlich etwa 1000 g Kohlenstoffdioxid pro Tag. Der Pkw stößt pro 100 km 13 400 g Kohlenstoffdioxid aus. Die Kohlenstoffdioxidproduktion des Pkw pro 100 km ist etwa 13,4-Fach höher als die tägliche Kohlenstoffdioxidproduktion des Menschen.
c Das Auto stößt durchschnittlich 134,00 g Kohlenstoffdioxid pro gefahrenem Kilometer aus. Der jährliche Kohlenstoffdioxidausstoß des Pkw mit einer Laufleistung von 32 000 km beträgt: 32 000 km · 134,00 g/km = 4 288 000 g = 4288 kg = 4,288 t.
d Dieser Pkw mit einem durchschnittlichen Ausstoß von 134 g Kohlenstoffdioxid pro gefahrenem Kilometer übersteigt den ab 2021 für Neuwagen vorgeschriebenen Wert der Flottenemission von maximal 95 g Kohlenstoffdioxid pro km und würde deshalb nicht mehr zugelassen werden.

3) **a** Sprudelwasser enthält Kohlensäure $H_2CO_3(aq)$:
$CO_2(aq) + H_2O(l) \rightleftharpoons H_2CO_3(aq)$
Kommt kohlensäurehaltiges Wasser in Kontakt mit Kalkablagerungen ($CaCO_3$), lösen sich diese entsprechend folgender Gleichgewichtsreaktion auf:
$CaCO_3(s) + H_2CO_3(aq) \rightleftharpoons Ca^{2+}(aq) + 2\ HCO_3^-(aq)$
Die Behauptung der Mitschülerin ist richtig.
b Diese beiden Gleichgewichtsreaktionen spielen bei der Verwitterung von Kalkstein, z.B. in Tropfsteinhöhlen, eine Rolle. Sie sind Grundlage für die Bildung von Tropfsteinen, wenn das mit Ca^{2+}-und HCO_3^--Ionen angereicherte Wasser wieder verdunstet und festes Calciumcarbonat erneut ausfällt.
Auf den unter Teilaufgabe **a** genannten Gleichgewichtsreaktionen beruht auch die Verwitterung der Kalkschalen von Lebewesen wie Muscheln, Schnecken und Korallen im Süßwasser und im Meereswasser.

4) **a** Der Grund für das Absinken des pH-Werts von Oberflächengewässern bei steigender $c(CO_2(aq))$ sind die beiden gekoppelten Gleichgewichte:
$CO_2(aq) + H_2O(l) \rightleftharpoons H_2CO_3(aq)$
$H_2CO_3(aq) + H_2O(l) \rightleftharpoons HCO_3^-(aq) + H_3O^+(aq)$
Ein Anstieg von $c(CO_2(aq))$ verschiebt das erste Gleichgewicht nach rechts. Dadurch steigt $c(H_2CO_3(aq))$, wodurch auch das zweite Gleichgewicht nach rechts verschoben wird. Hierdurch steigt $c(H_3O^+(aq))$. Mit steigender Konzentration an H_3O^+-Ionen sinkt der pH-Wert des Gewässers.
b Das Gleichgewicht zwischen gasförmigen und gelösten Kohlenstoffdioxid ist exotherm:
$CO_2(g) \rightleftharpoons CO_2(aq)$ | exotherm
Es wird mit steigender Temperatur auf die linke Seite verschoben. Dadurch sinkt $c(CO_2(aq))$ und damit auch die Löslichkeit von Kohlenstoffdioxid in Wasser.

5) **a** Der Mensch greift durch die Nutzung fossiler Brennstoffe wie Erdgas, Erdöl oder Kohle in den globalen Kohlenstoffkreislauf ein. Bei der Verbrennung der fossilen Kohlenstoffquellen werden große Mengen Kohlenstoffdioxid freigesetzt, sodass der Stoffkreislauf aus dem Gleichgewicht gerät und der Kohlenstoffdioxidgehalt in der Atmosphäre steigt. Dies führt zum anthropogenen Treibhauseffekt. Auch tragen Kohlenstoffquellen aus Landnutzungsänderungen, z.B. durch Rodung des tropischen Regenwalds, dazu bei.
b Böden und Wälder, Ozeane und Gesteine sind bedeutende Kohlenstoffsenken. Das bedeutet, sie nehmen vorübergehend Kohlenstoff auf und speichern ihn. Pflanzen an Land – vor allem Wälder – sowie Algen im Meer nehmen Kohlenstoff in Form von Kohlenstoffdioxid aus der Atmosphäre oder aus dem Wasser auf und wandeln ihn während der Fotosynthese in energiereiche

Moleküle wie Glucose und Stärke um. Im Wasser der Seen, Flüsse und vor allem der Ozeane löst sich ein Teil des Kohlenstoffdioxids aus der Luft und es bilden sich durch weitere chemische Reaktionen gelöste Carbonate und Hydrogencarbonate. Weiterhin erfolgt eine Kohlenstoffzufuhr in diese Gewässer aus eingeschwemmter Biomasse. Noch größere Mengen an Kohlenstoff werden in den Gesteinen der Erde (Lithosphäre) gebunden, beispielsweise in Form von Calciumcarbonat. Aus der Lithosphäre gelangen auch nur geringe Mengen des gespeicherten Kohlenstoffs zurück in den Kohlenstoffkreislauf.

6 〉 **a** Der natürliche Treibhauseffekt entsteht dadurch, dass die Atmosphäre weitgehend durchlässig für die von der Sonne ankommende kurzwellige Strahlung ist, jedoch wenig durchlässig für die langwellige Wärmestrahlung, die von der warmen Erdoberfläche und von der erwärmten Luft emittiert wird. Etwa 70 % der Sonnenenergie erwärmt die Erdoberfläche, etwa 30 % werden direkt reflektiert und in den Weltraum zurückgestrahlt. Auch die restliche Energie wird in Form von Wärme wieder abgestrahlt. Treibhausgase wie Wasserdampf, Kohlenstoffdioxid, Methan und Distickstoffoxid vermindern die Abstrahlung von Wärme in den Weltraum. Ohne den natürlichen Treibhauseffekt wäre die globale Jahresdurchschnittstemperatur um etwa 33 Kelvin kälter.

Durch Emissionen beeinflusst der Mensch die Zusammensetzung der Gase in der Atmosphäre, was zu einer Zunahme des Treibhauseffekts führt und als anthropogener Treibhauseffekt bezeichnet wird. Bei der Verbrennung von fossilen Kohlenstoffquellen werden beispielsweise große Mengen Kohlenstoffdioxid freigesetzt, sodass der natürliche Kohlenstoffkreislauf aus dem Gleichgewicht gerät und der Kohlenstoffdioxidgehalt in der Atmosphäre steigt. Intensive Viehhaltung beispielsweise führt zu Emissionen von Methan. Die Konzentration eines Treibhausgases ist jedoch nicht allein von Bedeutung. Jedes Treibhausgas besitzt ein spezifisches Erwärmungspotenzial. Unter den künstlich hergestellten Treibhausgasen leisten die fluorierten Treibhausgase den größten Beitrag. Die zusätzlichen Emissionen aller Treibhausgase verringern die Abstrahlung von Wärme in den Weltraum, verstärken damit den Treibhauseffekt und führen zu einer Erhöhung der globalen durchschnittlichen Jahrestemperatur.

b

Modell Gewächshaus	Wirklichkeit
Glasplatten	Atmosphäre mit Treibhausgasen
Feuchtigkeit der Luft im Gewächshaus	Wolken
Thermometer	Thermometer
Luft im Gewächshaus	Luft der Atmosphäre
Boden des Gewächshauses	Erdoberfläche
Ggf. vorhandene Lampen	Sonne
Ggf. zusätzlich angereichertes CO_2 („CO_2-Düngung")	(zusätzliches) CO_2 in der Atmosphäre

Treibhausgase wie Wasserdampf, Methan und Kohlenstoffdioxid wirken in der Atmosphäre wie das Glasdach eines Treibhauses. Ein Teil der Wärmestrahlung der Sonne wird an der Atmosphäre reflektiert und gelangt wieder zurück zur Erde, wo sie für die Erwärmung sorgt. Im Gewächshaus kommen zwei Effekte zum Tragen: Die Glasplatten reflektieren einen Teil der Strahlung wieder in den Innenraum (entspricht dem Treibhauseffekt der Atmosphäre) und die Glaswände sorgen dafür, dass es keinen Wärmeaustausch durch Konvektion mit der Umgebung gibt (Glashauseffekt).

Das Modell entspricht allerdings nur in einigen Aspekten der Wirklichkeit, es handelt sich um eine starke Vereinfachung der tatsächlichen Bedingungen. Nur ausgewählte Aspekte werden modellhaft betrachtet, beispielsweise nur das Treibhausgas Kohlenstoffdioxid, andere Treibhausgase dagegen nicht. Anstelle der Reflektion der Wärmestrahlung an den Wolken wird das Licht durch die Feuchtigkeit der Luft im Treibhaus reflektiert. Außerdem existieren in der Realität die Glasscheiben nicht, die Atmosphäre hat keine „Wände".

c Die Brandrodung tropischer Regenwälder führt einerseits zu einer erheblichen zusätzlichen Freisetzung von Kohlenstoffdioxid in die Atmosphäre, andererseits fehlen in den verbrannten Wäldern die Bäume und Pflanzen, um Kohlenstoffdioxid aus der Luft zu binden, womit die Kohlenstoffsenke kleiner wird. Daher wirkt sich die Vernichtung von Wäldern durch Brandrodung in zwei Aspekten stark negativ auf den Treibhauseffekt aus. *Hinweis:* Wälder besitzen lokal einen zusätzlich abkühlenden Effekt, der bei deren Vernichtung verloren geht.

d Die Aussage ist nur zum Teil zutreffend. Kohlenstoffdioxid und andere Treibhausgase führen bei zunehmender Konzentration in der Atmosphäre zu einer Erwärmung des Erdklimas. Dies liegt daran, dass ein größerer Anteil der Wärmestrahlung der Erde reflektiert wird. Eine zu hohe Konzentration von Treibhausgasen in der Luft kann zu einer dauerhaften globalen Erwärmung führen und viele Ökosysteme damit erheblich ins Ungleichgewicht bringen. Mögliche Folgen der Erderwärmung sind z. B. Klimaveränderungen, Wetterextreme, die Ausbreitung von Wüsten und das Schmelzen der Eismassen an Nord- und Südpol. Andererseits sind Treibhausgase wichtig für das Leben auf der Erde. Denn ohne den natürlichen Treibhauseffekt gäbe es dort kein Leben. Die Treibhausgase in der Atmosphäre der Erde lassen Sonnenstrahlen bis zum Boden durch. Sie vermindern jedoch die Abstrahlung von Wärme in den Weltraum. Ohne den Treibhauseffekt wäre die globale Jahresdurchschnittstemperatur um etwa 33 Kelvin kälter, was erheblichen Einfluss auf alle Lebewesen hätte.

e Offene Aufgabenstellung, mögliche Argumente (Auswahl):
- Grundsätzlich ist die Begrenzung des Anstiegs der globalen Durchschnittstemperatur ein wichtiges Ziel, um schädliche Auswirkungen auf die Menschen und alle Lebewesen zu begrenzen. Die dazu notwendigen Maßnahmen werden jedoch bisher auf nationaler Ebene nicht schnell genug umgesetzt.
- Staaten müssen ausreichende finanzielle Mittel besitzen, um Vorgaben zur Reduzierung der Treibhausgasemissionen erfüllen zu können. Ein bislang gutes Abschneiden einiger Länder ist unter anderem einem starken Ausbau der erneuerbaren Energien zu verdanken. Bei manchen Ländern gibt es noch zu geringe Bemühungen, die Kohlenstoffdioxidemissionen und den Energieverbrauch zu verringern.
- Insgesamt muss bei allen Maßnahmen sichergestellt werden, dass beispielsweise geringere Erträge, z. B. wegen ökologischem Anbau oder begrenzten Anbauflächen, die Versorgung der Bevölkerung nicht gefährden und dass auch die wirtschaftliche Überlebensfähigkeit kleiner oder mittelständiger Betriebe bei höheren Kosten, z. B. durch eine CO_2-Abgabe, gesichert wird.

7 〉 **a** Die Aufnahme von Kohlenstoffdioxid aus der Atmosphäre in das Oberflächenwasser der Ozeane findet dauerhaft statt, da Ozeane offene Systeme sind. Gelöstes Kohlenstoffdioxid steht dabei in wässriger Lösung im Gleichgewicht mit gelöster Kohlensäure. Zunächst steht gasförmiges Kohlenstoffdioxid $CO_2(g)$ im Gleichgewicht mit in Wasser gelöstem Kohlenstoffdioxid $CO_2(aq)$. Gelöstes Kohlenstoffdioxid reagiert mit Wasser zu gelöster Kohlensäure $H_2CO_3(aq)$:
$$CO_2(aq) + H_2O(l) \rightleftharpoons H_2CO_3(aq)$$
Nur wenige $CO_2(aq)$-Moleküle reagieren mit Wasser zu Kohlensäure. Das Gleichgewicht liegt stark auf der linken Seite.
$$H_2CO_3(aq) + H_2O(l) \rightleftharpoons HCO_3^-(aq) + H_3O^+(aq)$$
$$HCO_3^-(aq) + H_2O(l) \rightleftharpoons CO_3^{2-}(aq) + H_3O^+(aq)$$
Auch bei diesen Reaktionen liegt das Gleichgewicht jeweils stark auf der linken Seite. Oxonium-Ionen, Hydrogencarbonat-Ionen

und Carbonat-Ionen liegen nur in sehr geringer Konzentration vor. Damit ist die Lösung nicht so sauer, wie sie es wäre, wenn die gesamte Säure mit Wasser reagiert hätte.

b Calciumcarbonat ist schwer löslich in Wasser. Bei der Schädigung der Kalkgehäuse spielen mehrere Gleichgewichte eine Rolle. Meerwasser enthält durch Kontakt zur Luft gelöstes Kohlenstoffdioxid. Es reagiert mit Wasser zu Kohlensäure (siehe Lösung Aufgabenteil **a**). Das schwerlösliche Calciumcarbonat ist der Hauptbestandteil von Korallenskeletten und Muschelschalen. Kommen Kalkgehäuse in Kontakt mit der gelösten Kohlensäure, findet eine chemische Reaktion zwischen der gelösten Kohlensäure und dem Calciumcarbonat statt, wobei sich das Calciumcarbonat zersetzt:

$$CaCO_3(s) + H_2CO_3(aq) \rightleftharpoons Ca^{2+}(aq) + 2\ HCO_3^-(aq)$$

c In kaltem Wasser lösen sich größere Gasmengen als in warmem Wasser. Mit Blick auf den globalen Temperaturanstieg bedeutet dies allgemein: Je wärmer das Wasser der Ozeane wird, desto weniger CO_2 nimmt es infolge von Lösungsprozessen auf – dies wirkt einer zunehmenden Versauerung des Ozeanwassers entgegen. Allerdings muss dies differenzierter in Bezug auf die geografische Lage des Ozeans betrachtet werden: Der Nordatlantik und der antarktische Ozean sind die wichtigsten CO_2-Speicher, weil sie kälteres Wasser als die anderen Meere aufweisen. Außerdem besitzt kaltes Wasser eine höhere Dichte als warmes und sinkt deshalb dort ab. Das an der Oberfläche aufgenommene CO_2 wird in diesen Meeresregionen in tiefere Schichten transportiert. Warmes Wasser in Äquatornähe neigt jedoch dazu, CO_2 an die Atmosphäre abzugeben. In Äquatornähe findet daher keine so starke Zunahme der Versauerung statt wie in kälteren Regionen.

Wichtige Größen und Daten in der Chemie

Größen in der Chemie

Größe	Formelzeichen	Einheit
Masse	m	kg, g
Volumen	V	m^3, ℓ
Stoffmenge	n	mol
molare Masse	M	g/mol
molares Volumen	V_m	ℓ/mol
Teilchenanzahl	N	1
Dichte	ϱ	g/cm^3, g/ℓ
Massenanteil	w	1, %
Massenkonzentration	β	g/ℓ
Stoffmengen-konzentration	c	mol/ℓ
Temperatur	T, ϑ	K, °C

Größengleichungen in der Chemie

Dichte	$\varrho = \dfrac{m}{V}$ $\varrho = \dfrac{M}{V_m}$
molare Masse	$M = \dfrac{m}{n}$
molares Volumen	$V_m = \dfrac{V}{n}$
Massenanteil	$w(\text{Stoff}) = \dfrac{m(\text{Stoff})}{m(\text{Stoffgemisch})}$
Volumenanteil	$\varphi(\text{Stoff}) = \dfrac{V(\text{Stoff})}{V(\text{Stoffgemisch})}$
Massenkonzentration	$\beta(\text{Stoff}) = \dfrac{m(\text{Stoff})}{V(\text{Stoffgemisch})}$
Stoffmengenkonzentration	$c(\text{Stoff}) = \dfrac{n(\text{Stoff})}{V(\text{Stoffgemisch})}$

Vorsätze von Einheiten (Auswahl)

Vorsatz	Kurz-zeichen	Faktor, mit dem die Einheit multipliziert wird	
Giga	G	1 000 000 000	(10^9)
Mega	M	1 000 000	(10^6)
Kilo	k	1 000	(10^3)
Dezi	d	0,1	(10^{-1})
Zenti	c	0,01	(10^{-2})
Milli	m	0,001	(10^{-3})
Mikro	µ	0,000 001	(10^{-6})
Nano	n	0,000 000 001	(10^{-9})

Konstanten in der Chemie

Normdruck p_n	$p_n = 1013$ hPa
Normtemperatur T_n	$T_n = 273{,}15$ K
Molares Volumen eines idealen Gases im Norm-zustand $V_{m,n}$	$V_{m,n} = 22{,}4\ \ell/\text{mol}$
Avogadro-Konstante N_A	$N_A = 6{,}0221367 \cdot 10^{23}\ \text{mol}^{-1}$

Elektronegativitätsskala nach Pauling

Periode	Hauptgruppe							
	I	II	III	IV	V	VI	VII	VIII
1	H 2,1							He
2	Li 1,0	Be 1,5	B 2,0	C 2,5	N 3,0	O 3,5	F 4,0	Ne
3	Na 0,9	Mg 1,2	Al 1,5	Si 1,8	P 2,1	S 2,5	Cl 3,0	Ar
4	K 0,8	Ca 1,0	Ga 1,6	Ge 1,8	As 2,0	Se 2,4	Br 2,8	Kr
5	Rb 0,8	Sr 1,0	In 1,7	Sn 1,8	Sb 1,9	Te 2,1	I 2,5	Xe
6	Cs 0,7	Ba 0,9	Tl 1,8	Pb 1,8	Bi 1,9	Po 2,0	At 2,2	Rn
7	Fr 0,7	Ra 0,9						

Elektrodenpotenziale E^0 verschiedener Verbindungen in wässriger Lösung bei Standardbedingungen (p = 1,013 bar, T = 25 °C)

Donator		Akzeptor + $z\,e^-$	Standardpotenzial E^0 in V
Li	$\rightleftharpoons$	$Li^+ + e^-$	−3,04
K	$\rightleftharpoons$	$K^+ + e^-$	−2,94
Sr	$\rightleftharpoons$	$Sr^{2+} + 2\,e^-$	−2,90
Ca	$\rightleftharpoons$	$Ca^{2+} + 2\,e^-$	−2,87
Na	$\rightleftharpoons$	$Na^+ + e^-$	−2,71
Mg	$\rightleftharpoons$	$Mg^{2+} + 2\,e^-$	−2,36
Al	$\rightleftharpoons$	$Al^{3+} + 3\,e^-$	−1,68
Mn	$\rightleftharpoons$	$Mn^{2+} + 2\,e^-$	−1,18
$H_2 + 2\,OH^-$	$\rightleftharpoons$	$2\,H_2O + 2\,e^-$	−0,81
Zn	$\rightleftharpoons$	$Zn^{2+} + 2\,e^-$	−0,76
Cr	$\rightleftharpoons$	$Cr^{3+} + 3\,e^-$	−0,74
S^{2-}	$\rightleftharpoons$	$S(s) + 2\,e^-$	−0,45
Fe	$\rightleftharpoons$	$Fe^{2+} + 2\,e^-$	−0,44
$H_2 + 2\,OH^-$	$\rightleftharpoons$	$2\,H_2O + 2\,e^-$	−0,41 (bei pH = 7)
$Pb + SO_4^{2-}$	$\rightleftharpoons$	$PbSO_4(s) + 2\,e^-$	−0,36
Co	$\rightleftharpoons$	$Co^{2+} + 2\,e^-$	−0,28
Ni	$\rightleftharpoons$	$Ni^{2+} + 2\,e^-$	−0,24
Pb	$\rightleftharpoons$	$Pb^{2+} + 2\,e^-$	−0,13
Fe	$\rightleftharpoons$	$Fe^{3+} + 3\,e^-$	−0,04
H_2	$\rightleftharpoons$	$2\,H^+ + 2\,e^-$	0,00
Cu	$\rightleftharpoons$	$Cu^{2+} + 2\,e^-$	0,34
$4\,OH^-$	$\rightleftharpoons$	$O_2 + 2\,H_2O + 4\,e^-$	0,40
$2\,I^-$	$\rightleftharpoons$	$I_2 + 2\,e^-$	0,54
H_2O_2	$\rightleftharpoons$	$O_2 + 2\,H^+ + 2\,e^-$	0,68
Ag	$\rightleftharpoons$	$Ag^+ + e^-$	0,80
$4\,OH^-$	$\rightleftharpoons$	$O_2 + 2\,H_2O + 4\,e^-$	0,82 (bei pH = 7)
$2\,Br^-$	$\rightleftharpoons$	$Br_2 + 2\,e^-$	1,10
Pt	$\rightleftharpoons$	$Pt^{2+} + 2\,e^-$	1,18
$2\,H_2O$	$\rightleftharpoons$	$O_2 + 4\,H^+ + 4\,e^-$	1,23
$2\,Cl^-$	$\rightleftharpoons$	$Cl_2 + 2\,e^-$	1,36
Au	$\rightleftharpoons$	$Au^{3+} + 3\,e^-$	1,50
Au	$\rightleftharpoons$	$Au^+ + e^-$	1,69
$PbSO_4(s) + 2\,H_2O$	$\rightleftharpoons$	$PbO_2(s) + SO_4^{2-} + 4\,H^+ + 4\,e^-$	1,69
$2\,H_2O$	$\rightleftharpoons$	$H_2O_2 + 2\,H^+ + 2\,e^-$	1,76
$2\,F^-$	$\rightleftharpoons$	$F_2 + 2\,e^-$	2,89

zunehmende reduzierende Wirkung

zunehmende oxidierte Wirkung

Einstufung von Gefahrstoffen nach dem GHS-System

Seit 2009 erfolgt die Einstufung von Chemikalien nach dem GHS (*Globally Harmonised System of Classification and Labelling of Chemicals*). Dabei werden Gefahrstoffe mit international einheitlichen Gefahrenpiktogrammen, Gefahrenhinweisen (H-Sätze) und Sicherheitshinweisen (P-Sätze) versehen. Die Übergangsfristen für die bisherigen Verordnungen sind seit dem 1. Juni 2017 ausgelaufen.

Gefahrenpiktogramm und Piktogrammcode		Mit dem Gefahrenpiktogramm gekennzeichnete Stoffe und Gemische	Signalwort	Zugehörige Gefahrenhinweise (H-Sätze)
	GHS01	explosive und sehr gefährliche selbstzersetzliche Stoffe und Gemische sowie sehr gefährliche organische Peroxide	Gefahr	H200, H201, H202, H203, H240, H241 (mit GHS02)
			Achtung	H204
	GHS02	entzündbare, selbsterhitzungsfähige und gefährliche selbstzersetzliche Stoffe und Gemische, pyrophore Stoffe sowie Stoffe und Gemische, die bei Berührung mit Wasser entzündbare Gase entwickeln	Gefahr	H220, H222, H229, H224, H225, H228 (Kat. 1), H250, H251, H260, H261 (Kat. 2)
			Achtung	H221, H223, H229, H226, H228 (Kat. 2), H252, H261 (Kat. 3)
	GHS02	selbstzersetzliche Stoffe und Gemische sowie gefährliche organische Peroxide	Gefahr oder Achtung	H242
	GHS03	Stoffe und Gemische mit oxidierender Wirkung	Gefahr	H270, H271, H272 (Kat. 2)
			Achtung	H272 (Kat. 3)
	GHS04	Gase unter Druck	Achtung	H280, H281
	GHS05	Stoffe und Gemische, die korrosiv auf Metalle wirken	Achtung	H290
	GHS05	Stoffe und Gemische, die schwere Verätzungen der Haut und/oder schwere Augenschäden verursachen	Gefahr	H314, H318
	GHS07	Stoffe und Gemische, die Haut- und/oder schwere Augenreizungen verursachen können	Achtung	H315, H319
	GHS06	lebensgefährliche und giftige Stoffe und Gemische	Gefahr	H300, H310, H330, H301, H311, H331
	GHS07	gesundheitsschädliche Stoffe und Gemische	Achtung	H302, H312, H332
	GHS08	Stoffe und Gemische, die bei Verschlucken und Eindringen in die Atemwege tödlich sein können und/oder eine Gefahr für die Gesundheit darstellen. Diese Stoffe und Gemische schädigen bestimmte Organe und/oder können Krebs erzeugen, die Fruchtbarkeit beeinträchtigen, das Kind im Mutterleib schädigen und/oder genetische Defekte und/oder beim Einatmen Allergien, asthmaartige Symptome oder Atembeschwerden verursachen.	Gefahr	H304, H334, H340, H350, H350i, H360, H360F, H360D, H360FD, H370, H372
			Achtung	H341, H351, H361, H361f, H361d, H361fd, H371, H373
	GHS07	Stoffe oder Gemische, die allergische Hautreaktionen, Reizungen der Atemwege und/oder Schläfrigkeit und Benommenheit verursachen können	Achtung	H317, H335, H336
	GHS09	Stoffe und Gemische, die sehr giftig oder giftig für Wasserorganismen sind	Achtung	H400, H410, H411 (kein Signalwort)

* Die in den Experimenten verwendeten Gase stehen meist nicht unter Druck, daher wird dort in der Regel auf diese Kennzeichnung verzichtet. In der Gefahrstoffliste sind alle Gase auch mit GHS04 gekennzeichnet.

Gefahrenhinweise (H-Sätze)

Gefahrenhinweise für physikalische Gefahren

H200 Instabil, explosiv.
H201 Explosiv, Gefahr der Massenexplosion.
H202 Explosiv; große Gefahr durch Splitter, Spreng- und Wurfstücke.
H203 Explosiv; Gefahr durch Feuer, Luftdruck oder Splitter, Spreng- und Wurfstücke.
H204 Gefahr durch Feuer oder Splitter, Spreng- und Wurfstücke.
H205 Gefahr der Massenexplosion bei Feuer.
H220 Extrem entzündbares Gas.
H221 Entzündbares Gas.
H222 Extrem entzündbares Aerosol.
H223 Entzündbares Aerosol.
H224 Flüssigkeit und Dampf extrem entzündbar.
H225 Flüssigkeit und Dampf leicht entzündbar.
H226 Flüssigkeit und Dampf entzündbar.
H228 Entzündbarer Feststoff.
H229 Behälter steht unter Druck: kann bei Erwärmung bersten.
H230 Kann auch in Abwesenheit von Luft explosionsartig reagieren.
H231 Kann auch in Abwesenheit von Luft bei erhöhtem Druck und/oder erhöhter Temperatur explosionsartig reagieren.
H240 Erwärmung kann Explosion verursachen.
H241 Erwärmung kann Brand oder Explosion verursachen.
H242 Erwärmung kann Brand verursachen.
H250 Entzündet sich in Berührung mit Luft von selbst.
H251 Selbsterhitzungsfähig; kann in Brand geraten.
H252 In großen Mengen selbsterhitzungsfähig; kann in Brand geraten.
H260 In Berührung mit Wasser entstehen entzündbare Gase, die sich spontan entzünden können.
H261 In Berührung mit Wasser entstehen entzündbare Gase.
H270 Kann Brand verursachen oder verstärken; Oxidationsmittel.
H271 Kann Brand oder Explosion verursachen; starkes Oxidationsmittel.
H272 Kann Brand verstärken; Oxidationsmittel.
H280 Enthält Gas unter Druck; kann bei Erwärmung explodieren.
H281 Enthält tiefkaltes Gas; kann Kälteverbrennungen oder -verletzungen verursachen.
H290 Kann gegenüber Metallen korrosiv sein.

Gefahrenhinweise für Gesundheitsgefahren

H300 Lebensgefahr bei Verschlucken.
H301 Giftig bei Verschlucken.
H302 Gesundheitsschädlich bei Verschlucken.
H304 Kann bei Verschlucken und Eindringen in die Atemwege tödlich sein.
H310 Lebensgefahr bei Hautkontakt.
H311 Giftig bei Hautkontakt.
H312 Gesundheitsschädlich bei Hautkontakt.
H314 Verursacht schwere Verätzungen der Haut und schwere Augenschäden.
H315 Verursacht Hautreizungen.
H317 Kann allergische Hautreaktionen verursachen.
H318 Verursacht schwere Augenschäden.
H319 Verursacht schwere Augenreizung.
H330 Lebensgefahr bei Einatmen.
H331 Giftig bei Einatmen.
H332 Gesundheitsschädlich bei Einatmen.
H334 Kann bei Einatmen Allergie, asthmaartige Symptome oder Atembeschwerden verursachen.
H335 Kann die Atemwege reizen.
H336 Kann Schläfrigkeit und Benommenheit verursachen.

H340 Kann genetische Defekte verursachen <Expositionsweg angeben, sofern schlüssig belegt ist, dass diese Gefahr bei keinem anderen Expositionsweg besteht>.
H341 Kann vermutlich genetische Defekte verursachen <Expositionsweg angeben, sofern schlüssig belegt ist, dass diese Gefahr bei keinem anderen Expositionsweg besteht>.
H350 Kann Krebs erzeugen <Expositionsweg angeben, sofern schlüssig belegt ist, dass diese Gefahr bei keinem anderen Expositionsweg besteht>.
H350i Kann beim Einatmen Krebs erzeugen.
H351 Kann vermutlich Krebs erzeugen <Expositionsweg angeben, sofern schlüssig belegt ist, dass diese Gefahr bei keinem anderen Expositionsweg besteht>.
H360 Kann die Fruchtbarkeit beeinträchtigen oder das Kind im Mutterleib schädigen <konkrete Wirkung angeben, sofern bekannt> <Expositionsweg angeben, sofern schlüssig belegt ist, dass die Gefahr bei keinem anderen Expositionsweg besteht>.
H360F Kann die Fruchtbarkeit beeinträchtigen.
H360D Kann das Kind im Mutterleib schädigen.
H360FD Kann die Fruchtbarkeit beeinträchtigen. Kann das Kind im Mutterleib schädigen.
H360Fd Kann die Fruchtbarkeit beeinträchtigen. Kann vermutlich das Kind im Mutterleib schädigen.
H360Df Kann das Kind im Mutterleib schädigen. Kann vermutlich die Fruchtbarkeit beeinträchtigen.
H361 Kann vermutlich die Fruchtbarkeit beeinträchtigen oder das Kind im Mutterleib schädigen <konkrete Wirkung angeben, sofern bekannt> <Expositionsweg angeben, sofern schlüssig belegt ist, dass die Gefahr bei keinem anderen Expositionsweg besteht>.
H361f Kann vermutlich die Fruchtbarkeit beeinträchtigen.
H361d Kann vermutlich das Kind im Mutterleib schädigen.
H361fd Kann vermutlich die Fruchtbarkeit beeinträchtigen. Kann vermutlich das Kind im Mutterleib schädigen.
H362 Kann Säuglinge über die Muttermilch schädigen.
H370 Schädigt die Organe <oder alle betroffenen Organe nennen, sofern bekannt> <Expositionsweg angeben, sofern schlüssig belegt ist, dass diese Gefahr bei keinem anderen Expositionsweg besteht>.
H371 Kann die Organe schädigen <oder alle betroffenen Organe nennen, sofern bekannt> <Expositionsweg angeben, sofern schlüssig belegt ist, dass diese Gefahr bei keinem anderen Expositionsweg besteht>.
H372 Schädigt die Organe <alle betroffenen Organe nennen> bei längerer oder wiederholter Exposition <Expositionsweg angeben, wenn schlüssig belegt ist, dass diese Gefahr bei keinem anderen Expositionsweg besteht>.
H373 Kann die Organe schädigen <alle betroffenen Organe nennen, sofern bekannt> bei längerer oder wiederholter Exposition <Expositionsweg angeben, wenn schlüssig belegt ist, dass diese Gefahr bei keinem anderen Expositionsweg besteht>.

Gefahrenhinweise für Umweltgefahren

H400 Sehr giftig für Wasserorganismen.
H410 Sehr giftig für Wasserorganismen, mit langfristiger Wirkung.
H411 Giftig für Wasserorganismen, mit langfristiger Wirkung.
H412 Schädlich für Wasserorganismen, mit langfristiger Wirkung.
H413 Kann für Wasserorganismen schädlich sein, mit langfristiger Wirkung.
H420 Schädigt die öffentliche Gesundheit und die Umwelt durch Ozonabbau in der äußeren Atmosphäre.

Ergänzende Gefahrenmerkmale

Physikalische Eigenschaften

EUH001 In trockenem Zustand explosionsgefährlich.
EUH014 Reagiert heftig mit Wasser.
EUH018 Kann bei Verwendung explosionsfähige/entzündbare Dampf/Luft-Gemische bilden.
EUH019 Kann explosionsfähige Peroxide bilden.
EUH044 Explosionsgefahr bei Erhitzen unter Einschluss.

Gesundheitsgefährliche Eigenschaften

EUH029 Entwickelt bei Berührung mit Wasser giftige Gase.
EUH031 Entwickelt bei Berührung mit Säure giftige Gase.
EUH032 Entwickelt bei Berührung mit Säure sehr giftige Gase.
EUH066 Wiederholter Kontakt kann zu spröder oder rissiger Haut führen.
EUH070 Giftig bei Berührung mit den Augen.
EUH071 Wirkt ätzend auf die Atemwege.

Ergänzende Kennzeichnungselemente/Informationen über bestimmte Stoffe und Gemische

EUH201 Enthält Blei. Nicht für den Anstrich von Gegenständen verwenden, die von Kindern gekaut oder gelutscht werden könnten.
EUH201A Achtung! Enthält Blei.
EUH202 Cyanacrylat. Gefahr. Klebt innerhalb von Sekunden Haut und Augenlider zusammen. Darf nicht in die Hände von Kindern gelangen.
EUH203 Enthält Chrom (VI). Kann allergische Reaktionen hervorrufen.
EUH204 Enthält Isocyanate. Kann allergische Reaktionen hervorrufen.
EUH205 Enthält epoxidhaltige Verbindungen. Kann allergische Reaktionen hervorrufen.

EUH206 Achtung! Nicht zusammen mit anderen Produkten verwenden, da gefährliche Gase (Chlor) freigesetzt werden können.
EUH207 Achtung! Enthält Cadmium. Bei der Verwendung entstehen gefährliche Dämpfe. Hinweise des Herstellers beachten. Sicherheitsanweisungen einhalten.
EUH208 Enthält <*Name des sensibilisierenden Stoffes*>. Kann allergische Reaktionen hervorrufen.
EUH209 Kann bei Verwendung leicht entzündbar werden.
EUH209A Kann bei Verwendung entzündbar werden.
EUH210 Sicherheitsdatenblatt auf Anfrage erhältlich.
EUH401 Zur Vermeidung von Risiken für Mensch und Umwelt die Gebrauchsanleitung einhalten.

Sicherheitshinweise (P-Sätze)

Sicherheitshinweise – Allgemeines

P101 Ist ärztlicher Rat erforderlich, Verpackung oder Kennzeichnungsetikett bereithalten.
P102 Darf nicht in die Hände von Kindern gelangen.
P103 Vor Gebrauch Kennzeichnungsetikett lesen.

Sicherheitshinweise – Prävention

P201 Vor Gebrauch besondere Anweisungen einholen.
P202 Vor Gebrauch alle Sicherheitshinweise lesen und verstehen.
P210 Von Hitze/Funken/offener Flamme/heißen Oberflächen fernhalten. Nicht rauchen.
P211 Nicht gegen offene Flamme oder andere Zündquelle sprühen.
P220 Von Kleidung/.../brennbaren Materialien fernhalten/entfernt aufbewahren.
P221 Mischen mit brennbaren Stoffen/... unbedingt verhindern.
P222 Kontakt mit Luft nicht zulassen.
P223 Kontakt mit Wasser wegen heftiger Reaktion und möglichem Aufflammen unbedingt verhindern.
P230 Feucht halten mit ...
P231 Unter inertem Gas handhaben.
P232 Vor Feuchtigkeit schützen.
P233 Behälter dicht verschlossen halten.
P234 Nur im Originalbehälter aufbewahren.
P235 Kühl halten.
P240 Behälter und zu befüllende Anlage erden.
P241 Explosionsgeschützte elektrische Betriebsmittel/Lüftungsanlagen/Beleuchtung/... verwenden.
P242 Nur funkenfreies Werkzeug verwenden.
P243 Maßnahmen gegen elektrostatische Aufladungen treffen.
P244 Druckminderer frei von Fett und Öl halten.
P250 Nicht schleifen/stoßen/.../reiben.
P251 Behälter steht unter Druck: Nicht durchstechen oder verbrennen, auch nicht nach der Verwendung.
P260 Staub/Rauch/Gas/Nebel/Dampf/Aerosol nicht einatmen.
P261 Einatmen von Staub/Rauch/Gas/Nebel/Dampf/Aerosol vermeiden.
P262 Nicht in die Augen, auf die Haut oder auf die Kleidung gelangen lassen.
P263 Kontakt während der Schwangerschaft und der Stillzeit vermeiden.
P264 Nach Gebrauch ... gründlich waschen.
P270 Bei Gebrauch nicht essen, trinken oder rauchen.
P271 Nur im Freien oder in gut belüfteten Räumen verwenden.
P272 Kontaminierte Arbeitskleidung nicht außerhalb des Arbeitsplatzes tragen.
P273 Freisetzung in die Umwelt vermeiden.
P280 Schutzhandschuhe/Schutzkleidung/Augenschutz/Gesichtsschutz tragen.
P282 Schutzhandschuhe/Gesichtsschild/Augenschutz mit Kälteisolierung tragen.
P283 Schwer entflammbare/flammhemmende Kleidung tragen.
P284 Atemschutz tragen.
P231 + P232 Unter inertem Gas handhaben. Vor Feuchtigkeit schützen.
P235 + P410 Kühl halten. Vor Sonnenbestrahlung schützen.

Sicherheitshinweise – Reaktion

P301 BEI VERSCHLUCKEN:
P302 BEI BERÜHRUNG MIT DER HAUT:
P303 BEI BERÜHRUNG MIT DER HAUT (oder dem Haar):
P304 BEI EINATMEN:
P305 BEI KONTAKT MIT DEN AUGEN:
P306 BEI KONTAMINIERTER KLEIDUNG:

P308 BEI Exposition oder falls betroffen:
P310 Sofort GIFTINFORMATIONSZENTRUM oder Arzt anrufen.
P311 GIFTINFORMATIONSZENTRUM oder Arzt anrufen.
P312 Bei Unwohlsein GIFTINFORMATIONSZENTRUM oder Arzt anrufen.
P313 Ärztlichen Rat einholen/ärztliche Hilfe hinzuziehen.
P314 Bei Unwohlsein ärztlichen Rat einholen/ärztliche Hilfe hinzuziehen.
P315 Sofort ärztlichen Rat einholen/ärztliche Hilfe hinzuziehen.
P320 Besondere Behandlung dringend erforderlich (siehe ... auf diesem Kennzeichnungsetikett).
P321 Besondere Behandlung (siehe ... auf diesem Kennzeichnungsetikett).
P330 Mund ausspülen.
P331 KEIN Erbrechen herbeiführen.
P332 Bei Hautreizung:
P333 Bei Hautreizung oder -ausschlag:
P334 In kaltes Wasser tauchen/nassen Verband anlegen.
P335 Lose Partikel von der Haut abbürsten.
P336 Vereiste Bereiche mit lauwarmem Wasser auftauen. Betroffenen Bereich nicht reiben.
P337 Bei anhaltender Augenreizung:
P338 Eventuell Vorhandene Kontaktlinsen nach Möglichkeit entfernen. Weiter ausspülen.
P340 Die betroffene Person an die frische Luft bringen und in einer Position ruhig stellen, die das Atmen erleichtert.
P342 Bei Symptomen der Atemwege:
P351 Einige Minuten lang behutsam mit Wasser ausspülen.
P352 Mit viel Wasser und Seife waschen.
P353 Haut mit Wasser abwaschen/duschen.
P360 Kontaminierte Kleidung und Haut sofort mit viel Wasser abwaschen und danach Kleidung ausziehen.
P361 Alle kontaminierten Kleidungsstücke sofort ausziehen.
P362 Kontaminierte Kleidung ausziehen und vor erneutem Tragen waschen.
P363 Kontaminierte Kleidung vor erneutem Tragen waschen.
P364 Und vor erneutem Tragen waschen.
P370 Bei Brand:
P371 Bei Großbrand und großen Mengen:
P372 Explosionsgefahr bei Brand.
P373 KEINE Brandbekämpfung, wenn das Feuer explosive Stoffe/Gemische/Erzeugnisse erreicht.
P374 Brandbekämpfung mit üblichen Vorsichtsmaßnahmen aus angemessener Entfernung.
P375 Wegen Explosionsgefahr Brand aus der Entfernung bekämpfen.
P376 Undichtigkeit beseitigen, wenn gefahrlos möglich.
P377 Brand von ausströmendem Gas: Nicht löschen, bis Undichtigkeit gefahrlos beseitigt werden kann.
P378 ... zum Löschen verwenden.
P380 Umgebung räumen.
P381 Alle Zündquellen entfernen, wenn gefahrlos möglich.
P390 Verschüttete Mengen aufnehmen, um Materialschäden zu vermeiden.
P391 Verschüttete Mengen aufnehmen.
P301 + P310 BEI VERSCHLUCKEN: Sofort GIFTINFORMATIONSZENTRUM oder Arzt anrufen.
P301 + P312 BEI VERSCHLUCKEN: Bei Unwohlsein GIFTINFORMATIONSZENTRUM oder Arzt anrufen.
P301 + P330 + P331 BEI VERSCHLUCKEN: Mund ausspülen. KEIN Erbrechen herbeiführen.
P302 + P334 BEI KONTAKT MIT DER HAUT: In kaltes Wasser tauchen/nassen Verband anlegen.
P302 + P352 BEI KONTAKT MIT DER HAUT: Mit viel Wasser und Seife waschen.
P303 + P361 + P353 BEI KONTAKT MIT DER HAUT (oder dem Haar): Alle kontaminierten Kleidungsstücke sofort ausziehen. Haut mit Wasser abwaschen/duschen.

P304 + P340 ..... BEI EINATMEN: An die frische Luft bringen und in einer Position ruhig stellen, die das Atmen erleichtert.

P305 + P351 + P338 ..... BEI KONTAKT MIT DEN AUGEN: Einige Minuten lang behutsam mit Wasser spülen. Vorhandene Kontaktlinsen nach Möglichkeit entfernen. Weiter spülen.

P306 + P360 ..... BEI KONTAKT MIT DER KLEIDUNG: Kontaminierte Kleidung und Haut sofort mit viel Wasser abwaschen und danach Kleidung ausziehen.

P308 + P311 ..... Bei Exposition oder falls betroffen: GIFTINFORMATIONS-ZENTRUM, Arzt oder ... anrufen.

P308 + P313 ..... BEI Exposition oder falls betroffen: Ärztlichen Rat einholen/ärztliche Hilfe hinzuziehen.

P332 + P313 ..... Bei Hautreizung: Ärztlichen Rat einholen/ärztliche Hilfe hinzuziehen.

P333 + P313 ..... Bei Hautreizung oder -ausschlag: Ärztlichen Rat einholen/ärztliche Hilfe hinzuziehen.

P335 + P334 ..... Lose Partikel von der Haut abbürsten. In kaltes Wasser tauchen/nassen Verband anlegen.

P337 + P313 ..... Bei anhaltender Augenreizung: Ärztlichen Rat einholen/ärztliche Hilfe hinzuziehen.

P342 + P311 ..... Bei Symptomen der Atemwege: GIFTINFORMATIONSZENTRUM oder Arzt anrufen.

P361 + P364 ..... Alle kontaminierten Kleidungsstücke sofort ausziehen und vor erneutem Tragen waschen.

P362 + P364 ..... Kontaminierte Kleidung ausziehen und vor erneutem Tragen waschen.

P370 + P376 ..... Bei Brand: Undichtigkeit beseitigen, wenn gefahrlos möglich.

P370 + P378 ..... Bei Brand: ... zum Löschen verwenden.

P370 + P380 ..... Bei Brand: Umgebung räumen.

P370 + P380 + P375 ..... Bei Brand: Umgebung räumen. Wegen Explosionsgefahr Brand aus der Entfernung bekämpfen.

P371 + P380 + P375 ..... Bei Großbrand und großen Mengen: Umgebung räumen. Wegen Explosionsgefahr Brand aus der Entfernung bekämpfen.

Sicherheitshinweise – Aufbewahrung

P401 .... aufbewahren.

P402 ..... An einem trockenen Ort aufbewahren.

P403 ..... An einem gut belüfteten Ort aufbewahren.

P404 ..... In einem geschlossenen Behälter aufbewahren.

P405 ..... Unter Verschluss aufbewahren.

P406 ..... In korrosionsbeständigem/... Behälter mit korrosionsbeständiger Auskleidung aufbewahren.

P407 ..... Luftspalt zwischen Stapeln/Paletten lassen.

P410 ..... Vor Sonnenbestrahlung schützen.

P411 ..... Bei Temperaturen von nicht mehr als ... °C aufbewahren.

P412 ..... Nicht Temperaturen von mehr als 50 °C aussetzen.

P413 ..... Schüttgut in Mengen von mehr als ... kg bei Temperaturen von nicht mehr als ... °C aufbewahren.

P420 ..... Von anderen Materialien entfernt aufbewahren.

P422 ..... Inhalt in/unter ... aufbewahren.

P402 + P404 ..... In einem geschlossenen Behälter an einem trockenen Ort aufbewahren.

P403 + P233 ..... Behälter dicht verschlossen an einem gut belüfteten Ort aufbewahren.

P403 + P235 ..... Kühl an einem gut belüfteten Ort aufbewahren.

P410 + P403 ..... Vor Sonnenbestrahlung geschützt an einem gut belüfteten Ort aufbewahren.

P410 + P412 ..... Vor Sonnenbestrahlung schützen und nicht Temperaturen von mehr als 50 °C aussetzen.

P411 + P235 ..... Kühl und bei Temperaturen von nicht mehr als ... °C aufbewahren.

Sicherheitshinweise – Entsorgung

P501 ..... Inhalt/Behälter ... zuführen.

Entsorgungsratschläge (E-Sätze)

E1 ..... Verdünnen, in den Ausguss geben (WGK 0 bzw. 1)

E2 ..... Neutralisieren, in den Ausguss geben

E3 ..... In den Hausmüll geben, gegebenenfalls im Polyethylenbeutel (Stäube)

E4 ..... Als Sulfid fällen

E5 ..... Mit Calcium-Ionen fällen, dann E 1 oder E 3

E6 ..... Nicht in den Hausmüll geben

E7 ..... Im Abzug entsorgen

E8 ..... Der Sondermüllbeseitigung zuführen (Adresse zu erfragen bei der Kreis- oder Stadtverwaltung), Abfallschlüssel beachten

E9 ..... Unter größter Vorsicht in kleinsten Portionen reagieren lassen (z. B. offen im Freien verbrennen)

E10 ..... In gekennzeichneten Behältern sammeln:
1. „Organische Abfälle – halogenhaltig"
2. „Organische Abfälle – halogenfrei", dann E 8

E11 ..... Als Hydroxid fällen (pH = 8), den Niederschlag zu E 8

E12 ..... Nicht in die Kanalisation gelangen lassen

E13 ..... Aus der Lösung mit unedlem Metall (z. B. Eisen) als Metall abscheiden (E 14, E 3)

E14 ..... Recycling-geeignet (Redestillation oder einem Recyclingunternehmen zuführen)

E15 ..... Mit Wasser **vorsichtig** umsetzen, frei werdende Gase absorbieren oder ins Freie ableiten

E16 ..... Entsprechend den speziellen Ratschlägen für die Beseitigungsgruppen beseitigen

Entsorgung von Chemikalienabfällen

Nach dem Experimentieren werden die Reste in die dafür vorgesehenen Sammelbehälter gegeben:

nicht gefährliche und wasserlösliche Chemikalien	nicht gefährliche und feste Chemikalien	Säuren und Laugen	giftige anorganische Chemikalien	halogenfreie organische Chemikalien	halogenhaltige organische Chemikalien
z. B. Natriumchlorid, Natriumcarbonat, Wasserstoffperoxidlösung	z. B. Eisen, Indikatorpapier	z. B. Salzsäure, Natronlauge	z. B. Kupfersulfat	z. B. Petroleumbenzin, Methanol	z. B. Trichlormethan

Die weitere Behandlung und Entsorgung bzw. Übergabe der Abfälle zur Sondermüllentsorgung erfolgt durch die Lehrkraft.

Liste der Gefahrstoffe nach der GHS-Verordnung

Gefahrstoff	Signal-wort	Pikto-gramm-code	H-Sätze und EUH-Sätze	E-Sätze
A				
Aceton (Propanon)	Gefahr	GHS02 GHS07	H225 H319 H336 EUH066	1-10-14
Acetaldehyd s. Ethanal				
Acetylsalicylsäure	Achtung	GHS07	H302 H315 H319 H335	10-12
Aluminium, Pulver (stabilisiert)	Gefahr	GHS02	H261 H228	6-9
Aluminiumchlorid, wasserfrei	Gefahr	GHS05	H314	2
Aluminiumchloridlösung 5 % ≤ w < 10 %	Achtung	GHS07	H315 H319	2
Ameisensäure (Methansäure) w ≥ 85 %	Gefahr	GHS02 GHS06 GHS05	H314 H226 H302 H331 EUH071	1-10
25 % ≤ w < 85 %	Gefahr	GHS06 GHS05	H314 H226 H302 H331 EUH071	1-10
2 % ≤ w < 25 %	Achtung	GHS07	H315 H319	1-10
Ammoniak, wasserfrei	Gefahr	GHS04 GHS06 GHS05 GHS09	H221 H280 H331 H314 H400 EUH071	2-7
Ammoniaklösung w ≥ 30 %	Gefahr	GHS05 GHS07 GHS09	H314 H290 H335 H400	2
10 % ≤ w < 30 %	Gefahr	GHS05 GHS07 GHS09	H314 H335 H400	2
5 % ≤ w < 10 %	Gefahr	GHS05 GHS07	H314 H335	2
Ammoniumcarbonat	Achtung	GHS07	H302	2
Ammoniumchlorid	Achtung	GHS07	H302 H319	2
Ammoniumthiocyanat	Achtung	GHS05 GHS07	H302 + H312 + H332 H412 H318 EUH032	2
B				
Bariumchlorid	Gefahr	GHS06	H301 H332	1-3
Bariumchloridlösung 10 % ≤ w < 18 %	Achtung	GHS07	H302	1
Bariumhydroxid	Gefahr	GHS05 GHS07	H302 H314 H318	1-3
Bariumhydroxid-8-Wasser	Gefahr	GHS05 GHS07	H302 H314 H318	1-3
Benzoesäure	Gefahr	GHS05 GHS08	H315 H318 H372	10-12
Brennspiritus (Ethanol)	Gefahr	GHS02 GHS07	H225 H319	1-10

Gefahrstoff	Signal-wort	Pikto-gramm-code	H-Sätze und EUH-Sätze	E-Sätze
Brenzcatechin (1,2-Dihydroxybenzol)	Gefahr	GHS06 GHS08 GHS05	H301 + H311 + H332 H315 H317 H318 H341	10-12
Brom	Gefahr	GHS06 GHS05 GHS09	H330 H314 H400	16
Bromwasser w = 3 %	Gefahr	GHS05 GHS07	H332 H314	16
n-Butan	Gefahr	GHS02 GHS04	H220 H280	2
Butandisäure (Bernsteinsäure)	Gefahr	GHS05	H318	10-12
Butan-1-ol	Gefahr	GHS02 GHS05 GHS07	H226 H302 H335 H315 H318 H336	10
tert-Butanol (2-Methylpropan-2-ol)	Gefahr	GHS02 GHS07	H225 H332 H319 H335	10-12
Butansäure (Buttersäure)	Gefahr	GHS05 GHS07	H314 H302	10
C				
Calciumcarbid	Gefahr	GHS02 GHS05 GHS07	H260 H315 H318 H335	15-16
Calciumchlorid	Achtung	GHS07	H319	1
Calciumchlorid-6-Wasser	Achtung	GHS07	H319	1
Capronsäure s. Hexansäure				
Chlor	Gefahr	GHS06 GHS03 GHS04 GHS09	H270 H280 H330 H315 H319 H335 H400 EUH071	16
Chlorwasserstoff	Gefahr	GHS04 GHS06 GHS05	H331 H314 H280 EUH071	2
Citronensäure	Achtung	GHS07	H319	1-10
Cyclohexan	Gefahr	GHS02 GHS08 GHS07 GHS09	H225 H304 H315 H336 H410	10-12
Cyclohexen	Gefahr	GHS02 GHS08 GHS07 GHS09	H225 H304 H302 H411	10-12
D				
n-Decan	Gefahr	GHS02 GHS08	H226 H304 EUH066	10-12
Decansäuredichlorid s. Sebacinsäuredichlorid				
Dibenzoylperoxid	Gefahr	GHS01 GHS02 GHS07 GHS09	H241 H319 H317 H410	10-12
Dichlormethan s. Methylenchlorid				

Gefahrstoff	Signal-wort	Pikto-gramm-code	H-Sätze und EUH-Sätze	E-Sätze
Diethylether (Ether)	Gefahr	GHS02 GHS07	H224 H302 H336 EUH019 EUH066	9-10-12
1,2-Dihydroxylbenzol s. Brenzcatechin				
1,3-Dihydroxylbenzol s. Resorcin				
1,4-Dihydroxylbenzol s. Hydrochinon				
N,N-Dimethylanilin	Gefahr	GHS06 GHS08 GHS09	H351 H331 H311 H301 H411	10-12
Dimethylglyoximlösung, gesättigt in Ethanol	Gefahr	GHS02 GHS07	H225 H319	1-10
Distickstofftetraoxid	Gefahr	GHS04 GHS03 GHS06 GHS05	H280 H270 H330 H314 EUH071	7
E				
Eisen(III)-chlorid	Gefahr	GHS05 GHS07	H302 H315 H318 H290	2
Eisen(III)-nitrat-9-Wasser	Achtung	GHS03 GHS07	H272 H315 H319	2
Essigessenz	Achtung	GHS05	H319 H315	2-10
Essigsäure (Ethansäure) $w \geq 90\%$	Gefahr	GHS02 GHS05	H226 H290 H314	2-10
$w \geq 60\%$	Gefahr	GHS05	H314 H318	2-10
$10\% \leq w < 60\%$	Achtung	GHS07	H319 H315	2-10
Essigsäureanhydrid	Gefahr	GHS02 GHS06 GHS05	H226 H302 H331 H314 H335	2-10
Essigsäureethylester (Ethylacetat)	Gefahr	GHS02 GHS07	H225 H319 H336 EUH066	10-12
Ethan	Gefahr	GHS02 GHS04	H220 H280	7
Ethanal (Acetaldehyd)	Gefahr	GHS02 GHS08 GHS07	H224 H351 H319 H335	9-10-12-16
Ethanallösung (Acetaldehydlösung) $w = 1\%$	Gefahr	GHS02 GHS08	H224 H351	9-10-12-16
Ethanol (Brennspiritus)	Gefahr	GHS02 GHS07	H225 H319	1-10
Ethan-1,2-diol s. Glykol				
Ethen (Ethylen)	Gefahr	GHS02 GHS04 GHS07	H220 H280 H336	7
Ethin (Acetylen)	Gefahr	GHS02 GHS04	H220 H230 H280	7
F				
Fehling-Lösung I	Gefahr	GHS05 GHS09	H318 H410	2

Gefahrstoff	Signal-wort	Pikto-gramm-code	H-Sätze und EUH-Sätze	E-Sätze
Fehling-Lösung II	Gefahr	GHS05	H290 H314	2
G				
Glykol (Ethan-1,2-diol)	Achtung	GHS07 GHS08	H302 H373	10-12
H				
n-Heptan	Gefahr	GHS02 GHS08 GHS07 GHS09	H225 H304 H315 H336 H410	10-12
n-Hexan	Gefahr	GHS02 GHS08 GHS07 GHS09	H225 H361f H304 H373 H315 H336 H411	10-12
Hexan-1,6-diamin	Gefahr	GHS05 GHS07	H312 H302 H335 H314	10-12
Hexan-1-ol	Achtung	GHS02 GHS07	H226 H302 + H312 H319	1-10
Hexansäure (Capronsäure)	Gefahr	GHS06 GHS05	H302 H311 H314	2-10
Hex-1-en	Gefahr	GHS02 GHS08	H225 H304 EUH066	10-12
Hydrochinon (1,4-Dihydroxybenzol)	Gefahr	GHS08 GHS05 GHS07 GHS09	H351 H341 H302 H318 H317 H400	10-12
I				
Iod	Achtung	GHS08 GHS07 GHS09	H312 + H332 + H315 H319 H335 H372 H400	1-16
2-Iodbutan (sek-Butyliodid)	Gefahr	GHS02	H225	10-12
K				
Kaliumcyanat	Achtung	GHS07	H302 H319	1
Kaliumhydrogensulfat	Gefahr	GHS05 GHS07	H314 H335	2
Kaliumhydroxid (Ätzkali)	Gefahr	GHS05 GHS07	H290 H302 H314	2
Kaliumhydroxidlösung (Kalilauge) $w \geq 47\%$	Gefahr	GHS05 GHS07	H290 H302 H314	2
$0,5\% \leq w < 47\%$	Gefahr	GHS05	H290 H314	2
Kaliumnitrat	Gefahr	GHS03	H272	1
Kaliumpermanganat	Gefahr	GHS03 GHS05 GHS07 GHS09	H272 H302 H314 H410	1-6

Gefahrstoff	Signal-wort	Pikto-gramm-code	H-Sätze und EUH-Sätze	E-Sätze
Kohlenstoffdisulfid	Gefahr	GHS02 GHS08 GHS07	H225 H302 H315 H319 H361 H372 H412	9-10-12
Kupfer(II)-oxid	Achtung	GHS07 GHS09	H302 H410	8-16
Kupfer(II)-sulfat, wasserfrei	Gefahr	GHS07 GHS05 GHS09	H302 H315 H318 H410	11
Kupfer(II)-sulfat-5-Wasser	Achtung	GHS07 GHS05 GHS09	H302 H315 H318 H410	11
L				
Lithiumchlorid	Achtung	GHS07	H302 H319 H315	1
M				
Magnesium, Späne	Gefahr	GHS02	H228 H251 H261	3
Mangan(IV)-oxid (Braunstein)	Gefahr	GHS08 GHS07	H302 + H332 H373	3
Methan	Gefahr	GHS02 GHS04	H220 H280	7
Methanol	Gefahr	GHS02 GHS06 GHS08	H225 H331 H311 H301 H370	1-10
Methansäure s. Ameisensäure				
Methansäuremethylester (Methylformiat)	Gefahr	GHS02 GHS07	H224 H302 + H332 H319 H335	10-12
Methylenchlorid (Dichlormethan)	Achtung	GHS08	H351	10-12
Methylmethacrylat (Methacrylsäuremethyl-ester)	Gefahr	GHS02 GHS07	H225 H335 H315 H317	10-12
Milchsäure (2-Hydroxypropansäure)	Gefahr	GHS05	H318 H315	10-12
N				
Naphthalin	Gefahr	GHS02 GHS08 GHS07 GHS09	H228 H351 H302 H410	10-12
2-Naphthol (2-Hydroxynaphthalin)	Achtung	GHS07 GHS09	H332 H302 H400	10-12
Natrium	Gefahr	GHS02 GHS05	H260 H314 EUH014	6-12-16
Natriumcarbonat	Achtung	GHS07	H319	1
Natriumcarbonat-10-Wasser	Achtung	GHS07	H319	1
Natriumdithionit	Gefahr	GHS02 GHS07	H251 H302 EUH031	1

Gefahrstoff	Signal-wort	Pikto-gramm-code	H-Sätze und EUH-Sätze	E-Sätze
Natriumfluorid	Gefahr	GHS06	H301 H319 H315 EUH032	5
Natriumhydroxid (Ätznatron)	Gefahr	GHS05	H290 H314	2
Natriumhydroxidlösung (Natronlauge) $w \geq 2\%$	Gefahr	GHS05	H290 H314	2
Natriumnitrat	Achtung	GHS03 GHS07	H271 H319	1
Natriumnitrit	Gefahr	GHS03 GHS06 GHS09	H272 H301 H400	1-16
Nicotin	Gefahr	GHS06 GHS09	H301 H310 H315 H400 H411	10-16
Ninhydrin	Achtung	GHS07	H302 H315 H319 H335	10-12
Ninhydrin-Sprühlösung (ethanolisch) $w \geq 25\%$	Gefahr	GHS02	H225	1-10
Nonan-1-ol	Achtung	GHS07	H319	3
O				
n-Octan	Gefahr	GHS02 GHS08 GHS07 GHS09	H225 H304 H315 H336 H410	10-12
Oxalsäure	Achtung	GHS05 GHS07	H302 H312 H318	5
P				
n-Pentan	Gefahr	GHS02 GHS08 GHS07 GHS09	H225 H304 H336 H411 EUH066	10-12
Pentan-1-ol	Achtung	GHS02 GHS07	H226 H315 H319 H332 H335	10-14
Pentansäure (Valeriansäure)	Gefahr	GHS05	H314 H412	2-10
Perchlorsäure $w \geq 0,7\%$	Gefahr	GHS03 GHS08 GHS05 GHS07	H271 H290 H302 H314 H373	2
Petroleumbenzin, Siedebereich 60°C bis 80°C	Gefahr	GHS02 GHS08 GHS07 GHS09	H225 H304 H315 H336 H411	10-12
Phenol (Hydroxybenzol)	Gefahr	GHS06 GHS08 GHS05	H301 + H311 + H331 H314 H341 H373 H411	10-12
Phenollösung $1\% \leq w < 3\%$	Achtung	GHS07	H319 H315	10-12

Gefahrstoff	Signal-wort	Pikto-gramm-code	H-Sätze und EUH-Sätze	E-Sätze
Phenolphthaleinlösung (ethanolisch, w = 1 %)	Gefahr	GHS02 GHS08 GHS07	H225 H319 H341 H350	1-10
Phthalsäureanhydrid	Gefahr	GHS08 GHS05 GHS07	H302 H335 H315 H318 H334 H317	10
Propan	Gefahr	GHS02 GHS04	H220 H280	7
Propanal	Gefahr	GHS02 GHS05 GHS07	H225 H302 + H332 H315 H318 H335	9-10-12-16
Propan-1-ol	Gefahr	GHS02 GHS05 GHS07	H225 H318 H336	10
Propan-2-ol	Gefahr	GHS02 GHS07	H225 H319 H336	10
Propanon s. Aceton				
R				
Resorcin (1,3-Dihydroxybenzol)	Gefahr	GHS08 GHS07 GHS09	H302 H315 H319 H317 H370 H410	10
S				
Salpetersäure w ≥ 65 %	Gefahr	GHS03 GHS05	H272 H290 H314 EUH071	2
3,5 % ≤ w < 65 %	Gefahr	GHS05	H314 H290	2
Salzsäure w ≥ 10 %	Gefahr	GHS05 GHS07	H314 H335 H290	2
5 % ≤ w < 10 %	Achtung	GHS05	H290 H314	2
Schwefel	Achtung	GHS07	H315	3
Schwefeldioxid	Gefahr	GHS04 GHS06 GHS05	H331 H314 H280 EUH071	7
Schwefelsäure w ≥ 5 %	Gefahr	GHS05	H290 H314	2
Schwefelwasserstoff	Gefahr	GHS02 GHS04 GHS06 GHS09	H220 H280 H330 H335 H400	2-7
Sebacinsäuredichlorid (Decansäuredichlorid)	Gefahr	GHS05 GHS07	H302 H314 H335	10-12
Silbernitrat	Gefahr	GHS03 GHS05 GHS09	H272 H290 H314 H410	12-13-14
Silbernitratlösung w = 1 %	Achtung	GHS07	H319 H315 H412	12-13-14
Silbernitratlösung, ammoniakalisch	Achtung	GHS05 GHS07 GHS09	H314 H400 H335	2

Gefahrstoff	Signal-wort	Pikto-gramm-code	H-Sätze und EUH-Sätze	E-Sätze
Stickstoffdioxid	Gefahr	GHS04 GHS03 GHS06 GHS05	H280 H270 H330 H314 EUH071	7
Stickstoffmonooxid	Gefahr	GHS04 GHS03 GHS06 GHS05	H280 H270 H314 H330 EUH071	7
Strontiumchlorid-6-Wasser	Gefahr	GHS05 GHS07	H315 H318 H335	1-3
Styrol	Gefahr	GHS02 GHS08 GHS07	H226 H332 H315 H319 H361d H372	10-12
Sulfanilsäure	Achtung	GHS07	H319 H315 H317	10-16
T				
Toluol	Gefahr	GHS02 GHS08 GHS07	H225 H361d H304 H373 H315 H336	10-12
1,1,1-Trichlor-2-methyl-2-propanol	Achtung	GHS07	H302	10
V				
Valeriansäure s. Pentansäure				
W				
Wasserstoff	Gefahr	GHS02 GHS04	H220 H280	7
Wasserstoffperoxidlösung w ≥ 30 %	Gefahr	GHS03 GHS05 GHS07	H272 H302 H318 H412	1
10 % ≤ w < 30 %	Gefahr	GHS03 GHS05	H272 H318	1
5 % ≤ w < 10 %	Achtung	GHS07	H319	1
Weinsäure	Gefahr	GHS05	H318	2-10
X				
Xylol (Dimethylbenzol; o-, m-, p-)	Gefahr	GHS02 GHS08 GHS07	H226 H303 H319 H312 H332 H335 H373 H315	10-12
Z				
Zink, Pulver, Staub (stabilisiert)	Achtung	GHS09	H410	3
Zink, Pulver, Staub (pyrophor)	Gefahr	GHS02 GHS09	H260 H250 H410	3
Zinkchlorid	Gefahr	GHS05 GHS07 GHS09	H302 H314 H410	1-11
Zinkchloridlösung 5 % ≤ w < 10 %	Achtung	GHS07	H315 H319	1-11
Zinkoxid	Achtung	GHS09	H410	3
Zinn(II)-chlorid	Gefahr	GHS05 GHS07	H302 H314 H317	1-11

Register

Bild- und Textquellennachweis

Cover-Foto:
Shutterstock/StudioMolekuul

Grafik und Illustration:

Cornelsen/Atelier G, Marina Goldberg: GHS-Symbole

Cornelsen/Birgit Janisch: S.36/Lewis-Formeln, S.58/1, S.141/B1.2

Cornelsen/Detlef Seidensticker: S.15/o.m.r.

Cornelsen/Hannes von Goessel: S.8, S.9, S.16/alle Lewis-Formeln+u.r., S.17/ o.l.+m.u.r., S.23/u.l., S.26/m.l.+2, S.27/u.m.l., S33/o.r., S.34/3, S.35, S.38/2-3, S.40, S.42/3, S.42/4-5, S.44/m.u., S.45/m.r., S.48/u., S.49, S.52/3-4, S.53, S.54/1-2, S.55, S.57/2, S.59/2-3, S.62/2-3, S.64, S.65/4, S.66/1-2, S.67/5-6, S.69/2, S.70/3, S.71/5, S.72/1-6/alle Lewis-Formeln, S.76/1, S.77/u.l., S.78/2-3, S.80/o./alle Lewis-Formeln, S.83/2, S.85/alle Lewis-Formeln, S.86/m.l., S.88-91/alle Formeln, S.114/1, S.118/m.l., S.119/m.l., S.125/4, S.126/m.l., S.127/ m.r., S.133/2, S.136/4, S.137/3, S.138/2, S.140/A2, S.144-148;

Cornelsen/Hannes von Goessel: S.130/1/Abwandlung von Global Carbon Project. (2018). Supplemental data of Global Carbon Budget 2018 (Version 1.0) [Data set]. Global Carbon Project. https://doi.org/10.18160/gcp-2018 , Grafik „The global carbon cycle" von Global Carbon Project, Corinne Le Quéré et.al. 2018, Data sets: Earth Syst. Sci. Data, 10, 2141–2194, 2018, https://doi.org/10.5194/essd-10-2141-2018, https://www.icos-cp.eu/global-carbon-budget-2018 - lizenziert unter CC BY-4.0, https://creativecommons.org/licenses/by/4.0

Cornelsen/Hannes von Goessel: S.130/2/Global Carbon Project. (2019). Supplemental data of Global Carbon Budget 2019 (Version 1.0) [Data set]. Global Carbon Project. https://doi.org/10.18160/gcp-2019, Abwandlung von Grafik „Global Carbon Budget 2019" von Global Carbon Project, Pierre Friedlingstein et.al. 2019, Data sets: Earth Syst. Sci. Data, 11, 1783–1838, 2019 https://doi.org/10.5194/essd-11-1783-2019,Data: CDIAC/GCP/NOAA-ESRL/ UNFCCC/BP/USGS/https://www.icos-cp.eu/global-carbon-budget-2019 - lizenziert unter CC BY-4.0/https://creativecommons.org/licenses/by/4.0/

Cornelsen/Hannes von Goessel: S.132/1/„Estimated change in annual mean sea surface pH between the pre-industrial period (1700s) and the present day (1990s)" von Plumbago, Data: GLODAP; WORLD OCEAN ATLAS (WOA, National Oceanographic Data Center, U.S.); Richard Zeebe's csys package, Mollweide projection (using MATLAB and the M_Map package) https://commons.wikimedia.org/wiki/File:WOA05_GLODAP_del_pH_AYool.png - lizenziert unter CC BY-SA 3.0. https://creativecommons.org/licenses/by-sa/3.0

Cornelsen/Hannes von Goessel: S.135/4/Daten: Klimawandel auf dem Teller, WWF 2012, https://www.wwf.de/fileadmin/user_upload/WWF-Studie_Fleisch_Zusammenfassung.pdf, S. 30

Cornelsen/Hannes von Goessel: S.139/5/Daten: Umweltbundesamt, https://www.umweltbundesamt.de/sites/default/files/medien/1410/publikationen/2017-05-24_texte-43-2017_kosten-trinkwasserversorgung.pdf, S. 194

Cornelsen/bearbeitet von Hannes von Goessel: S.134/1/Kopernikus-Projekt SynErgie auf Grundlage folgender Datenquellen: Erneuerbare-Energien-Gesetz (EEG, Stand: 2019), Bundesministerium für Wirtschaft und Energie (BMWi, Stand: 2019), Bundesnetzagentur (BNetzA, Stand: 2018)

Cornelsen/Absatz-DTP-Service, Oxana Rödel: S.12 /m., S.14/alle Lewis-Formeln, S.15/o.r., S.24/m.l., S.25, S.27/alle Lewis-Formeln, S.28 /1, S.29 /3, S.30/2-3, S.36/Skelettformel, S.45/5, S.56/1, S.66/3-4, S.74/2, S.77/3-5, S.99/5, S.100/o.l., S.145/13, S.146/5, S.147/15b, S.148/o.l.;

Cornelsen/Absatz-DTP-Service, Oxana Rödel, bearbeitet von Hannes von Goessel: S.23/o., S.24/1;

Cornelsen/Tom Menzel: S.12 /u., S.13/u.m., S.14/o.r.+m.r., S.15/u.r.+m.r., S.16/ Kugel-Stab-Modelle, Skelettformel, S.22/2, S.26/1, S.27/alle Kugel-Stab-Modelle, S.29/4/r., S.30/4, S.31/6, S.32/2, S.33/4, S.34/2, S.36/alle Kugel-Stab-Modelle, S.37/m.l.+u.r., S.38/1, S.41/1, S.42/1, S.44/1A-2, S.45/4, S.48/ o.r., S.52/2, S.79/5, S.81/o.r., S.94/u.l., S.95/3-4, S.96/1-2, S.97/4-5, S.98/2+3B, S.99/4+6, S.103/5, S.104-106, S.110/2, S.111/4, S.112-113, S.114/2, S.115, S.117/2, S.118/o.l., S.119/o.l., S.120-121, S.128, S.129/5, S.141/B1.3+B1.1, S.157;

Cornelsen/Tom Menzel: S.137/4/Daten: Amtsblatt der Europäischen Union L140/16 v. 05.06.2009, https://eur-lex.europa.eu/legal-content/DE/TXT/PDF/?uri=CELEX:32009L0028&from=DE, S. 41ff;

Cornelsen/Tom Menzel, bearbeitet von Hannes von Goessel: S.129/6, S.131/4-5, S.142;

Cornelsen/Absatz-DTP-Service, Oxana Rödel: S.13/u.l., S.17/o.r.+u.r., S.31/5+m.l., S.63/o.r.

Sofarobotnik GbR, Stefan Knab: Brillen-Symbol

Fotos:
S.4/PEFC Deutschland e.V.; S.20/action press/QKD/Rex Features; S.22/ mauritius images/WLADIMIR BULGAR/Science Photo Library; S.29/4/m./ Cornelsen/Volker Döring; S.30/1/Cornelsen/Volker Döring; S.32/1/Shutterstock.com/Aaron Amat; S.39/4/Cornelsen/Volker Döring; S.39/5/Thomas Seilnacht; S.41/2/NASA/Goddard Space Flight Center Scientific Visualization Studio; S.42/2/Shutterstock.com/ronstik; S.45/6/Science Photo Library/MARTYN F. CHILLMAID; S.46/Herman Bergwerf/MolView.org; S.47/ stock.adobe.com/Denis; S.50/stock.adobe.com/Dudarev Mikhail; S.52/1/ Shutterstock.com/magnetix; S.57/o.l./mauritius images/alamy stock photo/ifeelstock; S.58/u./stock.adobe.com/Alex Staroseltsev; S.60/o.l./ mauritius images/Alamy/Pictorial Press Ltd.; S.61/o.l./Shutterstock.com/Alex Popov; S.62/1/Thomas Seilnacht; S.65/m.r./Shutterstock.com/Dusan Jankovic; S.65/u./stock.adobe.com/FreedomMan; S.67/5-6/Cornelsen/Volker Döring; S.69/1/stock.adobe.com/David San Segundo; S.69/1/Essigmutter/ stock.adobe.com/deijaen; S.70/1/Ameise: Shutterstock.com/Winai Pantho; S.70/1/Milch: Shutterstock.com/mama_mia; S.70/1/Essig: Shutterstock.com/Ekaterina SU; S.70/1/Äpfel: stock.adobe.com/Mariusz Blach; S.72/1/Joghurt: stock.adobe.com/ksena32; S.72/2: Rhabarber/stock.adobe.com/fotogal; S.72/3/Zitrone: stock.adobe.com/Roman Samokhin; S.74/1/ Toast: Shutterstock.com/Timmary; S.74/1/Flaschen: Shutterstock.com/gresei; S.74/1/Glas: Shutterstock.com/akf ffm; S.74/1/Nudeln: Shutterstock.com/Jiri Hera; S.74/1/Marmelade: Shutterstock.com/pogonici; S.74/1/Bonbons: Shutterstock.com/seramo; S.74/1/Büchse: Shutterstock.com/Yoyochow23; S.74/1/Limonade: Shutterstock.com/kropic1; S.75/ Shutterstock.com/Ari N; S.76/1/Ananas: stock.adobe.com/atoss; S.77/o./stock.adobe.com/gertrudda; S.78/1/Shutterstock.com/Roman Samborskyi; S.78/2/ stock.adobe.com/Vidady; S.79/6/stock.adobe.com/gurb101088; S.79/7/Kakaobohnen: stock.adobe.com/photocrew; S.79/7/Kakao: stock.adobe.com/nullplus; S.80/Pfefferminze: Shutterstock.com/Es75; S.80/Kiefer: stock.adobe.com/Tamara Kulikova; S.80/Orange: Shutterstock.com/CKP1001; S.80/ Basilikum: Shutterstock.com/haru; S.80/Melisse: stock.adobe.com/pusteflower9024; S.80/Mandeln: stock.adobe.com/andrisa18; S.80/ Jasmin: stock.adobe.com/ksena32; S.80/Veilchen: Shutterstock.com/Anna Sedneva; S.80/Nelken: Shutterstock.com/ZIGROUP-CREATIONS; S.80/u./akg-images/Hervé Champollion; S.82/1/Shutterstock.com/photka; S.84/Herman Bergwerf, MolView.org; S.85/r./Herman Bergwerf, MolView.org; S.86/o.l./stock.adobe.com/anitasstudio; S.87/m.l./Shutterstock.com/Denys G; S.87/u.l./Shutterstock.com/Datenschutz-Stockfoto; S.88/A-B/Cornelsen/Volker Döring; S.92/ stock.adobe.com/indy1227; S.94/1A/Cornelsen/Volker Minkus; S.94/1B/CV Inhouse/Deutsche Bundesbank/Luc Luycx aus Belgien; S.94/2/NASA/JSC; S.97/3/stock.adobe.com/kosmos111; S.97/3B/stock.adobe.com/Bernd Kröger; S.98/1/Cornelsen/Volker Minkus; S.98/3A/Dr. Holger Fleischer; S.102/1A/stock.adobe.com/jflatman; S.102/1B/Cornelsen/Heinz Mahler; S.102/2A/Cornelsen/Volker Döring; S.102/2B/Thomas Seilnacht; S.102/3/Cornelsen/Volker Döring; S.103/2/Dr. Holger Fleischer; S.110/1+3/Cornelsen/Volker Minkus; S.111/5/Cornelsen/ Volker Minkus; S.116/1A/akg-images/Science Photo Library; S.116/1B/dpa Picture-Alliance/dpa-Report/Rainer Jensen; S.116/2A/akg-images/Science Photo Library; S.116/2B/akg-images; S.117/1/stock.adobe.com/contrastwerkstatt; S.117/3/Shutterstock.com/Ethan Daniels; S.122/Shutterstock.com/wassiliy-architect; S.124/1/Sodastream GmbH; S.124/3A/Shutterstock.com/Waraphorn Aphai; S.124/3B/Cornelsen/Volker Döring; S.131/3/ stock.adobe.com/checker; S.133/3/stock.adobe.com/wayne_0216; S.134/2/ Shutterstock.com/fokke baarssen; S.135/3/mauritius images/Alamy/Ange; S.138/1A/Shutterstock.com/Matsumoto; S.138/1B/mauritius images/Alamy/Custom Life Science Images; S.139/1A/Science Photo Library/Usgs/Nasa/Landsat7; S.139/1B/Science Photo Library/DR.JEREMY BURGESS; S.140/A1/ Projektträger Jülich/Forschungszentrum Jülich GmbH

Fremdtexte:
S.116/Spalte 2, 1. Absatz unten: Clara Haber to Richard Abegg, 23 April 1909. Haber Collection. Archiv der Max-Planck-Gesellschaft, Haber-Sammlung Va Abt., Rep. 5., Nr. 812.
S.140/Material A1: Projektträger Jülich/ Forschungszentrum Jülich GmbH

Periodensystem der Elemente

	Metall	schwarz = Feststoff
	Halbmetall	weiß = Flüssigkeit
	Nichtmetall	rot = Gas

hellblau = künstliches Element
* = radioaktives Element
[1] = Gruppennummerierung IUPAC (1989): Gruppennummern 1 bis 18

Periode

1 **1¹** I. Hauptgruppe								
1 1,008 2,1 **H** Wasserstoff $1s^1$	**2** II. Hauptgruppe							
3 6,94 1,0 **Li** Lithium $[He]2s^1$	**4** 9,01 1,5 **Be** Beryllium $[He]2s^2$							
11 22,99 0,9 **Na** Natrium $[Ne]3s^1$	**12** 24,31 1,2 **Mg** Magnesium $[Ne]3s^2$	**3** III. Nebengruppe	**4** IV. Nebengruppe	**5** V. Nebengruppe	**6** VI. Nebengruppe	**7** VII. Nebengruppe	**8** VIII. Nebengruppe	**9** VIII. Nebengruppe
19 39,10 0,8 **K** Kalium $[Ar]4s^1$	**20** 40,08 1,0 **Ca** Calcium $[Ar]4s^2$	**21** 44,96 1,3 **Sc** Scandium $[Ar]3d^14s^2$	**22** 47,88 1,5 **Ti** Titan $[Ar]3d^24s^2$	**23** 50,94 1,6 **V** Vanadium $[Ar]3d^34s^2$	**24** 51,996 1,6 **Cr** Chrom $[Ar]3d^54s^1$	**25** 54,94 1,5 **Mn** Mangan $[Ar]3d^54s^2$	**26** 55,85 1,8 **Fe** Eisen $[Ar]3d^64s^2$	**27** 58,9 1,8 **Co** Cobalt $[Ar]3d^74s^2$
37 85,47 0,8 **Rb** Rubidium $[Kr]5s^1$	**38** 87,62 1,0 **Sr** Strontium $[Kr]5s^2$	**39** 88,91 1,3 **Y** Yttrium $[Kr]4d^15s^2$	**40** 91,22 1,6 **Zr** Zirconium $[Kr]4d^25s^2$	**41** 92,91 1,6 **Nb** Niob $[Kr]4d^45s^1$	**42** 95,94 1,8 **Mo** Molybdän $[Kr]4d^55s^1$	**43** [98] 1,9 **Tc*** Technetium $[Kr]4d^55s^2$	**44** 101,07 2,2 **Ru** Ruthenium $[Kr]4d^75s^1$	**45** 102,9 2,2 **Rh** Rhodium $[Kr]4d^85s^1$
55 132,91 0,7 **Cs** Caesium $[Xe]6s^1$	**56** 137,33 0,9 **Ba** Barium $[Xe]6s^2$	**57** 138,91 1,1 **La** ● Lanthan $[Xe]5d^16s^2$	**72** 178,49 1,3 **Hf** Hafnium $[Xe]4f^{14}5d^26s^2$	**73** 180,95 1,5 **Ta** Tantal $[Xe]4f^{14}5d^36s^2$	**74** 183,84 1,7 **W** Wolfram $[Xe]4f^{14}5d^46s^2$	**75** 186,21 1,9 **Re** Rhenium $[Xe]4f^{14}5d^56s^2$	**76** 190,23 2,2 **Os** Osmium $[Xe]4f^{14}5d^66s^2$	**77** 192,2 2,2 **Ir** Iridium $[Xe]4f^{14}5d^76s^2$
87 [223] 0,7 **Fr*** Francium $[Rn]7s^1$	**88** 226,03 0,9 **Ra*** Radium $[Rn]7s^2$	**89** 227,03 1,1 **Ac*** ●● Actinium $[Rn]6d^17s^2$	**104** [261] **Rf*** Rutherfordium $[Rn]5f^{14}6d^27s^2$	**105** [262] **Db*** Dubnium $[Rn]5f^{14}6d^37s^2$	**106** [266] **Sg*** Seaborgium $[Rn]5f^{14}6d^47s^2$	**107** [264] **Bh*** Bohrium $[Rn]5f^{14}6d^57s^2$	**108** [267] **Hs*** Hassium $[Rn]5f^{14}6d^67s^2$	**109** [268] **Mt*** Meitnerium $[Rn]5f^{14}6d^77s^2$

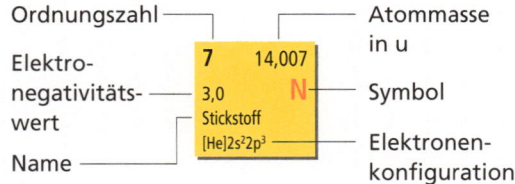

Ordnungszahl — **7** 14,007 — Atommasse in u
Elektronegativitätswert — 3,0 **N** — Symbol
Name — Stickstoff $[He]2s^22p^3$ — Elektronenkonfiguration

Die Atommassen in eckigen Klammern beziehen sich auf das längstlebige gegenwärtig bekannte Isotop des betreffenden Elements.

● Elemente der Lanthanreihe (Lanthanoide)

58 140,12 1,1 **Ce** Cer $[Xe]4f^26s^2$	**59** 140,91 1,1 **Pr** Praseodym $[Xe]4f^36s^2$	**60** 144,24 1,2 **Nd** Neodym $[Xe]4f^46s^2$	**61** [145] 1,2 **Pm*** Promethium $[Xe]4f^56s^2$	**62** 150,3 1,2 **Sm** Samarium $[Xe]4f^66s^2$

●● Elemente der Actiniumreihe (Actinoide)

90 232,04 1,3 **Th*** Thorium $[Rn]6d^27s^2$	**91** 231,04 1,5 **Pa*** Protactinium $[Rn]5f^26d^17s^2$	**92** 238,03 1,7 **U*** Uran $[Rn]5f^36d^17s^2$	**93** [237] 1,2 **Np*** Neptunium $[Rn]5f^46d^17s^2$	**94** [244] 1,3 **Pu** Plutonium $[Rn]5f^67s^2$